VOLL LEBEN UND VOLL TOD IST DIESE ERDE
BILDER AUS DER GESCHICHTE DER JÜDISCHEN ÖSTERREICHER

Voll Leben und voll Tod ist diese Erde

Bilder aus der Geschichte der Jüdischen Österreicher
(1190 bis 1945)

Herausgegeben von
WOLFGANG PLAT

HEROLD

CIP-Titelaufnahme der Deutschen Bibliothek

Voll Leben und voll Tod ist diese Erde : Bilder aus d. Geschichte d. Jüd. Österreicher von 1190–1945/hrsg. von Wolfgang Plat. – Wien : Herold, 1988
ISBN 3-7008-0378-8
NE: Plat, Wolfgang [Hrsg.]

Umschlagentwurf: Gerri Zotter
Gesamtherstellung: Herold, Wien

ISBN 3-7008-0378-8

Wir erkennen an, daß viele, viele Jahrhunderte der Blindheit unsere Augen bedeckt haben, so daß wir die Schönheit Deines auserwählten Volkes nicht mehr sehen und in seinem Gesicht nicht mehr die Züge unseres erstgeborenen Bruders wiedererkennen. Wir erkennen, daß das Kainszeichen auf unserer Stirne steht...
Vergib uns die Verfluchung, die wir zu Unrecht aussprachen über dem Namen der Juden. Vergib uns, daß wir Dich in ihrem Fluche zum zweiten Male kreuzigten, denn wir wußten nicht, was wir taten.

Johannes XXIII.

Österreich 1945 bis heute ist ja wesentlich auch dies:
eine Verdrängungsgemeinschaft. Für diese Verdrängung müssen heute und morgen unsere politischen Parteien bezahlen; und es bezahlen, ohne es zu wissen, unsere in den Schulen unaufgeklärten Generationen:
Ohne Wissensbildung gibt es keine Gewissensbildung.

Friedrich Heer

1938

Das ist dieses Jahr, von dem man reden wird
Das ist dieses Jahr, von dem man schweigen wird.

Es ist furchtbar,
daß der Mensch sich mit dem Bestehenden so leicht abfindet,
nicht nur mit fremden Leiden, sondern auch mit seinen eigenen.

Bertolt Brecht

DANKSAGUNG

Die Herausgabe und den Druck ermöglichten und unterstützten:

Bank für Arbeit und Wirtschaft
Hr. Gen.-Dir. W. Flöttl
Österreichische Nationalbank
Österreichische Postsparkasse
Zentralsparkasse der Gemeinde Wien
Hr. Gen.-Dir. Dr. K. Vak
Casino-Austria AG
Hr. Gen.-Dir. Dr. Leo Wallner
Wiener Städtische Versicherung
Hr. Gen.-Dir. Dr. E. Göttlicher

Weiters gebührt Dank an:

Hr. Sektionschef i. R. Mag. DDr. W. Brunner
Hr. Dr. O. Dietrich
Hr. C. Franta
Fr. Dr. A. Glatzner
Hr. R. Jäykel
Hr. Dr. G. Schütz
Hr. Dipl.-Vw. H. Tieber
Fr. Dr. Ch. Vak
Hr. V. Wagner
Hr. Komm.-Rat F. Wiesel

INHALTSVERZEICHNIS

SCHICKSALE JÜDISCHER ÖSTERREICHER

VORWORT

Alfred Payrleitner

Warum schon wieder ein Buch zum Thema Juden und Österreich? Bevor ich mich an tiefere Motive wage, soll die praktische Begründung am Anfang stehen: *„Voll Leben und voll Tod ist diese Erde“* (Jura Soyfer) ist der Titel einer Fernsehreihe von Dr. Wolfgang Plat, die im Gedenkjahr 1988 vom ORF ausgestrahlt wurde. Die Idee zu ihr entstand lange vor diesem Anlaß und auch lange vor den österreichischen Präsidentschaftswahlen von 1986. Denn wie in einer bitteren Parodie auf die angeblich so übermächtige „Informationsgesellschaft“ unserer Tage gibt es bekanntlich nicht bloß einen „Antisemitismus ohne Juden“, sondern auch einen Antisemitismus ohne die einfachsten Kenntnisse über das, was jüdisches Denken und jüdisches Weltgefühl zur österreichischen Geschichte und damit zum Werden der österreichischen Seele beigetragen haben.

Neben den bekannten psychologischen Ursachen – der Verdrängung alles Unangenehmen, der Berührungsangst vor den „Fremden aus dem Osten“, dem jüdischen Zwangsverzicht auf jede Art von Mission – hat diese Ahnungslosigkeit, die so leicht zur Spielwiese von Klischees werden kann, auch einen ganz simplen Hintergrund. Er heißt Bildungsmangel, so wie eh und je.

Illusionen wären hier nicht angebracht. Fünfzig Prozent der Österreicher kaufen das ganze Jahr über kein einziges Buch. Ein Drittel der Österreicher wendet fürs Lesen maximal eine Stunde pro Woche auf – oder auch weniger. Überdies leben fünfzig Prozent auch heute noch auf dem Land (was keine Gleichsetzung der Landbewohner mit den Buchfeinden bedeuten soll). Aber ganz gewiß heißt dies, daß damit viele Menschen ihre prägenden Erfahrungen aus dem ländlichen Umfeld beziehen, also von lokalen Liedertafeln und Brauchtumsgruppen, von Turnvereinen, Pfarrgruppen, Kameradschaftsbünden und Fußballklubs. Solches Vereinsleben ist meist herzlich, heimatbetont und fröhlich. Politische Bewußtseinsveränderungen vollziehen sich unter solchen Umständen nur in kleinen Schritten. Die

Kriegerdenkmale und Soldatengräber liegen nahe – und die kann man zu sehr unterschiedlichem Gedenken nutzen.

Eben deshalb ist aber auch der Dialog, auf beiden Seiten, so schwierig. Angesichts der Tatsachen des Holocausts und all der anderen Opferbilanzen des Zweiten Weltkrieges erstarren Unbefangenheit und gelassene Neugierde, die Grundvoraussetzungen wirksamer Kommunikation. Hier liegt dann die Chance der allzu gewohnten, alten Phrasen. Nicht daß der Linzer Vizebürgermeister Dr. Carl Hödl seinerzeit Kritik an Edgar Bronfman, dem Präsidenten des World Jewish Congress, übte, war ein Skandal. Es war die Art des religionsgeschichtlichen Bezuges. Da tauchten, wie selbstverständlich, die Bilder der abgestandenen christlichen Judenpolemik auf – und kein Proteststurm der Katholiken setzte ein, weil akademisch promovierte Beschränktheit Kurt Waldheim mit dem Heiland verglichen hatte.

Aber nicht alles, was nach „Neonazismus" klingt, ist auch als solcher zu qualifizieren. Der grauenhafte Holocaust-Antisemitismus ist nicht dasselbe wie die xenophoben Restbestände aus der Schönerer-Zeit. Konkurrenzangst und soziale Abneigung gegenüber den vielen Neuzuwanderern auf der anderen Seite des Wiener Donaukanals bedeuteten noch lange keine Zustimmung zum späteren Massenmord, und Kulturkritisches über manche Aspekte des Judentums konnte man auch bei Kraus und Tucholsky lesen (von Otto Weininger ganz abgesehen). Nur im nachhinein und im Bild mancher Fernsehdramatisierungen verschwimmt alles zu einem Gemälde allgemeiner Verbrechensbeihilfe.

Heute wie damals sind es vor allem Symptome einer intellektuellen Überforderung, die sich beim Stichwort Antisemitismus bemerkbar machen. Sie ziehen tiefe Grenzen, sowohl zwischen den Generationen als auch zwischen den Bildungsklassen, die sich nicht nach Titeln und Graden einteilen lassen. Der Jude als angeblicher Urheber aller beunruhigenden Veränderungen in dieser Welt – an diesem Popanz läßt sich ermessen, wie mühsam die Aufklärung vorankommt.

Deshalb wurde die Fernsehreihe *„Voll Leben und voll Tod ist diese Erde"* für ein breites Spektrum möglicher Adressaten konzipiert. Zur weiteren Vertiefung dient dieses Buch. Denn trotz der Renaissance von Wien-Literatur, trotz William M. Johnston und Carl E. Schorske und prunkenden Ausstellungserfolgen fällt es oft schwer, die vielfältigen Wurzeln der historischen Ereignisse wahrzunehmen. Solche Unkenntnis führt zu verschmierten Begriffen: Faschismus wird mit nationalsozialistisch, nationalsozialistisch mit großdeutsch und großdeutsch mit deutschnational oder gar deutschliberal gleichgesetzt. Ähnlich gelten heute „die Juden“ für viele wieder als eine kompakte, ideologische Einheit – und doch sind sie so bunt wie die politische Palette insgesamt. Stets war es vor allem der Antisemitismus, der sie zusammenschweißte. Egon Friedell war ein Bismarckverehrer, Karl Kraus ein Antizionist und Hans Kelsen, der Schöpfer der Österreichischen Verfassung, hielt diese Republik einmal für einen „willkürlichen Fetzen Landes“. Joseph Roth mauserte sich zum feinsinnigsten Liebhaber der k.u.k. Monarchie, als sie vorbei war. Die Herren Bosel und Castiglioni galten als typische Vertreter des kapitalistischen Spekulantentums, Egon Erwin Kisch hielt sich für einen Kommunisten.

Wer waren sie also, diese jüdischen Österreicher?

Sie waren, damals, vor allem hervorragende Mittler des deutschen Wortes.

Der österreichische Professor Ehrlich von der Universität Czernowitz sprach es 1909 mit schmerzlicher Klarheit aus: „Ich selbst gehöre noch einem Geschlecht an, für das es keine andere Lösung der Judenfrage gibt als ein vollständiges Aufgehen der Juden im Deutschtum. Das gilt auch für die Juden hier im Osten, die mitten unter slawischen Völkern ihren Sitz haben. Das Judentum des Ostens stellten wir uns vor als eine Erweiterung der deutschen Machtstellung bis tief in die Gebiete fremder Völker und Reiche hinein. Wenn dieser ganze Plan jetzt aufgegeben werden muß, so liegt es ausschließlich an dem Antisemitismus, der das deutsche Volk ergriffen hat... Deutsche Politik können die Juden nur mit den Deutschen treiben, nicht gegen die Deutschen. Wem die Interessen des deutschen Volkes in Österreich und die Weltstellung des Deutschtums am Herzen liegen, der kann nur bedauern, daß dieser nicht sehr gescheite Studentenulk, der Antisemitismus, hier eine verhängnisvolle Rolle gespielt hat, daß er die Deutschen um ein Machtgebiet oder mindestens um eine Einflußsphäre gebracht hat, die einst vom Böhmerwald bis Odessa gereicht hatte.“

All das ist nun vorbei. Und wir wissen, welch grauenhafte Konsequenzen ein „Studentenulk“ haben kann, wenn jahrhundertealte christliche Greuelpropaganda, wenn religiöse und politische Profilierungsnöte mit pseudowissenschaftlichen Theorien und der entfesselten Niedrigkeit des organisierten

Pöbels zusammentreffen. Das ist die andauernde, die überzeitliche Botschaft des „Dritten Reiches“, die für jeden gilt: Daß auch in unseren Breiten, vielleicht schon morgen, dein Nachbar zu deinem Mörder werden kann – es müssen nur die Voraussetzungen gegeben sein...

Doch daneben existiert noch eine andere, ungleich freundlichere Erinnerung an die Zeiten davor. Sie ergibt sich aus den Problemen der historischen Identität, die Juden und Österreicher gemeinsam haben. Wenn man in diesem Lande schwankte, wohin man denn eigentlich „gehörte“, und welche Rolle man selber spielen sollte, so war dies eine Frage, die sich den Angehörigen der mosaischen Konfession schon seit mehr als 2 000 Jahren gestellt hatte. Karl Kraus schreibt von den Juden als jenen, die dazu bestimmt seien, „in allen Culturen unlösbar aufzugehen und dennoch immer Ferment zu bleiben“. Hermann Broch nennt den Juden einen „sonderbaren Prototypus (des) modernen Lebens“, der durch seine Unbedingtheit für eine geradezu „religiöse Hingabe an das jeweilige Wertgebiet“ empfänglich sei. Dabei werde er jedoch „weniger als andere von (der) Panik berührt“...

Im alten Österreich kam es auf diese Weise zu einer geradezu symbiotischen Verbindung der verschiedenen Herkünfte zu einer neuen Gesamtkultur. Nicht nur bei den Wissenschaften und hohen Künsten, sondern auch im Alltag: Ist den Heutigen dieses „Jüdische in uns“ bewußt – vom Wienerlied bis zur Lust am Wortspiel, von bestimmten Gesten und Vokabeln bis zu dem, worüber man lacht, dem Wiener „Schmäh“?

Zerstörte Symbiosen enden meist mit der Beschädigung beider Teile. Der Holocaust war auch eine Art von Selbstverstümmelung. Man kann sie spüren, wohin man blickt.

Alsbald förderte das neuerwachte Interesse an der größeren Vergangenheit weitere Fragen zutage: Wenn die Ahnengalerie des österreichischen Geistes, der so oft ein jüdischer war, immer noch strahlender erscheint – warum hat man all diese Heroen weggejagt? Und, schlimmer noch, warum hat man sich dann, als der Terror vorüber war, nicht stärker um ihre Rückkehr bemüht? Von der bürgerlichen Wissenschaft bis zu den Politikern der Sozialdemokratie?

Hat man die Ideen der Vertriebenen nicht recht begriffen, stimmte abermals das Konkurrenzrisiko ängstlich? Oder taktierte man nur, in Kenntnis der Stimmung einer gewissen Wählergruppe im Lande? Oder war es alles zusammen?

Neue Beklemmung stellt sich ein. Denn auch Selbstverstümmelungen haben einen Grund. Wollte man vielleicht gar nicht diesen Zuschnitt, diese Internationalität, die jene inzwischen aufzuweisen hatten?

Es ist die alte Problemlage des kleinen Mannes am Donaustrand: Zwischen Universalismus und Regionalismus, zwischen Welt und Stamm leicht überanstrengt hin- und herzupendeln. Das Wien der großen jüdischen Autoren, schrieb Hans Tietze 1933, wachse „nicht aus dem Österreichischen, sondern liegt im Europäischen". Das stimmt wohl. Und gerade deshalb wäre von diesen Autoren auch heute noch soviel zu lernen.

Nun sind die Juden fort. Aber das Rollenproblem der Österreicher ist geblieben. Der Antisemitismus – als Peinlichkeit und Rätsel, als Provokation und Prüfstein, so armselig er ist, dürfte uns dabei noch eine Weile erhalten bleiben. Nicht nur in Österreich.

DIE JUDEN HABEN UNS DOCH FURCHTBAR BEHANDELT

Erfahrungen einer Dokumentationsarbeit

Wolfgang Plat

Die Überschrift ist einer von jenen 396 grauenhaften Kernsätzen, die Zuschauer im Juli 1987 während der Club-2-Sendung „Probleme der christlich-jüdischen Versöhnung“ den entsetzten Damen des Kundendienstes des ORF durchs Telefon zubrüllten. Die sattsam bekannte „kochende Volksseele“ (ein beliebter Nazibegriff für die von SA und SS veranstalteten Judenpogrome von 1938) hatte wieder einmal zugeschlagen. Ich habe alle diese Sätze, die „profil“ in der Nummer 29/87 veröffentlichte, wieder und wieder gelesen. Da gibt es auch den Satz: „Was wollen die Juden überhaupt von uns, sie sollen doch Österreich dafür dankbar sein, daß sie hier leben dürfen.“ Und da heißt es natürlich auch „Unglaubliche Sauerei. Alle in die Gaskammer!“

Ich frage mich, was mögen das für Menschen sein, die solche Meinungen ins Telefon brüllen. Vielleicht habe ich Glück gehabt, daß mir in einem langen Leben solche furchtbaren Zeitgenossen nie begegneten. Einmal möchte ich einer solchen Bestie gegenüberstehen, nicht um sie zu Boden zu schlagen, sondern einfach, um zu ergründen, was in einem Menschen vor sich geht, der anderen Menschen die Gaskammer wünscht. Wahrscheinlich wäre ich erstaunt, ein männliches oder weibliches Wesen mit dem Antlitz eines Menschen vor mir zu sehen, einen Menschen wie „du und ich“, eine Mutter oder einen treusorgenden, rechtschaffenen Familienvater, einen am Arbeitsplatz beliebten Kollegen, vielleicht sogar eine Frau, die jeden Sonntag die Messe besucht und jeden Abend betet, bevor sie einschläft. Was mag das für ein furchtbarer Gott sein, zu dem solche Menschen beten?

DIE AUTOREN

Dr. Isabella Ackerl,
Jahrgang 1940, Historikerin,
Beamtin am Österreichischen
Staatsarchiv

Dr. Anna Drabek,
Jahrgang 1936, Historikerin,
Wissenschaftlicher Oberrat
an der Österreichischen
Akademie der Wissenschaften

Prof. DDr. hc Walter Grab,
Jahrgang 1918, Historiker,
langjähriger Direktor des Instituts für Deutsche Geschichte
der Universität Tel Aviv

Prof. Dr. Wolfgang Häusler,
Jahrgang 1946, Historiker,
Prof. für österreichische Geschichte an der Universität
Wien

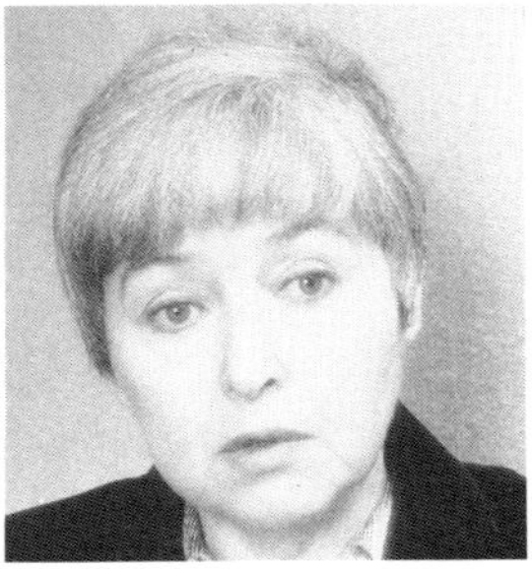

Barbara Coudenhove-Kalergi,
Jahrgang 1932, Journalistin,
Redakteurin der Osteuropa-
Redaktion des ORF
(Fernsehen)

Dr. Elisabeth Koller-Glück,
Jahrgang 1923, Mag. art.

Prof. Dr. Pinchas Lapide,
Jahrgang 1922, Theologe

Dr. Klaus Lohrmann,
Jahrgang 1949, Historiker,
Direktor des österreichischen
Instituts für jüdische
Geschichte St. Pölten

Prof. Dr. Kurth Lüthi,
Jahrgang 1923, Prof. für
systematische Theologie an
der Universität Wien

Dr. Andreas Maislinger,
Jahrgang 1955, Universitäts-
assistent am Institut für
Politikwissenschaft der
Universität Innsbruck

Prof. Dr. Jonny Moser,
Jahrgang 1925, Historiker,
Mitglied des Vorstandes des
Dokumentationsarchives des
österreichischen Widerstandes

Dr. Günther Pallaver,
Jahrgang 1955, Vertragsassistent am Institut für Politikwissenschaft der Universität
Innsbruck

Alfred Payrleitner,
Jahrgang 1935, Journalist,
Leiter der Hauptabteilung
Wissenschaft und Bildung
des ORF (Fernsehen)

Dr. Wolfgang Plat,
Jahrgang 1923, Historiker,
Dokumentarfilmer, Regisseur der Serie „Voll Leben
und voll Tod ist diese Erde“

Prof. Dr. Karl Sablik,
Jahrgang 1942, Historiker,
Wissenschaftlicher Oberrat
am Institut für Geschichte der
Medizin der Universität Wien

Dr. Uta Tschernuth,
Jahrgang 1958, Historikerin,
Mitarbeiterin am Historischen Archiv des ORF
(Fernsehen)

Dr. Nikolaus Vielmetti,
Jahrgang 1929, Historiker,
Wissenschaftlicher Oberrat
am Institut für Judaistik der
Universität Wien

Prof. Dr. Erika Weinzierl,
Jahrgang 1925, Historikerin,
Institut für Zeitgeschichte
der Universität Wien

Dipl.-Ing. Simon Wiesenthal,
Leiter des jüdischen
Dokumentationszentrums,
Buchautor

Wenn ich unsere lange Drehreise überblicke, bei der wir den Rohstoff für die vierteilige Fernsehserie über die wechselvolle Geschichte der jüdischen Österreicher sammelten (ein Film entsteht bekanntlich am Schneidetisch), und wenn ich meine Gefühle überprüfe, die ich während der viermonatigen Fahrt durch Österreich hatte, dann sind ERSTAUNEN, VERWUNDERUNG und ERSCHRECKEN vorherrschend.

Der Historiker, der einen Dokumentarfilm gestalten will – und diesem Beruf gehe ich seit über 20 Jahren nach – ist immer auf der Suche nach den Spuren der Geschichte. Denn wenn man die Spuren nicht findet und auch die Menschen nicht, die vor der Kamera ein paar einprägsame Sätze zum Thema sagen können, wie sollte man da einen Dokumentarfilm machen, wo doch das Bild auch ohne großen Kommentar leben und beeindrucken muß?

Zwei Beispiele:

1. Wir filmen die Ruine der alten Synagoge in Korneuburg. Nur die Mauern stehen noch – starke Mauern, aus groben Steinen zusammengefügt. Die Mauern wirken fast wie Stadtmauern – stark und beschützend – so haben sie seit etwa 500 Jahren alle Stürme der Zeit überstanden. Und doch ist diese Synagoge eine traurige Ruine ohne Dach, mit Autowracks „geschmückt". Dies war doch auch ein Gotteshaus, in dem Generationen von gläubigen Juden eben zu jenem Gott beteten, an den auch der gläubige Katholik glaubt, der eine Bibel mit einem Alten und einem Neuen Testament besitzt. Oder nicht? In so einem Team von Filmleuten wird während einer langen Drehreise auch viel gelacht. Aber als wir hier filmen, lacht keiner.

2. Es gibt ein Foto von einem jüdischen Geschäft in Wien. 1938. Die eisernen Rolläden sind heruntergelassen, und jemand hat mit schwarzer Farbe auf die Rolläden gepinselt: „Ist in Dachau." Für mich sagt so ein Foto mehr über das Schicksal der jüdischen Österreicher von 1938 als mancher lange Kommentar.

ERSTAUNEN:

Erstaunt war ich immer wieder über die großen Leistungen der jüdischen Österreicher. Große Leistungen auf allen Gebieten der Wirtschaft, der Wissenschaft und der Kultur. Und erstaunt war ich darüber, daß nicht wenige Österreicher meinen, Österreich wäre nicht ärmer ohne diesen sehr bedeutenden jüdischen Beitrag. Ich bin der Meinung, Österreich wäre sehr viel ärmer. Übrigens: Mancher österreichische Herrscher hätte manchen Krieg verloren, von Ferdinand II. im Dreißigjährigen Krieg über Leopold I. bis hin zu Prinz Eugen im Kampf gegen die Türken, von Maria Theresia und Josef II. ganz zu schweigen, wenn es da nicht die riesigen Kredite der jüdischen Hoffaktoren für Pulver, Blei, Geschütze, Monturen und Lebensmittel gegeben hätte. Die österreichische Geschichte hätte manche dramatische Wendung zum Bösen genommen, wenn da nicht die jüdischen Bankiers gewesen wären. Wien wäre aller Wahrscheinlichkeit nach 1683 ohne die Hilfe des großen polnischen Königs Jan Sobieski und des tüchtigen Finanzmannes Samuel Oppenheimer sowie seines Schwiegersohnes Simson Wertheimer den Türken zugefallen. Der eine kam mit seinem Heer, das sehr tapfer kämpfte, und die Juden transportierten Waffen, Munition und vor allem Lebensmittel heran. Die Wiener hören das nicht gern, aber es ist die Wahrheit. „Tschuschen und Juden" als Retter Wiens – ein geradezu ungeheuerlicher Gedanke für manchen Österreicher!

Seitdem ich beim ORF die Filmserie schneide, fahre ich jeden Morgen am Schloß Schönbrunn vorbei. Es ist Sommer, und die Touristen drängen sich. Keiner weiß, daß es ein jüdischer Bankier war, der den Bau von Schönbrunn und übrigens auch die Errichtung der herrlichen Nationalbibliothek finanzierte. Und dann die unendliche Folge der Walzer! Die Familie Strauß hat jüdische Vorfahren. Aber auch das sollte verborgen bleiben. Schon in einer Publikation aus den zwanziger Jahren finde ich den merkwürdigen Hinweis, daß man Johann Strauß-Sohn ansähe, daß seine Vorfahren spanischen Blutes seien. Nun, das klingt natürlich besser. Die Nazis entfernten aber vorsorglich die Seite aus dem Taufregister, wo die Taufe von Johann Strauß angezeigt war. Kauft nicht bei Juden? Ja! Tanzt nicht bei Juden Walzer? Nun, das ging nicht. Und die Wiener Operette! Und Hugo von Hofmannsthal, Stefan Zweig, Joseph Roth, Franz Kafka? Und die Wiener Medizinische Schule? Und das Wiener Kabarett ohne Grünbaum und Farkas? Und der berühmte Wiener Journalismus zwischen 1880 und 1914. Ohne jüdische Österreicher? Ohne Karl Kraus? Undenkbar. Und alles das bis in unsere Tage wie das kunterbunte provokative Haus von Friedensreich Hundertwasser, heute längst eine Wiener Attraktion. Und die „echten" Wiener Lieder? „Fein, fein ist der Wein" und „I hob zwoa harbe Rappen...". Dem Antisemiten müssen die Haare zu Berge stehen, wenn er wüßte... Aber die Antisemiten wissen eigentlich nichts. Sie wollen auch gar nichts wissen.

Wir wollen uns hier die Frage stellen, warum denn überhaupt die jüdischen Österreicher überproportional im Bereich der Kunst und im Bereich der Wissenschaft vertreten sind. Wir würden es uns zu einfach machen, wenn wir antworteten, die Juden sind eben in vielen Künsten und Wissenschaften begabter als andere. Das stimmt nicht, und es wäre auch ein rassisch gefärbtes Urteil. Die wirklichen Gründe fließen aus einer Reihe von Fakten zusammen. Da ist einmal als grundsätzliche Voraussetzung die uralte Pflicht, zumindest für die männlichen Juden, zum Lernen. Der große Philosoph Moses Mendelssohn berichtet in seinen Erinnerungen, wie sein Vater ihn, einen körperlich schwachen und verkrüppelten Jungen, als Vierjährigen morgens noch in der Dunkelheit auf dem Rücken in die jüdische Kinderschule trug. Kein jüdischer Knabe war Analphabet, im Mittelalter nicht und in der Neuzeit nicht, und das zu einer Zeit, als oft noch 80 bis 90 Prozent der übrigen Bevölkerung in Mitteleuropa weder lesen noch schreiben konnte. Die Masse der Juden war immer gebildet, wenn auch sehr lange höchst einseitig.

Ein anderer wichtiger Faktor: Die Befreiung aus dem Ghetto, das Fallen der Mauern des Ghettos, das auch ein geistiges Ghetto war, die volle bürgerliche Gleichberechtigung der jüdischen Österreicher seit 1867. Die Kinder der jüdischen Kaufleute, Händler, Bankiers usw. stürzten sich auf die humanistische Bildung, auf Wissenschaft und Kunst. Überdurchschnittlich viele dieser Söhne (und auch einige Töchter) werden Musiker, Schauspieler, Schriftsteller, Ärzte, Rechtsanwälte und Journalisten, anstatt Lehrer, Hochschullehrer, Beamte oder Offiziere zu werden – Laufbahnen, die ihnen lange verschlossen waren oder außerordentlich erschwert wurden.

Und als dritter, ebenso mächtiger Faktor: Der Zwang zum Sich-Behaupten, Sich-Bewähren in einer Umwelt, die immer latent judenfeindlich war. Der jüdische Österreicher als Künstler, als Wissenschaftler, als Schriftsteller, als Arzt, später auch als Offizier, ja auch als Sportler mußte besser sein als andere, mußte besondere Anstrengungen unternehmen, um gesellschaftlich anerkannt zu werden. So werden viele Juden große Künstler, große Wissenschaftler, begeisterte Österreicher, auch begeisterte Monarchisten. Franz Joseph I. war für sie der leuchtende Stern, der sie aus der Finsternis ihrer Unfreiheit herausgeführt hatte. Das vergaßen sie ihm nie, und als er 1916 stirbt, da kommen im fernen New York die Rabbiner zusammen und veranstalten eine Trauerfeier für den toten Kaiser. Das schlimmste, was man den österreichischen und übrigens auch den deutschen Juden antun konnte, bevor man sie in die Gaskammern schleppte oder sie aus dem Lande trieb, war der Vorwurf, daß sie ein hergelaufenes Gastvolk seien und sich am österreichischen Wirtsvolk festgesaugt hätten. Die übergroße Mehrheit der jüdischen Österreicher war patriotisch eingestellt, fühlte sich als Österreicher jüdischen Glaubens. Sie liebten ihr Vaterland wahrhaftig, bis zuletzt. Das ist in aller Kürze die Beantwortung der Frage, warum die österreichische Kultur- und Geisteswelt auf allen Gebieten so überdurchschnittlich von jüdischen Österreichern repräsentiert wurde.

Wir wollen hier eines ganz klar sagen: Die Juden waren und sind keine Übermenschen. Sie sind im Durchschnitt auch nicht begabter als Nichtjuden. Unter ihnen gibt es genausoviele ehrliche Menschen wie Spitzbuben, Gute wie Böse, Schurken wie reine Seelen wie unter allen anderen Völkern und Menschengruppen. Aber sie befanden sich in Europa in einem Teufelskreis. Sie waren auf allen Gebieten zum Erfolg verdammt. Die Juden hätten über Jahrhunderte den österreichischen Herrschern nicht jene enormen Geldsummen zur Verfügung stellen können, wenn sie nicht überaus tüchtige Kaufleute mit mindestens europäischen Handelsbeziehungen und finanziellen Verbindungen gewesen wären. Und sie waren gezwungen, ihren Schuldnern hohe Zinsen zu berechnen, die wir heute als Wucherzinsen einstufen müssen. Aber die Kaiser, die Könige und die Herzoge usw. zwangen die Juden bei Strafe der Ausweisung oder noch viel härteren Strafen, ihnen immer und immer wieder Gelder zur Verfügung zu stellen. So können die großen Leistungen der jüdischen Österreicher nur Erstaunen und Respekt hervorrufen.

VERWUNDERUNG:

Wenn man die Geschichte der Juden studiert: Welches schier hoffnungslose Wandern, was für Verfolgungen, was für ein immer neuer Beginn nach Zerstörung und Beraubung! Immer wieder richten sich die Juden auf, in jedem Jahrhundert, überall auf der Erde. Wo ist die Klammer, die die Juden über Jahrtausende zusammenhielt? Es ist ihr Glaube und das Bewußtsein von der gemeinsamen Geschichte, die wiederum einen Teil des jüdischen Glaubens darstellt. Über die Grundlage dieses Glaubens, über die Thora, die fünf Bücher Moses, schrieb einmal der Dichter Heinrich Heine:

„Ein Buch ist ihr Vaterland, ihr Besitz, ihr Herrscher, ihr Glück und ihr Unglück. Sie leben in den umfriedeten Marken dieses Buches, hier üben sie ihr unveräußerliches Bürgerrecht, hier kann man sie nicht verjagen, nicht verachten, hier sind sie stark und bewunderungswürdig!"

Wer das begriffen hat, was Heinrich Heine hier so treffend charakterisiert, ist zwar immer noch verwundert über die jüdische Geschichte, deren Rückgrat so lange der Glaube war, aber verwundert ist man immer noch mehr, wenn man bedenkt, wie wenig standhaft sich zum Beispiel der katholische Glaube erwies, als der leibhaftige Antichrist mit seinen SS-Männern vor der Tür stand. Rühmliche Ausnahmen wollen wir nicht verschweigen, und es hat einige rühmliche Ausnahmen gegeben, aber wie beschämend und peinlich ist die verzweifelte Suche unter den Christen nach den wenigen „Gerechten" im Meer der Ungerechten, nach den wenigen, die auf der Grundlage ihres Glaubens Juden vor den Nazis retteten, sie verbargen, sie ernährten, obwohl darauf die Todesstrafe stand! Wie verzweifelt ist diese Suche im Meer der Ungerechten, die ihre katholische Religion so schamlos verrieten. Das betrifft übrigens auch die evangelische Kirche.

ERSCHRECKEN:

Vertreibung und Ermordung von Juden aus Glaubenshaß, aus Neid, aus wirtschaftlichen Gründen, aus Fanatismus, alles das sind untrennbare Bestandteile, aber nicht nur der österreichischen Geschichte. Doch die Schandtaten der Spanier, der Franzosen, der Polen, der Ukrainer, der Russen und vor allem der Deutschen machen die österreichischen Schandtaten gegenüber den Juden nicht kleiner. Wenn ich neun Jahrhunderte österreichischer Geschichte überblicke, dann ist für mich vor allem die stumpfsinnige Eintönigkeit der Verfolgungen und Grausamkeiten durch die Jahrhunderte das Erschreckende. Daß die Völker es nicht gemerkt haben, was sich sadistische Gehirne ideologischer Fanatiker – auch von katholischen Geistlichen – immer neu ausdachten! Daß niemand merkte, daß es immer wieder dasselbe war!

Die Juden stehlen Hostien, durchstechen sie,
bis sie bluten.
Die Juden schlachten nichtjüdische Knaben,
weil sie das Blut für die Mazze brauchen.
Die Juden vergiften die Brunnen.
Die Juden schleppen die Pest ein.
Die Juden sind schuld, wenn der Herzog
oder der König einen Krieg verliert.
Die Juden können nur handeln und schachern,
nichts anderes können sie.
Die Juden erzeugen die Wirtschaftskrisen.
Die Juden sind feige und schlapp,
sie sind weder Soldaten noch Sportler.
Die Juden streben die Weltherrschaft an.
Allein die Juden sind unser Unglück.
Die Juden sind Untermenschen.
Und so weiter und so fort bis in alle Ewigkeit.

Der Historiker hat es mit geschichtlichen Tatsachen zu tun und mit ihrer Interpretation. Wie soll der Historiker Wahnideen widerlegen? Was kann ich als Historiker sagen, wenn mir im psychiatrischen Krankenhaus am Steinhof ein Mann entgegentritt und ernsthaft behauptet, er sei Napoleon und er sei gerade von St. Helena geflohen? Ich kann nichts tun. Ich bin erschrocken über die Wahnideen, die über Jahrhunderte benutzt wurden, um die Juden zu berauben, zu verjagen und zu ermorden. Aber ein gewisses Gefühl der Hilflosigkeit befällt mich, wenn ich mich frage, wie soll ich diese Wahnideen bekämpfen, die so alt und so versteinert sind. Ich habe doch als Wissenschaftler nur die Mittel der Vernunft, die Mittel der Aufklärung, die geduldige Erklärung zur Hand, welche kulturellen, religiösen und wirtschaftlichen Gründe hinter dem Judenhaß stehen, jener Verquickung von Wahn und dem Streben nach handfesten materiellen Gütern. Wahn und Raub und Mord, das ist Antisemitismus!

Keine andere Formel finde ich. Ich erschrecke vor dem Gedanken, ich solle – der ich eine Jugendfreundin in Auschwitz verlor – mit einem Menschen streiten, der seelenruhig erklärt (und dazu auch noch mit Zitaten von englischen und amerikanischen Naziprofessoren gespickt, denn was ein Professor sagt, kann ja kein Wahnsinn sein, meinen manche Österreicher), die Gasöfen in Auschwitz seien in Wirklichkeit Duschbäder gewesen, und die Verbrennungsöfen, die man noch fand, seien in Wirklichkeit Backöfen gewesen, und die KZler hätten jeden Tag frisches, knuspriges Weißbrot aus eben diesen Öfen erhalten. Was soll ich mit einem solchen Menschen tun, der mir das alles ernsthaft erklärt? Soll ich mich schweigend abwenden, soll ich ihn nach Auschwitz schleppen, ihm die Berge von Brillen, Prothesen, Kleidungsstücken, Koffern, Haaren usw. zeigen und ihn zum Schluß in die metertiefe Asche der Vergasten und Verbrannten stoßen?

Ist das die Lösung? Soll ich das tun, oder soll ich an die Vernunft des Galileo Galilei appellieren, den Bertolt Brecht sagen läßt, man könne einen Stein nicht immer wieder zu Boden fallen lassen und sagen, der Stein fiele nicht? Läßt uns die Geschichte hoffen, daß die „sanfte Gewalt der Vernunft" (Bertolt Brecht) sich endlich doch durchsetzt? Als Historiker habe ich da so meine Zweifel, aber ich muß mich an die Vernunft halten. Etwas anderes habe ich nicht. Wenn ich nicht mehr an die Durchsetzungsmöglichkeit der Vernunft glaube, wenn ich nicht mehr an die Kraft der Überzeugung glaube, dann habe ich meinen Beruf verfehlt.

Bleibt noch das Argument, die Juden haben doch Jesus Christus umgebracht. Die Professoren Lüthi und Lapide werden von verschiedenen Standpunkten aus (vom Standpunkt der evangelischen bzw. der jüdischen Theologie) zu diesem Generalvorwurf Stellung nehmen, der fast 2 000 Jahre nach Christi Tod noch immer angeführt wird. Ist es nicht in Wirklichkeit so, daß mit dem Holocaust Jesus Christus noch einmal gekreuzigt wurde, wenn man das Christentum ernst nimmt? Bertolt Brecht, wenn ich ihn in diesem Zusammenhang noch einmal zitieren darf, hat auf seine eigene, so listige Art versucht, die „Judenverschwörung" der Lächerlichkeit preiszugeben. Da dieses Gedicht wenig bekannt ist, zitiere ich es hier. Mit dem „Regime" ist das Naziregime gemeint. Dieses Gedicht von Bertolt Brecht entstand im Kriege:

Der Jude, ein Unglück für das Volk

Wie die Lautsprecher des Regimes verkünden
Sind in unserem Land an allem Unglück die Juden schuld.
Die sich immerfort mehrenden Mißstände können, da die
Führung sehr weise ist, wie sie oft betont hat
Nur von den sich immerfort vermindernden Juden kommen.

Nur die Juden sind schuld, daß im Volk Hunger herrscht,
Obwohl die großen Großgrundbesitzer sich auf den
Feldern zu Tode arbeiten
Und obwohl die Ruhrkapitäne nur die Brosamen essen,
Die von der Arbeiter Tisch fallen.
Und nur der Jude kann dahinter stecken, wenn
Für das Brot der Weizen fehlt, weil
Das Militär für seine Übungsplätze und Kasernen
So viel Boden beschlagnahmt hat, daß er
An Umfang einer ganzen Provinz gleichkommt.
Da also
Der Jude für das Volk ein Unglück ist
Kann es hiemit für das Volk nicht schwer sein,
Einen Juden zu erkennen. Er braucht dazu
Weder Geburtsregister noch äußere Merkmale –
Alles dies kann ja täuschen –, es braucht nur zu fragen:
Ist der oder jener Mensch ein Unglück für uns? Dann
Ist er ein Jude. Ein Unglück erkennt man
Nicht an der Nase, sondern daran, daß
Man einen Schaden hat dadurch. Es sind nicht die Nasen
Die das Unglück sind, sondern die Taten. Es braucht einer
Da doch keine besondere Nase, um
Das Volk berauben zu können, er braucht doch nur
Zum Regime zu gehören! Jeder weiß,
Daß das Regime für das Volk ein Unglück ist, wenn also
Alles Unglück vom Juden kommt, muß
Das Regime vom Juden kommen, das ist doch
einleuchtend!

Mir kommt der Gedanke, man könnte sich als „Regime" auch andere Regime als das Naziregime denken...

Auf den Spuren der Geschichte der jüdischen Österreicher und auf den Spuren ihrer Todfeinde hat mich das Erschrecken über Geschichte nie losgelassen.

Wir haben Nachrichten, daß jüdische Frauen und jüdische Kaufleute schon mit den Römern an den Rhein und an die Donau kamen. Einige dieser römischen Legionen, die hierher kamen und die ihre Pferde in der Donau tränkten, sollen vorher in Palästina stationiert gewesen sein. Von dort haben sie jüdische Frauen mitgenommen. Und die Handelswege der jüdischen Kaufleute von China und dem Vorderen Orient bis nach Westeuropa sind uralt. Die Handelswege sind bekannt.

Und die Juden haben schon sehr früh eigene Bildungsstätten in Europa errichtet wie z. B. die jüdische Akademie in Mainz. In Salerno gründen Araber und Juden im Jahre 846 n. Chr. die erste Medizinische Hochschule. Medizinische Werke in hebräischer Sprache stammen schon aus dem Jahre 650 n. Chr. Jüdische Kaufleute, Ärzte und auch Diplomaten stehen damals im hohen Ansehen bei vielen Herrschern, so z. B. auch bei Karl dem Großen der Diplomat Isaac aus Aachen, der im Auftrag Karls den Kalif Harun al Raschid in Bagdad aufgesucht hatte. Er brachte nach vierjähriger Reise reiche Geschenke aus Bagdad mit, darunter den Elefanten Abulabaz, eine wirkliche Sensation im damaligen Europa.

Es ist notwendig, die Tatsache von der frühen, hochangesehenen gesellschaftlichen Stellung der Juden in Europa kurz darzulegen, die ja nicht nur bestehen geblieben wäre, sondern sich weiter frei entwickelt hätte, wenn nicht die Kreuzzüge und das die Kreuzzugsideologie widerspiegelnde 4. Laterankonzil von 1215 mit Papst Innozenz III. die herausgehobene gesellschaftliche Stellung der europäischen Juden zu vernichten begonnen hätten.

Das Jahr 1215 ist in der Tat ein Wendepunkt, wenn es auch noch lange dauerte, bis sich die Konzilsbeschlüsse in Europa durchsetzten. Was waren das für Beschlüsse?

Die Beschlüsse zielten auf eine Trennung von Christen und Juden hin. Das Konzil beschloß, die Juden am Hut und am Gewand zu kennzeichnen. Judenfleck und Judenhut sind lange das äußere Kennzeichen der Juden. Eine schlimme Tradition übrigens, die Hitler 700 Jahre später mit dem Judenstern wieder aufleben ließ. Die Beschlüsse des Konzils besagen ferner, daß die Erwerbstätigkeit der Juden entscheidend eingeschränkt wird. Kein „christlicher“ Beruf darf von Juden ausgeübt werden. Von da an dürfen sie weder Handwerker noch Bauern noch Kaufleute sein, allein Trödel, Handel und Pfandleihe bleiben ihnen, obwohl auch das Alte Testament und der Talmud Kreditgeschäfte ausdrücklich verboten haben. Die Herrschenden zwingen die Juden, diese Berufe auszuüben, Quelle immer neuer Verfolgungen und Demütigungen. So verändert sich die gesellschaftliche Stellung der Juden nach 1215 radikal, ein Absturz vom geachteten Kaufmann, Gelehrten, Diplomaten, Leibarzt zum „Kammerknecht“ der Herrscher, dienende Sklaven, die willkürlich besteuert und deren Eigentum beschlagnahmt werden kann. Und deren Rechte über sie abgetreten, verliehen, verkauft, verpfändet oder verschenkt werden können. Die Juden werden behandelt wie Sachen, wie Tiere zum Beispiel. Und das alles müssen wir uns vorstellen unter dem Trommelfeuer der katholischen Kirche, die sich immer neue Greuelmärchen ausdenkt, die dann noch hunderte Jahre später ein Julius Streicher in seinem „Stürmer" mit Behagen wieder aufgreift.

Auf unserer Drehreise finden wir immer noch Spuren dieses unheilvollen Geistes, der vom Lateran-Konzil von 1215 seinen Ausgang nahm. So kommen wir nach Thörl in Kärnten. In der dortigen Pfarrkirche St. Andreas finden wir die Wandmalerei des Thomas von Villach aus der 2. Hälfte des 15. Jahrhunderts: „Das lebende Kreuz", der Schmerzensmann am Kreuz. Alle vier Enden des Kreuzes münden in Arme und Hände, die tätig sind. Die Hand oberhalb des Hauptes Christi schließt das Himmelstor auf. Die Hand am Fußende des Kreuzes hat die Hölle verriegelt. Und nun die beiden Arme links und rechts am Querbalken des Kreuzes! Da reitet auf der einen Seite die triumphierende Ecclesia auf einem Löwen mit dem Modell der christlichen Kirche in den Händen. Das „lebende Kreuz" krönt die Ecclesia. Der Löwe, auf dem die Ecclesia reitet, schaut fromm und zufrieden. Auf der anderen Seite die Synagoga, ebenfalls eine weibliche Figur, der „Alte Bund" auf einem Esel reitend, furchtbar zugerichtet. Der Synagoga sind die Augen verbunden, ihr Banner ist gebrochen, genauso wie alle vier Beine des Esels. In der Hand trägt die Synagoga einen abgeschlagenen Ziegenbockkopf als Symbol sexueller Geilheit. Und das „Lebende Kreuz" hat zugeschlagen: Die Krone der Synagoga kollert in den Schmutz, und von oben her quer durch den Kopf und tief durch den Leib hinein ist ein langes Schwert gerammt. Am Boden wälzt sich ein alter schreiender Jude, und ein gräßlicher Teufel zetert. Eine höchst eindrucksvolle Darstellung, die auch dem letzten Analphabeten klarmachte, wer da die Macht hat und wer da vernichtet werden muß. Die abgrundtiefe Kluft, die die katholische Kirche mit den Kreuzzügen und mit den Beschlüssen des Lateran-Konzils von 1215 zwischen Christen und Juden aufreißt, ist hier auf eine höchst schauderhafte Art dargestellt. Knaurs Kulturführer „Österreich" von 1977 mit einer Gesamtauflage von fast einer Viertelmillion Exemplaren meint verharmlosend, da sei nur ein bißchen „Irrglaube" dargestellt. Die Autoren ahnen offensichtlich nicht, daß hier in Wirklichkeit ein scheußlicher Irrglaube als Christentum ausgegeben wird.

Das Plakat mit der „Judensau“ am Eingang des Frankfurter Ghettos von 1678. Goethe sah es noch …

Dann: Die Heiligblut-Kirche in Pulkau in Niederösterreich. Der junge Mann, der uns die Kirche aufschließt, ist mißtrauisch. Da sei schon einmal ein ausländisches Fernsehteam dagewesen, habe den Altar gefilmt, und dann hätte es viel Ärger gegeben. Man kann das verstehen, und man muß leider den Pulkauern weiteren „Ärger" wünschen, solange sie es zulassen, daß auf einem christlichen Altar die Juden als Gottesschänder dargestellt werden. Um 1338 wird in Pulkau aus Haß gegen die dort ansässige jüdische Gemeinde folgendes Greuelmärchen erfunden:

Der Rabbi der Gemeinde habe eine Hostie gestohlen, und er durchsticht sie. Blut fließt aus der Hostie. Die Juden bekommen Angst. Sie werfen die Hostie in den Brunnen des Rabbiners, über dem sich bis heute die Kirche erhebt. Das Wasser des Brunnens färbt sich rot und will die Hostie nicht haben. Nun verfüttern die Juden die Hostie an die Schweine. Aber die Schweine wollen die Hostie auch nicht bei sich haben, sie schreien und brechen zusammen. Fazit: Alle Juden am Ort werden verbrannt. Knaurs Kulturführer nennt das Greuelmärchen von damals ein „überliefertes Hostienwunder".

Dritte Station: Rinn und Judenstein bei Innsbruck. Über diese „christliche" Kulturschande breitet Knaurs Kulturführer den Mantel des Schweigens. Es ist kein Zufall, daß alle vier Ritualmordlegenden damals in einem bestimmten Zeitraum in Tirol entstanden sind, darunter der angebliche Ritualmord durch durchziehende jüdische Kaufleute an einem Knaben namens Andreas am 12. Juli 1462 in der Nähe des Ortes Rinn. Diese schauderhafte Geschichte hat 1621 der Haller Arzt Guarinoni frei erfunden. Über dem Stein, auf dem das Anderl angeblich geschlachtet wurde (Judenstein!), erhebt sich eine Wallfahrtskirche. Das Anderl wurde seliggesprochen. Weihrauch und Prozessionen, Anderltheateraufführungen und gute Geschäfte mit den Pilgern mischen sich über dreihundert Jahre aufs prächtigste mit der Greuelgeschichte. Der Kampf um die Entfernung dieser letzten Ritualmorddarstellung in Europa dauert nun schon über 25 Jahre, obwohl mit päpstlicher Bulle von 1961 schon ganz eindeutig gefordert wurde, alle Gegenstände, Schriften usw. aus der Kirche von Judenstein zu entfernen, die an das Ritualmordmärchen erinnern. Bischof Reinhold Stecher hat zwar manches durchsetzen können: Anderl ist nicht mehr selig. Seine Mumie ist aus dem Altar entfernt und unter Polizeischutz gegen den wütenden Protest etlicher Einwohner begraben worden. Die antisemitischen Inschriften aus der Kirche wurden entfernt. Aber an der Decke der Kirche filmen wir das Fresko der Brüder Giner von 1776: Das Anderl liegt nackt auf dem Judenstein.

Finstere Gestalten umringen es, lauter „Judasse", die dem Nazihetzfilm „Jud Süß" entsprungen sein könnten. Einer schneidet Anderl gerade die Kehle durch. Das Blut spritzt, und es wird von einem anderen Sadisten in einem Kelch aufgefangen. Schon damals ging es offenbar „nochmal so gut, wenn das Judenblut vom Messer spritzt" – ein Lied der SA. Während wir filmen, sammeln sich am Eingang der Kirche ungefähr zehn Dorfbewohner. Daß der ORF da ist, hat sich mit Windeseile herumgesprochen. Ein Bauer hat eine Mistgabel in der Hand. Und eine Frau sagt laut: „Wie lange wollen diese Hunde vom ORF hier noch bleiben?" Wir tun so, als hörten wir das nicht. Auch habe ich jede Art von Diskussion verboten. Die katholische Kirche muß versuchen, aus dem gelebten Beispiel ihre Verfehlungen zu bewältigen.

Im Team ist nur ein einziger gläubiger Katholik. Er schämt sich – wieder für die anderen Katholiken, die nicht im Traume daran denken, sich als katholische Christen zu verhalten.

Der Leser wird fragen, warum dieses scheußliche Fresko nicht entfernt worden ist. Es sei künstlerisch wertvoll, meint das Denkmalamt. Auch so kann man die gemalte Judenfeindschaft verteidigen.

Wir können von Judenstein ruhig abfahren. Aber es gab während unserer Drehreise auch andere sehr seltsame Erlebnisse. Auf den Spuren der Souffleure des Adolf Hitler: Schon seit längerer Zeit geistert Abraham a Sancta Clara, der populäre Prediger des ausgehenden 17. Jahrhunderts, immer wieder über den Bildschirm. Am Stephansdom steht noch seine steinerne Kanzel, von der aus er dem Volk predigte. Die Fernsehzuschauer kennen diesen Abraham als geistvollen, scharfzüngigen und witzigen Prediger, der so sprach, daß jeder ihn verstehen konnte. Er schaute dem Volk immer aufs Maul. Was diese regelmäßigen Fernsehsendungen den Zuschauern vorenthielten, war „der andere" Abraham a Sancta Clara, der furchtbare Antisemit. Etwa 2 000 Druckseiten aus seinen hinterlassenen Werken sind durchtränkt von infernalischem Judenhaß. Noch Julius Streichers „Stürmer" griff immer wieder auf Abraham a Sancta Clara zurück. Dieser sprach das offen aus, was Hitler tat, aber nicht öffentlich aussprach, nämlich, daß alle Juden an den Galgen gehören! Als wir mit dem Schauspieler Peter Uray die Predigt des Abraham a Sancta Clara aufzeichnen, sagt ein Kameramann zu mir. „So etwas habe ich nicht für möglich gehalten. Es ist mir kalt den Rücken hinuntergelaufen."

JUDAS
Der
Ertz-Schelm/
Für ehrliche Leuth/
Oder:
Eigentlicher Entwurff/ und Lebens-
Beschreibung deß Iscariotischen Böß wicht.
Worinnen underschiedliche Discurs, sittliche
Lehrs-Puncten / Gedicht / und Geschicht / auch sehr
reicher Vorrath Biblischer Concepten.
Welche nit allein einem Prediger auff der Cantzel sehr
dienlich fallen / der jetzigen verkehrten / bethörzten / versehrten Welt
die Warheit under die Nasen zu reiben: sondern es kan sich auch dessen ein
Privat- und einsamber Leser zur ersprießlicher Zeit-Vertreibung /
und gewünschten Seelen-Hayl gebrauchen.
Zusammen getragen
Durch
Pr. ABRAHAM à S. Clara, Augusti-
ner Baarfüsser / Kayserlichen Prediger / etc.
Erster Theil.
Cum Gratia, & Privil. S. C. M. speciali, & Permissu Superiorum.
Saltzburg / gedruckt und verlegt bey Melchior Haan /
Buchdruckern und Handlern.
ANNO M. DC. LXXXVI.

Aus einer Predigt des Augustiners Abraham a Sancta Clara:

Unter allen Nationen findet man keine so hartnäckigen, ungläubigen Völker als die verzweifelten Juden. Diese sind der Abschaum aller gottlosen und ungläubigen Leute, allermaßen sie den Welt-Heiland so lange Zeit bei und um sich gehabt, seine Miracula gesehen, seine Lehren gehört, seine Guttaten selbst erfahren und seine Unschuld erkannt haben, dennoch haben sie weder ihm noch seinen Werken Glauben gegeben, daher sind sie auch von ihm als verworfene und verdorbene Glieder mit dem unfruchtbaren Feigenbaum verflucht worden, dahingegen unterdessen viel tausend Heiden, Mohren, Inder, Barbaren und das ungeschlachteste, wildeste Volk in der neuen Welt, die Rothäute in Amerika, und andere Völker, welche von Christo nur ein wenig gehört, sich bekehrt haben.

Pfui, schämt euch, ihr Juden, als welche ihr allem Ansehen nach an dem unschuldigen Blut Christi, welches ihr verkauft, verurteilt und ans Kreuz gebracht habet. Aber der Herr hat die Juden gestraft.

Die Nachkommen derjenigen Juden, die Jesus auf dem Ölberg nach dem Kuß des Judas gefangen genommen, haben folgende Strafe erdulden müssen: Was sie in Gärten und Feldern an Grünem anrührten, muß sofort verdorren; der Same, den sie in die Erde säten, geht nicht auf, selbst auf ihren Gräbern kann kein Gras wachsen.

Die Abkömmlinge derer, die dem Herren harte Backenstreiche versetzt haben, werden bis zum heutigen Tag so geboren, daß der rechte Arm kürzer und der linke krumm und zusammengebogen ist.

Andere wieder kommen mit vier Sauzähnen auf die Welt; diese Strafe ist so entstanden: als nämlich Christus von Annas zu Kaiphas an einem Stall vorbeigeführt, worin die Hebräer etliche ihrer Kinder gesperrt hatten, hat er auf die Frage, wer und was drinnen sei, geantwortet: ihre Kinder. Die Juden hatten aber aus Scherz gesagt, Schweine seien darinnen. Und tatsächlich sind nun sofort aus den Kindern Schweine geworden, die sich im nächsten Wasser ertränkt.

Die Nachkommen derer, die dem Herren auf dem Kreuz Galle und Essig dargereicht, haben sogar am Karfreitag Maul und Nase voll von Würmern, und sie können den Kopf niemals ruhig halten.

Die Nachfahren derjenigen, die ins Angesicht Christi spöttlichen und stinkenden Speichel geworfen hatten, können, wo immer sie auch sind, auf keine Weise den Speichel zur Erde werfen. Sooft sie ausspucken, springt ihnen dieser wieder ins eigene Gesicht.

Und die den Heiland gegeißelt haben, müssen an ihren Kindeskindern erleben, daß diese alljährlich am 25. März sogar durch 6.666 Wunden oder Stiche im Leib wie geschröpft werden und dadurch großen Blutverlust erleiden.

Die Nachfahren derer, von denen die Dornenkrönung mit 15 spitzen Dornen durchgeführt wurde, bekommen alljährlich ebenfalls 15 Wunden, aus denen sehr viel Blut fließt; werden sie aber getauft, dann weicht dieses Übel.

Die Juden sind allesamt ehrvergessene, gottlose, gewissenlose, boshafte, schalkhafte, verruchte und verfluchte Gesellen und Bösewichte, „Kot-Käfer und Galgen-Zeiserl", Blutegel, Bluthunde!

Einmal bin ich auf der Donau gefahren, und wir kamen zu dem gefürchteten Donaustrudel bei Grein. Ein Rabbiner war auch auf dem Schiff und er fürchtete sich sehr.

Ich aber lachte diese saubere Monstranz ohne Heiligtum aus und versicherte ihm, er werde nicht in der Donau ersaufen.

Merke: Wer an den Galgen gehört, findet in der Donau kein Grab!

Der Text von Abraham a Sancta Clara muß aus der Zeit des Predigers verstanden werden, spricht jedoch auch für die Zeit.

Das habe ich immer wieder beobachtet: Wo Menschen der jungen Generation, die ja unvoreingenommen sind, mit diesen infernalischen Ausbrüchen des Judenhasses konfrontiert werden, reagieren sie meistens fassungslos. Aber das genügt nicht. Wissen ist notwendig, und ich hoffe immer wieder, wenn wir mit der Serie nur ein wenig Licht in die schreckliche geistige Finsternis der Unwissenheit hineinbringen, dann haben wir viel getan. Wir haben uns bemüht, überall, wo es möglich ist, durch Prosa, Gedichte und Lieder die Dokumentation reicher zu gestalten. Da gibt es nicht wenige Ur-, Neu- und Erstaufführungen. Ich denke z. B. an die Minnelieder des Süßkind von Trimberg in der Übertragung von Friedrich Torberg. Ich denke an die „Geserah" (eigentlich eine Verordnung gegen die Juden), jenen Bericht über die Verbrennung von 210 jüdischen Frauen und Männern im Jahre 1421 auf der Erdberger Lände in der Nähe von Wien. Die Geserah wird von einem Frauenchor gesprochen. Oder ich denke an den „schrecklichen Judenmarsch" von 1670, der die Vertreibung der Wiener Juden begleitete. Oder ich denke an das Lied „Die Universität", gedichtet von dem Juden Ludwig August Frankl (1848), das ein Studentenchor vor der Alten Universität wunderbar singt. Oder ich denke an das „Reiterlied" des jüdischen Österreichers Zuckermann mit der Melodie von Franz Lehár, das populärste Soldatenlied des Ersten Weltkrieges. Oder ich denke an die so selten aufgeführten „Ernsten Gesänge" von Hanns Eisler, mit Texten von Hölderlin und Stefan Hermlin. Die „Ernsten Gesänge" sind das musikalische Testament des jüdischen Komponisten und Schönberg-Schülers Hanns Eisler, den wirklich zu entdecken seine geistige Heimat Wien noch immer vor sich hat. Ich hatte das Glück, Hanns Eisler persönlich kennenzulernen, und ich kann es beurteilen, was es bedeutet, wenn es im 6. Gesang heißt (Hölderlin-Fragment):

Die Ruine der Synagoge in Klosterneuburg.

Beschädigte Thorarollen aus dem Jahr 1938, 1987 wieder aufgefunden.

Eingang zur ehemaligen Synagoge in Stadtschlaining
(im Wiederaufbau).

Der Jüdische Friedhof am Währinger Gürtel in seinem heutigen Zustand.

Das Deckenfresko in der Kirche von Judenstein: Darstellung des angeblichen Kindesmordes am Anderl von Rinn.

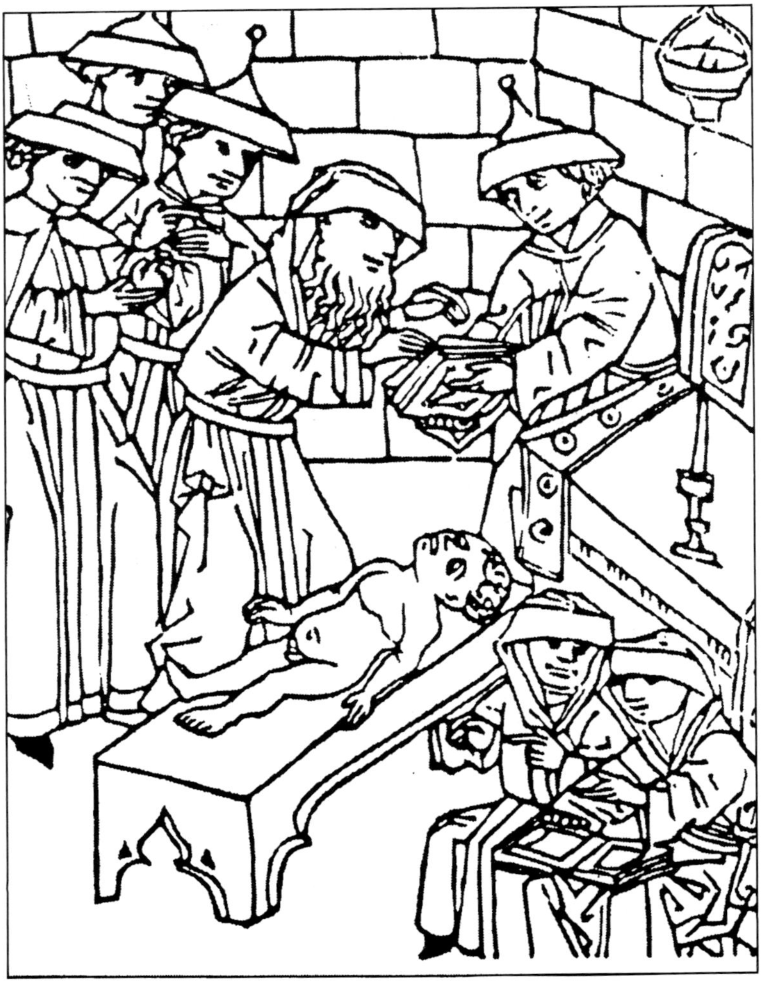

Holzschnitt aus dem Zyklus über die angebliche Ermordung des Simon von Trient.

Das lebende Kreuz in der Kirche von Thörl.

Ausschnitt aus dem Altarbild in Pulkau: Ein Jude wirft die gestohlene Hostie in den Brunnen.

Komm' ins Offene, Freund!
Zwar glänzt ein Weniges heiter nur herunter
und eng schließt der Himmel uns ein.
Trüb ist's heut', es schlummern die Gäng'
und die Gassen.
Es scheint, als sei es in der bleiernen Zeit.
Denn nicht Mächtiges ist unser Singen, aber zum Leben gehört es. Kommen doch auch der Schwalben immer einige doch, ehe der Sommer im Land. Möge der Zimmermann vom Gipfel des Dachs den Spruch tun: Wir, so gut es gelang, haben das Uns're getan.

Das ist ein Vermächtnis, das für alle großen jüdischen Künstler gilt, und Österreich sollte lernen, was es wirklich bedeutete, jene aus dem Lande gejagt zu haben, die, um ein Wort von Thomas Mann abzuwandeln, mit Recht sagen konnten, mit uns ist ein Großteil der österreichischen Kultur aus dem Lande gejagt, verfolgt und getötet worden.

Man liest in einigen Veröffentlichungen, daß nach 1945 das österreichische Judentum, so klein es geworden sei (von fast einer Viertelmillion sind 6.000 übrig geblieben), immer noch einen bedeutenden Faktor im wirtschaftlichen und kulturellen Leben des Landes darstellt. Ich kann das nicht glauben. Es gibt einige bedeutende jüdische Künstler wie Hundertwasser, Ernst Fuchs oder Arik Brauer, es gibt einige Kaufleute und Industrielle jüdischer Abkunft, aber das österreichische Judentum als ganz wesentlicher Schöpfer der Kultur, das österreichische Judentum als wirtschaftlicher Faktor (der übrigens immer übertrieben wurde), das alles gibt es nicht mehr. Wer uns im Film auf unseren Kameragängen und -fahrten begleitet, über den Währinger Friedhof und durch die grün überwachsene Wildnis der ersten Abteilung des Zentralfriedhofes, der ahnt etwas vom einstigen Glanz und dem Reichtum, auch dem geistigen Reichtum des jüdischen Österreichs.

Die Gräber sind geblieben und die unsterblichen Werke der Musik, der Literatur, die Lieder und manche wunderbare Kabarett-Szenen und viele Filme, die jüdische Österreicher gestaltet haben. Die Großtaten der Wiener Medizinischen Schule sind geblieben, in der viele jüdische Österreicher gewirkt haben, die sozialen Bauten sind geblieben wie der Sandleithen-Hof und der Karl-Marx-Hof, Bauten, die jüdische Intellektuelle inspirierten. Das sind die Denkmäler des jüdischen Österreich. Vom Wiener Judentum ist nichts geblieben.

An einem Sabbat gehe ich mit in einen dieser kleinen, kahlen Gebetssäle der orthodoxen Juden im 2. Bezirk. Kein Bild, kein Schmuck, nichts lenkt hier ab vom flehentlichen Gebet und den Gesängen. Da beten sie: Sieben junge Juden aus dem Iran, einer aus der Ukraine, mit dem ich mich russisch unterhalte, einige aus Israel und aus den USA. Dazwischen – wie verloren – zwei oder drei Wiener Juden, alte Männer, die das Grauen überlebten. Der Rabbiner hält eine kleine Ansprache – auf englisch. Alle eint der Glaube an den einen Gott. Der iranische Jüngling genauso wie der alte Wiener lesen einen Abschnitt aus der Thora, als sie aufgerufen werden. Dann werden die Tische zusammengestellt, und wir essen und trinken gemeinsam. Unter den Anwesenden sind sehr arme Leute, man sieht, wie hungrig sie sind. Diese kleine Glaubensgemeinschaft mit ihrer einfachen Herzlichkeit, auch dem Fremden, dem Ungläubigen gegenüber, hat mich tief beeindruckt. Aber auch hier erkenne ich: Das Wiener Judentum ist vernichtet, es gibt es nicht mehr, und es wird es nie wieder geben.

Dazu in schneidendem Gegensatz: Die Kirche auf dem Zentralfriedhof – die Lueger-Kirche. Der große Kommunalpolitiker und Antisemit hat sich hier selbst ein Denkmal gesetzt, eine Kirche im Jugendstil, erbaut von Max Hegele, einem Schüler Otto Wagners. Dr. Karl Lueger selbst hat in einer Gruft eine überaus prächtige Ruhestätte gefunden. So ist kein Habsburger begraben worden. Das filmen wir, und dann sind wir in der Kirche selbst und filmen die Bilder über dem Altar. Auch hier: Lueger beherrscht alles. Rechts kniet er, so dargestellt, wie schon im Mittelalter die Kirchenstifter dargestellt sind, und links kniet er noch einmal im Totenhemd, gestützt von zwei Engeln.

Der Geistliche, der uns führt, erzählt uns schmunzelnd, daß manche Gottesdienstbesucher aus der Tatsache, daß Karl Lueger zweimal über dem Altar schwebt, die Schlußfolgerung ziehen, Lueger sei heiliggesprochen.

Der letzte Teil der Fernsehserie ist dem Jahr 1938 gewidmet. Eine furchtbare Bilanz. 1938 lebten in Österreich 185.246 von den Kultusgemeinden registrierte Juden als jüdische Österreicher, die sich selbst zur Kultusgemeinde zugehörig fühlten. Von diesen 185.246 flohen etwa 128.500 ins Ausland. 67.601 wurden in die KZs deportiert, es überlebten lediglich 2.142. Aber die

Zahl der nach den Rassengesetzen der Nazis verfolgten, verjagten und ermordeten jüdischen Österreicher war viel größer als die Zahl 185.246. Die Schätzungen schwanken zwischen 200.000 und 250.000 rassisch verfolgter Österreicher. Das heißt, wieviele wirklich ins Ausland flohen, wieviele wirklich von den Nazis ermordet wurden, wissen wir nicht genau, und wir werden es auch nicht mehr erfahren.

Wie soll man nun eine solch furchtbare Bilanz in einer Stunde, in einem Dokumentarfilm darstellen? Der einzig gangbare Weg, Einzelschicksale darzustellen, die das furchtbare Gesamtschicksal repräsentieren sollen:

Der Wiener Student Walter Grab wird von SA-Leuten gedemütigt und flieht nach Palästina.

Der hochangesehene Oberbaurat der österreichischen Bundesbahn Richard Berger wird in Innsbruck von SS-Leuten ermordet.

Und im September 1944 wird im Untergrund in der Zirkusgasse im 2. Bezirk ein jüdisches Kind geboren, ein Verbrechen, das die Nazis mit dem Tode zu bestrafen pflegten: Fritz Rubin-Bittmann, heute Arzt am Hanuschkrankenhaus.

Das sind unsere Schicksale, stellvertretend für über 200.000 jüdische Österreicher. Nur so glaube ich, daß der Zuseher bzw. Leser diese Massentragödie ein wenig begreifen kann. Und jeder soll sich vorstellen, er wäre am 12. März 1938 ein Jude in Österreich gewesen.

Es ist menschlich verständlich, wenn gerade die Betroffenen, die Opfer, nicht immer wieder an eine bittere Vergangenheit erinnert werden möchten, und doch haben sie vor der Kamera Rede und Antwort gestanden. Die Nazis aber und die Mitläufer und die Dulder der Verbrecher brüllen uns zu, wir sollten nicht immer wieder alte Wunden aufreißen. Die „Wunden" der Nazis, der Mitläufer und der Dulder von Verbrechen bestehen darin, daß ihre Hoffnung, Hitler würde über Europa siegen und einen gigantischen SS-Staat mit Herren und Sklaven errichten, sich nicht erfüllte. Daher der infernalische Haß gerade auf das russische Volk, das viele Millionen Menschen opferte, um Hitler und seinem Anhang das Genick zu brechen. Selbst diese ewigen Nazis sollten doch endlich zugeben, daß es ihr böses Gewissen ist, das sie noch heute die Juden hassen läßt, denn die „Endlösung" gelang eben nicht. Und jeden Tag kann man in

Wien einem lebendigen Juden begegnen. So hat man also seine eigene Schande immer vor Augen.

Was die jüdische Bevölkerung erwartete, nachdem das Naziregime – übrigens bevor auch nur ein deutscher Soldat österreichisches Territorium betreten hatte – mit SA und SS in Österreich gesiegt hatte, das war ungefähr vorauszusehen. Was nicht vorauszusehen war, war die massenhafte begeisterte Teilnahme von österreichischen Männern und Frauen an den tagelangen öffentlichen Quälereien und Demütigungen der jüdischen Mitbürger, ganz abgesehen von dem gigantischen Raubzug am jüdischen Vermögen.

„Der Raubzug"

Die jüdischen Österreicher hatten 2,2 Milliarden Reichsmark zwangsweise als Vermögen angemeldet. Die Summe der in Österreich 1938 umlaufenden Banknoten betrug 1,2 Milliarden RM.

2,2 Milliarden RM waren 1960 132 Milliarden öS. Heute etwa 396 Milliarden öS.

Das ist eine sehr vorsichtige Schätzung, denn die „arisierten" Betriebe wurden ja weit unter ihrem Wert angekauft oder einfach geraubt.

Außerdem haben amerikanische jüdische Organisationen für die Ausreise von österr. Juden 1,6 Millionen Dollar (Wert von 1938) aufgebracht.

Das jüdische Wien wurde geplündert, so wie im Mittelalter die Landsknechte eine feindliche Stadt plünderten. Wenn alle die Kunstgegenstände, das Silber, die Möbel Zungen hätten, was für ein Geschrei würde noch 1988 aus manchen „arischen" Wohnungen ertönen! Und wir haben vergessen, wieviele der heute noch bekannten Betriebe und Geschäfte 1938 und danach „arisiert" wurden, das heißt, den Juden gestohlen oder gegen „ein Butterbrot" fast mit vorgehaltener Pistole „abgekauft" wurden. Was diesen Teil der Serie „Rassesieg in der Ostmark" anbelangt, so haben unsere Gesprächspartner schwere Stunden erleben müssen.

Als ich meinen Freund Prof. Walter Grab, langjähriger Direktor des Instituts für Deutsche Geschichte der Universität Tel Aviv, in der Liechtensteinstraße in Wien in den Keller führte, wo er 1938 von SA-Leuten gequält und gedemütigt wurde, da kann er noch nach 50 Jahren nicht seinen Zorn und seine furchtbare Erregung verbergen.

Anders reagierte Dr. Rubin-Bittmann, der ja bewußt die Nazi-Zeit nicht erlebte, denn 1945 war er erst wenige Monate alt. Immer wieder beschwört er vor der Kamera das Andenken an seine Eltern herauf, die allerdings ganz außergewöhnliche Menschen, ja Helden gewesen sein müssen.

Am schwersten hatte es der englische Kaufmann Frederic Benson gehabt, der in Innsbruck als Fritz Berger, als Sohn des ermordeten Richard Berger, geboren wurde. Nach 49 Jahren steht Frederic Benson im Hausflur und im Hof jenes Hauses, wo er eine glückliche Kindheit und Jugend verbrachte und wo sein Vater in der Nacht vom 9. auf den 10. November 1938 von SS-Leuten die Treppe hinuntergeschleift wurde. Zehn Minuten später wird Richard Berger am Ufer des Inn ermordet und in den Fluß geworfen. Wenige Tage später erhält seine Witwe aus München ein Postpaket, das sie auch noch bezahlen muß. Inhalt laut Deklaration: „Aschenreste". Und ein Totenschein, der gefälscht ist. Mord und Lüge – die wesentlichen Kennzeichen des Nazi-Regimes. Nichts war von Richard Berger geblieben, nur Aschenreste. Frederic Benson erzählt uns das alles. Alle Dokumente hat er mitgebracht, und wir sehen, wie er leidet. Als wir in rasender Kamerafahrt den Weg zur Mordstelle nachvollziehen, begleitet uns Frederic Benson nicht. Das wäre über seine Kraft gegangen. Dramatisch ist auch dann, als er erzählt, was er als englischer Soldat 1946 vollbracht hat. Er findet in Klagenfurt einen der Mörder seines Vaters, den SS-Mann Dr. Lausegger, und er verhört ihn so lange, bis der hartgesottene Mörder zusammenbricht und alles gesteht. Als er von zwei österreichischen Gendarmen abtransportiert wird, kann er unter sehr mysteriösen Umständen entfliehen. Er ist nie wieder aufgetaucht. „Ich hatte meiner Mutter versprochen, die Mörder meines Vaters zu suchen. Einen habe ich wenigstens gefunden", sagt Frederic Benson.

Im Buch finden Sie auch etwas über das kurze Leben der Ilse Brüll aus Innsbruck. Wir konnten ihr Schicksal nicht mehr in den Film aufnehmen. Als wir auf dem jüdischen Friedhof in Innsbruck die Reihen der Soldatengräber aus dem Ersten Weltkrieg filmten, wurden wir von einer uns unbekannten Frau, von Frau Ingeborg Brüll, angesprochen, die uns fast flehentlich bat, wir möchten doch auch über ihre Kusine Ilse Brüll berichten. Ilse Brüll, eine gläubige Jüdin, ist 17 Jahre alt geworden. Keine Spur ist von ihr geblieben. Ich hoffe sehr, daß auch junge Menschen diese Zeilen lesen. Wenn man an das Schicksal von Anne Frank denkt, sollte man – zumindest in Innsbruck – an das junge Mädchen Ilse Brüll denken.

Innsbruck hat übrigens, was die Mordnacht des 9./10. November 1938 anbelangt, einen traurigen Ruhm erworben. Im Verhältnis zur Einwohnerzahl war Innsbruck die Stadt, in der in dieser Nacht die größte Anzahl von Juden, nämlich drei, ermordet wurde. Ich vermeide den Ausdruck „Reichskristallnacht“, denn es ist ein verharmlosender Ausdruck der Nazis, die bekanntlich so taten, als sei nur ein bißchen jüdisches Porzellan und Kristall entzweigegangen. In dieser kalten Nacht vom 9. auf den 10. November zeigt sich die SS völlig ohne jede Maske: Eine Mörderbande, die bald ganz Europa in Brand stecken sollte. Selbst überzeugte Nationalsozialisten sollen sich nach dieser Mordorgie schaudernd abgewandt haben.

Was bleibt? Es bleiben nicht nur bittere Gefühle, sondern es bleibt auch eine tiefe Entschlossenheit: Der Rassismus muß mit allen legalen gesetzlichen Mitteln, aber auch mit Vernunft und Aufklärung bekämpft werden. Das bedeutet nicht, daß „Trauerarbeit“ geleistet werden soll, wie es manchmal wohlmeinend gefordert wird, sondern ich stimme mit dem jüdischen Österreicher Arik Brauer, Maler und Komponist, völlig überein, wenn er schreibt:

> Trauerarbeit, was soll man sich darunter vorstellen? Einen riesigen Schuldberg, der durch gemeinsames öffentliches Trauern sukzessive abgetragen wird? Ein schöner Gedanke, gesellschaftspolitisch aber ein Unsinn. Was will man damit erreichen? Einige tausend in Österreich lebende Juden sollen sich getröstet, einige tausend junge Neonazis zur Demokratie hingezogen fühlen. Und im Ausland soll sich das angeschlagene Image Österreichs verbessern. Nichts von all dem wird passieren. Ich zum Beispiel möchte keineswegs, daß jemand kommt, mir die Hand schüttelt und sagt: „Es tut mir leid, daß man deinen Vater zu Seife verarbeitet hat.“ Diejenigen, die es getan haben, kommen nicht: Und kämen sie, ich könnte ihnen nur lebenslangen Haß anbieten. Was jene angeht, die es geschehen ließen, wer

bin ich, daß ich Absolution verteile – wahrscheinlich hätte ich es auch geschehen lassen. Wer damals erwachsen war, ist heute über 70. Welche gesellschaftliche Bedeutung hat der Gewissenszustand von Greisen für unsere Zukunft? Und jene Menschen mit der sogenannten „Gnade der späten Geburt“ – was geht sie die Schuld ihrer Väter an? Ich glaube nicht an Kollektivschuld, nicht an Vererbbarkeit von Schuld... Welchen Einfluß hat aber die Trauerarbeit auf die Jugend? Einen vielfältigen sicher. Unterm Strich aber, wie ich meine, einen negativen. Wen will man ansprechen: Die für faschistische Ideologien Anfälligen oder bereits Indoktrinierten, deren Eltern oder Großeltern meist aktive Nationalsozialisten waren? Oder jene große Mehrheit, die dem ganzen Problem unwissend und gleichgültig gegenübersteht? Wie aber reagiert der Durchschnittsmensch, wenn er moralisch ins Eck gedrängt wird mit dem Vorwurf: Deine Eltern waren entweder dumm oder Verbrecher. In seltenen Fällen wird die Reaktion jener ebenfalls gefährliche Philosemitismus sein, der früher oder später in Enttäuschung münden muß. Meist aber wird die Reaktion aggressiv sein. Krampfhafte Suche nach jüdischer Mitschuld an der Katastrophe. Aufrechnen der Sünden anderer Völker oder striktes Leugnen. Der Mensch ist nicht imstande, mit der Erkenntnis zu leben: „Ich gehöre zu den Bösen.“ Er muß einen moralischen Ausweg haben, man muß ihm gewissermaßen ein ethisches Hintertürl lassen. Es kommt dabei nicht auf absolute Gerechtigkeit oder Wahrheit an. Das ist ohnehin zu vergessen. Es kommt nur auf das Resultat an. Was wäre zu tun? Die demokratische Erziehung in Österreich müßte vor allem die Verbrechen des Hitler-Regimes am eigenen Volk betonen. Daß ehemalige KZ-Häftlinge in Schulen ihre Erlebnisse berichten, ist gut, aber viel wichtiger wären die Erzählungen ehemaliger Stalingrad-Soldaten. Kluge Durchschnittsbürger müßten der Jugend berichten, was ein totalitäres Regime im täglichen Leben des Normalverbrauchers bedeutet. Die Erziehungsarbeit in Radio, Fernsehen und der Presse müßte von Leuten vorgetragen werden, mit denen sich der Jugendliche leicht identifizieren kann. Was nützen die Worte noch so kluger Emigranten, wenn sich der Durchschnittszuhörer nur denkt: „Das ist nicht mein Schicksal, was geht mich das an?“

Auch ich will keinem Mörder die Hand schütteln. Es gibt nichts zu vergeben und zu vergessen denen gegenüber, die die „Endlösung“ fast vollenden konnten. Aber all die anderen? Sie sollen ihre Geschichte annehmen, denn was für einen Sinn könnte Geschichte haben, wenn nicht den, daß man aus ihr etwas lernen kann, daß man die Welt erkennt, im besten Sinne. So ist auch diese Filmserie als ganz kleiner Beitrag zur Erkenntnis zu verstehen, keineswegs als neuerliche Anklage oder Abrechnung.

Ich habe nach zweijähriger Arbeit an dieser Filmserie vielen Menschen zu danken. Vor allem den Persönlichkeiten, die an diesem Buch mitgeschrieben haben. Ihnen allen verdanke ich viele Erkenntnisse, Ratschläge und Einsichten. Mein besonders herzlicher Dank gilt

- Prof. Dr. Walter Grab, Tel Aviv, der die wissenschaftliche Grundlage für diese Filmserie erarbeitete und der mir immer wieder half, zu neuen Erkenntnissen zu kommen.
- Willi Lindenberger, meinem Kameramann, der mit großem Einfühlungsvermögen meine Ideen als Regisseur filmisch umsetzte.
- Dr. Uta Tschernuth, Mitarbeiterin des Historischen Archivs des ORF. Ihrer intensiven Arbeit verdanken wir die vielen historischen Aufnahmen, Fotos, Zeichnungen usw., die sie aus der Nationalbibliothek und anderen Archiven heranschaffte.
- Frau Dr. Isabella Ackerl und Herrn Dr. Fritz Rubin-Bittmann sowie dem Verlag Herold möchte ich wegen der Bemühungen um die Herausgabe dieses Buches meinen besonderen Dank aussprechen.

Die Bearbeitung dieses Themas, zum erstenmal in einer solchen Breite, schließt jedoch auch mit ein, daß nicht alle Bereiche abgedeckt werden konnten, hervorgerufen durch technische und redaktionelle Rahmenbedingungen. Deshalb entstanden Bilder aus der Geschichte der jüdischen Österreicher, Bilder mit historischem Tiefgang, deren Zielsetzung darin liegt, Wissen um und Verständnis für die Geschichte der jüdischen Österreicher zu bewirken.

DAS WIENER JUDENTUM

Eine historische Übersicht

Walter Grab

Das Zeitalter der Privilegienordnung

Ebenso wie in anderen christlichen Städten lebten die Juden auch in Wien im Zeitalter der ständischen Privilegienordnung in einem von der übrigen Bevölkerung abgesonderten Stadtviertel. Die kirchliche Vorstellung von der „gottgewollten Knechtschaft der Juden“ diente dazu, sie diskriminierenden Gesetzen und Vorschriften zu unterwerfen. Das Bürgertum erblickte in den Juden lästige Konkurrenten und drängte auf ihre Vertreibung, wobei religiöse Beschuldigungen als willkommener Vorwand dienten. Obwohl sie von der Produktion materieller Güter ausgeschlossen waren und in keine Handwerkerzünfte aufgenommen wurden, erfüllten sie dennoch notwendige ökonomische Funktionen, denen es hauptsächlich zu verdanken war, daß sie allen Verfolgungen standhielten und nach den Vertreibungen zurückgerufen wurden. Wohlhabenden Juden war das Kreditwesen, weniger Bemittelten der Hausierhandel und der Handel mit Trödel zugewiesen. Für die Erlaubnis, nach den Sitten und Zeremonialgesetzen ihrer Religion leben zu dürfen, Selbstverwaltung und innere Gerichtsbarkeit der Rabbiner zu erhalten, mußten die Juden sehr hohe Steuern zahlen. Der Wucherzins, den die jüdischen Pfandleiher nehmen durften, war ihnen von den Fürsten ausdrücklich zugestanden, um die hohen Abgaben bezahlen zu können.

Das erste Wiener Ghetto, von dem Straßennamen wie „Judenplatz“ und „Schulhof“ noch heute Zeugnis ablegen, wurde zur Zeit der Babenberger gegründet und bestand bis zur Vertreibung um 1421. Als Herzog Albrecht V. im Hussitenkrieg eine Niederlage erlitt, schob er die Schuld den Juden zu. Etwa 800 Juden wurden zum Stadttor hinausgeführt und auf ruderlose Boote gesetzt. Sie trieben auf der Donau bis nach Ungarn. Die übrigen etwa 200 Juden wurden auf einer Wiese an der Weißgerberlände in Erdberg (heute 3. Bezirk) auf Scheiterhaufen verbrannt. Eine Gedenktafel am Haus „Zum großen Jordan“ (Judenplatz 2), die 1520 angebracht wurde und noch heute zu sehen ist, zeigt die Verbrennung der Juden. Die lateinische Inschrift bezeichnet diesen Märtyrertod als gerechte Sühne für die „furchtbaren Verbrechen der Hebräerhunde“ (flamma assurgens hebraeum purgat crimina saeva canum).

Seit Mitte des 15. Jahrhunderts erlaubten die Behörden Juden wieder den Aufenthalt in Wien. Sie mußten ein „Judenzeichen“ von gelber Farbe sichtbar auf dem Gewand tragen. Kaiser Maximilian II. (1527 bis 1576) wies ihnen als Wohnbezirk den „Unteren Werd“ auf der Donauinsel (später ein Teil der Leopoldstadt, 2. Bezirk) an. Sie erhielten das Privileg zur Errichtung einer Gemeinde und der Anlage eines Friedhofs; einige Grabdenkmäler, deren Inschriften die Geschichte des alten Ghettos spiegeln, sind erhalten (9. Bezirk, Seegasse 9). Dieser Friedhof wurde bis 1784 benutzt.

Die Judengemeinde hatte eine jährliche Abgabe von 10.000 Gulden zu zahlen, die auf die einzelnen Familien aufgeteilt wurde; bei besonderen Vorkommnissen wie Kriegsausbruch und Friedensschlüssen (z. B. dem Westfälischen Frieden), Thronbesteigungen und Geburten von Thronfolgern usw. mußten sie Sonderzahlungen leisten. Die jüdische Oberschicht des Ghettos bestand vorwiegend aus privilegierten Kaufleuten, die rege Handelsbeziehungen mit Polen, Italien und der Türkei unterhielten. Kaiser Leopold I. (1640 bis 1705) bestätigte ihnen zunächst ihre Privilegien, aber 1660 kam es während einer „Einschätzung“ des Werts der Judenhäuser zu einem Pogrom. Als die Kunde vom „Messias“ Sabbatai Zwi 1666 nach Wien drang, hoffte die Judengemeinde auf die nahe Erlösung und bereitete sich auf den Auszug ins Heilige Land vor. Die Enttäuschung, als die messianische Hoffnung sich als Trug herausstellte, war gewaltig. Kurz darauf starb der Kronprinz im Alter von drei Monaten, und als auch ein Brand in der Hofburg ausbrach, bei dem sich die kaiserliche Familie nur mit Mühe retten konnte, bezeichneten der Wiener Magistrat und eine Hofclique unter Anführung von Bischof Leopold Kollonitsch die Juden als Schuldige. Die aus etwa 4.000 Menschen bestehende Gemeinde wurde 1670 vertrieben. Einer der wütendsten Judenfeinde war der wortgewaltige Prediger Abraham a Sancta Clara, dessen Ausfälle gegen „gottlose, heillose, ehrlose, treulose, gewissenlose Hebräer" beim Publikum begeisterten Anklang fanden. Die Wiener Juden, von denen keiner die Taufe nehmen wollte, zogen mit Schofarbläsern an der Spitze aus der Stadt aus; manche zogen nach Mähren, andere nach Ungarn, während die fünfzig reichsten Familien vom „Großen Kurfürsten" Friedrich Wilhelm von Preußen nach Berlin eingeladen wurden und dort den Kern der späteren Gemeinde bildeten.

Da die Stadt Wien nicht imstande war, den Ausfall der Judensteuer zu ersetzen, sah sich der in Kriege gegen die Franzosen und Türken verwickelte Kaiser gezwungen, Kontakte mit auswärtigen reichen Juden aufzunehmen. Samuel Oppenheimer (1635 bis 1703), der aus Heidelberg stammte, wurde seit 1673 zum Armeelieferanten Österreichs und zum „Hofjuden" Kaiser Leopolds I. Er beschaffte die notwendigen Kredite für die Feldzüge gegen die Türkei, sorgte für den Ankauf von Waffen und Munition, von Heeresproviant und Uniformen, schuf eine Donauflotte und war auch Hofbankier und Juwelenhändler für den kaiserlichen und adeligen Bedarf. Ohne seine Finanzoperationen hätten die Türkenkriege nicht zum erfolgreichen Abschluß geführt werden können. Gemeinsam mit seinem Schwiegersohn Simson Wertheimer (1658 bis 1724) begründete Oppenheimer wieder die Ansiedlung von Juden in Wien. Wertheimer rückte nach dem Tod seines Schwiegervaters in dessen Position auf und wurde „Oberhoffaktor" des Kaisers. Er finanzierte großteils den Spanischen Erbfolgekrieg. Wertheimer, der auch das Ehrenamt eines ungarischen Landesrabbiners bekleidete, förderte das Talmudstudium, schuf einen Hilfsfonds für bedürftige Juden und intervenierte beim Kaiser, als der Heidelberger protestantische Theologe Johann Andreas Eisenmenger um ein kaiserliches Privileg zur Veröffentlichung seiner Hetzschrift „Entdecktes Judentum" ansuchte. Dieses Buch enthielt eine Unzahl mittelalterlicher Legenden angeblicher jüdischer Hostienschändungen und Ritualmorde, stellte alle antichristlichen Talmudzitate zusammen und nannte die Juden ein gottverfluchtes Satansvolk. (Es wurde noch von den Nationalsozialisten als „Fundgrube" benutzt.) Es gelang Wertheimer, den Druck dieses Buches elf Jahre lang zu verhindern; es erschien 1711 außerhalb der Grenzen der kaiserlichen Machtbefugnis, in Königsberg in Ostpreußen.

Im Jahre 1718 verpflichtete sich Kaiser Karl VI., den türkischen Juden den freien Aufenthalt in Wien zu gestatten; Vorsteher der spaniolischen Gemeinde wurde der aus Portugal stammende Hoffaktor Diego d'Aguillar, der 1723 das österreichische Tabakmonopol erhielt. Aschkenasische Juden waren aber von diesen Privilegien ausgenommen und durften auch keine Gemeinde und keinen öffentlich zugänglichen Tempel errichten. Die restriktive Judenordnung Wiens, die bis zu den Emanzipationsedikten Josefs II. in Kraft blieb, gestattete nur einem einzigen Sohn jeder Familie die Heirat, um die Anzahl der Juden nicht zu vermehren; die anderen Söhne mußten die Stadt im Falle ihrer Verehelichung verlassen. Die Juden mußten eine Kopfsteuer zahlen, für die Tilgung der Kriegsschulden aufkommen und waren verschiedenen erniedrigenden Sonderbestimmungen ausgesetzt.

Maria Theresia (1717 bis 1780) war dermaßen von Vorurteilen gegen die Juden erfüllt, daß sie sich bei Audienzen mit Juden hinter einem Vorhang verbarg und noch drei Jahre vor ihrem Tod behauptete, sie kenne „keine ärgere Pest als diese Nation, die nur betrügt, wuchert und redliche gute Christen an den Bettelstab bringen will". Sie gab 1745 den Befehl, die Juden der altehrwürdigen Gemeinde Prag zu vertreiben (was durch die Intervention von Diego d'Aguillar und Wolf Wertheimer – dem Sohn Simsons – rückgängig gemacht wurde), und versuchte, die Anzahl der Wiener Juden durch Schikanen zu verringern. So wurden im Jahre 1772 knapp 600 Juden in Wien gezählt.

Der judenfeindlichen Haltung der Herrscherin konnte sich der einzelne durch die Taufe entziehen. Dies bewies der Philosoph und Ratgeber Maria Theresias, Joseph von Sonnenfels, der als Kind getauft wurde. Sonnenfels (1733 bis 1817) war einer der wichtigsten Vorkämpfer des aufgeklärten Absolutismus. Mit seinem Eintreten für Abschaffung der Folter und seinen Werken über Staatsverwaltung und Finanzwissenschaft leistete er einen wesentlichen Beitrag zur Neugestaltung der Justiz. Er war zeitlebens auf seine jüdische Abkunft stolz, lud den Berliner jüdischen Philosophen Moses Mendelssohn zur Mitarbeit an einer Akademie der Wissenschaften in Wien, die er gründen wollte, ein und formulierte die Emanzipationsdekrete des Sohnes und Mitregenten Maria Theresias, des späteren Kaisers Josefs II. Unter der Leitung von Sonnenfels wurde das 1741 gegründete Burgtheater zum „Hof- und Nationaltheater" erhoben.

Kaiser Josef II. (1741 bis 1790), der die Aufklärung in erster Linie als Instrument zur Durchsetzung seiner politischen Ziele und Machtinteressen ansah, erließ im Zuge seiner zahlreichen

Reformen zur Stärkung seiner absolutistischen Macht 1782 bis 1789 sechs Toleranzpatente für die Juden in den verschiedenen Provinzen der Donaumonarchie. Diese Patente berechtigten die innerjüdische Autonomie und die rabbinische Gerichtsbarkeit, sahen staatliche Schulreformen, Zwangsmaßnahmen zur Berufslenkung und Militärdienstpflicht der Juden vor, um sie, wie es hieß, in „nützliche Untertanen" zu verwandeln; diesem Zweck diente auch die Vorschrift, daß die Wiener Juden deutsche Vor- und Zunamen annehmen mußten und ihre Matriken von nun an in deutscher Sprache zu führen hatten. Die Schranken, die sie von den meisten Erwerbszweigen und von weltlicher, nichtjüdischer Bildung ausschlossen, wurden aber weitgehend aufgehoben. Als „Gegenleistung" erwarteten die josefinischen Behörden die Bereitschaft der Juden, auf ihre althergebrachten Lebensformen und traditionellen Werte zu verzichten.

Der Kaiser erließ die Toleranzpatente, die die soziale Eingliederung der Juden und ihre Anpassung an die Bevölkerungsmehrheit erleichtern sollten, nicht wegen seiner humanitären und judenfreundlichen Gesinnung, sondern vielmehr aus Erkenntnis, daß die notwendige Säkularisierung aller Lebensbereiche, die rechtliche Gleichstellung aller Untertanen erforderlich machte. Das allmählich aufkommende profit- und leistungsorientierte System der Marktgesellschaft duldete keine isolierten Gruppen mit Sonderrechten, sondern neigte dazu, alle Religionen, also auch die jüdische, dem öffentlichen Bereich zu entziehen und zur Privatsache zu erklären, also zu konfessionalisieren. Dennoch hob das Toleranzpatent für die Wiener Juden vom 2. Jänner 1782 keineswegs alle Benachteiligungen auf. Es blieb ihnen weiterhin verboten, eine Synagoge zu errichten und sich zu einer Gemeinde zusammenzuschließen; lediglich „Vertreter" der Judenschaft wurden zugelassen. Besonders streng verboten wurde der Zuzug von Juden aus anderen Teilen der Habsburgermonarchie, vor allem aus Galizien, das nach der ersten Teilung Polens 1772 österreichisch geworden war.

Von der Revolutionsepoche bis zur politischen Gleichberechtigung

Die Erleichterungen und Begünstigungen der Toleranzedikte kamen in erster Linie der wohlhabenden Oberschicht der Wiener Juden zugute. Der erste Jude, dem es gelang, in die Spitzen der

Gesellschaft aufzusteigen, war Israel Hönig von Hönigsberg, der seit 1783 als Direktor der Tabakregie fungierte; ihm verlieh der Kaiser sechs Jahre später den erblichen Adel. 1797 wurde Bernhard Eskeles (1753 bis 1839) geadelt; er war der Sohn des Landesrabbiners von Mähren und hatte in Wien ein florierendes Handelshaus errichtet. Eskeles, der später bei der Gründung der Ersten Österreichischen Sparkasse und der Oesterreichischen Nationalbank mitwirkte, war der Schwager eines anderen Repräsentanten der jüdischen Geldaristokratie, Nathan Adam Arnstein (1748 bis 1838). Arnstein, der ebenfalls in den Freiherrnstand erhoben wurde, war der Sproß einer Familie, die im Dienst des Hofjuden Simson Wertheimer zu Beginn des 18. Jahrhunderts nach Wien gekommen war. Das Bankhaus Arnstein & Eskeles war bis zum Aufstieg der Rothschilds das führende Geldinstitut Österreichs. Die Gattin Arnsteins, Fanny, war die Tochter des reichen Berliner Bankiers Daniel Itzig. Ähnlich wie Rachel Levin-Varnhagen und Henriette Herz in der preußischen Hauptstadt spielte Fanny von Arnstein (1758 bis 1818) eine bedeutende Rolle im kulturellen und geistigen Leben Wiens um die Wende vom 18. zum 19. Jahrhundert. Sie bildete den Mittelpunkt eines glänzenden Kreises von Adeligen. Fürst Karl von Liechtenstein, der in sie verliebt war, fiel aus Leidenschaft für sie im Duell. Mit steigendem Reichtum lockerten sich die Bindungen an die jüdische Tradition immer mehr; im Salon der Fanny von Arnstein wurde zu Weihnachten 1814, während des Wiener Kongresses, bereits ein Lichterbaum angezündet, und Fanny hatte gegen die Taufe ihrer Tochter Henriette nichts einzuwenden.

Der jüdische Anteil am Bankwesen, Großhandel und bei der Gründung industrieller Unternehmungen stieg im Vormärz stark an. Unter den reichen Juden, die sich oder ihre Kinder taufen ließen und in den Adelsstand aufstiegen, fanden sich viele, die aus Mähren, Böhmen, den deutschen Teilstaaten oder dem nahen Preßburg, das zu Ungarn gehörte, zugewandert waren. Der Bankier Mordechai Markus Leidesdorf organisierte den militärischen Spitaldienst und wurde dafür 1817 zum „Ritter von Neuwall“ geschlagen; der Seidenfabrikant Isaak Löw Hofmann, der ein streng orthodoxer Jude war, nahm nach Erhebung in den Adelsstand den Namen „von Hofmannsthal“ an; sein Sohn, der Großvater des Dichters Hugo von Hofmannsthal, ließ sich taufen. Im Jahre 1821 zählte man bereits neun adelige jüdische Familien in Wien. In diesem Jahr machte sich einer der fünf Söhne des Frankfurter Bankiers Mayer Amschel Rothschild, Salomon, in Wien ansässig. Das von ihm begründete Bankhaus, das von Metternich zu den großen finanziellen Transaktionen der Monarchie herangezogen wurde, überschattete bald alle anderen Institute der Hochfinanz. Rothschild (1774 bis 1855), der 1822 in den Freiherrnstand erhoben wurde, gab Anleihen für den Bergbau, die Industrie und später für das Eisenbahnwesen; sein Bankhaus beeinflußte das österreichische Wirtschaftsleben stärker als irgendein anderes Geldinstitut und war auf der Wiener Börse jahrzehntelang tonangebend.

Der aus Preßburg eingewanderte Juwelier Michael Lazar Biedermann (1769 bis 1843), einer der „Vertreter" der Wiener Judenschaft gegenüber den Behörden, hatte auf den Ausbau jüdischer Institutionen großen Einfluß. Nachdem er mit dem Handel von Antiquitäten ein Vermögen gemacht hatte, investierte er sein Kapital in den Handel mit Wolle und eröffnete auch ein Bankhaus. Er begründete im Jahre 1812 eine jüdische Religionsschule in Wien und war Vorkämpfer der Reform des Gottesdienstes. Den Bemühungen Biedermanns war die Errichtung des Tempels in der Seitenstettengasse zu verdanken, der als erstes öffentliches Bethaus im April 1826 feierlich eingeweiht wurde. Es war auch Biedermanns Verdienst, daß der aus Kopenhagen stammende Rabbiner Isaak Noah Mannheimer (1793 bis 1865), der seit 1824 Lehrer an der Religionsschule war, zum Prediger des Seitenstettentempels berufen wurde. Da die Behörden die Gründung einer Gemeinde noch immer nicht zuließen, fungierte Mannheimer offiziell als Prediger und Religionslehrer; ein anderer Rabbiner hatte das Amt eines „Koscherfleisch-Aufsehers" inne. Diese erniedrigenden Beschränkungen wurden erst 1846 aufgehoben. Mannheimer gehörte eigentlich der Reformrichtung an, mußte allerdings in Wien mit Rücksicht auf die mißtrauische Regierung, die in allen Reformen den Geist des Liberalismus und des Aufruhrs witterte, vorsichtig vorgehen und wollte auch die streng gesetzestreuen Juden nicht vor den Kopf stoßen. Der von ihm eingeführte Ritus, der für das Wiener Judentum richtunggebend wurde, behielt die hebräische Kultsprache bei, ließ die (dem Christentum nachgeahmte) Orgelbegleitung im Tempel nicht zu und bildete einen Kompromiß zwischen Reform und Orthodoxie: Der Rabbiner hielt seine Wochenpredigt in deutscher Sprache.

Vermochten die wohlhabenden Juden Wiens wichtige wirtschaftliche Positionen zu erringen, so litt die weniger begüterte

Mehrheit unter den Schikanen des für die Erteilung der Aufenthaltsbewilligung in der Kaiserstadt zuständigen „Judenamts", das mittellosen jüdischen Zuwanderern die Stadttore meist verschloß. Im Jahre 1840 schuf der Juwelier und Philanthrop Josef Ritter von Wertheimer (1800 bis 1887), ein Ururenkel des kaiserlichen Hoffaktors, einen „Verein zur Förderung des Handwerks unter den Israeliten". Sein Versuch, mittellose junge Juden als Lehrlinge und Gesellen bei christlichen Handwerksmeistern unterzubringen, war jedoch wenig erfolgreich, und zwar nicht nur wegen der antijüdischen Vorurteile der Lehrherren, sondern auch weil das im Zeitalter der Industrialisierung großteils veraltete Handwerk den Juden keine gesellschaftlichen Aufstiegsmöglichkeiten bot. Wertheimer erhob in der Schrift „Die Juden in Österreich, vom Standpunkt der Geschichte, des Rechts und der Staatsvorteile" Anklage gegen die sozialen und rechtlichen Benachteiligungen, denen die Juden ausgesetzt waren; da die Zensur den Druck in Österreich verbot, erschien diese Schrift 1842 in Leipzig. Im Jahre 1846 war Wertheimer Mitbegründer eines Vereins zur Unterstützung armer und kranker Juden. Er gab von 1854 bis 1864 das „Jahrbuch für Israeliten" heraus und wurde später als Vorsitzender der Wiener Jüdischen Gemeinde und Präsident der Österreichischen Israelitischen Allianz Zentralfigur des emanzipierten Judentums.

Die erzkonservative kaiserliche Regierung, deren Behörden oft von mittelalterlichem Judenhaß erfüllt waren, gestattete den Juden nicht, die Beamten- oder Militärlaufbahn einzuschlagen, weil sie keine „hoheitlichen" Funktionen in einem „christlichen" Staat einnehmen durften. Junge jüdische Intellektuelle drängten daher vor allem in die „freien" Berufe. An der Universität waren Juden nur zum Medizinstudium zugelassen; der Arztberuf ermöglichte ihnen, gesellschaftliches Ansehen mit der Anhäufung von Besitz zu verbinden. Im Presse- und Kulturleben waren im Vormärz nur wenige Juden zu finden, weil die Zensur den Beruf des Journalismus wenig verlockend machte. Dennoch sind einige Literaten zu nennen, die im vormärzlichen Wien schriftstellerisch hervortraten. Der aus einem ungarischen Dorf gebürtige Moritz Saphir (1795 bis 1858), der erst als Zwanzigjähriger Deutsch lernte, lebte seit 1834 in Wien. Sein Blatt „Der Humorist", in dem er seine meist auf Wortspielen beruhenden spöttischen Epigramme und literarischen Persiflagen veröffentlichte, war besonders wegen seiner

Josef Freiherr von Sonnenfels

Allegorische Darstellung: Versöhnung der Religionen unter Josef II.

Moses Mendelssohn

Der aufgeklärte Kaiser Josef II. hinter dem Pflug.

bissigen Theaterkritiken gefürchtet. Obwohl Saphir zum Protestantismus übertrat, trat er zeitlebens für die Emanzipation der Juden ein und forderte die Aufhebung der sozialen Benachteiligungen. Bemerkenswert ist seine sozialpsychologische Erklärung der Ursache des eigentümlichen „jüdischen Witzes":

„Das Christentum hat seinen alten greisen Vater, das Judentum, mehr als totgeschlagen; es hat ihn in ein finsteres Loch gesperrt, Luft und Licht geraubt und reicht ihm elende Kost. Es bleibt diesem gemißhandelten Vater nichts übrig, als in herzzerreißender Resignation, in der tollen Lustigkeit der Ohnmacht aus seinem Kerker herauszulachen. Klagen und Worte kann man ersticken, aber lachen, fürchterlich lachen, gräßlich lachen kann auch der Geknebelte..."

Ein anderer Literat, der ebenso wie Saphir aus Ungarn stammte, war Karl Isidor Beck (1817 bis 1879). Er kam 1833 nach Wien und trat einige Jahre später ebenfalls zum Protestantismus über. Beck erkannte, daß die umwälzenden technischen Erfindungen der Menschheit gleichzeitig „Segen und Fluch" brachten: Sie sprengten die Fesseln der traditionellen Ordnung, atomisierten aber gleichzeitig die Gesellschaft und trugen zur steigenden Entfremdung bei.

Beck ahnte die soziale Problematik der entstehenden kapitalistischen Wirtschaftsordnung. Dennoch ging er im Revolutionsjahr 1848 zu den Konservativen über, was zu seiner Ächtung durch die früheren Kampfgenossen führte. Er wandte sich später unpolitischen Themen zu; der Text des von Johann Strauß vertonten Walzers „An der schönen blauen Donau" stammt von Beck.

Ein anderer jüdischer Schriftsteller im Wien der vierziger Jahre war der aus Böhmen stammende Ludwig August Frankl, der seit 1842 die „Sonntagsblätter" herausgab. Frankl (1810 bis 1894), der ursprünglich Medizin studiert hatte, diesen Beruf aber nicht ausübte, war 1848 eine sehr bekannte Gestalt im literarischen Leben Wiens; in seinem Gedicht „Die Universität" feierte er in den stürmischen Märztagen die revolutionäre Gesinnung der Studenten. Den Befreiungsideen von 1848 blieb er zeitlebens verbunden. Er fungierte über vierzig Jahre lang als Sekretär der Israelitischen Kultusgemeinde und begab sich im Jahre 1856 zur Einweihung der (von einer geadelten jüdischen Wiener Familie gegründeten) „Lämel-Schule" ins Heilige Land. Seine Reisebeschreibung „Nach Jerusalem!" enthält einen der eindrucksvollsten Palästinaberichte des 19. Jahrhunderts. Frankl war später an der Errichtung des Israelitischen Blindeninstituts an der Hohen Warte (im Wiener Bezirk Döbling) maßgebend beteiligt. Er erhielt dafür den Adelstitel und nannte sich „Ritter von Hochwart".

Die Wiener Juden, deren Anzahl im Jahre 1848 knapp 4.000 – weniger als zwei Prozent der Gesamtbevölkerung – betrug, mußten, auch wenn sie radikalen Gesinnungen fernstanden, an politischem Wandel interessiert sein, weil sie nicht das Bürgerrecht erwerben durften, die erniedrigende Judensteuer bezahlen mußten und täglichen Beleidigungen ausgesetzt waren. Es ist daher nicht verwunderlich, daß zahlreiche Juden, besonders Intellektuelle, im Sturmjahr eine treibende Rolle spielten.

Als es am 13. März 1848 in der Wiener Herrengasse zu den ersten blutigen Zusammenstößen zwischen der revolutionären Volksmenge und dem Militär kam, befanden sich unter den fünf Opfern zwei Juden, der Technikstudent Karl Heinrich Spitzer und der Webergeselle Bernhard Herschmann. Bei der Bestattung der für die Freiheit Gefallenen bat der katholische Priester Anton Füster den Prediger Mannheimer, als erster die Trauerrede zu halten. Mannheimer sagte: *„Ihr habt gewollt, daß die toten Juden da mit Euch ruhen in Eurer, in einer Erde. Sie haben gekämpft für Euch, geblutet für Euch! Sie ruhen in Eurer Erde! Vergönnt nun aber auch denen, die den gleichen Kampf gekämpft, daß sie mit Euch leben auf einer Erde, frei und unbekümmert wie Ihr! ... Nehmt auch uns auf als freie Männer, und Gottes Segen über Euch!"*

Der Publizist Isidor Busch (1822 bis 1898), der sich als Herausgeber eines „Kalenders und Jahrbuchs für Israeliten" Verdienste erworben hatte, verfaßte zu Ehren und Andenken der Märzgefallenen ein Gedicht.

Während der Revolution nahm der in Budapest geborene Dr. Adolf Fischhof, ein Arzt des Allgemeinen Krankenhauses, in der Akademischen Legion, im Demokratischen Zentralkomitee und im Sicherheitsausschuß der Aufständischen führende Positionen ein. Fischhof (1816 bis 1893), der bei Ausbruch der Revolution die erste politische Rede hielt, die überhaupt in Österreich öffentlich gehalten wurde, wurde im Juli 1848 in den Österreichischen Reichstag gewählt. Auch der jüdische Mediziner Dr. Josef Goldmark (1819 bis 1881) gehörte dieser multinationalen Volksvertretung an und betätigte sich dort im demokratischen Sinne. Isidor Busch begründete gemeinsam mit Max Letteris Ende März 1848 ein Tagblatt, das als „Erste

Österreichische Konstitutionelle Judenzeitung für Christ und Jude" um Abonnenten warb und sich „Österreichisches Zentral-Organ für Glaubensfreiheit, Kultur, Geschichte und Literatur der Juden" nannte. Das vom Geist der Märztage bestimmte Blatt gab die Meinungen der gebildeten jüdischen Oberschicht wieder und forderte energisch die Aufhebung aller antijüdischen Sonderbestimmungen und die gänzliche politische und rechtliche Gleichstellung der Juden. Während des Oktoberaufstandes mußte das Blatt sein Erscheinen einstellen; Busch wanderte im folgenden Jahr nach Amerika aus.

Den heroischen Endkampf der Wiener Revolutionäre im Oktober 1848 schilderte der aus Böhmen stammende Dichter Moritz Hartmann (1821 bis 1872), der ins Frankfurter Parlament gewählt wurde und als einer der Delegierten der Radikaldemokraten während der Entscheidungsschlacht zwischen den Aufständischen und den Truppen des Fürsten Windisch-Graetz nach Wien kam. Hartmann erkannte, daß sich das Judentum besonders gut für die Rolle eines Sündenbocks eignete, auf den die herrschenden Schichten und ihre Handlanger ihre eigenen Fehler und Verbrechen abwälzen konnten.

Unter den zahlreichen Antisemiten, die während des Revolutionsjahres in Wien den Juden sowohl als Drahtzieher des Aufruhrs als auch als Blutsauger, die sich am Schweiß des arbeitenden Volks bereicherten, die Schuld am Zusammenbruch der alten Ordnung in die Schuhe schoben, ist der Jurist Eduard von Müller-Tellering hervorzuheben, der Korrespondent der „Neuen Rheinischen Zeitung" in Köln war. Karl Marx, der Redakteur dieses Blattes (der sich übrigens auch zwei Wochen im August und September 1848 in Wien aufhielt), ließ die wütenden antisemitischen Angriffe Müller-Tellerings in seiner revolutionären Zeitung erscheinen; erst nach der Revolution, 1850, kam es zum Bruch zwischen ihnen. Andere Judenfeinde, die beträchtlichen Einfluß auf die Volksmassen ausübten, waren Johann Quirin Endlich, der als „Vater des Antisemitismus in Österreich" bezeichnet worden ist und die mittelalterlichen Judenverfolgungen im Pamphleten und Flugblättern rechtfertigte, und Sebastian Brunner (1814 bis 1893), der Herausgeber der erzkonservativen „Wiener Kirchenzeitung", der die alten Ritualmordbeschuldigungen aufwärmte und die Juden als Propagandisten der „alles zersetzenden Freigeisterei und Aufklärung" anprangerte. Endlichs und Brunners Judenhetze fand in mehreren Karikaturen Ausdruck, die in Massenauflagen erschienen und Juden als Geldsäcke darstellten, die Christensklaven mit der Peitsche und mit Fußtritten antrieben.

Zu den jüdischen Intellektuellen, die sich für die revolutionäre Idee am meisten engagierten, sind Siegmund Engländer (1820 bis 1902) und Hermann Jellinek zu zählen. Engländer, der aus Mähren stammte und dessen Vater, ein orthodoxer Jude, Typograph in einer hebräischen Druckerei war, gab im Sturmjahr das politische Tagblatt „Wiener Katzenmusik" heraus, das energisch für Demokratie und Judenemanzipation eintrat und während des Oktoberaufstandes zur Volkseinheit gegen die Konterrevolution aufrief. Er war begeisterter Anhänger von Moses Heß, dessen Artikelserie „Gott und Geld" in Engländers Zeitung erschien. Heß erklärte dort, daß der Kapitalismus den Menschen von seinem wirklichen Wesen entfremde und zur Vergötzung der Fetische Geld und Ware führe; die bürgerliche Gesellschaft kenne keinen anderen Gott als den „christlich-jüdischen Mammon". Engländer flüchtete nach dem Scheitern der Revolution nach Paris, wo er mit Heine in Verbindung trat.

Seinem Schicksalsgefährten Hermann Jellinek gelang die Flucht ins Ausland nicht; er wurde ein Opfer der siegreichen Reaktion. Jellinek, der ebenso wie Engländer aus Mähren stammte, studierte in Leipzig und Berlin Philosophie, wo er sich zum Demokraten und Frühsozialisten entwickelte. Anfang 1848 kam er im Alter von 25 Jahren nach Wien und wurde Redakteur in der Zeitung „Der Radikale", die vom Musikkritiker A. J. Becher herausgegeben wurde. Er gehörte zu den wenigen, die die nationalen Konflikte der Habsburgermonarchie auf soziale Ursachen zurückführten. Ebenso wie sein älterer Bruder Adolf (der 1856 Prediger im Leopoldstädter Tempel wurde und später den Titel Oberrabbiner erhielt) war Hermann Jellinek Anhänger der deutschen Kulturnation, deren freiheitliche Entwicklung ihm durch ihre Philosophie verbürgt schien. Jellinek rief in seinem Blatt zum Kampf gegen die Truppen der Konterrevolution auf, wurde nach der Niederlage verhaftet und am 23. November gemeinsam mit Becher standrechtlich erschossen. Den Zeitgenossen war die Willkür der Erschießung klar; der Dichter Bauernfeld meinte lakonisch: „Man brauchte einen Juden und hatte sonst gerade keinen zur Hand!"

Trotz des Sieges der Reaktion und des Scheiterns der jüdischen Hoffnungen, daß die Revolution die völlige Emanzipation herbeiführen werde, konnten die alten vormärzlichen

Zustände nicht mehr wiederhergestellt werden. Vom ersten Ministerpräsidenten des Kaisers Franz Joseph, dem Fürsten Felix Schwarzenberg, kolportierte man den Ausspruch, daß es allen Herrschern seit den Pharaonen schlecht ergangen sei, wenn sie die Juden gequält hätten. Schwarzenbergs oktroyierte Verfassung vom 4. März 1849 erklärte, daß bürgerliche und politische Rechte von der Konfession unabhängig seien. Die Juden durften nunmehr das Bürgerrecht erwerben, erhielten volle Freizügigkeit (und damit das Recht, sich in Wien ohne besondere Erlaubnis niederzulassen) und durften auch ohne Beschränkung Häuser und Grundbesitz kaufen. Trotz ihrer Niederlage hatte also die Revolution die jüdische Emanzipation ein gutes Stück vorangebracht. Im Jahre 1852 wurde die Israelitische Kultusgemeinde Wiens offiziell gegründet. Allerdings blieben die Juden nach wie vor de facto vom Staatsdienst ausgeschlossen. 1859 erhielten sie das Recht, christliche Dienstboten anzustellen. Als im folgenden Jahr der Zunftzwang aufgehoben wurde, konnten sie jedes Handwerk und Gewerbe ebenso wie ihre christlichen Mitbürger ausüben. Im Jahre 1860 ergab die Volkszählung, daß 6.200 Juden in Wien ansässig waren, was 2,2 Prozent der Einwohnerschaft der Stadt entsprach.

Nach dem Schleifen der Befestigungen und der Stadtmauern Ende der fünfziger Jahre und der Einbeziehung der Vorstädte in die Gemeinde Wien wuchs die Stadt durch den Zuzug von Dorfbewohnern aus Niederösterreich, besonders aber aus Mähren und Böhmen, gewaltig an. Die Industrie zog nicht nur Kleinbauern und Ackerknechte an, die sich in Proletarier verwandelten, sondern auch zahlreiche Juden, die sozialen Aufstieg erhofften. In den sechziger Jahren, der Hochblüte des österreichischen Liberalismus, gelangte der langwierige Prozeß der Judenemanzipation zum Abschluß. Die neue Verfassung, die nach dem verlorenen Krieg gegen Preußen, nach der Reorganisation des Staates und dem „Großen Ausgleich" mit Ungarn am 21. Dezember 1867 erlassen wurde, verlieh den Juden die völlige und uneingeschränkte Gleichberechtigung. Im Bereich des Schulwesens schloß das „interkonfessionelle" Gesetz vom 25. Mai 1868 das Werk der Emanzipation ab. Als Repräsentant dieser Epoche kann Ignaz Kuranda (1811 bis 1884) gelten, der in Prag geboren und in der Frankfurter Nationalversammlung 1848 an der Spitze der liberalen Großdeutschen Partei gestanden war. Er gab in Wien 1848 bis 1866 die „Ostdeutsche Post" heraus, wurde 1861 in den niederösterreichischen Landtag gewählt und war von 1867 bis zu seinem Tode Mitglied des österreichischen Parlaments und Führer der liberalen Verfassungspartei; gleichzeitig fungierte er eine Zeitlang als Präsident der Wiener Israelitischen Kultusgemeinde.

Zwischen Assimilation und Rassenantisemitismus (1867 bis 1914)

Bei der Volkszählung von Ende 1869 waren über 40.000 Juden in Wien registriert, was etwa sechs Prozent der Stadtbevölkerung gleichkam; im Jahre 1880 war die Zahl auf rund 73.000 gestiegen und hatte damit zehn Prozent der Einwohnerschaft erreicht. Innerhalb von einer Generation, nämlich seit der Revolution von 1848, hatte demnach eine 18fache Vermehrung der Wiener Juden – vor allem durch Zuzug aus Böhmen, Mähren, Ungarn und seit etwa 1860 auch aus Galizien – stattgefunden.

Da die Juden im Staatsapparat, im diplomatischen Dienst und in der Armee im allgemeinen auch zur Zeit der liberalen Hochblüte Österreichs kaum höhere Positionen erringen konnten, versuchten sie, sozialen Aufstieg ebenso wie früher in der Wirtschaft und nunmehr in steigendem Maße in intellektuellen Berufen zu erlangen. In der Hochfinanz und auf der Börse besaßen die geadelten Familien der Barone Rothschild und Hirsch sowie ihre Freunde nahezu ein Monopol, und auch in Handelszweigen wie dem Getreide- und Lederhandel, der Erzeugung von Textilien und Konfektion hatten jüdische Firmen bedeutenden Einfluß. Den aus Böhmen, Mähren, der Slowakei und Ungarn nach Wien eingewanderten Juden, die sich schon zwei oder gar drei Generationen in Sprache, Tracht und Lebensgewohnheiten ihrer Umwelt weitgehend angeglichen hatten, fiel die Akkulturation in der Kaiserstadt leichter als den Juden Galiziens, die noch großteils in der abgeschlossenen Welt des jüdischen „Schtetls“ aufgewachsen waren, wo das Eindringen westlicher Bildung auf den erbitterten Widerstand der rabbinischen Orthodoxie stieß. Während die erste Generation galizischer Juden in Wien oft in den Winkelgassen der Leopoldstadt und der Brigittenau als Kleinhändler ein kärgliches Leben fristete, besuchten ihre Söhne bereits die Universität und suchten durch Bildungsberufe sozialen Aufstieg zu erreichen. Einer dieser aus Galizien stammenden Juden war der in Czorkow aufgewachsene Karl Emil Franzos (1848 bis 1904), der in Wien Philosophie und Geschichte studierte, dort bis 1886 lebte und sich als Schriftsteller und Literaturforscher einen geachteten Namen machte. Er entdeckte das „Woyzeck"-Fragment Georg Büchners, gab als erster dessen „Hessischen Landboten" vollständig heraus und schilderte in seinen Romanen und Erzählungen die Enge und das Elend der galizisch-jüdischen Welt. In seiner Novellensammlung „Die Juden von Barnow" (1877), seinen Reisebildern „Aus Halbasien" und „Vom Don zur Donau" (1878) verurteilte und kritisierte er vom Standpunkt eines aufgeklärten Humanismus die sozialen Mißstände und die Unterdrückung nationaler Minderheiten im Osten der Monarchie. Er schrieb:

„Ich trete für die Juden ein, weil sie geknechtet sind, aber ich greife die Knechtschaft an, welche die orthodoxen Juden selbst den Freisinnigen ihres Glaubens bereiten. Ich bin für den berechtigten Einfluß des deutschen Geistes im Osten, aber wo in seinem Namen gewaltsame Germanisierung versucht wird, da geißle ich diese verhängnisvollen Bestrebungen."

Wollte Franzos das Judentum des galizischen Ghettos auf die Höhen der liberalen Aufklärungsideen deutscher Kultur emporheben, so hielt sein Zeitgenosse, der ebenfalls aus Ostgalizien nach Wien zugewanderte Samuel Joseph Bloch (1850 bis 1923), an den Grundwerten des eigenständigen jüdischen Wissens zeitlebens fest. Bloch, der 1882 Rabbiner in der kleinen, neugegründeten Gemeinde von Floridsdorf (heute 21. Wiener Gemeindebezirk) wurde, nahm kurz nach seinem Amtsantritt den Kampf gegen einen tonangebenden Rassenantisemiten, den Prager Professor August Rohling, auf. Dessen Buch „Der Talmudjude" – eines der Produkte der wütenden antisemitischen Hetzkampagne, die in den siebziger Jahren einsetzte – behauptete, daß die Juden die Entchristlichung Europas, die Zerstörung von Staat und Kirche und die Weltherrschaft anstrebten, weil ihnen der Talmud diese Verpflichtung auferlege. Da die beiden Wiener Oberrabbiner Adolf Jellinek und Moritz Güdemann, die von Rohling auch persönlich beleidigt worden waren, seinen Angriff nicht beantworteten, nahm Bloch den Abwehrkampf mit mehreren Zeitungsartikeln und polemischen Streitschriften gegen den „wissenschaftlichen" Rassenantisemitismus auf und trat als tapferer Verteidiger der Wiener Judenschaft an die Öffentlichkeit. Sein erfolgreicher Kampf gegen

Rohling erregte großes Aufsehen. Er gründete 1883 die „Österreichische Wochenschrift, Zentralorgan für die gesamten Interessen des Judentums", fungierte zwölf Jahre lang (1883 bis 1895) als Reichsratsabgeordneter und befand sich 1888 unter den Gründern der „Österreichisch-Israelitischen Union", die bis zum Jahr 1938 bestand. Sein Blatt, das bis 1920 existierte, wurde das offiziöse Organ der Wiener Kultusgemeinde und vertrat assimilatorische Bestrebungen. Bloch distanzierte sich von Theodor Herzl, als dieser die zionistische Bewegung gründete.

Die österreichischen Antisemiten waren Ende des 19. Jahrhunderts in zwei Fraktionen gespalten. An der Spitze der einen stand Georg Ritter von Schönerer (1842 bis 1921), der eine Zeitlang Reichsratsabgeordneter war und dort alldeutsche Positionen vertrat. Er predigte die geistige und kulturelle Überlegenheit der germanischen Rasse und war ein Verehrer Bismarcks und der Hohenzollern. Karl Lueger (1844 bis 1910) war Mitglied des Wiener Gemeinderats und des Reichsrats. Er entwickelte eine „christlichsoziale" Partei, deren populistische Demagogie religiöse Argumente benutzte und auf den in katholischer Begriffswelt aufgewachsenen unteren Mittelstand zugeschnitten war. Sowohl Schönerer als auch Lueger bekämpften den politischen Liberalismus, dem die Gleichberechtigung der Juden zu verdanken war. Schönerer behauptete, daß die semitische Judenrasse, die dem nordischen Germanentum prinzipiell unterlegen und moralisch verderbt sei, sich zur Aufgabe gesetzt habe, die gesamte Welt zu beherrschen und zu unterjochen. Sein Schlagwort, das unter Judenfeinden sehr beliebt war, lautete: *„Was der Jude glaubt, ist einerlei – in der Rasse liegt die Schweinerei"*, und sollte besagen, daß auch der Übertritt zum Christentum nutzlos sei, weil man wohl den Glauben, nicht aber die ethnische Zugehörigkeit wechseln könne. Schönerers „Linzer Programm" von 1885 forderte, den österreichischen Juden die staatsbürgerlichen Rechte zu entziehen, und enthielt den Satz: *„Die Beseitigung des jüdischen Einflusses auf allen Gebieten des öffentlichen Lebens ist unerläßlich."*

Lueger, der die konfessionelle Spielart des Antisemitismus vertrat, behauptete, daß die jüdischen Unternehmer die christliche Mehrheit schamlos aussaugten und predigte seit 1882 *„unentwegten Kampf gegen das* (mit Hilfe der Verbreitung des Judentums) *international organisierte Großkapital"*. Seine Wähler rekrutierten sich hauptsächlich aus dem Kleinbürgertum, das unter unerträglichen Wohnbedingungen in den Zinskasernen der

Wiener Außenbezirke hauste, infolge des Industrialisierungsprozesses proletarisiert wurde und das Märchen glaubte, die Juden hätten an seiner Verelendung schuld. Nachdem Lueger 1897 zum Wiener Bürgermeister gewählt worden war, begann er sich etwas vom Radauantisemitismus zu distanzieren. Dr. Karl Lueger wurde der Bürgermeister einer Millionenstadt, die nicht mehr war als ein in krankhafter Eile zusammengewachsenes Agglomerat von Dörfern, und er machte daraus eine moderne Großstadt, die (damals) viertgrößte Stadt der Welt, angelegt auf eine Bevölkerung von etwa vier Millionen, mit einer funktionierenden Infrastruktur, einem leistungsfähigen Massenverkehrssystem, einer funktionierenden Ver- und Entsorgung und einer preisgünstigen und zuverlässigen Energiezulieferung. Luegers Wort: *„Wer a Jud ist, bestimm i"*, ist berühmt. Sein christlichsozialer Parteifreund Ernst Schneider forderte indessen, die Juden zu enteignen, zu vertreiben und aufzuhängen; der Stadtrat Karl Bielohlawek sagte 1908: *„Kultur ist, was ein Jud vom andern abschreibt."*

Die Zahl der Juden Wiens stieg in den Jahrzehnten vor dem Ersten Weltkrieg kontinuierlich an, aber der relative Prozentsatz blieb derselbe und verharrte auf knapp neun Prozent. Im Jahre 1890 zählte man 118.500, zehn Jahre später 147.000 und 1910 175.000 Juden. Bedeutend höher war der jüdische Anteil der Mittelschüler und Studenten. Darin spiegelte sich die traditionelle Hochschätzung des Wissens und der Gelehrsamkeit ebenso wider wie die gesellschaftliche Aufstiegsorientierung des jüdischen Bürgertums und Kleinbürgertums, das große materielle Opfer zu bringen bereit war, um der nächsten Generation gute Zukunftschancen über den Weg der Bildung zu eröffnen. 1890 wurden unter 681 Wiener Anwälten nicht weniger als 394 Juden gezählt. Auch die Anzahl der jüdischen Ärzte überstieg die Hälfte aller in Wien zugelassenen Mediziner; im Jahre 1888 waren 61 Prozent aller an dieser Fakultät Studierenden jüdisch. Die in der ganzen Welt sehr renommierte Wiener Medizinische Schule verdankte ihren Ruhm großteils Gelehrten jüdischer Herkunft, die allerdings meist gezwungen waren, sich taufen zu lassen, wenn sie Universitätsprofessoren werden wollten. Man mußte im kaiserlichen Österreich einer Religionsgemeinschaft angehören, da in der Verfassung Konfessionslosigkeit nicht vorgesehen war.

Auf die engeren Zusammenhänge wird jedoch in einem der folgenden Beiträge eingegangen.

Die seit dem Börsenkrach von 1873 verschärfte Judenhetze erreichte mit einer Ritualmordbeschuldigung im ungarischen Ort Tisza-Eszlar neun Jahre später einen Höhepunkt. Einige junge jüdische Wiener Intellektuelle zogen aus den antisemitischen Ausschreitungen den Schluß, daß der Weg der Angleichung an die nichtjüdische Mehrheit zum Scheitern verurteilt sei. Im Jahre 1883 gründete der in Wien als Sohn ostjüdischer Eltern geborene Nathan Birnbaum (1864 bis 1937) die nationale Studentenverbindung „Kadimah", deren Mitglieder anfangs durchwegs aus Familien stammten, die aus Galizien oder der Bukowina nach Wien gekommen waren. Birnbaum kritisierte scharf die „Assimilationssucht der sogenannten Deutschen mosaischer Konfession" und setzte sich mit seiner Betonung des eigenständigen nationalen Charakters des Judentums in bewußten Gegensatz zu den Häuptern der Wiener Kultusgemeinde, den Rabbinern Adolf Jellinek und Moritz Güdemann. Er gründete 1885 die Halbmonatsschrift „Selbst-Emanzipation", in deren Spalten im Frühjahr 1890 zum ersten Mal der von Birnbaum geprägte Begriff „Zionismus" erschien. In einer 1893 publizierten zionistischen Programmschrift konstatierte er, daß *„die nationale Wiedergeburt des jüdischen Volkes in seinem Lande als Mittel zur Lösung der Judenfrage"* unerläßlich sei. Als Theodor Herzl mit dem Programm des politischen Zionismus auftrat, stellte sich Birnbaum zunächst zur Verfügung und hielt auch beim ersten Zionistenkongreß in Basel 1897 ein Referat; er legte jedoch kurz darauf sein Amt als Generalsekretär des Zionistischen Aktions-Komitees nieder, weil er zur Überzeugung gelangte, daß es verfehlt sei, der Einwanderung in Palästina innerhalb der Judenfrage eine zentrale Bedeutung zu geben. Später trat er in Galizien, der Bukowina, auch in Berlin und Wien für eine jüdisch-nationale Autonomie in der Diaspora ein, erblickte im Ostjudentum den eigentlichen Träger der jüdischen Volkskultur und schloß sich in den letzten zwanzig Jahren seines Lebens der orthodoxen „Agudath Israel" an, deren Generalsekretär er eine Zeitlang war.

Wien, das geistige und geographische Zentrum des Vielvölkerstaates, das zur Drehscheibe des Ost- und Westjudentums wurde, war die Wiege des politischen Zionismus. Der Schriftsteller und Journalist Theodor Herzl, der 1860 in Budapest geboren worden war und einer gänzlich dem Deutschtum verpflichteten Familie entstammte, konnte wegen des herrschenden Antisemitismus die Richterlaufbahn nicht einschlagen; er wurde Feuilletonist und Korrespondent der „Neuen Freien Presse", in deren Auftrag er von 1891 bis 1896 in Paris lebte. Dort gelangte er durch den Dreyfusprozeß zur Erkenntnis, daß die Juden keine Konfessionsgemeinschaft, sondern vielmehr eine Nation seien, *„eine historische Menschengruppe von erkennbarer Zusammengehörigkeit, die durch einen gemeinsamen Feind zusammengehalten wird"*. In seiner Broschüre „Der Judenstaat" (1896) entwarf er den Plan zur Lösung der Judenfrage auf nationaler Grundlage und erklärte die Assimilation als undurchführbar. Er propagierte die Auswanderung nach Palästina, um eine von Vorurteilen befreite, tolerante und sozial gerechte Gemeinschaft zu errichten. Als Staatsform dachte er sich die Verfassung einer aristokratischen Republik.

Der von Herzl im August 1897 einberufene Erste Zionistenkongreß in Basel beschloß als Programm der Bewegung *„die Schaffung einer öffentlich-rechtlich gesicherten Heimstätte für das jüdische Volk in Palästina"*. Herzl versuchte auf diplomatischem Wege, durch Reisen zu verschiedenen Staatsoberhäuptern, dieses Ziel zu erreichen. Seine Anhängerschaft rekrutierte sich hauptsächlich aus Intellektuellen aus dem Zarenreich und dem Osten der Donaumonarchie sowie aus Teilen des verelendeten Kleinbürgertums in Polen, Galizien und der Bukowina, während sich die überwiegende Mehrzahl des Wiener Judentums trotz aller antisemitischer Anfeindungen vom Zionismus distanzierte. Zwar war der Wiener Oberrabbiner Güdemann, der nach Jellineks Tod (1893) ein Vierteljahrhundert lang die oberste Autorität der Gemeinde war, von Herzls Persönlichkeit beeindruckt und rief ihm zu: *„Bleiben Sie, was Sie sind, vielleicht sind Sie der von Gott Berufene!"*; dennoch protestierte der Rabbiner öffentlich und feierlich gegen ein „Nationaljudentum", das ihm lediglich als eine Reaktionserscheinung gegen den Antisemitismus dünkte. Herzl, der Visionär des jüdischen Staates, konnte den starken politischen und seelischen Belastungen nicht standhalten und erlag 1904 im Alter von 44 Jahren einem Herzanfall.

Der aus Nürnberg stammende deutsch-jüdische Schriftsteller Jakob Wassermann stellte bei einem Besuch in Wien 1898 fest: *„Die Banken, die Presse, das Theater, die Literatur, die gesellschaftlichen Veranstaltungen, alle waren in den Händen der Juden."* Obwohl diese Generalisierung stark übertrieben war, traf es zu, daß Juden als Schriftsteller, Kritiker, Bühnenautoren und Schauspieler – also in Berufen, die einen hohen Grad von Bekanntheit in der Öffentlichkeit erforderten – führende Positionen erringen konnten. Da ihnen der Antisemitismus die Beamtenlaufbahn in Verwaltung und Justiz weitgehend verschloß, strömte die jüdische Intelligenz in die „freien Berufe“. Einer der namhaftesten Journalisten war Moritz Benedikt (1849 bis 1920), der über 30 Jahre lang als Redakteur und Mitherausgeber der „Neuen Freien Presse“ fungierte. Da er sich mit dem österreichischen Liberalismus identifizierte, lehnte er den Zionismus entschieden ab und suchte Herzl vergebens von der Veröffentlichung des „Judenstaates“ abzuhalten. In der Ansicht, daß die zionistischen Bestrebungen für das österreichische Judentum schädlich seien, wußte sich Benedikt mit seinem schärfsten Gegner einig, nämlich mit Karl Kraus (1874 bis 1936), der Herzl in einem satirischen Pamphlet „Eine Krone für Zion“ verspottete.

Kraus, der ebenso wie Benedikt in einem kleinen mährischen Städtchen geboren und als Kind nach Wien gekommen war, gab von 1899 bis zu seinem Tode die „Fackel“ heraus, deren alleiniger Autor er war. Diese Zeitschrift war vorwiegend dem Kampf gegen die Verlotterung der deutschen Sprache gewidmet, deren Reinheit für Kraus der Maßstab für die Lauterkeit der Gesinnung war. Er erblickte im Journalismus die Quelle der Korruption, der Verlogenheit und der geistigen Verflachung und entwickelte sich zum bedeutendsten Kultur- und Gesellschaftskritiker Österreichs, allerdings ohne soziale und wirtschaftliche Zusammenhänge aufzudecken. Er trat 1902 zum Katholizismus über; als die nach dem Ersten Weltkrieg beschlossene Verfassung der Republik Österreich kein Glaubensbekenntnis mehr von den Staatsbürgern erforderte, verließ er die Kirche und wurde konfessionslos. Aber Kraus verleugnete seine jüdische Herkunft niemals.

Ein anderer Kulturkritiker, der sich taufen ließ, war Egon Friedell (eigentlich Friedmann, 1878 bis 1938). In der Kunst des geistreichen Essays, des Feuilletons und des pointierten Aphorismus stand er Kraus nicht nach. Friedell gehörte vor dem Ersten Weltkrieg zur Wiener Bohème, spielte auf verschiedenen Kleinkunstbühnen und war 1908 bis 1910 artistischer Leiter des Kabaretts „Fledermaus“. Einer seiner engsten Freunde war Peter Altenberg (eigentlich Richard Engländer, 1859 bis 1919), der als Verkörperung des Wiener jüdischen Kaffeehausliteraten gelten kann. In seinen Skizzensammlungen „Wie ich es sehe“ und „Was der Tag mir zuträgt“ entwickelte er impressionistische Miniaturbilder der bürgerlichen Fin de siècle-Welt Wiens aus der Sicht des „Café Fenstergucker“. Sein „Telegrammstil der Seele“ war das Vorbild seines jüngeren Freundes Alfred Polgar (1873 bis 1955). Als Literatur- und Theaterkritiker schrieb Polgar gemeinsam mit Friedell die Komödien „Goethe im Examen“ und „Sherlock Holmes“, die auf den „Brettlbühnen“ großen Erfolg hatten. Nach dem Ersten Weltkrieg lebte Polgar in Berlin, kehrte 1933 nach Wien zurück und emigrierte beim Anschluß Österreichs nach den USA.

War die künstlerische und intellektuelle Entfaltung von Altenberg, Friedell und Polgar, aber auch von Kraus, Benedikt und anderen Literaten von der spezifischen Atmosphäre der Kaffeehäuser „Central“, „Griensteidl“, „Fenstergucker“, „Herrenhof“ nicht zu trennen, so verkörperte Hugo von Hofmannsthal (1874 bis 1929) das ästhetische Raffinement der großbürgerlichen Luxuswelt Wiens um die Jahrhundertwende. Hofmannsthal ist nur bedingt als Angehöriger des Wiener Judentums zu bezeichnen, weil nicht er selbst, sondern bereits sein Großvater zum Christentum konvertierte. In seinem Gedicht „Gestern“, das Hofmannsthal als Siebzehnjähriger 1891 verfaßte, leugnete er seine jüdischen Ahnen keineswegs ab, sondern identifizierte sich mit ihnen:

> Dann: daß ich auch vor hundert Jahren war
> Und meine Ahnen, die im Totenhemd,
> Mit mir verwandt sind wie mein eigen Haar,
> So eins mit mir als wie mein eigen Haar...

In diesen Versen des jungen Poeten ist der Stolz auf sein jüdisches Erbteil unüberhörbar. Im Laufe seines Lebens schwand jedoch die positive Einstellung des „sanften Ästheten“ zum Judentum: Als ihn der mit ihm seit vielen Jahren befreundete Schriftsteller Willy Haas in einem Aufsatz zu den *„Juden in der Literatur“* rechnete (1922), protestierte Hofmannsthal wütend, stellte klar, daß der zum Christentum übergetretene Großvater in eine uralte Mailänder Adelsfamilie eingeheiratet habe und seine Mutter einer niederösterreichischen Bauernfamilie entstamme; er nahm Haas den Versuch, ihn zu einem „jüdisch-deutschen Literaten“ zu machen, derart übel, daß er die Freundschaft in aller Form abbrach.

Ähnlich wie die gedankenvollen und formvollendeten Gedichte, Versdramen und Essays Hofmannsthals waren auch die poetischen Schöpfungen Richard Beer-Hofmanns (1866 bis 1945) von starkem Symbolismus erfüllt. Während aber Hofmannsthal die Krise des von sozialen und nationalen Gegensätzen zerrissenen Vielvölkerstaates durch Beschwörung einer österreichischen, christlich-abendländischen Kulturtradition überwinden wollte, flüchtete der Neuromantiker Beer-Hofmann in die jüdische Mythologie, um der Dekadenz und Entfremdung der großbürgerlichen Gesellschaft zu entrinnen. Er entnahm seine Stoffe mit Vorliebe der jüdischen Sagenwelt („Schlaflied für Mirjam", „Jaákobs Traum") und feierte die Menschheitsmission und Auserwähltheit Israels. 1938 emigrierte er nach New York, wo er einen Kreis von gleichgesinnten Freunden fand, die nach seinem Tod eine „Beer-Hofmann-Gesellschaft" gründeten.

Bedeutendster Repräsentant der „Wiener Schule" im deutschen Drama der Jahrhundertwende war Arthur Schnitzler (1862 bis 1931). Als Sohn eines berühmten Arztes in Wien geboren, studierte er Medizin, war eine Zeitlang am Allgemeinen Krankenhaus tätig und übte seine Praxis noch aus, als er bereits ein renommierter Schriftsteller war. Als führendes Mitglied des literarischen Salons „Jung-Wien" stand er den politischen Kämpfen seiner Zeit fern und zog es vor, mit Skepsis und Resignation die Triebe und Leidenschaften der untergangsreifen „besseren Gesellschaft" zu schildern. Von seinen 44 Schauspielen (davon 27 Einaktern), die ihn am Vorabend des Ersten Weltkriegs zum meistgespielten Bühnenautor Wiens machten (darunter „Liebelei", „Der grüne Kakadu"), behandelt die Komödie „Professor Bernhardi" (1912) das Judenproblem. Ein freidenkender jüdischer Arzt (dem Schnitzler autobiographische Züge verlieh), der sich von der Politik fernhalten möchte, gerät in Konflikt mit einem katholischen Geistlichen und ist der herrschenden Judenhetze, dem Gesinnungsschacher und den Intrigen seiner Gegner nicht gewachsen. Die Zensur verbot das Stück, weil es angeblich *„religiöse Gefühle der Bevölkerung"* verletze und *„staatliche Einrichtungen unter vielfacher Entstellung hierländischer Zustände in einer herabsetzenden Weise"* auf die Bühne bringe; es hatte in Berlin Premiere und wurde erst nach dem Untergang der Donaumonarchie in Wien aufgeführt. Auch in seinem Roman „Der Weg ins Freie" (1908) griff Schnitzler die Judenfrage auf; dort erörterte er mit psychologischer Meisterschaft brennende Grundfragen jüdischer Wiener Intellektueller, die zwischen dem Kampf gegen den rassistisch und den religiös geprägten Antisemitismus, der resignierenden Anpassung an die Normen der Umwelt und der Flucht nach Palästina einen Ausweg aus dem Dilemma ihres

Jude-Seins suchen. Bei der Erörterung jüdischer Problematik ließ Schnitzler heftiger sozialer Kritik freien Lauf.

Nicht nur unter den Bühnenautoren, sondern auch unter den Schauspielern fanden sich im Vorkriegs-Wien nicht wenige Juden; der berühmteste war Adolf von Sonnenthal (1834 bis 1909). In Budapest geboren, lernte er zunächst das Schneiderhandwerk, bevor er zum Theater ging. Für seine großartigen Leistungen als „Wallenstein", „Lear" und „Nathan der Weise" wurde er 1882 (trotz seines Festhaltens am jüdischen Glauben) geadelt. Er galt als bedeutendster Charakterdarsteller seiner Zeit und als „König des Burgtheaters".

Nicht nur auf dem Gebiet der Dichtung und Schauspielkunst, sondern auch im Bereich der Musik machten die Juden die österreichische Hauptstadt zu einem Kulturzentrum ersten Ranges. Der Komponist Karl Goldmark (1830 bis 1915), dessen Bruder Josef an der Revolution von 1848 führend teilgenommen hatte, schuf eine Reihe von Symphonien und Violinkonzerten, die mit großem Erfolg aufgeführt wurden. Seine Oper „Die Königin von Saba" (1875), deren Libretto einen alttestamentarischen Stoff zur Grundlage hatte, machte ihn weltbekannt. War in den Kompositionen Goldmarks die spezifische Melodie des Jüdischen nur als Unterton zu spüren, so hörten die Experten aus den Tonkunstwerken Gustav Mahlers (1860 bis 1911) die *„Wiederentdeckung der versunkenen Seelenlandschaften des eigenen Volkes"* heraus. Die zehn Symphonien Mahlers, sein „Lied von der Erde" und seine „Kindertotenlieder" verbanden romantische Melodik mit dem Glanz orientalischer Intensität. Mahler, der jahrelang Kapellmeister an Opernbühnen der Provinz war, ließ sich 1897 taufen, um Direktor der Wiener Hofoper werden zu können; einem Juden wollte das vom Antisemiten Lueger beherrschte Wien diese Würde nicht zugestehen. In den zehn Jahren seiner Tätigkeit führte Mahler die Wiener Oper zur höchsten Blüte; er fungierte auch als Dirigent der Philharmonischen Konzerte. 1907 nahm er, von den ständigen Intrigen zermürbt, einen Ruf an die Metropolitan Opera nach New York an; dort starb er im Alter von nur 51 Jahren.

Juden waren auch im Bereich der leichteren Musik führend. Der Komponist Oscar Straus (1870 bis 1954), der sich mit der Operette „Ein Walzertraum" einen bekannten Namen machte, schuf eine Reihe von Serenaden und Sonaten für Streichorchester; er emigrierte 1938 in die USA und kehrte zehn Jahre später nach Wien zurück. Sehr beliebt waren Leo Falls (1873 bis 1925)

Operetten „Die Dollarprinzessin", „Madame Pompadour" und „Die Rose von Stambul", die auch heute ständig auf dem Spielplan vieler Bühnen stehen. Sein jüngerer Kollege Emmerich Kálmán (1882 bis 1953), der aus Ungarn stammte und in seiner Jugend nach Wien gekommen war, errang mit seinen Operetten „Die Csardasfürstin" und „Gräfin Mariza", die Motive von Melodien seiner Heimat verarbeiteten, Weltruhm. Er emigrierte nach dem Anschluß Österreichs nach den USA und verbrachte seine letzten Jahre in Paris, wo er starb.

Nicht nur auf dem Gebiet der ernsten und der heiteren Musik nahmen Juden Spitzenpositionen ein; einige jüdische Liedkomponisten wie Edmund Eysler, Gustav Pick und Alfred Krakauer waren zu Ende des 19. Jahrhunderts dermaßen im Wiener Milieu daheim, daß sie ihre Couplets und Wienerlieder – wie „I hob zwoa harbe Rappen, mei Zeugerl steht am Grab'n" oder „Du liaber Himmelvater" in unverfälschtem Volkston komponieren konnten. Will man das jüdische Erbteil auch für Nachkommen gelten lassen – was umstritten ist –, so kann man auch Johann Strauß Vater und Sohn hier einreihen; die Mutter von Johann Strauß Vater ließ sich bei ihrer Heirat taufen.

Nicht nur im Bereich der Kunst, sondern auch in der Wissenschaft verliehen Juden Wien Weltgeltung. Jahrzehntelang war Heinrich Friedjung (1851 bis 1920) der eigentlich repräsentative Historiker Österreichs. Er wurde zwar Mitglied der Akademie der Wissenschaften, vermochte aber als Jude keinen Lehrstuhl an der Wiener Universität zu erringen. Eine Zeitlang unterrichtete er an der Handelsakademie, später fungierte er als Chefredakteur der „Deutschen Zeitung", des Hauptorgans der deutschnationalen Partei. Sein Versuch, den Antisemiten Georg von Schönerer von den Ideen des Liberalismus zu überzeugen, scheiterte. Friedjungs bedeutendste Werke waren „Der Kampf um die Vorherrschaft in Deutschland 1859 bis 1869" (zehn Auflagen) und „Das Zeitalter des Imperialismus 1884 bis 1914".

Ein jüdischer Historiker, der einer alten Prager Gelehrtenfamilie entstammte, Alfred Přibram (1859 bis 1942), wurde im Jahre 1900 zum Professor für mittlere und neuere Geschichte an der Wiener Universität ernannt. Sein Hauptforschungsgebiet war die Epoche Leopolds I. in der zweiten Hälfte des 17. Jahrhunderts. Seine Aktensammlung über die Geschichte der Juden in Wien ist ein unentbehrliches Standardwerk. Přibram emigrierte beim Anschluß Österreichs nach Großbritannien und starb vier Jahre später in Cambridge.

Victor ADLER
(1852–1918)

Fanny von ARNSTEIN
(1758–1818)

Otto BAUER
(1881–1938)

Hermann BROCH
(1886–1951)

Alban BERG
(1885–1935)

Hugo BREITNER
(1873–1946)

Richard BEER-HOFMANN
(1866–1945)

Martin BUBER
(1878–1965)

Robert DANNEBERG
(1885–1942)

Sigmund FREUD
(1856–1939)

Egon FRIEDELL
(1878–1938)

Fritz GRÜNBAUM
(1880–1941)

Theodor HERZL
(1874–1929)

Hugo von HOFMANNSTHAL
(1874–1929)

Franz KAFKA
(1883–1924)

Karl KRAUS
(1874–1936)

Hermann LEOPOLDI
(1888–1959)

Gustav MAHLER
(1860–1911)

Lise MEITNER
(1878–1968)

Max OPPENHEIMER
(1885–1954)

Alfred POLGAR
(1873–1955)

Max REINHARDT
(1873–1943)

Joseph ROTH
(1894–1939)

Salomon ROTHSCHILD
(1774–1855)

Felix SALTEN
(1869–1945)

Arthur SCHNITZLER
(1862–1931)

Arnold SCHÖNBERG
(1874–1951)

Jura SOYFER
(1912–1939)

Johann STRAUSS (Sohn)
(1825–1899)

Oskar STRAUSS
(1870–1954)

Richard TAUBER
(1891–1948)

Friedrich TORBERG
(1908–1979)

Franz WERFEL
(1890–1945)

Simson
WERTHEIMER
(1658–1724)

Emil
ZUCKERKANDL
(1849–1910)

Stefan ZWEIG
(1881–1942)

Auch auf dem Gebiet der Naturwissenschaften gelang es einigen Juden, Lehrstühle in Wien zu erlangen. Der Astronom Samuel Oppenheim (1857 bis 1928), der aus Mähren stammte, wurde 1911 Universitätsprofessor. Er machte sich durch Forschungen über den Bau und die Bewegungen der Planeten sowie der Fixsterne einen berühmten Namen.

Von Chemikern jüdischer Herkunft seien zwei genannt: Edmund Oskar von Lippmann (1857 bis 1940) erhielt für seine grundlegenden Forschungen über die Geschichte der Chemie den Adelstitel; er verfaßte auch ein vielbeachtetes Buch über „Entstehung und Ausbreitung der Alchemie". Felix Ehrenhaft (1879 bis 1952) wurde 1920 zum Universitätsprofessor ernannt; seine Untersuchungen über das optische Verhalten der Metallkolloide galten als bahnbrechend. Er emigrierte 1938 und kehrte nach dem Krieg nach Wien zurück.

Neben den Medizinern Robert Bárány und Carl Landsteiner wurde noch einem dritten Wiener Juden der Nobelpreis verliehen. Im Jahre 1911 wurde der Publizist Alfred Hermann Fried (1864 bis 1921), der seit 1892 die pazifistische Zeitschrift „Die Waffen nieder" (später „Die Friedens-Warte") herausgab und gemeinsam mit Bertha von Suttner die Deutsche Friedensgesellschaft leitete, mit dem Friedens-Nobelpreis ausgezeichnet. Fried lebte während des Ersten Weltkriegs in der Schweiz.

Ebenso wie Fried war Josef Popper (1838 bis 1921), der sich mit einem von Goethe entlehnten Pseudonym Lynkeus nannte, von höchstem moralischen Humanismus durchdrungen. 1838 in der böhmischen Kleinstadt Kolin geboren, kam er als Zwanzigjähriger nach Wien. Er machte mehrere technische Erfindungen – so konzipierte er etwa den Drehflügel des Hubschraubers – und war einer der Pioniere der Flugtechnik. Seine größte Bedeutung lag jedoch auf ethischem Gebiet. In seinem Werk „Die allgemeine Nährpflicht" (1912) arbeitete er ein System sozialer Reformen aus, das jedem Menschen das Recht auf Arbeit und ein staatlich garantiertes Existenzminimum sichern sollte. Seine Vorschläge, die nach dem verlorenen Krieg große Aufmerksamkeit fanden, waren für die moderne Sozialgesetzgebung, die Festsetzung von Mindestlöhnen, die Arbeitslosenunterstützung und die Altersrente wegweisend. Obwohl irreligiöser Kosmopolit, hielt Popper-Lynkeus bis zu seinem Tod 1921 an den ethischen Ideen der jüdischen Propheten fest und verfügte testamentarisch, seine wertvolle Büchersammlung der Jüdischen Nationalbibliothek in Jerusalem einzuverleiben.

In einer Sammlung von Erzählungen „Phantasien eines Realisten“ (die von der Zensur beim Erscheinen 1899 wegen „Unsittlichkeit“ verboten wurden) berichtete Popper-Lynkeus von einem Mann, dessen Träume immer Logik und Sinn besaßen. Damit hatte er den Grundgedanken von Sigmund Freuds Traumtheorie vorweggenommen, wie der Schöpfer der Psychoanalyse bereitwillig zugab.

Ein, neben Sigmund Freud und Alfred Adler, anderer Theoretiker der Psyche im Wien der Jahrhundertwende war Otto Weininger (1880 bis 1903), der in seinem 1902 erschienenen Buch „Geschlecht und Charakter“ als 22jähriger die Grundfragen der menschlichen Existenz zu ergründen suchte. Er entwickelte die These einer psychisch-physischen Bisexualität und erblickte im weiblichen Prinzip das Böse und Amoralische, das das vom Mann repräsentierte Produktive und Ethische erniedrigen und demütigen will. Weininger – der aus religiöser Überzeugung zum Christentum übertrat – ist oft als Prototyp der „jüdischen Antisemiten“ bezeichnet worden. Er behauptete, daß es dem Juden – wie dem Weibe – an Moral, Vornehmheit, Persönlichkeit fehle und daß er charakterlich von Natur aus gemein sei. *„Das Judentum“*, schrieb Weininger, *„scheint mit den Negern wie mit den Mongolen eine gewisse Verwandtschaft zu besitzen. Auf den Neger weisen die so gern sich ringelnden Haare, auf Beimischung von Mongolenblut die ganz chinesisch oder malaiisch geformten Gesichtsschädel, den man so oft unter den Juden antrifft, und denen regelmäßig eine gelblichere Hautfärbung entspricht.“*

Weininger – der 1903 im Sterbehaus Beethovens Selbstmord beging – wurde in seinem pathologischen und rassistischen Selbsthaß noch von Arthur Trebitsch (1879 bis 1927) übertroffen. Ebenfalls getauft, entwickelte sich Trebitsch zu einem begeisterten Anhänger der deutsch-völkischen Bewegung und zu einem der wütendsten Hetzer gegen das Judentum. Er behauptete die Existenz einer weitverzweigten jüdischen Weltverschwörung, die alle anderen Völker unterjochen wolle, und bereitete mit der Wahnvorstellung einer „Judaisierung der Welt“ der Nazi-Demagogie den Weg. In seinem Buch „Arische Wirtschaftsordnung“ postulierte er eine „Erdverwaltung“ durch das Deutschtum, das er für die „erkorene Herrenrasse“ hielt.

Vom Ersten Weltkrieg bis zum Untergang

In seinen 1941 verfaßten Erinnerungen „Die Welt von gestern" schwärmte der aus Österreich vertriebene Schriftsteller Stefan Zweig, daß vor dem Ersten Weltkrieg „das goldene Zeitalter der Sicherheit" geherrscht habe. War diese Generalisierung auch übertrieben, so traf es doch zu, daß zwischen der Lage der Juden vor und nach dem Zusammenbruch des Kaiserreichs ein merkwüdiger dialektischer Widerspruch bestand. Die traditionelle adelige Oberschicht hatte den Antisemitismus zwar geduldet und als salonfähig betrachtet, Mordaufrufe aber stets gerichtlich verfolgt und blutige Exzesse des Pöbels nicht zugelassen. Das demokratische Regime nach 1918 verankerte hingegen zwar in der Verfassung die gänzliche politische und gesellschaftliche Gleichstellung der Juden, ließ jedoch die sich häufenden Gewalttaten der völkischen Rassenhetzer fast ungestraft. Daher war das Wiener Judentum trotz seiner Scheinblüte während der Republik tatsächlich gefährdeter und unsicherer als jemals seit Beginn der Emanzipation.

Von den etwa 175.000 Juden, die im Jahre 1910 in Wien lebten, stammten knapp 40.000 aus Galizien. Der russische Vorstoß zu Kriegsbeginn hatte zur Folge, daß bis August 1915 über 125.000 jüdische Flüchtlinge – die meisten völlig mittellos – in die Hauptstadt strömten. Obwohl die meisten nach dem Rückzug der russischen Truppen wieder nach Galizien zurückkehrten, blieben etwa 25.000 ostjüdische Flüchtlinge auch nach Kriegsende in Wien. Die Juden waren als fast einzige ethnische Minderheit gleichsam als „Erbschaft" des Vielvölkerstaats zurückgeblieben. Im Jahre 1923 ergab die Volkszählung, daß etwas über 200.000 Juden in Wien lebten; diese Ziffer sank bis 1934, als die letzte Zählung vor dem Anschluß durchgeführt wurde, infolge Geburtenrückgang und Auswanderung auf 176.000, was knapp zehn Prozent der städtischen Einwohnerschaft gleichkam. Die Wirtschaftskrise, die Österreich nach dem Ersten Weltkrieg heimsuchte, war strukturell bedingt, hielt nahezu während der gesamten Existenz der Ersten Republik an und traf die Wiener Juden besonders hart; von den ostjüdischen Flüchtlingen, die oft die deutsche Sprache nicht völlig beherrschten, konnte sich nur ein Teil ökonomisch integrieren. Nicht weniger als 50.000 bis 60.000 Juden, also ein Drittel der in Wien Ansässigen, waren in den Jahren 1933 bis 1938 auf Sozialhilfe und Unterstützung der Kultusgemeinde angewiesen.

Da die beiden bürgerlichen Parteien Österreichs – die Christlichsozialen und die nationalistischen Großdeutschen – Juden von aktiver Mitgliedschaft ausschlossen, war ihre politische Betätigung nur in der Sozialdemokratie möglich. Obwohl diese Partei nicht als „Judenschutztruppe" gelten wollte und sich einige Mitglieder gegen die „Verjudung" wandten, spielten Juden in der Arbeiterbewegung sowohl vor als auch nach dem Ersten Weltkrieg eine bedeutende Rolle. Die drei populärsten Persönlichkeiten der Sozialdemokratie – Victor Adler, Otto Bauer und Bruno Kreisky – entstammten gutbürgerlichen jüdischen Familien aus Böhmen und Mähren.

Victor Adler (1852 bis 1918) stand dreißig Jahre lang an der Spitze der Sozialdemokratie. Er empfand seine jüdische Herkunft als Belastung und trat zum Protestantismus über, um – wie er in seinem Testament sagte – *„für meine Kinder die Lostrennung vom Judentum gründlicher und leichter zu machen; nicht um sie als Christen aufwachsen zu lassen, sondern um von ihnen den Fluch des Pariatums abzuwenden"*. Adlers Bemühungen war es zuzuschreiben, daß die Arbeiterbewegung nach jahrzehntelangem Kampf 1907 das allgemeine, gleiche und direkte Wahlrecht in Österreich errang; er erfreute sich unter den Arbeitern ungeheurer Beliebtheit. Er erlebte noch die erste Phase der Novemberrevolution und starb als Außenminister der soeben entstandenen österreichischen Republik. Sein Sohn Friedrich (1879 bis 1960), der in der Sozialdemokratie ultraradikale Positionen bezog, verübte im Herbst 1916 ein Attentat auf den österreichischen Ministerpräsidenten Graf Stürgkh. Wegen dieses Mordes zunächst zum Tode verurteilt, dann zu 18 Jahren schwerem Kerker begnadigt, wurde er bei Ausrufung der Republik amnestiert. Er gehörte später zur Führungsgruppe der austromarxistischen Bewegung.

Der bedeutendste Theoretiker dieser Ideologie, die auch die „Zweieinhalbte Internationale" genannt wurde und einen Mittelweg zwischen reformistischer Sozialdemokratie und revolutionärem Kommunismus suchte, war Otto Bauer (1881 bis 1938). Vor dem Ersten Weltkrieg Sekretär der Parlamentsfraktion der Sozialdemokratie, wurde er nach seiner Heimkehr aus russischer Kriegsgefangenschaft 1917 zum Sprecher des linken Parteiflügels und nach dem Tod seines Mentors Victor Adler und der Errichtung der Republik eine Zeitlang Staatssekretär für Auswärtiges. Im Gegensatz zu Victor Adler verließ Bauer niemals die jüdische Religionsgemeinschaft, weil er damit gegen den

Antisemitismus trotzig protestieren wollte. Als sein Parteifreund Ernst Fischer ihn später fragte, weshalb er als Atheist und Sozialist noch immer der Israelitischen Kultusgemeinde angehöre, erwiderte Bauer: *„Das können Sie nicht verstehen, hinter Ihnen hat niemals irgendwer das Wort Saujud gemurmelt.“* In seinem Buch „Die Nationalitätenfrage und die Sozialdemokratie“ (1907) wandte sich Bauer dagegen, den Ostjuden kulturelle Autonomie zu gewähren, und trat für gänzliche Assimilation ein. In seinen Arbeiten „Die österreichische Revolution“ (1923) und „Der Kampf um die Macht“ (1924) polemisierte er gegen die *„reichgewordenen jüdischen Schieber“*, die sich in Krieg und Inflation ein Vermögen gemacht hatten, und glaubte, durch Angriffe auf „jüdische Kapitalisten“ der antisemitischen Propaganda der bürgerlichen Parteien den Wind aus den Segeln zu nehmen und die SDAP stärken zu können. Nach dem mißlungenen Februaraufstand 1934 floh Bauer nach Brünn und ging vier Jahre später nach Paris, wo er starb.

Einer der engsten Mitarbeiter Bauers war der Gewerkschaftsführer Julius Deutsch (1884 bis 1968). Er galt als Militärexperte der SDAP, fungierte in der ersten Nachkriegsregierung als Staatssekretär für Heerwesen und organisierte den paramilitärischen Republikanischen Schutzbund, der in seinen besten Zeiten 80.000 Mitglieder umfaßte. Deutsch floh ebenso wie Bauer nach dem Februaraufstand 1934 in die Tschechoslowakei, war dann im Spanischen Bürgerkrieg 1936 bis 1939 General in den Internationalen Brigaden, emigrierte in die USA und kehrte 1946 nach Österreich zurück, ohne sich weiterhin politisch zu betätigen.

Ein anderer bedeutender Repräsentant der Sozialdemokratie, der dem Judentum entstammte, war Max Adler (1873 bis 1937), der mit seinem Namensvetter Victor Adler nicht verwandt war. Als einer der renommiertesten Sozialphilosophen und Soziologen Wiens suchte er die Lehren Kants und Marx' miteinander zu verbinden und die Ideen des bürgerlichen Humanismus und des revolutionären Klassenkampfs miteinander in Übereinstimmung zu bringen. Er lehrte an der Universität, hielt zahlreiche Vorträge an Volksbildungsanstalten und war zeitweise Mitglied des Gemeinderats.

Hugo Breitner (1873 bis 1946) war ein hervorragender sozialdemokratischer Finanzpolitiker in Wien. Von 1922 bis 1932 war er Stadtrat. Anstelle der sogenannten Massensteuern führte er mehrere progressive Steuern ein wie Branntwein-,

Lustbarkeits- und Automobilsteuer. Durch seine Wohnbausteuer, mit der er dem beispielgebenden sozialen Wohnungsbau in Wien („Rotes Wien“) die finanzielle Grundlage gab, zog er den glühenden Haß der Begüterten auf sich. 1934 verhaftet, emigrierte er nach seiner Freilassung in die USA.

Nachfolger von Hugo Breitner als Wiener Finanzreferent wurde Robert Danneberg (1885 bis 1942), der von 1918 bis 1934 dem Wiener Gemeinderat angehörte. Danneberg war ein hervorragender Theoretiker des Verfassungsrechts (Verfassungsreform von 1929) und der Theorie und Praxis der Gemeindeverwaltung. Ab 1922 war Danneberg Landtagspräsident. Nach vorübergehender Verhaftung (1934) arbeitete Danneberg illegal für die Sozialdemokratie. 1938 verhafteten ihn die Nationalsozialisten und lieferten ihn ins KZ Buchenwald ein. Später wurde er nach Auschwitz verbracht, wo er von der SS im Dezember 1942 ermordet wurde.

Eine bedeutende Persönlichkeit der Wiener Arbeiterbewegung war auch Käthe Leichter, die 1895 als Tochter des renommierten Rechtsanwalts Josef Pick in Wien geboren wurde. Sie promovierte als eine der ersten Frauen in Staatswissenschaften, entwickelte sich im Weltkrieg zur überzeugten Pazifistin und wurde 1919 Mitarbeiterin in der von Otto Bauer gegründeten Sozialisierungskommission. Sie arbeitete Projekte für Vergesellschaftung und Arbeitermitbestimmung aus, drang auf Gleichberechtigung arbeitender Frauen und betätigte sich gemeinsam mit ihrem Mann Otto, den sie 1921 geheiratet hatte, nach 1934 im Bildungsausschuß der „Revolutionären Sozialisten“. Als Österreich ans Dritte Reich angeschlossen wurde, konnten ihr Mann und ihre beiden Söhne flüchten, während sie ihre alte Mutter nicht allein lassen wollte und in Wien blieb. Im Nazikerker vermochte sie ihre Lebenserinnerungen zu schreiben und durch eine sozialistische Aufseherin hinauszuschmuggeln. Sie kam Anfang 1940 ins Frauenkonzentrationslager Ravensbrück und wurde zwei Jahre später bei einer „Versuchsvergasung“ ermordet.

Für die politisch herausragenden Exponenten des Wiener Judentums ist es charakteristisch, daß sie verschiedene Befreiungslehren miteinander zu verbinden trachteten. Suchte Max Adler die Ideen Kants und Marx’ zu verschmelzen, Otto Bauer zwischen demokratischer Herrschaftsordnung und sozialistischem Wirtschaftssystem einen eigenen Weg zu weisen, so verband Siegfried Bernfeld (1892 bis 1953) die Psychoanalyse

Freuds mit der jüdisch-nationalen Emanzipation. Bernfeld, der in Lemberg geboren worden war, organisierte den Zentralverband jüdischer Jugendgruppen und das „Jüdische Pädagogicum" in Wien und war besonders unter den entwurzelten ostjüdischen Jugendlichen aktiv, die in den Elendsvierteln der Leopoldstadt hausten. Er begründete das Kinderheim Baumgarten und gab eine Zeitlang die zionistische Jugendzeitschrift „Jerubaal" heraus. 1938 emigrierte er nach San Francisco.

Wurde der Zionismus vor dem Weltkrieg von der überwältigenden Mehrheit des Wiener Judentums abgelehnt, so vermochte er sich in der Ersten Republik eine wichtige Position im jüdischen Leben zu erobern. Hauptursachen waren sowohl die Angriffe der Rassenantisemiten, die die Juden für den verlorenen Krieg und die elende wirtschaftliche Situation, für die Börsenspekulation und für den Sieg des russischen Bolschewismus, kurz als Sündenböcke für alle politischen und sozialen Mißstände verantwortlich machten, als auch der Umstand, daß nationalbewußte Juden aus Galizien und der Bukowina in der Kultusgemeinde den assimilierten Westjuden den Rang abzulaufen begannen und in wichtige Positionen vorrückten. Dies zeigte sich, als der aus Brody in Galizien stammende Rabbiner Zwi Perez Chajes (1876 bis 1927) im Jahre 1918 als Nachfolger des Oberrabbiners Max Güdemann, einem ehemaligen Gegner Theodor Herzls, ernannt wurde. Chajes war Vorsitzender des Aktionskomitees der Zionistischen Organisation Wiens und saß im Gründungskuratorium der Jerusalemer Universität. Er schuf das „Chajes-Gymnasium" in der Leopoldstadt, in dem Neuhebräisch als Pflichtfach gelehrt wurde. Eine markante Persönlichkeit des Wiener Zionismus war der Ingenieur Robert Stricker (1879 bis 1944), der als Abgeordneter der Konstituierenden Nationalversammlung Österreichs 1919 für jüdische Autonomie eintrat und ein zionistisches Tagblatt, die „Wiener Morgenzeitung", begründete. Auch nach seinem Ausscheiden aus dem Parlament bekämpfte Stricker im Kultusvorstand und in der Presse die unaufhörlichen antisemitischen Attacken der Christlichsozialen und Hakenkreuzler.

Obwohl in der Ersten Republik die Universitäten Hochburgen des Antisemitismus wurden, traten in der Wissenschaft nicht wenige bedeutende Persönlichkeiten hervor, die dem Judentum entstammten. Der in Prag geborene angesehene Jurist Hans Kelsen (1881 bis 1973), seit 1917 Professor an der Wiener Universität (der sich wegen seiner akademischen Karriere taufen ließ), war der Schöpfer der republikanischen Verfassung von 1920. Er fungierte bis 1923 als Rechtsberater der Regierung und gehörte dem Verfassungsgerichtshof bis 1929 an. Er galt als Hauptvertreter der „Reinen Rechtslehre“, die das Recht von allen psychologischen, soziologischen und politischen Elementen befreien wollte. Nach der Machtübernahme der Nazis wanderte er in die USA aus und trug bis zu seiner Emeritierung 1952 zum Renommee der kalifornischen Universität Berkeley bei.

Auch die weltberühmte Physikerin Lise Meitner (1878 bis 1968) stammte aus Wien. Für ihre Forschungen auf dem Gebiet der Radioaktivität und der Kernphysik erhielt sie 1925 den Preis der Österreichischen Akademie der Wissenschaften. Sie wurde 1926 zum Professor in Berlin ernannt, wo sie den Nachweis transuranischer Elemente erbrachte. Eine Zeitlang war sie Mitarbeiterin von Max Planck. 1938 wanderte sie nach Schweden aus und lebte später bei ihrem Neffen Otto Frisch in Cambridge. Frisch (1904 bis 1979), der ebenfalls in Wien geboren wurde und studierte, wurde durch erfolgreiche Experimente in der Atomphysik berühmt; er prägte den Ausdruck „Kernspaltung“.

Einer der angesehensten Kunsthistoriker Wiens war der aus Mähren stammende Max Eisler (1881 bis 1937). Seit 1919 Universitätsprofessor, galt er als führender Experte auf dem Gebiet expressionistischer Architektur und Skulptur. Eisler war orthodoxer Jude und gehörte dem Vorstand der Agudath Israel in Wien an.

Im Bereich der Musik machte das Wiener Judentum die österreichische Hauptstadt zu einem internationalen Kulturzentrum. Der Komponist Arnold Schönberg (1874 bis 1951) war der Begründer der Zwölftonmusik, die die traditionelle Tonalität sprengte. Mit seiner Oper „Moses und Aaron“ wählte er ein alttestamentarisches Thema als Grundlage seiner Komposition. Er emigrierte nach dem Anschluß Österreichs nach Los Angeles, wo er starb. Sein Schüler Alban Berg (1885 bis 1935), der ebenfalls Klassiker der modernen Musik war, entnahm seine Stoffe Vorlagen Georg Büchners und Frank Wedekinds (die Opern „Wozzeck“ und „Lulu“). Ein anderer Schüler Schönbergs war Egon Wellesz (1885 bis 1974), der sich nicht nur als Komponist, sondern auch als Musikforscher und Fachmann für Musikgeschichte Verdienste erwarb. Er begründete 1932 das Institut für byzantinische Musik in Wien, das er bis zum Anschluß leitete. Er komponierte einige Symphonien in Zwölftonmusik. 1938 wanderte er nach Großbritannien aus und wurde Professor für Musikgeschichte in Oxford.

Ein dritter Schüler Schönbergs war Hanns Eisler (1898 bis 1962), der bedeutende Komponist und Freund Bertolt Brechts. Eisler verbrachte seine entscheidenden Lehrjahre in Wien.

Der Komponist Erich Wolfgang Korngold (1897 bis 1957) errang mit seiner Oper „Die tote Stadt" einen Welterfolg. Als Dirigent der Wiener Staatsoper leitete er eine Johann-Strauß-Renaissance ein. Er verfaßte zahlreiche Lieder und Streichquartette. Im Jahre 1934 ging er nach Hollywood, wo er die Musik für mehrere Tonfilme schrieb und bis zu seinem Tode lebte.

Einer der beliebtesten Operettenkomponisten der Ersten Republik war Ralph Benatzky (1883 bis 1957). Seine 1930 uraufgeführte Operette „Im weißen Rößl" beschwor nostalgische Sehnsüchte und Erinnerungen nach der „goldenen" Kaiserzeit herauf. Als Komponist vieler Schlagerlieder und Wiener Musicals („Axel an der Himmelstür", Uraufführung im Volkstheater 1935) errang Benatzky große Erfolge. Auch er lebte seit 1938 in den Vereinigten Staaten, er kehrte nach dem Krieg nach Europa zurück und starb in Zürich.

Als Liederkomponist verkörperte Hermann Leopoldi geradezu die Wiener Volksmusik zwischen den beiden Weltkriegen. Leopoldi (1888 bis 1959), dessen eigentlicher Name Kohn war, wurde als Klavierhumorist berühmt und komponierte einige hundert Lieder, zu denen er und sein Bruder Ferdinand den Text schrieben. Seine Lieder („In einem kleinen Café in Hernals", „In Langenlois, in Langenlois, gibts keine Girls und keine Boys", „Warum spiel'n die Schinkenfleckerln/Immerweil mit'm Fleisch Versteckerln?") genossen außerordentliche Popularität. Er wurde 1938 ins KZ Dachau gebracht, wanderte dann nach Amerika aus und kehrte 1947 nach Wien zurück.

Nicht weniger beliebt als Leopoldi waren in der Zwischenkriegszeit auch die Kabarettisten Fritz Grünbaum und Karl Farkas. Grünbaum, der 1880 in Brünn geboren war, verfaßte das Libretto zur Operette „Die Dollarprinzessin", die von Leo Fall vertont wurde. Er schrieb Feuilletons, Gedichte und Revuen und war einer der bekanntesten Komiker Wiens. Nach dem „Anschluß" Österreichs wurde Grünbaum verhaftet, ins Konzentrationslager Dachau eingeliefert und dort noch bis zum Jänner 1940 gefoltert, bevor man ihn umbrachte. Sein Freund Karl Farkas (1893 bis 1971), der ebenfalls Lustspielautor und Verfasser humoristischer Gedichte war, konnte 1938 in die USA entkommen. Er kam 1946 nach Wien zurück und fungierte bis zu seinem Tod als Direktor des Kabaretts „Simpl".

Der weltberühmte Regisseur Max Reinhardt (1873 bis 1943) verbrachte die entscheidenden Lehrjahre in Wien. Als Max Goldmann in Baden (NÖ) geboren, leitete er seit 1919 mehrere Bühnen in Berlin, war Mitbegründer der Salzburger Festspiele und übernahm 1924 die Leitung des Theaters in der Josefstadt. Fünf Jahre später schuf er das „Max Reinhardt-Seminar" in Wien zur Ausbildung des schauspielerischen Nachwuchses. Seine Inszenierungen, in denen er die Bühne in einen magischen, intuitiv erfühlbaren Bedeutungsraum verwandelte, wirkten faszinierend und gelten als unübertroffen. Er wanderte 1938 nach den USA aus und starb in New York.

Im Bereich der Literatur blieb Wien dank jüdischer Schriftsteller und Kritiker auch nach dem verlorenen Ersten Weltkrieg ein Zentrum ersten Ranges. Karl Kraus schuf mit seinem Mammutdrama „Die letzten Tage der Menschheit" (1918/19) ein umfassendes dokumentarisches Zeitbild vom Untergang der österreichischen Vorkriegsgesellschaft und zugleich eines der bedeutendsten kritischen Werke über den Weltkrieg. Es gelang ihm, in 220 Szenen alle Bereiche des Lebens (und Sterbens) aufgrund zahlloser Zeitungsberichte, Bekanntmachungen, Protokolle, Gespräche aller Art einzufangen, die den Schrecken des sinnlosen Gemetzels wiedergeben. Kraus, der niemals dem chauvinistischen Siegestaumel zum Opfer gefallen und stets Pazifist geblieben war, wollte damit vor dem drohenden Untergang der Menschheit warnen. 1933 war er von der Machtergreifung des Nationalsozialismus in Deutschland tief betroffen und schrieb das lange Essay „Die dritte Walpurgisnacht", das das Grauen des „Dritten Reiches" enthüllte.

Ein anderer Wiener Kulturkritiker, der dem Judentum entstammte, der Bohemien Egon Friedell ging 1935 sogar so weit, sich den Nationalsozialisten anzubiedern. Schon in seiner 1927 erschienenen „Kulturgeschichte der Neuzeit" hatte er behauptet, daß der Talmud eine „mosaische Rasse" hervorgebracht habe und daß „die geistige und moralische Zukunft Europas in der Tat bei Deutschland" ruhe; als die Nationalsozialisten in Deutschland die Macht übernahmen und seine Bücher dort nicht mehr verlegt wurden, behauptete er, niemals in seinem Leben „mit einem Nichtchristen befreundet" gewesen zu sein, weil er hoffte, sich mit den braunen Machthabern arrangieren zu können – war er doch schon 1897 zum

Christentum übergetreten. Dieses Werben um die Gunst der Rassenantisemiten war jedoch vergeblich. Als drei Tage nach dem „Anschluß" einige SA-Männer den „Juden Friedell" verhaften wollten, sprang er aus einem Fenster seiner Wohnung in den Tod.

Unter den zahlreichen jüdischen Schriftstellern, die während des Dritten Reiches aus Verzweiflung über den Zusammenbruch ihrer sittlich-humanitären Ideale ihrem Leben ein Ende setzten, befand sich Stefan Zweig (1881 bis 1942), der seit 1906 als bedeutender Lyriker und Novellist hervortrat. Ebenso wie Karl Kraus war Zweig zeit seines Lebens entschiedener Pazifist. Er emigrierte 1915 in die Schweiz, wo sein Antikriegsdrama „Jeremias" uraufgeführt wurde. Nach dem Krieg nahm er seinen Wohnsitz in Salzburg und veröffentlichte mehrere sehr erfolgreiche Novellensammlungen, Romane („Verwirrung der Gefühle", 1927) und Essays über geistige „Baumeister der Welt" (u. a. über Nietzsche, Balzac, Hölderlin, Kleist, Tolstoi). Stark von der psychoanalytischen Weltdeutung Freuds beeinflußt, neigte er dazu, gesellschaftspolitische Probleme auszuklammern und die Konflikte seiner Helden als individuell-psychisch bedingt anzusehen. Er verließ Österreich nach dem Februaraufstand von 1934, als Gendarmen sein Haus nach versteckten Waffen durchsuchten. Er ging zuerst ins englische Exil und floh dann nach Brasilien, wo er Selbstmord beging.

Aus ähnlich gutbürgerlichem Milieu wie Zweig kam auch Franz Werfel (1890 bis 1945), der aus Prag stammte, sich schon vor dem Ersten Weltkrieg mit expressionistischen Gedichten einen Namen gemacht hatte und in Wien von 1917 bis 1938 lebte. Er heiratete die Witwe des Komponisten Gustav Mahler. Von Anfang an besaßen seine Dichtungen religiöse Akzente, die nicht nur aus alttestamentarischen, sondern insbesondere aus Ideen des Urchristentums stammten. Mit seinem Opern-Roman „Verdi" (1924) errang er einen großen Erfolg und beeinflußte das musikalische Urteil des Publikums; sein bedeutendstes Werk war der Roman „Die vierzig Tage des Musa Dagh" (1933), der die Unterdrückung der Armenier und ihren heldenhaften Kampf gegen die Türken im Ersten Weltkrieg zum Inhalt hatte und indirekt auf die Nazibarbarei gemünzt war. Werfel ging 1938 nach Kalifornien, wo er zum Katholizismus übertrat. In seinem Roman „Das Lied von Bernadette" (1941) wird deutlich, daß er an seinem Lebensende in christlichem Mystizismus Zuflucht suchte.

Ähnlich wie bei Werfel war auch das dichterische Schaffen von Hermann Broch (1886 bis 1951) ethisch-religiös begründet und mündete in Symbolik und Irrationalismus. Er studierte Textiltechnologie und trat 1908 in die väterliche Fabrik ein, die er elf Jahre lang leitete; eine Zeitlang war er Vorstandsmitglied des Österreichischen Industriellenverbandes. Er zog sich dann von den Geschäften zurück, um als „geistiger Mensch" zu leben, und veröffentlichte seinen ersten Roman im Alter von 45 Jahren. In seiner Trilogie „Die Schlafwandler" (1931) und dem im Exil entstandenen Hauptwerk „Der Tod des Vergil" (1945) verband er Wirklichkeitsnähe mit mystischen Visionen und surrealistischen Stileinflüssen. Er wurde 1938 beim Anschluß Österreichs von der Gestapo verhaftet und emigrierte dann in die USA, wo er eine Zeitlang in größter Not lebte; 1950 erhielt er eine Professur für deutsche Literatur an der renommierten Yale-Universität.

Mit Broch eng befreundet war Elias Canetti, der 1905 in Bulgarien geboren wurde und einer jüdisch-spaniolischen Familie entstammt. Er lebte von 1924 bis zum Anschluß in Wien und veröffentlichte dort seinen ersten Roman, „Die Blendung", in dem er das Versagen des humanistisch gebildeten Bürgertums vor dem barbarischen Naziregime verurteilte und die Ursachen der Isolierung und Entfremdung des Individuums in der Massengesellschaft aufzudecken suchte. Canetti, der seit 1939 in London lebt, erhielt für seine nach dem Zweiten Weltkrieg entstandenen Dramen und Essays 1981 den Nobelpreis.

Weniger hohe literarische Ansprüche als Broch und Canetti stellte Felix Salten, der eigentlich Siegmund Salzmann hieß und 1869 in Budapest geboren wurde. Er kam als Student nach Wien, schloß sich dem Kreis „Jung-Wien" an, dem auch Schnitzler, der den Ton in der Fin de siècle-Literatur angab, angehörte, und war jahrelang Theaterkritiker verschiedener Zeitungen. Sein bekanntestes Buch war die Tiergeschichte „Bambi". Bis 1933 fungierte Salten als Präsident des österreichischen PEN-Klubs. Er emigrierte 1938 in die USA und kehrte nach dem Krieg zurück; er starb 1947 in Zürich.

Ein guter Freund Saltens war der Journalist, Theaterkritiker und Romancier Raoul Auernheimer (1876 bis 1948), der in der Ersten Republik als Unterhaltungsschriftsteller beliebt war. Er wurde beim Einmarsch der Nazis 1938 verhaftet und ins Konzentrationslager Dachau gesteckt, wo er ein halbes Jahr gefoltert wurde. Nach seiner Auswanderung nach den USA versuchte er vergeblich gemeinsam mit seinem Freund Ernst Lothar (1890 bis 1974) in New York ein „österreichisches Theater" zu gründen. Während Auernheimer wenige Jahre nach dem Zweiten Weltkrieg in Amerika starb, kehrte Lothar nach Österreich zurück und errang im Alter bedeutende Erfolge. Schon vor dem Anschluß hatte er, der eigentlich Ernst Lothar Müller hieß und der als junger Mann zum Katholizismus übergetreten war, als Assistent Max Reinhardts die Salzburger Festspiele geleitet und war 1935 auch Nachfolger Reinhardts als Direktor des Theaters in der Josefstadt geworden. Nach seiner Rückkehr 1948 leitete er elf Jahre lang die Salzburger Festspiele; seine zahlreichen Erzählungen und Romane waren sehr erfolgreich.

Die Verklärung des in den Stürmen des Ersten Weltkriegs untergegangenen Kaiserstaats, der in den Werken von fast allen genannten Schriftstellern zu finden ist, erreichte ihren Höhepunkt in den Romanen und Erzählungen Joseph Roths (1894 bis 1939). Roth, der in Brody (Ostgalizien) zur Welt gekommen war und das dortige Gymnasium besucht hatte, studierte Germanistik an den Universitäten Lemberg und Wien, war im Weltkrieg Offizier und geriet in russische Kriegsgefangenschaft; nach der Rückkehr lernte er das Elend der jüdischen Flüchtlinge in der Leopoldstadt kennen, ging später nach Berlin und verbrachte nach 1933 wieder einige Zeit in Wien, von wo er nach dem Anschluß nach Frankreich emigrierte; er starb an den Folgen seiner Alkoholsucht in Paris. *„Mein stärkstes Erlebnis war der Krieg und der Untergang meines Vaterlandes, des einzigen, das ich je besessen"*, bekannte er 1932. In seinen Werken wie „Hiob" (1930), „Radetzkymarsch" (1932) und „Die Kapuzinergruft" (1938) setzte sich der hervorragende Romancier kritisch mit der Gesellschaft auseinander, wobei die Situation der untergehenden österreichisch-ungarischen Monarchie und die Probleme des ostgalizischen Judentums oft im Mittelpunkt seines Schaffens stehen.

Ein ebenso großes Publikum wie Roth fand der Erzähler, Publizist und Parodist Robert Neumann (1897 bis 1978). Seine pointenreichen Satiren und gesellschaftskritischen Gegenwartsromane wurden in viele Sprachen übersetzt. Er emigrierte 1938 nach England und übersiedelte nach dem Krieg in die Schweiz. In seinen geistreichen und aggressiven Parodien ahmte er meisterhaft den Stil von Schriftstellern und Wissenschaftlern der Vergangenheit und Gegenwart nach. *„Mein ganzes Werk ist*

Entlarvung, anderer und meiner selbst – ein grausiges Geschäft", meinte er ironisch. In seinem 1939 erschienenen Roman „An den Wassern von Babylon" verflocht er zehn durch eine Rahmenhandlung verbundene Einzelschicksale verschiedener Jahrhunderte zu einer Deutung des immer wiederkehrenden Leidens des jüdischen Volkes.

Auch Friedrich Torberg (1908 bis 1979) griff in einigen Romanen („Hier bin ich, mein Vater", 1948; „Süßkind von Trimberg", 1972) das Judenschicksal auf. Torberg, der eigentlich Kantor hieß (seine Mutter war eine geborene Berg), verbrachte seine Jugend teilweise in Prag, emigrierte 1938 in die Schweiz und nach Frankreich und gelangte nach abenteuerlicher Flucht 1941 in die USA, wo er zehn Jahre lebte; er kehrte dann nach Wien zurück und war in der Zweiten Republik ein namhafter Kulturkritiker. Sein Roman „Der Schüler Gerber hat absolviert" (1930), der das veraltete Prüfungssystem der Schule kritisierte und den Generationskonflikt aufgriff, machte ihn schon in jungen Jahren populär.

Die – keineswegs vollständige – Aufzählung jüdischer Schriftsteller, die in der Ersten Republik Wien das geistige Gepräge gaben, soll mit der Erwähnung von zwei Autoren beendet werden, die antisemitischen Mördern zum Opfer fielen. Dadurch wird deutlich, auf welch unsicherem und gefährlichem Boden das emanzipiert und formell gleichberechtigte Wiener Judentum in der Zwischenkriegszeit stand.

Der Schriftsteller und Journalist Hugo Bettauer, geboren 1877 in Baden bei Wien, wurde nach 1919 durch den Roman über die Inflation „Die freudlose Gasse" bekannt, der (mit Greta Garbo in der Hauptrolle) verfilmt wurde. Bettauers Arbeit „Die Stadt ohne Juden" (1924), dessen prophetischer Untertitel „Ein Roman von übermorgen" lautete, beschrieb, wie alle Wiener Juden und „Judenstämmlinge" unter Sonderrecht gestellt und sodann ausgewiesen werden; da dies jedoch den wirtschaftlichen und kulturellen Ruin der Stadt zur Folge hat, müssen die Behörden die antisemitische Maßnahme rückgängig machen. Bettauer trat in Zeitungsartikeln und Erzählungen auch für die Gleichberechtigung der Frauen ein und prangerte die sexuelle Heuchelei klerikaler Kreise an. Die Antisemiten „christlicher" und rassistischer Prägung entfachten gegen ihn eine Mordhetze; Anfang 1925 hieß es in der „Deutschen Arbeiter-Presse": *„Bettauer, sus silvaticus, skrofuloses Wildschwein oder gemeine Sau, wühlt in Sumpf und Jauche, nährt sich von faulem*

Weiberfleisch und anderen moralischen Abfallprodukten, verbreitet pestilenten Gestank – daher auszurotten." Diesen Aufruf befolgte am 10. März 1925 der arbeitslose Dentistengehilfe Otto Rothstock, der Bettauer in der Redaktion seines Blattes tödlich verwundete. Die „nationale" Presse feierte diese „Befreiungstat" des *„braven, häuslichen, sparsamen und sittenreinen Attentäters"*. Von einem Schwurgericht für geisteskrank erklärt, wurde Rothstock aus der Irrenanstalt nach anderthalb Jahren als „geheilt" entlassen.

Politisch weiter links als Bettauer stand der 1912 als Sproß einer ostjüdischen Familie in Charkow geborene Jura Soyfer, der als Kind nach Wien kam, im „Bund sozialistischer Mittelschüler" aktiv war und seit 1930 als Dichter, Kabarettist und politischer Essayist hervortrat. Seine scharf pointierten satirischen Kurzdramen und Gedichte wurden in einigen Kleinkunstbühnen aufgeführt bzw. rezitiert; er wandte sich gegen Borniertheit und Geistesträgheit des Spießbürgers, der die Nazibarbarei und die drohende Kriegsgefahr nicht durchschaute. Beim „Anschluß" versuchte Soyfer vergeblich in die Schweiz zu entkommen; er wurde nach Österreich zurückgeschickt, von den Nazis nach Dachau eingeliefert, wo er sein ergreifendes „Dachaulied" schrieb („Stacheldraht, mit Tod geladen..."); Ende 1938 nach Buchenwald überführt, starb er dort am 16. Februar 1939 an Typhus, noch keine 27 Jahre alt.

Mehr als 65.000 Wiener Juden vermochten nach dem Anschluß nicht zu entrinnen und fielen dem Wahn der Nazimörder zum Opfer. Die Lücke, die die Vertreibung und Vernichtung des Judentums in Politik und Wirtschaft, in Kunst und Wissenschaft der Donaumetropole gerissen hat, ist auch heute nicht geschlossen. Das Fehlen der Juden macht Wien zu einer „Provinzstadt", die von nostalgischen Sehnsüchten nach einer nicht wiederkehrenden Vergangenheit lebt.

URSACHEN UND WURZELN DES MITTELALTERLICHEN JUDENHASSES

Anna M. Drabek

Die Ablehnung der Juden durch die christliche Gesellschaft Europas im Mittelalter resultiert aus einer Reihe von Komponenten religiös-ideeller, rechtlicher, soziologischer, wirtschaftlicher, vor allem aber auch psychologischer Natur, die untereinander in engstem inneren Zusammenhang standen und sich etwa seit dem 12. Jahrhundert und dann ganz besonders in den Jahrhunderten des Spätmittelalters zu einem ideologischen Potential von hoher innerer Brisanz und großer Massenwirksamkeit verdichteten, das sich beim geringsten äußeren Anlaß in blutigen Pogromen entladen konnte, die in die Hunderte und sogar Tausende gehende Menschenopfer forderten.

Eine wichtige Wurzel dieser mittelalterlichen Judenfeindschaft lag in der Art der Abfassung der Evangelienberichte, des Neuen Testaments, dem zweifellos am stärksten verbreiteten und bestbekannten Buch des Mittelalters überhaupt. Jesus mit den Aposteln und Jüngern – bekanntlich selbst Juden – werden dort ja stets als eigene Gruppe von ihren jüdischen Zeitgenossen abgehoben. Diese, als „die Juden" schlechthin bezeichnet, stehen Jesus und seinen Anhängern in den Evangelien meist feindselig gegenüber, ja sie liefern Jesus schließlich sogar an die Römer aus und erzwingen von Pilatus seine Kreuzigung. In den Augen des mittelalterlichen Menschen waren „die Juden" dadurch zu Gottesmördern geworden, zumal sie diese Schuld mit den ebenfalls im Evangelientext überlieferten Worten *„sein Blut komme über uns und unsere Kinder"* auch zugegeben und für alle Zeiten auf sich genommen zu haben schienen.

Die kirchliche Lehre hatte demgegenüber zwar stets die Schuld aller Menschen und ihrer Sünden am Tod Christi betont, aber die erwähnten Formulierungen der Passionsgeschichte und der anderen einschlägigen Evangelienstellen waren dem mittelalterlichen Menschen einfach besser präsent, ja, er konnte sie meist auswendig. Wurden sie in den Kirchen bei den Gottesdiensten doch immer wieder vorgelesen, in unzähligen bildlichen Darstellungen immer wieder vor Augen geführt, bei den Passionsspielen vor den Kirchen und auf öffentlichen Plätzen szenisch dargestellt usw.

Dazu kam, daß die während des Mittelalters bei den verschiedenen europäischen Völkern in der Diaspora lebenden Juden sich den christlichen Missionsversuchen meist beharrlich widersetzten und es wagten, inmitten einer christlichen Umgebung, einer geschlossenen christlichen Kultur und Gesellschaft, an ihrer eigenen Religion, Sprache und historischen und kulturellen Tradition festzuhalten. Nach der Auffassung der damaligen Zeit bedeutete das, daß sie sich bewußt und mutwillig der Wahrheit des Christentums verschlossen, wodurch sich ein anderes Schriftwort zu bestätigen schien, nämlich Johannes 8, 44 ff., wo es über die Juden heißt: *„Ihr habt den Teufel zum Vater, und nach eures Vaters Gelüste wollt ihr tun. Er ist ein Mörder von Anfang an und steht nicht in der Wahrheit...; er ist ein Lügner und der Vater der Lüge.“* Damit waren die Juden in einen direkten und grundsätzlichen Zusammenhang mit dem Bösen schlechthin gebracht, und man traute ihnen von vornherein jede Art von Bosheit und Verbrechen zu, besonders in Zeiten, für die der Glaube an schwarze Magie, an Hexen- und Teufelskunst eine Selbstverständlichkeit war.

Auch die – erst durch das 2. Vatikanische Konzil gestrichene – Fürbitte aus der Karfreitagsliturgie „Pro perfidis Judaeis“ (= für die „ungläubigen“ bzw. „treulosen Juden“) war, wenn auch ursprünglich ohne antijüdische Intention entstanden, in der Praxis sicher nicht dazu angetan, den Juden beim christlichen Kirchenvolk Freunde zu schaffen.

Von weitreichenden Folgen für die Stellung der Juden in der christlichen Gesellschaft des Mittelalters war auch die bald zum geistigen Allgemeingut werdende Lehre der Kirchenväter, Israel, das auserwählte Volk der Bibel, habe durch seine Nichtannahme der christlichen Botschaft seine Auserwählung eingebüßt, und diese sei auf die Christen als das „neue Volk Israel“ übergegangen, mit dem Gott einen neuen Bund geschlossen habe, der den alten mit den Juden ablöse. Aus dieser Überzeugung leitete Augustinus in Interpretation der Bibelstelle Genesis 25, 2 über die beiden Söhne der Rebekka einen Führungsanspruch der Christen gegenüber den Juden ab: *„Der Ältere soll dem Jüngeren dienen, das heißt, das erstgeborene Volk der Juden dem später geborenen Volk der Christen.“*

Verbrennung von Juden im Mittelalter.

Eine weitere Wurzel des typisch mittelalterlichen Judenhasses, wie er insbesondere seit der Wende vom 11. zum 12. Jahrhundert in West- und Mitteleuropa immer stärker in Erscheinung trat, ist im sogenannten Personalitätsprinzip des mittelalterlichen deutschen Rechtes begründet, d. h., die germanischen Stammes- oder Volksrechte besaßen jeweils nur für die jeweiligen Angehörigen eines Stammes bzw. Volkes Geltung, Fremde, also auch Juden, waren davon grundsätzlich ausgenommen, daher prinzipiell rechtlos. Da die europäische Gesellschaft aber ihre Dienste als erfahrene, weitgereiste und sprachenkundige Fernhändler, Kaufleute, Dolmetscher u. ä. zu schätzen wußte, wurden einzelne Juden mit ihren Familien oder auch ganze Gruppen bzw. Gemeinden, die sich bei einer Burg, in einer Siedlung, einer Stadt niederließen, vom jeweiligen Burg- bzw. Grundherrn, Stadtherrn, Territorialherrn mit Privilegien ausgestattet. Das waren Urkunden, die den Juden gewisse Rechte garantierten, die von der persönlichen Sicherheit und dem ungestörten Besitz ihres Eigentums, dem Schutz vor Störung ihrer religiösen Feste und Gebräuche über die freie Handelsausübung bis zum Niederlassungsrecht und der Befreiung von bestimmten Zöllen und Abgaben reichen konnten. Allerdings handelte es sich dabei stets nur sozusagen um eine Rechtsgewährung auf Widerruf, denn es stand im Ermessen des Sohnes oder Nachfolgers des jeweiligen Herrn, ob er das

Judenprivileg erneuerte oder nicht, und wenn er es tat, ließ er sich die Bestätigung von den Schutzbedürftigen in der Regel mit entsprechend hohen Summen abkaufen.

Oberster Schutzherr der Juden wie auch aller übrigen Hilf- und Wehrlosen im Land – z. B. der Witwen, Waisen, auch der Geistlichen, die keine Waffen tragen durften, und eben der Fremden – war der König. In der Tat wurde der Judenschutz vom Landesherrn, dem König bzw. Kaiser, zumeist recht wirksam wahrgenommen, und die Juden wandten sich an den Herrscher, wenn sie sich von lokalen Herren und Machthabern, von den städtischen Behörden bedroht oder in ihren Rechten geschmälert fühlten.

So genossen die Juden im christlichen Abendland während des ersten Jahrtausends und darüber hinaus relative Sicherheit und erfreuten sich bisweilen sogar recht hoher Wertschätzung. (So etwa im Frankenreich Ludwigs des Frommen in den zwanziger Jahren des 9. Jahrhunderts, wo sie Einfluß bei Hofe besaßen, Adelige und Mitglieder der Hofgesellschaft ihre Synagogen und Gottesdienste besuchten und in Einzelfällen sogar zum mosaischen Glauben übertraten.) Die Juden konnten ihre Religion in den einzelnen Ländern Europas in dieser Zeit im allgemeinen unbehindert ausüben und wurden vor dem Versuch von Zwangstaufen, der Zerstörung ihrer Synagogen u. ä. von Päpsten und Bischöfen in der Regel wirksam geschützt. Allerdings ist es bezeichnend, daß ein derartiges Einschreiten der kirchlichen Behörden gegen Übergriffe seitens der christlichen Bevölkerung immer wieder notwendig wurde! Missionstätigkeit unter den Christen und der Besitz christlicher Sklaven war den Juden freilich strengstens untersagt. Aus Sorge um das Seelenheil der Christen waren auch Mischehen bzw. geschlechtliche Verbindungen von Juden und Christen durch die kirchliche Gesetzgebung verboten. Von weittragender, auch in den Bereich des staatlichen Lebens hineinreichender Bedeutung war schließlich das schon früh ergangene und während des gesamten Mittelalters aufrechterhaltene Verbot der Bekleidung öffentlicher Ämter durch Juden, denn nach dem mittelalterlichen Weltverständnis wäre es undenkbar gewesen, daß ein Nichtchrist über Christen herrsche. Für die Juden bedeutete das freilich eine gravierende Minderung ihres gesellschaftlichen Status, die wieder Folgen im Bereich des Alltags und des christlich-jüdischen Zusammenlebens zeitigte und bis weit in die Neuzeit fortwirkte.

Auch in den städtischen Sozietäten des Hochmittelalters hatten die Juden zunächst noch einen festen und im Rahmen der eben beschriebenen Grenzen auch durchaus geachteten Platz. Da jetzt neben dem Fernhandel auch der Lokalhandel einen großen Aufschwung nahm und die Geldwirtschaft sich immer stärker entwickelte, war ihre uralte Erfahrung in diesen Wirtschaftszweigen, die sich zum Teil noch aus dem römischen Weltreich der Antike herleitete, sehr gefragt. Sie fungierten in diesen ökonomischen Bereichen in gewisser Hinsicht als Lehrmeister der heimischen Bevölkerung und wurden von weltlichen und geistlichen Landesfürsten und Stadtherren mit der Verwaltung des Münzwesens, mit der Führung ihrer Geldgeschäfte und wirtschaftlichen Aufzeichnungen betraut.

Äußerer Ausdruck dieser verhältnismäßig geachteten Stellung der Juden in der hochmittelalterlichen Stadt war die Tatsache, daß sie ihre Häuser in guten Stadtvierteln bauen konnten, häufig Umgang mit den patrizischen Bürgern pflegten und einzelne von ihnen bisweilen sogar in einem vertrauten bis freundschaftlichen Verhältnis zu Bischöfen, Stadtherren und sogar Landesfürsten und Herrschern standen.

Etwa seit der Mitte des 13. Jahrhunderts kam es aber dann zuerst in Westeuropa – vor allem England und Frankreich –, dann in Mitteleuropa im Gebiet des Römisch-deutschen Reiches zu einer immer stärkeren Ablehnung der Juden durch die sie umgebende christliche Gesellschaft, die sich immer wieder – oft schon beim geringsten und entferntesten Anlaß – in lokalen Pogromen entlud, bei denen sich die christlichen Nachbarn am Leben und Besitz ihrer jüdischen Mitbürger vergriffen, die aber auch zu blutigen Judenverfolgungen größten Ausmaßes führen konnten und schließlich mit der Vertreibung der Juden aus nahezu allen Staaten endeten, so daß es in West- und Mitteleuropa zu Ende des Mittelalters fast keine Judengemeinden mehr gab.

Ein erster radikaler Umschwung im Verhalten der christlichen Bevölkerung gegenüber den Juden war erstmals zu Ende des 11. Jahrhunderts eingetreten, als Papst Urban II. zum ersten großen Kreuzzug gegen die Sarazenen, zur Befreiung Jerusalems und der heiligen Stätten aus der Hand der Ungläubigen aufrief. Zu diesem Zeitpunkt hatte nicht nur der Prozeß der Christianisierung in Europa einen vorläufigen Höhepunkt erreicht – alle Herrscherhäuser waren jetzt christlich, und die Bevölkerung vielfach von großem Glaubenseifer durchdrungen –, sondern

Veränderungen im Wirtschafts- und Sozialgefüge West- und Mitteleuropas, auf die hier nicht näher eingegangen werden kann, hatten zum erstenmal auch besitzlose Unterschichten in größerer Zahl entstehen lassen: verarmte Ritter, nachgeborene Adels- und Bauernsöhne ohne väterliches Erbe, arme Leute aus Stadt und Land, für die dieser Kreuzzug ein Ventil darstellte und die Aussicht auf Kriegsbeute und Kriegsruhm bot.

Bei diesen unternehmungslustigen, großteils besitzlosen Massen erhob sich schon bald der Ruf, doch zuerst mit den „Feinden Christi" in der Heimat, den Juden, abzurechnen, bevor man ins Heilige Land zog, um die dortigen Feinde der Christenheit zu bekämpfen. Und so kam es gleich nach dem Aufbruch des Kreuzfahrerheeres 1096 zu den ersten Pogromen in Rouen und anderen nordfranzösischen Städten und Märkten. Schwere Ausschreitungen begleiteten dann den Weg der Kreuzfahrer durch Lothringen und die rheinischen Städte, und auch in Franken, in Süddeutschland (Regensburg), in Prag und einer weiteren böhmischen Stadt fiel die Bevölkerung über die Juden her. Wer sich nicht auf der Stelle taufen ließ, wurde niedergemacht, die Judengemeinden ganzer Städte dem Flammentod überantwortet, wobei die Zahl der Opfer mehrere hundert, ja über tausend (Mainz) betragen konnte. Daß sich die Menge dabei auch immer gleich über Häuser und Besitz der Juden hermachte, braucht nicht eigens betont zu werden. Bischöfe und weltliche Stadtherren suchten die Juden zwar gegen die wütende Menge zu schützen und öffneten ihnen ihre Burgen als Zufluchtsort, in vielen Fällen waren aber auch sie machtlos, vor allem dann, wenn die ansässigen Bürger einer Stadt mit den Kreuzfahrern gemeinsame Sache machten.

Wenn wir nach den in manchem die Charakteristika einer Massenpsychose in sich tragenden tieferen Ursachen dieser Ausbrüche der Volkswut fragen – schon zeitgenössische christliche Chronisten vergleichen das Vorgehen der Kreuzfahrerhorden mit dem Verhalten von Wahnsinnigen! –, so stoßen wir dabei, neben der angedeuteten sozioökonomischen Krise des 11. Jahrhunderts und der blanken Beutegier der Verfolger auf die Intoleranz und Selbstgefälligkeit der Massen, die sich im Besitz der christlichen Wahrheit den „ungläubigen" Juden überlegen glaubten, welche, noch dazu als rechtlose Minderheit, es wagten, inmitten einer christlichen Gesellschaft an ihrer eigenen Religion und Sprache, ihren Sitten und Gebräuchen festzuhalten. Auffallend ist auch, daß sich gerade gebildetere

Menschen, die die Juden aus persönlichem Umgang kannten – etwa manche höhere Geistliche, Patrizier usw. –, nicht an der Verfolgung beteiligten, sondern im Gegenteil, die Juden zu schützen suchten.

Am Beginn des 2. Kreuzzuges hatte sich die Situation für die Juden insofern noch verschärft, als durch die mittlerweile erfolgte Kodifizierung des Kanonischen Rechtes die alten judenfeindlichen kirchlichen Bestimmungen festgeschrieben worden waren. Neu hinzugekommen war jetzt ein striktes Verbot des Geldverleihs gegen Zinsen, wodurch die moralische Stellung der Juden in den Augen der Christen weiter belastet wurde. Auch der von Papst Eugen III. aus Anlaß des Kreuzzuges proklamierte Zinsennachlaß von Schulden bei Juden für alle Kreuzfahrer war nicht gerade dazu angetan, das moralische Ansehen der Juden in ihrer Umwelt zu heben und zu ihrer Sicherheit beizutragen.

Dabei kann im allgemeinen gerade den Päpsten des Mittelalters die geringste Schuld an den Judenverfolgungen angelastet werden. Mit Briefen und Bullen waren sie immer wieder bei lokalen Judenverfolgungen eingeschritten, hatten jede Gewaltanwendung aufs schärfste verurteilt und stets am Prinzip der Freiwilligkeit der Bekehrung zum christlichen Glauben festgehalten. So war mit der Zeit ein eigener Typus von Judenschutzbullen entstanden, der gerade durch den erwähnten Papst Eugen III. seine wesentliche Ausprägung erhielt. Ihre Bestimmungen fanden später auch Eingang in das kirchliche Gesetzbuch des Corpus Iuris Canonici. Auch der eigentliche geistliche Führer des 2. Kreuzzuges, Bernhard von Clairvaux, mahnte die Kreuzfahrer zur Vernunft und wies sie an, die Juden weder zu töten noch zu verfolgen oder zu vertreiben. (Hebräische Quellen berichten, daß er bei den dankbaren Juden als Heiliger galt, weil er aus freien Stücken für sie eintrat, ohne dafür Geld anzunehmen.) Allerdings begründete auch Bernhard dieses Verbot damit, daß die Juden durch ihr Leben in der Diaspora die gerechte Strafe für ihre Missetaten erlitten und so lebendige Zeugen für die Passion des Herrn und der Erlösung der Christen seien. An anderer Stelle bezeichnete er den Geldverleih gegen Zinsen, auch wenn er von Christen ausgeübt wurde, als „judaisieren“, und der Jude war für ihn der Inbegriff des verwerflichen Wucherers schlechthin. Wie sollte da sein Aufruf zum Gewaltverzicht gegenüber Juden bei der Menge Anklang finden?

So ist für die Haltung der Kirche gegenüber den Juden im Mittelalter überhaupt charakteristisch, daß sie jede Art von Gewaltanwendung zwar eindeutig verbot und auch mit geeigneten Maßnahmen dagegen vorzugehen suchte – die Juden wurden bei Pogromen nach Möglichkeit geschützt, die Schuldigen zur Verantwortung gezogen –, die theologische Lehre über die Juden und ihre Stellung im Heilsplan Gottes war aber von einer Art, die es den einzelnen Christen fast unmöglich machte, in ihren jüdischen Mitmenschen nicht von vornherein Wesen von moralischer Minderwertigkeit, ja die Verkörperung des Bösen schlechthin zu sehen.

Trotzdem erreichten die Judenverfolgungen im Rahmen des 2. Kreuzzuges in Deutschland und Frankreich bei weitem nicht die Dimensionen der Tragödie von 1096. Das war zu einem guten Teil das Verdienst des obersten Schutzherrn der Juden, des Kaisers. Schon nach den Verfolgungen des 1. Kreuzzuges hatte Heinrich IV. die Schuldigen mit aller Strenge zur Rechenschaft gezogen, und 1103 waren alle Juden des Reiches in dem damals in Mainz erlassenen, sogenannten allgemeinen Landfrieden ausdrücklich unter den besonderen Schutz des Herrschers gestellt worden. Da dieses Gesetz für das gesamte Reichsgebiet Gültigkeit hatte und von den Großen des Reiches mitbeschworen worden war, stellte es eine wichtige Verbreiterung der Rechtsbasis für die Juden dar. Beim 3. Kreuzzug (1189/90) konnten Ausschreitungen größeren Ausmaßes nach entsprechenden Vorkehrungen durch Kaiser Friedrich Barbarossa und die Bischöfe des Reiches dann auch tatsächlich verhindert werden.

Gegen die Mitte des 13. Jahrhunderts kam es mit der Ausprägung des Begriffes der „Servitus Judaeorum", der sogenannten „Kammerknechtschaft", zu einer einschneidenden Veränderung in der rechtlichen und sozialen Stellung der Juden des Deutschen Reiches. Ausgehend von der oben dargelegten Lehre des hl. Augustinus und anderer Kirchenväter, von der dienenden Rolle des jüdischen Volkes und dem bestehenden besonderen Schutzverhältnis zum deutschen König bzw. Kaiser hatte sich im Zusammenhang mit der Rezeption des Römischen Rechts eine Rechtsanschauung entwickelt, die die Juden als „Sklaven" des Kaisers betrachtete und die für den ihnen gewährten Schutz entsprechende Abgaben an die kaiserliche Kammer zu entrichten hatten. 1236 wird dieser Begriff in einer Urkunde Kaiser Friedrichs II. zum ersten Mal für die deutsche

Judenschaft verwendet. Er bildet später die Grundlage für die Einhebung einer regelmäßigen Judensteuer durch den deutschen Herrscher, die eine besonders wichtige Einnahmequelle für den Fiskus darstellte, da sie im Gegensatz zu anderen Steuern, die der Zustimmung der Reichsstände bedurften, ohne zeitliche Begrenzung und in beliebiger Höhe eingehoben werden konnte.

Überhaupt waren die Juden ab der Mitte des 13. Jahrhunderts für den Kaiser und die einzelnen Fürsten und Territorialherren in erster Linie als Finanzquelle und als fast ausschließliche Träger des Kreditwesens interessant, das in der abendländischen Wirtschaft jetzt eine immer größere Rolle zu spielen begann. Den Christen war der Geldverleih gegen Zinsen ja durch das kanonische Zinsverbot untersagt; bei ihnen befaßten sich nur die sogenannten Lombarden und Kawerzen damit, Kaufleute aus Norditalien und der Gegend um Cahors in Südfrankreich, wo sich die Geldwirtschaft besonders früh und reich entfaltet hatte.

Wenn die Juden also im Spätmittelalter das Geld- und Kreditgeschäft in Europa fast zur Gänze übernahmen und zu seinen wichtigsten Trägern wurden, schlossen sie damit eine fühlbare Lücke im europäischen Wirtschaftssystem. Im Laufe der Zeit waren sie auch mehr und mehr gezwungen gewesen, sich fast ausschließlich auf diesen Erwerbszweig zu verlegen, da der städtische Warenhandel immer stärker von den heimischen christlichen Kaufleuten übernommen worden war. Gewerbe und Handwerk aber waren durchwegs in den christlichen Zünften organisiert, die den Juden von vornherein verschlossen waren. Die Landwirtschaft kam für sie nicht in Frage, denn die Juden waren – mit wenigen Ausnahmen im frühmittelalterlichen Frankreich und Spanien – nie mit Grund und Boden ausgestattet worden. Mit der Übernahme des Kreditgeschäfts hatten sie aber nach dem Denken der damaligen Zeit ein weiteres moralisches Stigma auf sich genommen, denn das zweite und dritte Laterankonzil (1139 und 1179) hatten das kirchliche Zinsverbot mit aller Schärfe erneuert, und das Konzil von Vienne setzte im Jahre 1311 den „Wucher" gar mit Häresie gleich! Daß Bürger und kleine Leute meist scheel auf das Kredit- und Pfandgeschäft der Juden blickten, das diesen bares Geld ohne ersichtliche Arbeitsleistung einbrachte, versteht sich unter diesen Umständen von selbst. Dabei bedachte man nicht, daß die Herrscher selbst es waren, die den Juden derartig hohe Zinssätze vorschrieben, um dann auf dem Weg über Judensteuer und Schutzabgaben selbst wieder möglichst hohen Nutzen von ihnen ziehen zu können! Materielle Beweggründe und nicht so sehr Erwägungen christlich-humanitärer Art waren denn wohl auch das Hauptmotiv für den Judenschutz der Herrscher im Spätmittelalter.

Dieser Schutz wurde jetzt aber immer notwendiger. Schon die frühmittelalterlichen Päpste hatten immer wieder mit Urkunden und Briefen gegen die Nötigung von Juden und Judenkindern zur Taufe, die Zerstörung von Synagogen und ähnlichen Vergehen der christlichen Bevölkerung einschreiten müssen. Die päpstlichen Judenschutzbullen des Hoch- und Spätmittelalters enthalten außerdem Bestimmungen gegen die Tötung oder Verwundung von Juden ohne deren ordnungsgemäße Verurteilung durch die weltliche Macht, sie verbieten, die Juden zu berauben, ihre Rechte abzuändern, sie bei der Feier ihrer Feste durch Prügel oder Steinwürfe zu stören (!), gegen ihren Willen Dienstleistungen von ihnen zu erzwingen, ihre Friedhöfe zu verwüsten oder schon bestattete jüdische Leichen zur Erpressung von Geldzahlungen wieder auszugraben. Daß diese Schutzbullen von den verschiedenen Päpsten immer wieder erneuert und erweitert werden mußten, zeigt allzu deutlich, welches Verhalten gegenüber den Juden bei ihren christlichen Mitbürgern und Nachbarn damals üblich war!

Aus den Schutzbestimmungen der Judenprivilegien der Herrscher und Landesherren läßt sich dieser Katalog der gängigen Delikte gegen Leben, Eigentum, Sakral- und Privatsphäre der Juden mit Leichtigkeit noch ergänzen, so beispielsweise aus dem Privileg des Babenbergers Friedrichs des Streitbaren vom Jahre 1244 für die Juden seiner Länder, das u. a. die Störung von jüdischen Leichentransporten unter Sanktion stellte. (Nicht jeder Ort mit einer Judengemeinde verfügte auch über einen eigenen Judenfriedhof, so daß zu Begräbniszwecken oft weite Strecken bis zur nächsten Stadt mit einem eigenen Judenfriedhof zurückgelegt werden mußten, denn die Beisetzung eines Juden auf einem christlichen Friedhof war ja nicht gestattet.)

Dieses Privileg enthält im übrigen auch zahlreiche Bestimmungen zur Sicherung des jüdischen Zins- und Pfandleihgeschäfts und sucht auch die Stellung der Juden vor Gericht zu sichern, denn der letzte Babenberger war ein ausgesprochen judenfreundlicher Herrscher, der sich der großen Bedeutung dieser Bevölkerungsgruppe für die herzoglichen Einkünfte und die Wirtschaft seiner Länder voll bewußt war. Er setzte damit eine Linie fort, die schon für seine Vorgänger charakteristisch war, denn in den habsburgischen Ländern waren die Juden von den Verfolgungen zur Zeit der Kreuzzüge weitgehend verschont geblieben. Auch die Habsburger betrieben später in den österreichischen Ländern eine derart judenfreundliche Politik, daß Österreich in einer christlichen Chronik des 14. Jahrhunderts (sogenannte Chronik von den 95 Herrschaften des Leopold Stainreuther) als „‚Judeis apta', der Juden verhaissen und gesegnet lant" bezeichnet wird.

In Deutschland und in den meisten anderen Ländern Europas verschlechterte sich die soziale Position der Juden seit dem späteren 13. Jahrhundert aber rapide. Die Ursachen dafür sind vor allem in der geschilderten spezifischen Rechtslage und insbesondere in der wirtschaftlichen Entwicklung zu suchen. Der Geld- und Kreditbedarf der Herrscher war im Spätmittelalter ständig im Steigen begriffen. Um ihn zu decken, wurden den Juden Zollstätten, ganze Dörfer, bisweilen sogar auch Kronen und Herrschaftsinsignien verpfändet. Da sich die Rückzahlung so hoher Kreditsummen für die Herrscher aber schwierig gestaltete, lag nichts näher, als sie durch willkürlich erlassene Moratorien hinauszuzögern oder überhaupt die Streichung von Zinsenzahlungen, ja selbst von Kapitalrückzahlungen an Juden zu verfügen. Mit den rechtlosen „Kammerknechten" konnte man ja nach Belieben verfahren, das galt nicht nur für den Kaiser, sondern auch für die Herren der einzelnen Territorien, denen er sein Judenregal, die Rechte über die Juden in dem jeweiligen Herrschaftsgebiet, abgetreten, verkauft oder verpfändet hatte.

Diese Praktiken hatten natürlich gravierende Auswirkungen auf die wirtschaftliche Substanz und die allgemeine soziale Position der Juden zur Folge und führten schließlich zum völligen wirtschaftlichen und sozialen Verfall dieser Bevölkerungsgruppe. An die Stelle des angesehenen jüdischen Fernhändlers, Großkaufmanns und Kreditgebers früherer Zeiten trat jetzt der Typ des kleinen jüdischen Kramhändlers und Pfandleihers, der an jedermann gegen geringen Einsatz borgte. Und schlimmer noch: Der sorglose Umgang der Herrschenden mit den rechtmäßigen Geldforderungen und Rechtsansprüchen der Juden verführte auch den kleinen Mann dazu, sich ungestraft am Eigentum der Juden zu vergehen und zu bereichern, in ihnen mehr oder weniger rechtloses Freiwild zu sehen.

Das wurde ihnen zusammen mit der eingangs beschriebenen christlich-kirchlichen Sicht des Judentums in den von Irrationalismus und Aberglauben besonders stark geprägten Jahrhunderten des Spätmittelalters zum Verhängnis. Schon vor der Mitte des 13. Jahrhunderts war es zu den ersten Ritualmordbeschuldigungen gegen Juden gekommen. Man beschuldigte sie, in einem Gegenkult zum christlichen Gottesdienst bei der Feier des Passahfestes Christenknaben zu töten und deren Blut für kultische Zwecke zu verwenden. Zum Aufkommen derartiger Anschuldigungen trug zweifellos der Umstand bei, daß die Bevölkerung nicht Hebräisch verstand und über die Sabbat- und Passahfeier der Juden nichts Genaueres wußte.

Da die Juden von alters her als Kinder des Bösen und Bundesgenossen des Teufels galten, lag es nahe, ihre Kulthandlungen als magische, gegen die Christen gerichtete Praktiken zu deuten. Daß der nicht eben besonders judenfreundliche Papst Innozenz IV. – er hatte in Frankreich im Jahr 1244 sämtliche Exemplare des Talmud einziehen und öffentlich verbrennen lassen – ebenso wie später Gregor X. eigene Bullen gegen diese Ritualmordvorwürfe erließen, in denen diese als bewußt falsche Anschuldigungen angeprangert wurden, die nur der Bosheit und Habgier (!) der Christen entsprängen, da doch der Gebrauch von Blut für kultische Zwecke der Juden schon durch deren eigenes religiöses Gesetz verboten sei, half da wenig. Auch das Einschreiten Kaiser Friedrichs II., der mit den gleichen Argumenten an die Vernunft der Menschen appellierte, brachte nur zeitweise Abhilfe. Wo immer ein Kind verschwand, die Leiche eines Knaben gefunden wurde, gab die Bevölkerung die Schuld daran den Juden. Charakteristischerweise beschränkte man sich dabei ebenso wie beim Vorwurf der Hostienschändung nicht auf die Verdächtigung eines einzelnen, sondern beschuldigte stets die gesamte Judengemeinde eines Orts, deren Vermögen man sich dann natürlich aneignete.

Berühmt wurden die Fälle des Werner von Oberwesel (oder Bacherach) 1287, des Simon von Trient 1475 und des Anderl von Rinn in Tirol 1462. In keinem dieser Fälle konnte eine Schuld der Juden nachgewiesen werden, obwohl im Falle des Simon von Trient ein regelrechtes Gerichtsverfahren stattfand, in dessen Verlauf etliche Juden auch ein „Geständnis“ ablegten. Schon der zum Prozeß entsandte päpstliche Kommissar hatte schwere Bedenken gegen die Art der Prozeßführung angemeldet, die er in einer eigenen Schrift niederlegte. Trotzdem wurden alle drei Knaben von der Bevölkerung bald als Heilige verehrt. Im Fall des Werner von Oberwesel war Rudolf I. als deutscher König gegen die falsche Beschuldigung der Juden aufgetreten. – Der Colmarer Chronik zufolge soll er sogar befohlen haben, den Leichnam des Knaben zu verbrennen und seine Asche in die Winde zu zerstreuen, um eine Legendenbildung um das tote Kind zu verhindern.

Für den süddeutschen und österreichischen Raum ist der Vorwurf der Hostienschändung an die Juden besonders charakteristisch. Dabei warf man ihnen vor, eine konsekrierte Hostie zur Verhöhnung der christlichen Religion und für ihre eigenen kultisch-magischen Zwecke zerschnitten, durchstochen oder in anderer Form gewaltsam mißbraucht zu haben, worauf der Hostie dann Blut entquollen, eine klagende Stimme ertönt und ähnliche wunderbare Dinge eingetreten seien. In den Jahren um 1300 erlebte die Legendenbildung um blutende Hostien, blutende Kruzifixe und dergleichen einen ungeheuren Aufschwung. Die zuständigen Bischöfe und Kirchenbehörden ordneten in vielen Fällen eine Untersuchung an, um den behaupteten Wundercharakter der Ereignisse zu prüfen. Dabei wurde in einzelnen Fällen festgestellt, daß Geistliche oder andere Personen die Bluthostien selbst fabriziert hatten, um dadurch Aufmerksamkeit zu erregen, einer Kirche zu einer Wallfahrt zu verhelfen u. ä. m. Pogrome der Bevölkerung gegen die vermeintlich schuldigen Juden konnten durch derartige nachträglich eingeleitete kirchliche Untersuchungen freilich nicht mehr ungeschehen gemacht werden.

1338 nahm von einem angeblichen Hostienfrevel im niederösterreichischen Pulkau eine riesige Verfolgungswelle ihren Ausgang, von der nicht nur die Judengemeinden im nördlichen Niederösterreich und im Donautal, sondern auch in der Steiermark und Kärnten, vor allem aber in Südmähren, Südböhmen, in Bayern und den Rheinlanden betroffen waren. Die Verbrennung oder Niedermetzelung der Juden folgte dabei stets auf eine angebliche Hostienschändung, die in etlichen Fällen auch erst nach dem stattgefundenen Pogrom erfunden worden sein dürfte, um dieses zu rechtfertigen. Die großen Judengemeinden in den landesfürstlichen Städten Wien, Wiener Neustadt und Krems blieben damals interessanterweise von den Ausschreitungen der Bevölkerung verschont, was auf wirksame Schutzmaßnahmen Herzog Albrechts II. zurückzuführen sein dürfte.

Erst rund 80 Jahre später vollzogen die österreichischen Herzöge in ihrer Judenpolitik dann eine Wende: Statt des Judenschutzes schien ihnen jetzt die Vertreibung oder Vernich-

Plan des Wiener Judenviertels zur Zeit der ersten Vertreibung 1421.

tung der Juden offenbar größeren Gewinn zu versprechen. 1420 ließ Herzog Albrecht V. sämtliche Juden Wiens unter der Anschuldigung, sie hätten den Hussiten, mit denen er sich damals im Krieg befand, Waffen geliefert, gefangennehmen und ihr Vermögen beschlagnahmen. Die ärmeren wurden danach auf einem die Donau abwärts treibenden Schiff ohne Ruder ausgesetzt und gingen später in Ungarn an Land, die reicheren setzte man schweren Folterungen aus, um sie zur Preisgabe ihrer versteckten Gelder zu zwingen. Wer danach noch überlebte und nicht Selbstmord begangen hatte – insgesamt waren es noch 200 Personen –, wurde im März 1421 auf der Erdberger Lände verbrannt. Die Urteilsbegründung lautete jetzt aber auf Hostienschändung, wohl weil auf dieses Delikt die Todesstrafe stand und eine entsprechende Anklage, gegen Juden erhoben, erst gar keines Schuldnachweises bedurfte. (Ob der ursprünglich erho-

Plan des Wiener Judenviertels am Unteren Werd zur Zeit der zweiten Vertreibung 1670.

bene Vorwurf der Zusammenarbeit mit den Hussiten eine reale Grundlage hatte, wissen wir nicht. Tatsache ist, daß den Juden

Flugblatt über die Vertreibung der Juden aus Wien im Jahre 1670 mit dem Judenmarsch.

zu allen Zeiten bis in unsere Gegenwart immer wieder Kollaboration mit dem Feind vorgeworfen wurde, ein Umstand, der die Beschuldigung an sich schon problematisch erscheinen läßt!)

Zu einer Katastrophe ungeheuren Ausmaßes für die Judengemeinden West- und Mitteleuropas, wohl zur größten des Mittelalters überhaupt, wurde aber die Pestwelle der Jahre 1348/49. Man beschuldigte die Juden damals, sie hätten die Brunnen vergiftet und so die Seuche herbeigeführt. Daß die Juden auch selbst an der Pest starben, machte bei ihren christlichen Anklägern keinen Eindruck, wie sich die Vorwürfe gegenüber den Juden ja zu allen Zeiten bis in unsere Gegenwart stets durch ein hohes Maß an Irrationalität und Mangel an Logik ausgezeichnet haben! Dabei liefen die Pogrome der Pest, die ihren Ausgang in Südfrankreich genommen hatte und sich über die Schweiz nach Deutschland, Böhmen und Österreich ausbreitete, interessanterweise voran: Noch ehe die Seuche eine Stadt erreichte, wurden dort die Juden bereits der Brunnenvergiftung beschuldigt. Einzelne von ihnen legten unter der Folter „Geständnisse" ab und nannten „Mitschuldige", meist Juden aus anderen Städten, von denen sie angeblich das Gift bekommen hätten. Vielleicht wollte man durch die Nennung entfernter Personen die eigene Judengemeinde schonen, glaubte, daß sich jene der Verfolgung leichter würden entziehen können. Tatsächlich mag dadurch bei den christlichen Mitbürgern aber der Gedanke an eine große antichristliche Judenverschwörung erst recht heraufbeschworen worden sein. In der überwiegenden Mehrzahl der Fälle wurden dann sämtliche ortsansässige Juden beiderlei Geschlechts an einem Ort zusammengetrieben und verbrannt, wenn sie sich zuvor nicht schon selbst den Tod gegeben hatten. Nur in wenigen Fällen gelang es dem – zumeist patrizischen – Stadtrat, die Juden vor der wütenden Menge zu retten. In Böhmen konnte Kaiser Karl IV. damals als Landesherr den Judenschutz wirksam zu Geltung bringen, in Österreich – mit wenigen Ausnahmen – Herzog Albrecht II. (In Krems, wo ihm das nicht geglückt war, ließ er die drei Hauptschuldigen des Pogroms später hängen und weitere Verantwortliche gefangensetzen.) Diese antijüdischen Ausschreitungen zur Zeit des Schwarzen Todes fallen in eine sozial unruhige Epoche Europas. Die Geißlerzüge störten damals die Ruhe und Ordnung in den Städten; Gegensätze zwischen den meisten patrizischen Stadträten und den Handwerkern in den Zünften führten zu inneren Spannungen, die nach Entladung drängten. Die Juden mußten – wie so oft in der Geschichte – die Sündenbockfunktion übernehmen. Außerdem stellte ihr Besitz für ihre christliche Umgebung eine permanente Versuchung dar: In manchen deutschen Städten war die Judenvernichtung zur Pestzeit nachweislich ein von den Bürgern auf lange Sicht vorbereitetes und geplantes Unternehmen. Stärker sind freilich im allgemeinen jene Momente, die auf eine durch Panik ausgelöste Massenreaktion schließen lassen.

Stellen wir abschließend noch einmal die Frage nach den Ursachen der Ressentiments, ja des Hasses der mittelalterlichen Gesellschaft gegenüber den Juden: Wir stoßen neben vordergründigen wirtschaftlichen und rechtlichen, in geringerem Maße auch politischen Faktoren immer wieder auf das vom Christentum geprägte, ideologisch geschlossene Weltbild des mittelalterlichen Menschen, das weltanschaulich neutrale, historische Fakten – die Rolle, welche die jüdischen Hohenpriester und ein Teil des damaligen jüdischen Volkes einst bei dem tragischen Tod Jesu gespielt hatten – zur ideologischen Grundlage und moralischen Rechtfertigung für die unversöhnliche Ablehnung der einer anderen Religion, Sprache und kulturellen Tradition verpflichteten jüdischen Minderheit machte.

KANN SICH DER ANTISEMITISMUS AUF DAS NEUE TESTAMENT BERUFEN?

Kurt Lüthi

Um das Thema sachgemäß zu beantworten, müssen einige Vorüberlegungen berücksichtigt werden. Die an das Neue Testament gerichtete Frage „Kann sich der Antisemitismus auf das Neue Testament berufen?" kann nicht abgesehen von einer christlichen Wirkungsgeschichte beantwortet werden, in der es zu einer tiefen Verbindung zwischen Christentum und Antisemitismus kam. Dieser Verbindung gelten die Überlegungen des 1. Teiles dieser Studie. Die Darstellung der christlichen Judenfeindschaft in den verschiedenen Epochen der Kirchengeschichte läßt dann nach den Ursprüngen dieses Phänomens fragen. Hier ging es für das junge Christentum um die schwierige Frage, wie eine Identitätsfindung des Christentums möglich sei, wenn doch das Christentum aus dem Judentum kam. Gab es Möglichkeiten, in diesem Übergang eine Art Familienkonflikt zwischen Christen und Juden zu bewältigen, oder war hier von Anfang an nur eine Feindschaft möglich? Dieser Frage stellt sich der 2. Teil dieser Ausführungen. Die Bewußtmachung der Ursprungsprobleme und die Wirkungsgeschichte führen dann zur Frage, ob in Zukunft neue Wege der Begegnung von Juden und Christen möglich sind (3. Teil). Ein neuer Weg wäre dann gefunden, wenn die Verschiedenheit von Juden und Christen nicht mehr im Zeichen einer Feindschaft stünde, sondern im Zeichen von Partnerschaft und Kooperation.

Christentum und Antisemitismus

Eine Vorbemerkung: In der Erforschung des Antisemitismus wird mit Recht von der vierfachen Verwurzelung des Phänomens gesprochen. Antijüdische Argumente wurden und werden (erstens) mit wirtschaftlichen Vergleichen gewonnen (z. B. die Juden sind reich!). Zweitens gibt es politisch-ideologische Vorurteile, die aufgrund gesellschaftlicher Probleme im Juden ein Feindbild sehen und ihn zum politischen Sündenbock machen. Drittens gibt es seit dem 19. Jahrhundert die biologisch-rassistische Form des Antisemitismus; hier geht es um die Behauptung, die Juden seien eine fremde Rasse. Viertens gibt es den christlich-religiösen Antisemitismus; diese Studie beschäftigt sich mit der vierten Wurzel des Phänomens, sofern sich nicht Probleme aller vier Wurzeln melden. Ich gebe hier eine knappe Information zum christlichen Antisemitismus, indem ich auf ausgewählte Punkte der Kirchengeschichte aufmerksam mache.

Zur Epoche der alten Kirche: Hier geht es vor allem um die Probleme der sogenannten konstantinischen Wende. Mit dieser Wende wird aus dem verfolgten Christentum die vom Staat privilegierte christliche Reichskirche. Die neuentstandenen Machtverhältnisse wurden bald mit einem wirkungsvollen, judenfeindlichen Akzent verbunden. Gesetze der Reichskirche galten für Kirche und Staat. Die Nichtgetauften (später auch die Ketzer) galten als nicht zum christlichen Reich gehörend. Sie galten als „verabscheuenswürdige Menschen" und wurden als Vertreter eines dämonischen Reiches verstanden. Der Kirchenvater Chrysostomus sagte: „Nenne einer sie (d. h. die Synagoge) Hurenhaus, Lasterstätte, Teufelsasyl, Satansburg, Seelenverderb... oder was immer, so wird er noch weniger sagen, als sie verdient hat."

Zur Epoche des Mittelalters: Im Rahmen der Kreuzzüge waren viele davon überzeugt, man müsse die „Feinde des Kreuzes", d. h. die Juden, nicht nur im Orient, sondern auch daheim bekämpfen. In den Juden sah man die Christusmörder, man warf ihnen Ritualmorde vor (Österreich-Beispiel: Anderl von Rinn), man erhob den Vorwurf der Hostienschändung. Das Laterankonzil von 1215 verlangte von den Juden eine Kleidung, die sie von der übrigen Bevölkerung abhob. Als Symbol entstand die Vorstellung von der triumphierenden Kirche und der blinden Synagoge. Allerdings gab es auch obrigkeitliche Bemühungen, die Juden zu schützen; man brauchte sie ja auch als Geldgeber!

Zur Epoche der Reformation: Hier ist mit dem Reformator Martin Luther ein schwieriges Problem gegeben. Luther hatte mit seiner Schrift von 1523 „Daß Jesus ein geborener Jude sei"

Überlegungen formuliert, nach denen Juden in der Epoche des neuentdeckten Evangeliums (im Sinne Luthers) gereizt werden könnten, zum neuen Christenglauben überzutreten. Luther identifizierte seine Neuentdeckung mit dem Glauben der alttestamentlichen Väter. Damit entstand bei ihm eine Solidarisierung mit den Juden, die bemerkenswerterweise jenseits aller staatlichen und kirchlichen Gesetzgebung stand; es war eine Solidarisierung auf dem Boden der Heiligen Schrift. Allerdings: Luthers Erwartungen wurden nicht erfüllt, die Juden blieben dem neuen Glauben fern. Nun erfolgte ein tiefgreifender Umschwung in Luthers Denken und in seinen Äußerungen, für den Luthers Schrift aus dem Jahre 1543 „Von den Juden und ihren Lügen" charakteristisch ist. Jetzt verläßt er auch die theologische Argumentation und fällt in Vorstellungen einer sogenannten scharfen Gerechtigkeit zurück; auch der Vorwurf des „jüdischen Wuchers" spielt jetzt eine Rolle. Die Schrift enthält dann u. a. folgende Forderungen: Man sollte jüdische Synagogen mit Feuer anstecken, man sollte den Juden die Gebetbücher wegnehmen, den Rabbinern sollte das Lehren verboten werden. Weiter sollte ihnen das freie Geleit auf Straßen verboten werden. Der Wucher sollte verboten werden. Und schließlich: Sie sollten in der Landwirtschaft beschäftigt werden.

Diese Sätze Luthers überschatten den Protestantismus; sie haben noch in der Zeit der Naziprozesse eine Rolle gespielt, auch wenn Luther der rassistische Antisemitismus völlig fern lag.

Eine judenfreundliche Tendenz gibt es bei einigen Humanisten, dann im Pietismus und in der Aufklärung. Die Aufklärung brachte die Idee der Toleranz; hier sei nur an Lessings Ringparabel erinnert, und es seien auch die gesellschaftlichen Möglichkeiten der Toleranzedikte erwähnt. Theologisch wäre darauf hinzuweisen, daß eine sogenannte Bundestheologie für die Juden günstige kirchliche Voraussetzungen schafft; Auswirkungen dieser Theologie gibt es bis heute in den Niederlanden, Frankreich, der Schweiz und im angloamerikanischen Raum.

Zum 19. Jahrhundert: Auf das Faktum einer gegenseitigen Beeinflussung zwischen Romantik, Restauration, Katholizismus einerseits und Antisemitismus anderseits sei hier nur hingewiesen; jedenfalls hat dieses Faktum auch das sogenannte völkische Bewußtsein, das mit dem Rassenantisemitismus verbunden ist, beeinflußt. Für wichtige Probleme des protestantischen, deutschen Bildungsbürgertums muß dann auf den jungen Hegel hingewiesen werden. Für Hegel ist der alttestamentliche Gott „böses Prinzip", das der Liebesbotschaft des Neuen Testaments gegenübersteht. Diese Sicht ist bis heute bei Vertretern des Bildungsbürgertums anzutreffen. Der Übergang zum Rassenantisemitismus wurde schließlich insofern von christlicher Seite unterstützt, als auch in Predigten in Deutschland die Unterscheidung des „edlen, wahrheitsliebenden Deutschen" und des „verlogenen Juden" eine Rolle spielte und als es zunehmend zu Aussagen kam, die eine Synthese zwischen Christentum und Germanentum vertraten. Das Judentum wurde dann als „parasitär" bezeichnet; die Redeweise, der deutsche Geist werde „verjudet", war immer öfter zu hören. Beispiele für diese Art Predigtsprache lieferte auch der evangelische Hofprediger Adolf Stöcker in Berlin.

Mit dem eben angedeuteten Gefälle führt eine deutliche Linie zur nationalsozialistischen Judenpolitik des 20. Jahrhunderts und zum Holocaust.

Zum 20. Jahrhundert: Die Situation in Deutschland war nach der Machtergreifung Hitlers im Jahre 1933 durch das immer brutalere Agieren der Nazis gegen das Judentum gekennzeichnet. Diese Aktionen wurden staatlich unterstützt und genossen die Sympathie breiter Schichten der Bevölkerung. Die systematischen Diskriminierungen der Juden erfaßten alle Gebiete des Lebens: Berufe, Wirtschaft, Bildungsbereich, Kultur, Gottesdienste. Bald gab es die ersten Konzentrationslager; Folterungen und Tötungen nahmen zu. Im ideologischen Kampf wurden zahlreiche politische Ereignisse der übrigen Gesellschaft auf die Juden bezogen; der Jude war dann der Sündenbock. In den Jahren der Naziherrschaft wurde die Verfolgungs- und Tötungsmaschinerie immer perfekter. Signalwirkung hatten u. a. die Reichskristallnacht vom 9. November 1938 und ihre Folgen; damals wurden Hunderte von Synagogen angezündet, es wurden jüdische Geschäfte geplündert und demoliert und Juden auf den Straßen zusammengeschlagen.

Die Haltung der evangelischen und katholischen Kirche in Deutschland war, trotz gelegentlicher Einzelproteste, wesentlich von Anpassungen, Verschweigen und zögernder Ängstlichkeit bestimmt. Gewiß gab es ab und zu mutige Äußerungen von Bischöfen, und es gab einen zunehmenden Widerstand der Bekennenden Kirche im evangelischen Raum (Niemöller, Barth, Bonhoeffer, Asmussen, Vogel, Gollwitzer). Weiters wandte sich ein Gutachten der Marburger theologischen Fakultät deutlich gegen die Übernahme des Arierparagraphen durch die Kirchen. Dagegen stellte sich die Glaubensrichtung der sogenannten Deutschen Christen auf die Seite der neuen Mächte; die Kirchenleitungen standen oft schwankend zwischen den Deutschen Christen und der Bekennenden Kirche. Die Deutschen Christen formulierten schon 1933: „Für die junge Theologengeneration fordern wir Erziehung und Heranbildung im Geist und Sinn einer völkischen Glaubensgemeinschaft. Zum Pfarramt ist nur zuzulassen, wer rein deutschen Blutes ist. Ein kirchliches Ehrenamt darf nur bekleiden, wer kein artfremdes Blut in sich hat.“ Im November 1933 forderten die Deutschen Christen in einer Sportpalastkundgebung in Berlin die völlige und konsequente „Entjudung der Christen“.

Eine zweideutige Rolle spielte der evangelische Reichsbischof Ludwig Müller. Einmal forderte er die konsequente Durchsetzung des Arierparagraphen in den evangelischen Kirchen und vertrat das Ideal der „totalen Kirche“ im „totalen Staat“ – ein anderes Mal setzte er entsprechende Durchführungsbestimmungen aus.

Weitere Einzelheiten des leidvollen Gegenübers von Christen und Juden in der Phase bis 1939 können hier – um den Rahmen des Beitrags nicht zu sprengen – nicht dargestellt werden. Im Jahre 1939 erließen verschiedene evangelische Landeskirchen Gesetze, nach denen die Kirchenzughörigkeit von Juden erlosch. Theologisch wurde oft die Meinung vertreten, es gebe eine „Ablösung des heilsgeschichtlichen Zusammenhangs von Abraham auf Christus“. Zunehmend wurde der Gesichtspunkt vertreten, anstelle des Judentums gebe es eine „germanische Vorgeschichte“ als heilsgeschichtliches Wirken Gottes.

Unterdessen diktierte die durch den Nationalsozialismus geprägte Realität neuartige Situationen: Es ging jetzt vordringlich um die Rettung gefährdeter Judenchristen (und Juden). Darum bemühte sich von 1938 an das verdienstvolle, evangelische Büro Grüber in Berlin und das Sonderhilfswerk des katholischen Hamburger St. Raphaelsvereins. Es gab auch Bemühungen der Kirchenleitungen, allerdings nur auf dem Weg persönlicher Vorsprachen und nicht als öffentlicher Widerstand. Ab 1943 protestierten dann kirchenleitende Stellen gegen Vernichtungsmaßnahmen, die in einer breiteren Öffentlichkeit bekannt wurden und die den Schrecken des Holocaust zeigten. Allerdings wurde immer noch festgestellt, die Rassenfrage sei eine politische Entscheidung der Staatsführung und der kirchlichen Kompetenz entzogen. Eine deutsch-nationale Tradition der evangelischen Kirchen wirkte sich verhängnisvoll aus; im Hintergrund stand oft eine falsch verstandene „Zwei-Reiche-Lehre“ des Luthertums; diese Lehre überließ Entscheidungen in Staat und Gesellschaft den Machthabern und beeinflußte viele, sich zu einem „verinnerlichten Christentum“ zu bekennen. Ein eigentlich-politischer Widerstand der Christen konnte so nicht entstehen. Nur Dietrich Bonhoeffer ging hier einen einsamen Weg des Widerstands!

Soviel zur Situation in Deutschland. Nun noch wenige, exemplarische Hinweise auf weitere Bereiche. In jenen Bereichen, die zunächst durch politische Erfolge der neuen Machthaber zum Reich kamen, wurden sofort die üblichen judenfeindlichen Maßnahmen durchgeführt (Saar, Österreich, Sudetenland). Das gleiche galt nach Kriegsausbruch für die besetzten Länder. Schließlich entwickelten die deutschen Machthaber sogar antijüdische Pläne für die neutralen Staaten und für die Länder der Alliierten und zwar für den Zeitpunkt nach dem Sieg. Allerdings entstanden nun neue Situationen: In den besetzten Gebieten gab es einen zunehmend sich verstärkenden Widerstand, und das wirkte sich auch auf die Probleme des Judentums aus; hier waren auch weit mehr Rettungen von Juden möglich als in Deutschland.

Die charakteristische Anpassungshaltung der Kirchen in Deutschland hat sich nicht wiederholt (vgl. zu den einzelnen Bereichen: M. Gilbert: Endlösung. Die Vertreibung und Vernichtung der Juden. Ein Atlas, Reinbek 1982).

In den Niederlanden, Dänemark, Norwegen und im Bereich der französischen Resistance gab es – wenn auch immer unter verschiedenen Bedingungen und Umständen – sowohl aus christlicher wie humanitärer Motivation Judenrettungen, ja manchmal sogar ein Zurückweichen der Nazis, wenn Widerstand spürbar wurde (z. B. in Dänemark). Durch Interventionen katholischer Kreise überlebte eine große Zahl von Juden in Kroatien. Solidarisierungen mit Juden, die zu ihrer Rettung führten, gab es auch in reformierten Kreisen Ungarns. Auch in Italien war, trotz faschistischer Herrschaft, eine systematische Ausrottung der Juden nicht möglich und wurde von verschiedenen Gegenkräften verhindert. Allerdings: der Vatikan wäre wieder auf der Linie der Anpassung, des bloß diplomatischen Agierens, des Schweigens zu sehen. Hier hat das Theaterstück von Rolf Hochhuth „Der Stellvertreter“ wenigstens im Grundsätzlichen recht. Als große Ausnahme mitten im Elend des Holocaust müssen die Ereignisse von 1943 in Bulgarien gesehen werden. Die Solidarität des Königshauses, des Parlaments, der Intellektuellen und der Bauern, aber auch der Einsatz kirchlicher Stellen (Archimandrit Cyrill und der als Nuntius tätige Roncalli, später Papst Johannes XXIII.) leisteten Widerstand, und es wurde kein bulgarischer Jude aus Bulgarien deportiert.

Eine Schlußbemerkung: Es ging hier um Hinweise auf das Schicksal der Juden bis zum bitteren Ende des Holocaust und um die Haltungen der Christen und der Kirchen. Um eine Engführung in den Überlegungen zu vermeiden, sei wenigstens darauf hingewiesen, daß die systematische Vernichtungsmaschinerie der Nazis nicht nur Juden, sondern auch Zigeuner, Homosexuelle, Angehörige von Glaubensgemeinschaften und dann vor allem auch Angehörige der slawischen Völker und überhaupt des Widerstandes getroffen hat. Auch diese Pluralität der Feindbildkonstrukte, die für den Nationalsozialismus charakteristisch war, müßte als Problem und Herausforderung der Kirchen und der Christen erkannt werden.

Kann sich der Antisemitismus auf das Neue Testament berufen?

Wenn ein Leser des Neuen Testaments nach der Qualifizierung von Worten wie „Jude“, „Israel“ sucht, muß er zunächst in Verwirrung geraten: die Qualifizierung scheint einmal positiv und einmal negativ zu sein.

Beispiele von positiven Aussagen: Römer 3, 1–4: *„Was für einen Vorzug hat nun der Jude? Oder was für einen Nutzen hat die Beschneidung? Viel in jeder Hinsicht! Fürs erste nämlich sind ihnen die Verheißungen Gottes anvertraut worden. Denn wie? Wenn etliche untreu gewesen sind, sollte ihre Untreue die Treue Gottes aufheben? Das sei ferne...“* Römer 9, 3–5: *„Denn ich wünschte, als ein Verfluchter selber fern von Christus zu sein zum Besten meiner Brüder, meiner Verwandten dem Fleische nach, die ja Israeliten sind, denen die Annahme an Sohnes statt gehört und die Gegenwart Gottes und die Bündnisse und die Gesetzgebung und der Gottesdienst und die Verheißung, denen die Väter angehören und von denen Christus dem Fleische nach herstammt.“* Johannes 4, 22: *„...das Heil kommt von den Juden.“*

Beispiele von negativen Aussagen: Anläßlich der Verurteilung Jesu durch Pilatus kommt es bei Pilatus zur Aussage (Matthäus

27, 24): *„Ich bin unschuldig am Blute dieses Gerechten; sehet ihr zu."* Matthäus 27, 25: *„Und alles Volk antwortete und sprach: Sein Blut komme über uns und über unsre Kinder."* 1. Thessalonicher 2, 14: Die Juden werden charakterisiert als die, *„... welche auch den Herrn getötet haben, Jesus, und die Propheten, und uns verfolgt haben und Gott nicht zu gefallen suchen und gegen alle Menschen feindselig sind"*. Offenbarung 2, 9: Die Gemeinde in Smyrna wird getröstet: *„Ich weiß deine Trübsal und deine Armut – du bist aber reich – und die Lästerung von Seiten derer, die sich Juden nennen und es nicht sind, sondern eine Synagoge des Satans"* (ähnlich Kap. 3, 9).

Im Johannesevangelium erscheinen die Juden als Typus derer, die Christus ablehnen und damit als Typus der Ungläubigen (z. B. Johannes 2, 20; 5, 16, 18; 8, 48; 10, 31, 33 usw.)

Die Auslegung des Neuen Testaments steht vor der Aufgabe, die verwirrenden Aussagen zu ordnen. Sie wird das zunächst damit versuchen, daß sie den „Sitz im Leben" dieser Aussagen sucht und also zeitgeschichtlich argumentiert. Sie wird sich aber weiter nicht einer theologisch-deutenden Bemühung entziehen können, um das neutestamentliche Gegenüber von Christen und Juden darzustellen. Zeitgeschichtlicher wie theologischer Hintergrund ist aber die Frage des Übergangs vom Judentum zum Christentum.

Die Frage nach dem Übergang vom Judentum zum Christentum könnte historisch-sinnvoll und versachlicht behandelt werden, wenn die folgenden Gesichtspunkte berücksichtigt würden:

– Es ging um ein historisches Durchgangsstadium, indem zunächst die Jesusanhänger und Jesus selbst sich an innerjüdischen Kontroversen beteiligten. Mit anderen Worten: Jesus und die Jesusanhänger vertraten Auffassungen, die sich auf innerjüdische Streitpunkte in Lehre und Leben bezogen, die aber in keiner Weise den Standort des Judentums verließen. Hier standen sich ja Standpunkte einer Art Altgläubigkeit mit Standpunkten der Anpassung an die Zeit (z. B. Hellenisierungstendenzen) gegenüber – hier gab es rabbinische Auslegungsstreitigkeiten beispielsweise in der Frage, wie man das Gesetz zu verstehen habe usw. Bezogen auf Jesus und die Jesusbewegung, hieß das etwa, daß Jesus mit seinem *„ich aber sage euch"* eine traditionelle Aussage des Judentums radikalisierte.
– Die Evangelien als Texte wenden literarische Formen an, die bestimmt sind von der Gegenüberstellung „alt und neu", „wahr

und falsch". Hier spiegelt sich eine Verkündigungspraxis der jungen Christenheit. Erfahrungen dieser Praxis wurden dann gleichsam in die Jesusgeschichte zurückprojiziert.
– Es gab legitimierende Interessen der urchristlichen Gemeinde, z. B. wenn es um das Bekenntnis ging, Jesus sei der Christus (d. h. der Messias). Dieses Bekenntnis wurde von den Juden abgelehnt, unter anderem auch deshalb, weil diese sich das Kommen des Messias nur im Zusammenhang mit messianischen Zuständen (Reich Gottes, Friede, Gerechtigkeit) vorstellen konnten.
– Weiter gab es legitimierende Interessen der urchristlichen Gemeinde, wenn es um die Lebenspraxis ging. Hier ging es vor allem um die Auseinandersetzung mit der Thorapraxis, also um die Frage des Gesetzes. Diese Frage wurde besonders virulent, weil – aufgrund des Missionsbefehls – die Vertreter des Christentums auf hellenistischem Boden missionarisch wirkten. Eine solche Wirksamkeit war dem jüdischen Glauben unbekannt, und darum mußte sich das Christentum in den entsprechenden Zusammenhängen legitimieren.

Ich habe damit die wichtigen Probleme eines Übergangs skizziert. Ich wiederhole: Diese könnten meines Erachtens historisch-sachlich diskutiert werden, und man müßte sie auch in dieser Haltung diskutieren. Allerdings: Infolge der antijüdischen Wirkungsgeschichte des Christentums wird diese Versachlichung bis heute dort gestört, wo bewußt oder unbewußt antijüdische Interessen mit im Spiel sind, die sowohl historische, theologische als auch kirchliche Aussagen bestimmen. Die von mir skizzierten historischen Ursprungsprobleme in der Auseinandersetzung zwischen Christen und Juden können dann nicht von ihrem „Sitz im Leben" her gesehen werden, sondern sie unterliegen einer Ideologisierung. Mit dieser Ideologisierung entstanden unter anderem die folgenden Klischeevorstellungen:

– Jesus hätte die „Freiheit vom Gesetz" nicht als Thorainterpretation verstanden, sondern als Abschaffung des Gesetzes. Seine Botschaft stünde strikte alternativ zum sogenannten jüdischen Nomismus, im weiteren zum jüdischen Buchstabenglauben.
– Die Polaritäten „Weissagung und Erfüllung", „alt und neu", „Gesetz und Evangelium" sind nicht als literarische Formen mit legitimierenden Interessen zu verstehen, sondern theologisch-existentiell. Die Erfüllung hebt dann die Weissagung auf. Das

Neue (z. B. der Neue Bund) hebt das Alte (z. B. den Alten Bund) auf. Anstelle Israels ist jetzt die Kirche Träger der Verheißungen und des Bundes. Damit entsteht der Ansatz einer wirkungsvollen Substitutionstheorie. Das heißt: Die Kirche ersetzt Israel.

– Neutestamentliche Aussagen zum Typus des Pharisäers (bes. bei Matthäus) oder des Juden (bes. bei Johannes) werden nicht mehr als Aussagen zu einem Typus und Repräsentanten, sondern historisch verstanden. Der Pharisäer wäre Negativbeispiel einer jüdischen Leistungsfrömmigkeit und einer gesellschaftlichen Heuchelei. Der Jude als solcher wird zum Negativbeispiel des Verstockten und Ungläubigen.

– Das Bekenntnis, Jesus sei der Christus oder Jesus sei der Herr, wurde verbunden mit dem christlichen Absolutheitsanspruch, der in der christlichen Wirkungsgeschichte zunehmend machtmäßig verstanden wurde. Wer dieses Bekenntnis nicht nachvollzieht, gilt als Vertreter böser Mächte. Er ist in einem ideologischen Sinn der „Andere“ oder der „Feind“. Mit dieser Auffassung des christlichen Absolutheitsanspruchs entsteht eine Wirkungsgeschichte, in der die Christen bis in die Neuzeit hinein einen symbolischen Imperialismus vertreten haben; dieser kann sich beispielsweise ohne Schwierigkeiten mit dem Kolonialismus verbinden.

Ich sehe, wie ich schon betont habe, in solchen Klischees eine gefährliche Ideologisierung von historischen Ansätzen, die man sachlich behandeln sollte. Allerdings gibt es nun durch eine neue exegetische Diskussion eine verschärfte Fragestellung, die ich nur kurz andeuten kann. Das Buch von Rosemary Ruether: „Nächstenliebe und Brudermord. Die theologischen Wurzeln des Antisemitismus“ vertritt die Auffassung, die Judenfeindschaft sei ein Ursprungsphänomen des Christentums. Judenfeindschaft hätte nach Auffassung der Autorin den Charakter eines „negativen Mythos“ schon im Neuen Testament, und sie sei die „linke Hand“ der Christusaussage!

Man wird zugeben müssen, daß es solche Elemente gibt. Der von mir zitierte Abschnitt Matthäus 27, 24 und 25, in dem im Todesprozeß Jesu das Volk die Schuld an der Kreuzigung Jesu übernimmt *(„Sein Blut komme über uns und über unsre Kinder“)*, könnte als „Selbstverfluchung“ verstanden werden. Wahrscheinlich hat Matthäus darin das Ende der Rolle Israels als Gottes Eigentumsvolk gesehen. Vielleicht muß die Sicht von Rosemary Ruether auch dort akzeptiert werden, wo schon im Rahmen des

Neuen Testaments eine Art Substitutionstheorie entsteht: Die Kirche ersetzt Israel! Das war wahrscheinlich die Auffassung von Matthäus, vielleicht auch die von Lukas und – mit gewissen Einschränkungen – von Paulus.

Ich breche hier mit Hinweisen auf Einzelheiten des Neuen Testaments und mit Hinweisen auf die Probleme der Auslegungen im Einzelnen ab. Ich stelle nun die grundsätzliche (hermeneutische) Frage: Wie gehen wir heute mit den dargestellten Problemen des Neuen Testaments um? Wie sollen wir die angesprochenen neutestamentlichen Zusammenhänge in die aktuellen Probleme zwischen Juden und Christen einbringen?

Ich vertrete die Auffassung, es sei angesichts der antisemitischen Wirkungsgeschichte des Christentums (Teil 1) nur ein unterscheidender Umgang mit dem Neuen Testament möglich! Ich stelle damit dann die Frage: Wo sind Elemente, die den christlichen Antisemitismus unterstützen, und wo sind Elemente, die ihn kritisieren und abbauen? Ich verstehe also biblische Aussagen nicht als Diktat oder Rezept für heutige Glaubensentscheidungen, sondern trete in einen Dialog mit der Bibel ein, um damit das für uns heute Entscheidende zu finden. Dieser Umgang mit der Bibel ist allerdings umstritten; ein fundamentalistisches Bibelverständnis kann hier nicht mitgehen.

Wo sind im Neuen Testament Elemente zu finden, die ein neues, partnerschaftliches Verhältnis zwischen Juden und Christen unterstützen? Ich argumentiere mit zwei Beispielen.

Es muß heute neu bedacht werden, daß Jesus selber Jude war und was das bedeutet. Weil die Evangelien von Standpunkten der späteren Verkündigung der Urgemeinde aus geschrieben wurden, muß für diese Frage der „jüdische Jesus" erst gesucht werden; eine unmittelbare Beschreibung davon gibt es nicht.

Ich schließe mich hier vor allem dem Buch von Schalom Ben-Chorin an: „Bruder Jesus. Der Nazarener in jüdischer Sicht" (3. Auflage, München 1970). Schalom Ben-Chorin zeigt, daß Jesus als Gesetzeslehrer im jüdischen Sinn verstanden werden kann. Er stand in Einzelheiten sogar Standpunkten der Pharisäer nahe. Jedenfalls fühlte sich Jesus grundsätzlich zunächst nur zum Volk Israel gesandt. Einer kanaanäischen Frau, die Hilfe sucht, sagt er: *„Es ist nicht recht, den Kindern das Brot zu nehmen und es den Hunden hinzuwerfen."* Und: *„Ich bin nur zu den verlorenen Schafen Israels gesandt"* (Matthäus 15, 24 und 26). Der Kreis der zwölf Jünger repräsentiert deutlich das Volk Israel, nach prophetischer Aussage ist es der „Rest Israels" oder das „wahre

Israel". Wenn Jesus in Gleichnissen spricht, gebraucht er jüdische oder allgemein-orientalische Erzählformen. Für die Bergpredigt kann man leicht den jüdischen Hintergrund nachweisen; mit dem *„ich aber sage euch"* nimmt Jesus zwar einen radikalen, aber doch einen innerjüdischen Standpunkt ein. Das Vaterunser enthält Elemente jüdischer Gebete. Die Aussagen zur Nächsten- und Feindesliebe stehen in der Nähe des jüdischen Gelehrten Hillel. Auch das Gesetzesverständnis Jesu ist jüdisch. Er lebt als gesetzestreuer Jude, vertritt allerdings den Standpunkt der Verinnerlichung des Gesetzes durch Liebe – ein Standpunkt, der in verschiedenen jüdischen Traditionen enthalten ist. Weiter sagt Jesus ja zum Tempel, bekämpft aber in einem prophetischen Sinn veräußerlichte Formen des Kultes. Im Abendmahl gibt es Elemente der Mahlgewohnheiten Jesu (Solidarisierung mit Sündern) und Elemente des Passahmahles (Fest zur Erinnerung an die Befreiung aus Ägypten). Allerdings hat Jesus Elemente dieser Traditionen eigenwillig betont: Die Symbolhandlungen mit Wein und Brot sollen an den bevorstehenden Kreuzestod erinnern. Im Kreuzesgeschehen könnte man – abgesehen davon, daß es sich um eine traditionelle, römische Todesart für Kriminelle handelt – eine Symbolik des scheiternden Israel sehen.

Auch wenn ich mit meinen Hinweisen den „jüdischen Jesus" skizziert habe, wird wohl deutlich, wo durch Jesus eine besondere Herausforderung entstand. Jesus vertrat zwar auch eine jüdische Auffassung vom Reiche Gottes, er betonte aber, daß dieses unmittelbar bevorstehe und in seiner Person schon da sei. Und dann hatte Jesus ein Selbstbewußtsein, das Anstoß erregte: Er vergab gleichsam anstelle Gottes den Hilfesuchenden die Sünden! Mit diesen herausfordernden Punkten entstehen Radikalstandorte Jesu, die Impulse zum zukünftigen Christusbekenntnis enthielten, das dann die Urgemeinde formulierte. Diese war nicht mehr am „jüdischen Jesus", sondern am Erhöhten, am Christus des Glaubens interessiert. Und dieses Christusbekenntnis sollte nun auch den Völkern vermittelt werden! Damit sind dann die jüdischen Voraussetzungen verlassen, es entstehen zwei Wege des Glaubens.

Ein zweites Beispiel zur Verhältnisbestimmung zwischen Juden und Christen sehe ich im Bundesgedanken, wie er von Paulus im Römerbrief (Kap. 9 bis 11) vertreten wird. In diesem Abschnitt setzt sich Paulus intensiv und aufgrund seiner Identifizierung mit seinem Volk damit auseinander, daß die

Juden in Jesus nicht den Messias sehen können. Denn für Paulus ist unerschütterlich klar: Dem Volk ist die Annahme an Sohnes statt zugesprochen, ihm sind der Bund, die Gesetzgebung und die Verheißung zugesagt. Wenn sich nun Israel gegen Christus wendet, muß darin ein göttlicher Sinn liegen. Zur Erklärung dieses Sinnes argumentiert Paulus in einem bestimmten Sinn gemäß der Vorherbestimmung. Das heißt: Die Treue Gottes bleibt Israel erhalten. Seine Verstockung soll die Völker reizen, die Christusbotschaft anzunehmen. Endzeitlich aber – und das sagt Paulus wahrscheinlich aufgrund einer Sonderoffenbarung – wird *„ganz Israel gerettet werden“* (Römer 11, 25). Die Verstockungsaussage des Paulus meint nicht ein unentrinnbares, endzeitliches Urteil, sondern sie ist in eine Dynamik hineingenommen, die endzeitlich durch die Gnade Gottes korrigiert wird!

In diesem Zusammenhang wird das Verhältnis zwischen den Juden und den aus den Völkern kommenden Gläubigen mit einem Bild charakterisiert, das die Substitutionstheorie (die Kirche ersetzt Israel) in Frage stellt. In einem Bild vom Ölbaum wird Israel als Wurzel bezeichnet, während die, die neu zum Glauben kommen (d. h. die Christen), als eingepfropfte Zweige zu verstehen seien. Denn: Sollten sich die, die neu zum Glauben kommen, rühmen, gilt: *„... nicht du trägst die Wurzel, sondern die Wurzel dich“* (Römer 11, 18).

Ich ziehe daraus die Folgerung: Wenn sich die Kirche als „Neuer Bund“ versteht, bedeutet das nicht die Aufhebung des „Alten Bundes“, sondern dessen Erneuerung und Ausweitung. Die Kirche ist damit aufgefordert, ihren Anteil am Bund wahrzunehmen – sie steht aber im einen, ungekündigten Bund Gottes, dessen erster Partner Israel war. Es gibt – ausgelöst durch das Bundeshandeln Gottes – eine umfassende Hoffnungsgeschichte für Israel und die Völker. In dieser Hoffnungsgeschichte gestaltet sich die Partnerschaft von Israel mit der Kirche, der Kirche mit Israel (bzw. der Synagoge).

Neue Wege der Partnerschaft von Juden und Christen

Die Betroffenheit, die die nationalsozialistische Judenfeindschaft und der Holocaust ausgelöst haben, lassen heute Kirchen und Christen neue Wege in der Begegnung von Christen und Juden suchen. Wir stehen heute in der Phase des „christlich-jüdischen Dialogs“.

Den Beginn dieser Phase kann man in einer Begegnung sehen, die 1933 unmittelbar vor der Machtergreifung des Nationalsozialismus in Deutschland stattfand. Hier standen sich der jüdische Religionsphilosoph Martin Buber und der christliche Theologe Karl Ludwig Schmidt gegenüber; Ort des Gesprächs war das jüdische Lehrhaus in Stuttgart. Im Schlußwort deutete Schmidt an, daß jeder wirkliche Dialog zuerst eine Phase der Annäherung bringt; man entdeckt durch die Begegnung, daß der „Andere" nicht so ist, wie man es sich vorstellte, und es ist damit möglich, Vorurteile abzubauen. Dann allerdings käme – so die Auffassung Karl Ludwig Schmidts – die härtere Phase des Dialogs, jene Phase, wo das Unaufgebbare zur Sprache komme. Schmidt sah diese härtere Phase zweifellos im Christusproblem. Buber wies auf das jüdische Leidensschicksal hin, mit dem er sich identifizierte. Er lehnte es aber ab, darin so etwas wie ein Gottesurteil zu sehen. Denn – so Buber: „... der Bund ist mir nicht aufgekündigt worden." Gegen die Idee Schmidts von der schärferen Auseinandersetzung stellte er die jüdische Überzeugung vom universalen Heilswillen Gottes. Bubers Schlußwort lautet dann: „Die Gottestore sind offen für alle. Der Christ braucht nicht durchs Judentum, der Jude nicht durchs Christentum zu gehen, um zu Gott zu kommen." Bubers Theorie der zwei Wege (zwei Glaubensweisen) zum einen Gott hat den christlich-jüdischen Dialog immer wieder beschäftigt.

Die Dialogphase erfuhr dann nach dem Zweiten Weltkrieg eine Vertiefung und Intensivierung; der Schock des Holocaust mußte aufgearbeitet werden. In den USA enstand beispielsweise eine beeindruckende „Theologie nach Auschwitz".

Auch offizielle Stellen der Kirchen haben sich zunehmend im Kampf gegen den Antisemitismus engagiert. Das möchte ich noch an ausgewählten Beispielen zeigen.

Ein erstes, wichtiges Dokument kam aus den Niederlanden. 1959 entstand hier die Studie „Israel und die Kirche", die im Auftrag der Generalsynode der Niederländischen Reformierten Kirche zusammengestellt wurde. Ein der reformierten Tradition verpflichtetes Bundesdenken stand hier im Vordergrund; die Initiative Gottes zu einer Partnerschaft mit Israel macht dieses Volk zum „Kleinod" Gottes. Der Bund Gottes verleiht diesem Volk Existenz und Sinn. Die Studie weist auch mit Recht darauf hin, daß auch das Land Israel „eine geistige Größe" sei; das ermöglicht der Studie, die Staatengründung im 20. Jahrhundert positiv – aber auch als Aufgabe – zu sehen.

Wichtig ist dann die Erklärung des Zweiten Vatikanischen Konzils (1965). Diese Erklärung, die ebenfalls die alttestamentlichen Aussagen zur Offenbarung Gottes und zum Bunde positiv würdigt, sieht dann in Christus die Möglichkeit der Versöhnung zwischen Juden und Christen. Die Erklärung fordert gegenseitige Kenntnis und Achtung. Sie lehnt die Idee, heutiges Judentum mit dem Kreuzigungsgeschehen zu belasten, ab. „Die Kirche" – so heißt es dann – „...verwirft jede Diskriminierung eines Menschen oder jeden Gewaltakt gegen ihn um seiner Rasse oder Farbe, seines Standes oder seiner Religion willen, weil dies dem Geiste Christi widerspricht." In späteren „Richtlinien und Hinweisen für die Durchführung der Konzilserklärung..." (1974) wird vertiefend gesagt, daß die Überzeugung vom Wert der menschlichen Person, der Ebenbild Gottes sei, sowohl zur jüdischen wie zur christlichen Tradition gehöre. Weiters seien Förderung von Frieden und Gerechtigkeit gemeinsame Aufgaben von Christen und Juden.

Auf evangelischer Seite löste eine Erklärung der Landessynode der Evangelischen Kirche im Rheinland neue Diskussionen aus („Zur Erneuerung des Verhältnisses von Christen und Juden" 1980). Der Synodalbeschluß enthält den Satz: „Wir bekennen betroffen die Mitverantwortung und Schuld der Christenheit in Deutschland am Holocaust." Die Erklärung lehnt die „Substitutionstheorie" expressis verbis ab: Der Bund Gottes mit Israel ist ungekündigt. Es gibt nun aber eine gemeinsame Verheißungs- und Erwählungsgeschichte von Israel und der Kirche in dem einen Gottesvolk. Die Erklärung zieht dann die Konsequenz, daß damit Judenmission nicht mehr möglich ist; der den Christen auferlegte Missionsbefehl im Bereich der Völker gilt nicht für Israel. Diese letzte Konsequenz ist es, die die heftigen Diskussionen um den Beschluß der Synode im Rheinland auslöste; es gibt nun aber schon weitere Synoden, die diesem Beschluß gefolgt sind.

Abschließend möchte ich einige Hinweise geben, die zeigen, daß auch die Kirchen in Österreich bereit sind, die Probleme des Antisemitismus kritisch aufzuarbeiten.

Die Generalsynode der Evangelischen Kirche Augsburgischen und Helvetischen Bekenntnisses hat 1965 ein Wort an die Gemeinden über „Christen und Juden" angenommen. Es

Thorarollen im Thoraschrein (Privatsynagoge Samson Wertheimer/Eisenstadt).

Thora-Aufsätze aus Silber.

Besamimbüchse zur Aufbewahrung von Gewürzen für kultische Zwecke.

Privatsynagoge von Samson Wertheimer in Eisenstadt.

spricht vom Antisemitismus als Versuchung und stellt dagegen die kirchlich-seelsorgliche Verantwortung. Den Gemeinden soll nach einer langen Entzweiungsgeschichte ein Bewußtsein des unaufgebbaren, heilsgeschichtlichen Zusammenhangs zwischen Juden und Christen vermittelt werden. An die Stelle der alten Vorurteile und der Feindschaft müßte, so das Dokument, eine neue Brüderlichkeit treten.

Für die katholische Kirche muß auf einen Text der Pastoralkommission hingewiesen werden, der 1982 von der österreichischen Bischofskonferenz übernommen wurde. Dieser Text versteht sich als „Besinnung auf das gemeinsame Erbe von Christen und Juden". Er ist u. a. auch durch die präzisen Auskünfte über die Judaica gekennzeichnet, so daß sowohl die Gemeinsamkeiten wie die Unterschiede der zwei Glaubensweisen klargestellt werden können. Theologisch schließt er sich der Konzilserklärung an. Er betont dann aber noch die Gemeinsamkeit in der Spiritualität von Juden und Christen. Beide beten die Psalmen und in beiden Glaubensweisen gibt es Nachwirkungen alttestamentlicher Gebete. Schließlich formuliert der Text konkrete Aufgaben:

- das gegenseitige Kennenlernen der religiösen Grundlagen,
- gemeinsame Bibelarbeit (Bibelwochen!),
- Aufklärungsarbeit im Hinblick auf gesellschaftliche Vorurteile,
- Begegnung mit jüdischen Gruppen und gemeinsame Gottesdienste, ohne Unterschiede zu verwischen,
- gemeinsames Wahrnehmen gesellschaftlicher Aufgaben in Orientierung am prophetischen Protest gegen soziales und politisches Unrecht,
- gemeinsames Engagement für Menschenrechte, Friede und Gerechtigkeit.

Die Appelle der Kirchen stehen oft auch auf einem hohen Niveau. Jetzt stellt sich aber die Frage nach der Übernahme der Appelle durch die Gemeinden und die einzelnen Christen. Erfahren die Appelle auch die nötige Beachtung in Katechese, Bildungswerken, Verkündigung und Seelsorge? Der latente, gesellschaftliche Antisemitismus, der doch sehr verbreitet ist, verhindert es, hier übertriebenen Erwartungen oder Illusionen zu erliegen. Der Kampf gegen den Antisemitismus ist als Aufgabe gerade auch den Kirchen und den Christen weiterhin aufgetragen.

DAS WESEN DES JUDENTUMS

Pinchas Lapide

Für diejenigen, die an den göttlichen Ursprung des Judentums glauben, das heißt also Juden, Christen und Moslems, ist es selbstverständlich, daß die Offenbarungen, die an die hebräischen Patriarchen und Propheten ergangen sind, auf den Willen Gottes zurückzuführen sind, der sich einem kleinen Hirtenvolk zu erkennen gab, um die Einsicht der Welt zu übermitteln, daß dieses Weltall einen Sinn, einen Zweck und ein Ende hat, daß Gott die Menschheit liebt und daß jeder Mensch frei ist, sein Menschsein unter Gott zu vertiefen oder zu vernachlässigen; mit dem zweischneidigen Gottesgeschenk der Freiheit, das jedem von uns in die Wiege gelegt wurde. Diese Idee ist für manche modernen Menschen nicht mehr tragfähig, die die Bibel eher als ein Buch der Suche nach Sinnhaftigkeit eines ganzen Volkes lesen. Doch dann bleibt noch immer die Frage offen, wie ein winziges, schwaches Volk von Wanderhirten die Menschheit mit Einsichten über das Menschsein bereichern konnte, die ihresgleichen in der gesamten Weltliteratur nicht haben. „Das Judentum ist eitler Aberglaube", so heißt es immer wieder in den Veröffentlichungen der Ostblockstaaten und der atheistischen Regime. Ein Wort fehlt, um diese zynische Abwertung in eine tatsächliche Feststellung zu verwandeln. Nicht Aberglaube ist das Judentum, wohl aber Aber-dennoch-Glaube. Ein Glaube, der aus dem Glauben an oben immer wieder den Mut nach vorne zu schöpfen wußte und die Zuversicht auf die Mitwelt, auch zu Zeiten, als die Mitmenschlichkeit auszusterben schien.

Doch woraus besteht das Judentum? Es ist leichter aufzuzählen, worauf es verzichtet und was es nicht ist. Das Judentum hat keinen Papst, kein Konzil, keine Dogmatik noch Sakramente im katholischen Sinne. Es ist leichter, das Judentum von seiner Wirkungsgeschichte her kurz aufzuzählen; in der Wirkung der zehn Revolutionen des Denkens, die das Judentum vollzogen und der Welt geschenkt hat. Die Idee des einen Gottes, die zur Idee der einen einzigen Ethik führte, die alle Menschen verpflichtet; die Idee der Ebenbürtigkeit aller Menschen, die keinen Adel noch Rangunterschiede der Adamskinder vor Gott anerkennt. *„Am Anfang schuf Gott"*, so beginnt die Bibel, womit die Arbeit geadelt wird, denn Gott taucht das erste Mal als Schöpfer und als Schaffender auf, und des Menschen Aufgabe ist es, seinen Schöpfer nachzuahmen, so daß die Arbeit als Nachahmung Gottes zu den heiligsten Geboten des Judentums und des Christentums gehört. Die Nächstenliebe als höchstes Gebot, das der Prüfstein allen gelebten Glaubens ist; der Sabbat als die Unabhängigkeitserklärung der Juden, denn am Sabbat tut der Jude, was kein Sklave tun kann, er ruht und enthält sich aller Arbeit an dem Tag seiner freien Wahl und nicht zuletzt: Die Zukunft als die größte Dimension Gottes, ein Glaube, der uns die ewige Hoffnung eingestiftet hat, die dann zuallerletzt im Messias ihre leibliche Verkörperung findet. Der Begriff des Messias, der sich in allen Sprachen dieser Erde als Fremdwort eingebürgert hat und der darin besteht zu glauben, wie Juden und Christen es tun und viele Moslems auch, daß der Herr der Welt uns Menschen nicht in diesem Morast der Selbstzerfleischung enden lassen wird, sondern uns zu seiner guten Zeit den Gesalbten senden wird, um uns allen die Erlösung zu schenken, die der letzte, aber vielleicht der wichtigste Eckstein der Hoffnungskraft der Juden ist. Hier in „bedingter" Kürze das Abc des Judentums:

Mit Gott als erste und letzte Wirklichkeit, dem Sinai als zentrale Offenbarung, der Thora als Weisung für den ganzen Lebensweg und der künftigen Erlösung als Leitstern der Hoffnung fühlten die Rabbiner keine Veranlassung dazu, ihre Lehrsätze in einer Dogmatik zusammenzufassen. Was sie an Theologie hatten, drückten sie nur sporadisch und impulsiv aus.

Erfahrung und nicht Logik sitzt auf dem rabbinischen Richterstuhl; daher wird im Talmud eher „organisch" oder „situativ" gedacht und debattiert – denn drei Dinge wußten alle Rabbiner:

- Daß der menschliche Verstand begrenzt ist,
- daß das Leben von Widersprüchen strotzt
- und daß nur bei Gott die volle Wahrheit ist.

Daraus wird gefolgert: daß jegliche systematische Theologie nur Menschenwerk sein kann; daß wir bei jedem theologischen

System zur „hairesis", d. h., zur Auswahl gezwungen sind, so daß das Ergebnis subjektiv und eklektisch sein muß. Und daß der Pluralismus genauso zum Wesen aller Religionen gehört, wie die Vielfalt ein Grundgesetz aller Naturwissenschaften ist, die ja auch, wie unsere Bibel, Bücher des Lebendigen Gottes sind.

Emanzipation und Auschwitz

Mit dem Toleranzedikt des Kaisers Josef II. beginnt anno 1782 für die Juden in Österreich das Ende des Mittelalters. Ein Ende der Ghettoabsonderung, der Berufsverbote, der Zwangspredigten von kirchlicher Seite und hundert anderen Schikanen, die die Existenz der Juden zu nicht viel mehr als einem Fronarbeiterdasein gestaltet hat. Es gab Widerstände gegen die Emanzipation, sie setzte sich nur sehr zögernd durch und wurde bald zum Prüfstein der Staaten in ganz Europa, ihrer Bereitschaft, sich den Forderungen des neuen Zeitgeistes des 19. Jahrhunderts anzupassen. Nach 1945 hat sich in der jüdischen Bevölkerung vieler europäischer Staaten eine Resignation breitgemacht, die auch den Emanzipationsdefätismus trägt und die besagt: Da schaut euch an, der Weg, den eure Vorfahren gegangen sind, mußte doch in Auschwitz enden, und jetzt habt ihr es auch klar auf der Hand! Denn die Emanzipation kannte ja eigentlich, so wird gemunkelt, nur eine dreifache Alternative für die Juden: Entweder Aufgehen, auf gut deutsch: Taufe und Verlust der eigenen Identität; Weggehen, also Auswanderung, oder Untergehen, was mit Hitler in der Tat auch geschah. Das war natürlich im 19. Jahrhundert, geschweige denn im 18., wohl kaum vorauszusehen.

Wie reagierten die Juden auf die Emanzipation? Hauptsächlich in vier Weisen:

1. Die Stockfrommen veranstalten einen Rückzug ins Ghetto (Jetzt erst recht!), geistiges und leibliches Ghetto, weg von diesen verdächtigen Edikten und Geboten! Wir werden jetzt 150%ige Juden werden.

2. Auswanderung, sei es nach Amerika oder Kanada, oder das damals noch brachliegende Palästina.

3. Eine Assimilation, die manchmal alle Grenzen sprengte, auch die Grenze des Taufbeckens, wobei Assimilation eigentlich Selbstaufgabe für allzu viele wurde.

Erst in den letzten Jahrzehnten hat sich eine vierte Möglichkeit herauskristallisiert, die sich heute einbürgert: Integration. Jude bleiben mit voller Identität und Österreicher sein zur gleichen Zeit, wobei nur sehr wenige einen Widerspruch zwischen den beiden sehen. Jeder Mensch steht ja auf zwei Beinen, sei es körperlich als auch in seiner Identität, so daß ein jüdischer Österreicher nicht widersprüchlicher sein müßte als ein katholischer, ein protestantischer oder ein muslemischer Österreicher, deren es ja Tausende, wenn nicht Hunderttausende gibt. Das ist nach dem Aufgehen, dem Weggehen, dem Untergehen endlich die vierte, heute aktuelle Möglichkeit des Mitgehens mit allen Österreichern anderer Glaubensbekenntnisse, die sich langsam einzubürgern beginnt.

Kann man Antisemitismus mit Vernunft bekämpfen?

Der Begriff Antisemitismus wurde von einem deutschen Journalisten vor rund 100 Jahren geprägt und ist ein geistiges Armutszeugnis für seine Erfinder wie auch für seine Anwälte bis auf den heutigen Tag. Denn Antisemitismus besagt einen Haß gegen die Semiten, was einen Haß gegen alle Araber, Äthiopier und zwei Dutzend andere Völker definieren müßte, wobei sich aber die Antisemiten aller Zeiten ausgerechnet auf das Judentum als alleinige Zielscheibe konzentrieren. Also sollte es Antijudaismus heißen oder, besser noch, Judenhaß.

Dieser Judenhaß hat sich im christlichen Abendland in drei Stufen offenbart. „Ihr Juden dürft nicht als Juden unter uns leben", so hieß es von den ersten Kirchenvätern des zweiten Jahrhunderts bis durch das ganze Mittelalter hindurch, was zu Zwangstaufen, zu Ghettos, zu Absonderungen, zu Judensternen und weiß Gott was allem geführt hat. Zur Zeit der Reformation Luthers und der Gegenreformation der katholischen Kirche wurde es eingeschränkt zu: „Ihr Juden dürft nicht unter uns leben!", wobei der Judenhaß dann härter wurde und zu ärgeren Mißhandlungen und Missetaten führte. Unter Hitler erreichte diese Steigerung ihre Spitze: „Ihr Juden dürft nicht mehr leben!" hieß es, was dann mit blutigem Ernst auch durchgeführt wurde.

Woraus besteht dieser sogenannte falsch benannte Antisemitismus eigentlich? Er ist, kurz gesagt, das Gerücht über die Juden: Sie hätten Jesus Christus gekreuzigt, sie hätten ihn für 30

Silberlinge verkauft, sie seien alle ungläubig, weil sie ihrem Glauben die Treue bewahren, sie seien Mammonanbeter, die nur dem Gelde frönen, und die Liste ist sechs Seiten lang. Der Antisemitismus beginnt also mit krassem Unwissen, er geht weiter zum Nicht-umlernen-Wollen, was dann zur Abscheu und zur Gehässigkeit führt und zuletzt zu Gewalt, wonach die Endstation die Gaskammer ist. Diesen Teufelskreis, der jetzt fast 2000 Jahre alt ist, kann man nur beim ersten Glied zerbrechen: beim Unwissen. Also durch Logik, durch Erziehung, durch Umerziehung, durch eine echte Aufklärung und durch lebendige Vorbilder. Predigten allein werden hier nicht viel helfen. Um endlich klarzumachen, daß es doch eine dramatische Ironie der Weltgeschichte ist, daß diejenigen, denen die Nächstenliebe als weltweites Gebot anvertraut wurde und die Nächstenliebe zu lehren hatten, selber die Zielscheibe des blutigsten Hasses werden konnten – und das noch dazu im Zentrum eines getauften Europas. Es ist Zeit, damit aufzuräumen, und als Jude glaube ich nicht nur an die Nächstenliebe, sondern auch an die Kraft der Vernunft, die der Mehrheit der Österreicher ganz sicher einleuchten wird. Es gilt, sie endlich zu den Wahrheiten der Bibel zu erziehen, wie sie Papst Pius XI. schon 1938 ausdrückte, als er sagte: „Wir Christen sind alle geistig Semiten, ein Christ kann daher kein Antisemit sein", und wie der heutige Papst es voriges Jahr deutlich und unüberhörbar gesagt hat: „Wer Jesus Christus begegnet, begegnet dem Judentum", worauf er vor den jüdischen Gräbern in Auschwitz niederkniete und weinte. Ein Akt der symbolischen Wiedergutmachung.

Wenn das einmal christliches Gemeingut wird – in Wort und Tat –, dann sollten die Tage des Antisemitismus gezählt sein.

JUDEN IM MITTELALTERLICHEN ÖSTERREICH

Ihre soziale Stellung und ihre Aufgaben im Land

Klaus Lohrmann

Als sich die Wiener Judengemeinde als erste größere jüdische Gemeinde in Österreich formierte und 1238 von Kaiser Friedrich II. ihr erstes Privileg erhielt, hatte sich zwei Jahre zuvor ein bedeutsamer Wandel in der rechtlichen und sozialen Stellung der Juden in Deutschland vollzogen. 1236 waren die Juden nämlich erstmals als „Kammerknechte" des Kaisers bezeichnet worden. Kaiser Friedrich II. erklärte auch in einem Brief an den Papst, was er unter dem Begriff verstehe: Die Juden seien, sehe man von älteren Rechten einiger Bischofssitze ab, ihm, dem Kaiser, unmittelbar unterstellt. Der Kaiser beanspruchte die Herrschaft über alle Juden im Reich. Der politische Zusammenhang ist klar, bestand doch gerade in dieser Zeit die Gefahr, daß weltliche und geistliche Territorialfürsten zu einem großen Teil die Herrschaft über Juden selbst übernahmen.

Die Folgen von Friedrichs Vorstoß waren zwiespältig. Es gelang ihm zwar nicht, die Angriffe auf das kaiserliche Judenschutzrecht abzuwehren, aber er hielt einen prinzipiellen Anspruch des Kaisers aufrecht. Schon König Rudolf I. konnte auf der Grundlage dieser Politik teilweise recht erfolgreich Hoheitsrechte über die Juden, namentlich in den Reichsstädten, geltend machen.

Wenn der Begriff der „Kammerknechtschaft" auch neu war, vollendete Kaiser Friedrich II. mit seiner Einführung nur eine Entwicklung, die schon am Ende des 11. Jahrhunderts begonnen hatte, als Kaiser Heinrich IV. erklärte, daß die Juden in Worms zu seiner Kammer gehörten; das heißt, er betrachtete sie zu seinen Finanzen, zu seinem Schatz gehörig. Seit Friedrich Barbarossa sind Tendenzen festzustellen, daß der Kaiser versuchte, diese Auffassung auf das gesamte Reich auszudehnen. Der Begriff „Kammerknecht“ war an der Rechtssprache des 13. Jahrhunderts orientiert und bedeutete nichts anderes als die Beschreibung der Tatsache, daß die Juden sich gegenüber dem Kaiser in dienender Stellung befanden. Entscheidend ist das Begriffspaar Herr und Knecht, das ein bestimmtes Rechtsverhältnis beschreibt. Der „servus“, Knecht, hatte gewisse Aufgaben zu erfüllen, und der Herr gewährte ihm dafür seinen Schutz. Herren und Knechte gab es in den verschiedensten Stufen der Gesellschaftsordnung. Es war natürlich eine besondere Position, „servus“ des Kaisers zu sein. Dieser Auffassung war sowohl der Kaiser, der einmal Angriffe auf die Juden mit der Bemerkung abwehrte, daß der Herr im Knecht zu ehren sei, als auch der berühmte Rabbiner Rabbi Meir von Rothenburg, der einmal befragt wurde, wie denn die soziale Stellung der Juden im Rahmen der Kammerknechtschaft zu beurteilen sei: „Wir sind keine Unterworfenen“, erklärte er, „wir sind Ritter und können im Lande umherziehen, wo wir wollen.“

Dem entsprach auch die Situation in Österreich. Einer der ersten genauer bekannten Juden in Österreich, der Teka hieß, war ein großer Herr, der einen Friedensvertrag zwischen Leopold VI. und dem ungarischen König Andreas II. durch die Übernahme einer Bürgschaft ermöglichte, Kreditgeber eines führenden steirischen Adelsgeschlechtes war und an führender Stelle in der Finanzverwaltung des Königs von Ungarn mitarbeitete. Vermutlich war er auch als Ratgeber Herzog Friedrichs des Streitbaren, des letzten Babenbergers, tätig. Doch nicht nur das: Seine Ritterlichkeit stellte er als Führer einer Belagerung der Burg Pinka unter Beweis. Der König von Ungarn stellte zwar diese Belagerung als nächtlichen Raubzug dar, doch gehörte es zum Inventar mittelalterlicher Propaganda, den politischen Gegner als Räuber darzustellen.

In diesen Jahren, nämlich am 1. Juli 1244, erließ Herzog Friedrich der Streitbare eine Judenordnung für alle Juden in Österreich. Unter Österreich verstand der Herzog ein Gebiet, das heute etwa mit Niederösterreich samt einigen Randgebieten gleichzusetzen ist. Die wichtigste Tendenz dieses Privilegs ist zunächst die Errichtung einer landesfürstlichen Herrschaft über die Juden, die allerdings, wie schon erwähnt, die Oberherrschaft des Kaisers zwar beschränkte, aber nicht ausschloß. Das Privileg

Judenmeister Lyser im „Judenbuch der Scheffstraße“.

sollte möglichst günstige Voraussetzungen schaffen, um Juden dazu zu veranlassen, nach Österreich zu ziehen, um sich hier auf Dauer niederzulassen. Diese Politik hatte solchen Erfolg, vor allem auf Kosten des ungarischen Königs, daß sich dieser entschloß, eine gleichlautende Urkunde für sein eigenes Herrschaftsgebiet zu erlassen (1251).

Das Privileg Friedrichs des Streitbaren zeigt aber einen deutlichen Wandel in den Aufgaben, die den Juden zugedacht waren. Hatten die Juden bisher den Geldhandel nur neben dem Warenhandel ausgeübt, wurden sie nun durch sehr günstige Bestimmungen immer stärker zur Ausübung des Geldhandels gedrängt. Im 13. Jahrhundert bestand noch ein akuter Mangel an gemünztem Geld in den Donauländern, der die Entwicklung der Städte und des Weinhandels sowie einen gezielten Aufbau von Exportgewerben behinderte. Diesem mißlichen Umstand sollten die Juden abhelfen.

Im Zusammenhang mit dieser Problematik ist natürlich die Frage aufzuwerfen, woher die Juden über das gemünzte Geld verfügten. Ihre Beantwortung ist vor allem deshalb wichtig, weil die finanziellen Verhältnisse der Juden seit jeher eine gefährliche Waffe im Arsenal der Judenfeinde und später der Antisemiten waren. Die Wurzeln für den Geldbesitz der Juden liegen im Frühmittelalter, als man Juden aus Südfrankreich und Nordspanien, wo sich städtische Wirtschaftsformen über die Völkerwanderung hinweg erhalten hatten, an den Hof Karls des Großen holte. Ferner waren die Juden eine der wenigen Bevölkerungsgruppen in Lyon, Marseille oder Barcelona, die nach der Islamisierung des Ostens des Römischen Reiches aufgrund ihrer religiös bedingten Sprachkenntnisse noch in der Lage waren, den Fernhandel auf dem Mittelmeer aufrechtzuerhalten. Der Übergang der Juden von Bauern zu Händlern beruht also nicht auf einer angeborenen Begabung für den Handel, sondern auf einer Marktnische, die sich im 7./8. Jahrhundert öffnete. Aus dem jahrhundertelang betriebenen Handel stammten sowohl die Gelder als auch das „Know-how", um die verschiedensten Finanzierungsprobleme lösen zu können.

Der Zwang zum Geldhandel, der sich im 13. Jahrhundert ausbildete, stieß auch unter Juden auf tiefes Mißtrauen, und die religiösen Erörterungen sind von ausführlichen Diskussionen über dieses Thema geprägt. So heißt es in dem sehr strengen „Buch der Frommen", daß diejenigen, die von ihrem Grundbesitz leben können, sich vom Geldhandel fernhalten sollen.

Doch waren die Voraussetzungen, die durch die Privilegien geschaffen wurden, so günstig, daß viele Juden den Wechsel vollzogen, und mit ihrer Hilfe konnte sich das Wirtschaftsleben in den Donaustädten bald reich entfalten. Ihre Stellung in Österreich entsprach jener, die Kaiser Friedrich II. mit der Kammerknechtschaft umschrieben hatte: Sie waren Diener des Herzogs und standen daher dem Adel nahe, ohne natürlich landrechtlich Adelige zu sein. Dadurch waren sie direkt in die Probleme landesfürstlicher Herrschaftsbildung mit den dazugehörigen politisch-militärischen Kämpfen involviert. Auch für die Juden gilt, was für die allgemeine Geschichte des Mittelalters zu beachten ist, daß es nämlich völlig unmöglich ist, herrschaftspolitische und wirtschaftspolitische Maßnahmen zu trennen und isoliert zu betrachten. Natürlich waren die Juden primär aus finanzpolitischen Erwägungen nach Österreich gerufen worden, doch wäre dies eine unzulässige Interpretation eines einheitlichen Vorgangs, der auf die Entwicklung der Landeshoheit gerichtet war.

Ein Beispiel: In den fünfziger Jahren des 13. Jahrhunderts waren in Österreich zwei Juden als Kammergrafen Ottokars II. Přemysl tätig. Ihre Aufgabe bestand darin, eine möglichst große Zahl von landesfürstlichen Einnahmen dem Herzog vorzustrekken und sie von den zur Zahlung Verpflichteten einzuheben. Dabei ging es nicht nur um Steuern oder steuerartige Einnahmen, sondern auch um Bereiche, die wir heute eindeutig zur Organisation von Herrschaft rechnen würden. So konnten nur sehr reiche Leute das Amt eines Stadtrichters ausüben. Die Stadtrichter waren vom Herzog ernannt, allerdings war ihre Bestellung Gegenstand von Auseinandersetzungen zwischen den führenden politischen Kräften. Der Stadtrichter hatte eine Pacht zu bezahlen, die vom Kammergrafen eingehoben wurde. Als die Kirche schließlich 1267 verfügte, daß die Juden keine „öffentlichen Ämter" bekleiden sollten, verschwanden die jüdischen Kammergrafen, und reiche Bürger aus Wien und Krems übernahmen diese Funktion. Das Beispiel der Stadtrichter ist eines der wichtigsten, um die Verflechtung von Herrschaft und Geld klar zu zeigen.

Schon am Ende des 13. Jahrhunderts zeigte es sich, daß die Juden nicht nur in dem vom Landesfürsten geplanten Sinne tätig werden konnten. Als 1295 Leutold von Kuenring einen Aufstand gegen Herzog Albrecht I. plante, finanzierte er seine militärischen Unternehmungen mit Geld, das er von Juden erhielt. Dies zeigt der Friedensvertrag, den Albrecht mit Leutold 1296 schloß: Der Herzog verlangte die vollständige Bezahlung der Darlehen, die Leutold bei seinen, das heißt, den herzoglichen Juden aufgenommen hatte.

Um 1300 gab es bereits eine größere Zahl von jüdischen Gemeinden in Österreich; unter ihnen war Wien am wichtigsten, da hier die reichsten Familien saßen, die ihre Geschäfte im ganzen Land abwickelten. Allerdings gelangten sie praktisch nie über Niederösterreich hinaus. Noch bestanden keine Verbindungen in die Steiermark und nach Kärnten; in Pettau saßen einige Juden des Erzbischofs von Salzburg, und in Kufstein und Innsbruck machten bayrische Juden hie und da ein Geschäft.

In Wien bestand bereits ein Judenviertel mit einer Synagoge und einem rituellen Bad, aus späterer Zeit sind ein Judenfleischhof, wo das Vieh geschächtet wurde, und ein Spital bekannt. Der Friedhof befand sich im Gebiet der heutigen Goethegasse; er war zunächst klein, zur Zeit der Pest 1349 mußte er vergrößert werden. Das Bad wurde 1314 von einem der führenden Mitglieder der Wiener Gemeinde verwaltet, dem berühmten Lebmann, der aus dem Priesterstand kam. Ob er auch Rabbiner war, läßt sich nicht eindeutig entscheiden. Lebmann spielte nicht nur innerhalb der Gemeinde eine große Rolle, sondern war auch einer der reichsten Juden in Österreich. Er stand einer großen Familie vor, unter seinen Schwiegersöhnen befand sich jener Isaak, der als einziger Jude sogar ein Siegel führte. Einer seiner Söhne ließ sich in Hainburg nieder, ein anderer vermutlich in Tulln. Sein ältester Sohn, Gutmann, hebräisch Nissim genannt, wurde später ein Parnaß, ein Führer der Wiener Gemeinde und war ein wichtiger Berater und Financier Herzog Friedrichs des Schönen, jenes Herrschers, der 1314 mit Ludwig dem Bayern zu gleicher Zeit zum deutschen König gewählt wurde.

Das politisch interessanteste Geschäft machte Gutmann im Juni 1319. Die adelige Familie Falkenberg, die im Wald- und Weinviertel ausgedehnte Güter besaß, schuldete ihm einen Betrag von 2 000 Pfund. Mit einem solchen Betrag konnte man eine gut ausgerüstete Mannschaft von etwa 20 Rittern ins Feld stellen, das heißt mit Kampfrossen, Lastpferden, bester Panzerung und Schwertern, samt der Ausrüstung der Knappen. Die Falkenbergs wären finanziell am Ende gewesen, wenn nicht in einer großen Versammlung in Wien eine Neufestsetzung des

Rückzahlungsmodus ausgehandelt worden wäre. Der Rückzahlungszeitraum wurde auf sieben Jahre festgesetzt, was in jenen Zeiten eine auffallend lange Frist bedeutete, da die meisten Darlehen eine Laufzeit von wenigen Wochen bis maximal zu einem Jahr hatten. Die ungewöhnliche Regelung von 1319 ist damit zu erklären, daß der König die Falkenbergs und ihre Verwandten dringend für seinen nächsten Feldzug gegen Ludwig benötigte, der im August 1319 stattfand und Friedrich vorübergehend einen bedeutenden Erfolg einbrachte. Zugleich mußte der König aber auch an Gutmann denken, denn dieser sollte ja auch andere Teile des Heeres ausrüsten, und er hätte sich wohl schwerlich dazu bereitgefunden, wenn er keine Aussicht auf Rückzahlung des Geldes gehabt hätte.

Hier ist ein Wort zu den Zinsen zu sagen, über die in der älteren Literatur abstruse Vorstellungen zum besten gegeben werden; da ist von einem Zinssatz von 173 Prozent die Rede. In der Judenordnung Herzog Friedrichs des Streitbaren von 1244 heißt es nämlich, daß die Juden von jedem Pfund des Kapitals acht Pfennige pro Woche Zinsen nehmen durften. Das würde bedeuten, daß die Zinsen nach 30 Wochen gleich hoch wie das Kapital gewesen sein müssen. Diese Erlaubnis bezog sich aber bestimmt nicht darauf, was in unserem Sinne Zinsen sind. Die Schuldurkunden zeigen nämlich, daß dieser Satz von acht Pfennigen nur angedroht wurde, wenn der Zahlungstermin überschritten wurde. Man legte einen Zahlungstermin fest, bis zu dem keine Zinsen anliefen, möglicherweise war in der zu zahlenden Summe schon ein Gewinn für den Gläubiger enthalten. Nach diesem Termin begannen erst die Verzugszinsen hinzuzuwachsen. Der jüdische Gläubiger behielt sich das Recht vor, nach dem Ablauf der Frist zu irgendeinem ihm passenden Termin das Geld zurückzufordern. Daher war der Schuldner interessiert, möglichst bald den Vertrag zu erneuern. Man weiß, daß sich der Betrag in den neuen Schuldurkunden um etwa 20 Prozent erhöhte, womit auch der übliche Zinssatz ungefähr festzustellen ist. Genaueres läßt sich zum Problem der Zinsen noch nicht sagen, da die Forschungen auf diesem Gebiet noch im Gange sind. Es ist allerdings denkbar, daß der hohe Zinssatz von acht Pfennigen pro Pfund und Woche bei kleinen Geschäften angewendet wurde, deren Laufzeit nur Tage oder wenige Wochen betrug. In absoluten Zahlen waren die Zinsen in diesen Fällen nicht sehr hoch, denn die Hochrechnung des Prozentsatzes aufs Jahr wäre ja reine Theorie.

Im Jahre 1338 erklärte sich die jüdische Gemeinde in Wien bereit, den Zinssatz auf drei Pfennige pro Pfund und Woche zu senken. Tatsächlich beweisen die Urkunden aus der Zeit nach 1338, daß die Verzugszinsen bei Darlehen in Wien auf diesen Zinssatz zurückgingen, ja manchmal sogar auf zwei Pfennige reduziert wurden. Diese Entwicklung ist am Ende des 14. Jahrhunderts zu bemerken, als das Darlehensgeschäft der führenden Wiener Bürgerfamilien bereits einen erheblichen Teil der Kredite ausmachte. Schon im 13. Jahrhundert kam es immer wieder vor, daß christliche Kapitalisten große Beträge an Juden verliehen, die diese im Geldhandel verwendeten. Damit umgingen die Christen das kanonische Zinsverbot, nach dem es den Christen verboten war, Geld gegen Zinsen zu verleihen.

Sehr häufig gewährten Juden Kredite gegen Verpfändung von Grundbesitz und Häusern. Verfiel dieses Pfand, nahmen die Juden die Liegenschaft in Besitz und verkauften sie meist sehr bald weiter, denn ihre Aufgabe war es, den Kapitalumlauf sicherzustellen. Aus dieser Übung schlossen manche Forscher, daß die Juden keinen Grundbesitz haben durften und zum Weiterverkauf gezwungen waren. Dies ist aber nicht richtig. Aus dem Studium von Kauf- und Verkaufsurkunden des Mittelalters ergibt sich eindeutig, daß die Juden keine Beschränkungen auf dem Gebiete des Grundbesitzes hinnehmen mußten. Alle diesbezüglichen Behauptungen sind falsch, zumindest für das Mittelalter. Im 18. Jahrhundert war die Situation dann ganz anders.

Allerdings kam es nicht selten vor, daß der Herzog Häuser und Weingärten einzelner Juden in seinen speziellen Schutz nahm. Auch diese Tatsache gab Anlaß, am umfassenden Besitzrecht der Juden zu zweifeln: Wer seinen Besitz nicht selbst schützen kann und dazu des Landesfürsten bedarf, ist eben nur beschränkt besitzfähig. Zunächst ist zu bemerken, daß sogar Adelige manchmal ihre Güter unter herzoglichen Schutz stellen ließen. Der herzogliche Schutz bedeutet also sicher keine Minderung der Besitzfähigkeit. Die Juden waren aber am herzoglichen Schutz interessiert: 1376/77 hieß es in einem neuen allgemeinen Privileg für die Juden, daß sie und ihr Besitz im Schutze des Herzogs standen, und der Landmarschall wurde angewiesen, die Juden gegen Bedrängung durch Adelige und Bürger zu schützen.

Seit dem 13. Jahrhundert versuchte die Kirche auf die landesfürstliche Judenpolitik Einfluß zu nehmen; und zwar in einer Weise, die für die Juden keineswegs angenehm war. Sie sollten möglichst wenig Umgang mit Christen haben, an den christlichen Feiertagen nicht ausgehen und im Alltag möglichst vielen Schikanen ausgesetzt werden. In Österreich wurde diese Politik sehr entschieden von den Zisterzienserklöstern aufgenommen; die Berichte über Judenverfolgungen wurden in Zwettl und Heiligenkreuz meist mit Kritik am Adel und dem Herzog verbunden, wenn diese den Juden zu Hilfe eilten. In Heiligenkreuz entstanden einige theoretische judenfeindliche Schriften. Unterstützt wurde diese Haltung von einem finanziellen Motiv: Um 1300 waren die Zisterzienserstifte sehr reich, sie waren die einzigen Klöster, die nicht auf Judendarlehen angewiesen waren. Die Juden störten sogar ihre eigenen Geschäfte, denn Zwettl und Heiligenkreuz fungierten geradezu als Banken.

Unter dem Einfluß dieser theologischen Angriffe erschienen manche Fragen in neuem Licht. So wurde am Beginn des 14. Jahrhunderts die Tatsache, daß Juden gewöhnlich keine Waffen mehr trugen – verboten war es ihnen nicht –, in der Weise interpretiert, daß sie einen verminderten sozialen Status hätten. Damit war es aber leichter, die Juden persönlich anzugreifen, und damit wurde zunehmend die Situation für die Juden gefährlich. Ein erster Höhepunkt wurde 1338 erreicht, als, von Pulkau ausgehend, die meisten jüdischen Gemeinden des Waldviertels und Südmährens durch eine Verfolgung vernichtet wurden. Im Zuge dieser Ereignisse kam es zu der schon erwähnten Reduzierung des Zinssatzes.

Die Abwertung des sozialen Status der Juden im Laufe des 14. Jahrhunderts kommt vor allem darin zum Ausdruck, daß nur noch ganz wenige Familien einen Machtspielraum in einiger Entfernung vom Herzog besaßen, alle anderen waren ganz auf den engen Kreis des herzoglichen Schutzes angewiesen. Doch auch hier war man immer weniger sicher. Der Herzog selbst setzte reiche Juden gefangen und erpreßte Geld von ihnen, ihre Freizügigkeit wurde immer mehr eingeschränkt, d. h., sie durften nur noch mit ausdrücklicher Zustimmung des Herzogs das Land verlassen.

Trotzdem funktionierte die Selbstverwaltung in den jüdischen Gemeinden recht gut. Auch die Verantwortung des einzelnen für die Gemeinschaft beschränkte natürlich die Freizügigkeit des einzelnen Juden. Der Wechsel von einer Gemeinde zur anderen war nicht einfach, da ein Auswanderer nicht von einem Tag auf den anderen seine Geschäfte aufkündigen konnte. Komplizierte Verhandlungen waren notwendig, bevor die Gemeinde einer Abwanderung zustimmte. Der Verlust an sozialem Ansehen wurde auch dadurch verstärkt, daß bei der Gefährlichkeit der Zeiten die Rabbiner davor warnten, eventuellen Reichtum zur Schau zu stellen. Besonders waren davon die Frauen betroffen. Das Anlegen von Schmuck könnte, so meinte Rabbi Isserlein im 15. Jahrhundert, bei den Christen Neid erregen.

Ein wichtiger Punkt in der Tätigkeit der Gemeinden war die Verteilung der Steuerlast. Der Herzog schrieb eine gewisse Summe vor, bei besonderen Anlässen konnte sogar der Kaiser eine zusätzliche Steuer verlangen, und es war Aufgabe der vom Landesfürsten ernannten Steuereintreiber, die Summe zu bezahlen. Davor erhielten sie eine urkundlich festgehaltene Berechtigung, die Steuern in den Gemeinden einzuheben. Diese Steuereinheber erließen eine Steuerordnung, in der festgelegt wurde, was alles der Festsetzung der „Bemessungsgrundlage" diente. Ein bestimmter Prozentsatz mußte vom Bargeld, vom Schmuck, von den ausständigen Darlehen und von den Gütern bezahlt werden, die sich gerade im Besitz der einzelnen Juden befanden. Dies zeigt sehr schön, daß die Steuer vom umlaufenden Geschäftskapital bezahlt werden mußte, gleichgültig in welcher Form – Bargeld oder Liegenschaften – es gerade besessen wurde. Ausgenommen waren die Armen- oder Gemeindekassen, Hekdesch genannt, aus deren Geldern die Armen und Gesandtschaften an den Herzog bezahlt wurden. Unangenehm war es für die Gemeinden, daß der Herzog manchmal reiche Juden privilegierte und ihnen das Recht zugestand, nicht mit der Gemeinde steuern zu müssen. Dafür hatten sie persönlich einen gewissen Betrag jährlich an den Herzog abzuführen. Für die Gemeinde war es von großem Nachteil, wenn sich ein reicher Jude durch ein derartiges Privileg der Steuerpflicht entzog, denn der Herzog zog natürlich die Gebühr des Privilegierten nicht von der allgemeinen Steuer ab. Die Sonderprivilegien waren ein Mittel, um die herzoglichen Einnahmen zu erhöhen. Die Rabbiner gingen daher bisweilen mit dem Bann gegen Personen vor, die den Landesfürsten um ein Sonderprivileg baten. Umgekehrt verbot der Herrscher, den Bann gegen Personen, die er unter besonderen Schutz gestellt hatte, zu gebrauchen. Dies war wieder ein schwerer Eingriff in die innerjüdische Gerichtsbarkeit und damit in die Selbständigkeit der jüdischen Gemeinden.

Diese wenigen Beispiele zeigen, daß die Situation der Juden schon um 1400 sehr schwierig geworden war. Tiefgreifende Veränderungen hatten sich in den hundert Jahren seit 1300 ergeben. Die verbrieften Rechte waren zunehmend wertlos geworden, die wirtschaftliche Kraft war im Sinken begriffen. Zu oft wurden zu hohe Steuerforderungen an die Gemeinden gestellt. Dazu kam der immer schärfer werdende Haß der Bürger auf die Juden, der an sich nichts Neues war – schon im späten 13. Jahrhundert ist das Bestreben der Bürger nachzuweisen, sich in ihren Stadtrechten vor jüdischer Konkurrenz zu schützen –, doch nun wurde er besonders gefährlich, da der herzogliche Schutz nicht mehr ausnahmslos funktionierte.

Als 1420 noch militärisch-politische Anschuldigungen gegen die Juden erhoben wurden, schützte sie auch der Herzog nicht mehr. Man beschuldigte die Juden der Kollaboration und der Geschäftemacherei mit den Hussiten; Schlimmeres konnte man in den Augen des Herzogs nicht begehen. Die Vertreibung der Juden aus Österreich und die Folterung und Verbrennung der reichen Familien auf der Gänseweide in Erdberg setzten dem hergebrachten Judenrecht ein Ende. Mit siebzig Jahren Verspätung schlug Maximilian I. 1496 auch in Kärnten und in der Steiermark diesen Weg ein, als er die Juden vertrieb.

DIE BEDEUTUNG DES TEMPELS IN DER SEITENSTETTENGASSE FÜR DIE JÜDISCHE GEMEINDE IN WIEN

Nikolaus Vielmetti

Die Vollendung des Stadttempels in der Seitenstettengasse im Jahre 1826 bezeichnete für die kleine, aber nicht unbedeutende Schar der Wiener „tolerierten Israeliten" einen wichtigen Schritt auf dem Wege zu äußerer Achtung und Anerkennung. Dieses für den öffentlichen Gottesdienst erbaute „Bethaus" mußte der Regierung mit viel Geduld abgerungen werden; denn bis 1848 hielt die Staatsverwaltung an dem Grundsatz fest, daß die Juden, die im Jahre 1670 korporativ ausgewiesen worden waren, in der Residenzstadt keine neue Gemeinde mehr bilden dürfen und ihnen womöglich alle gemeinschaftlichen Einrichtungen zu verbieten sind.

Diese gewonnene Freiheit stellte die „Judenschaft" vor eine weitreichende Entscheidung: Bei der Form des Gottesdienstes, der nunmehr aus dem Verborgenen ins Licht der Öffentlichkeit trat, waren sie in die Auseinandersetzung ihrer Generation zwischen Beharrung und Fortschritt hineingezogen und hatten zu wählen. An Versuchen, einen „neuen Kultus" oder eine „deutsche Synagoge" einzurichten, hatte es an anderen Orten nicht gefehlt; doch allein das Wiener Beispiel sollte sich als beständig, ja als „Norm für mehrere Königreiche" erweisen.

Die Bedeutung des Stadttempels muß daher unter zwei Aspekten gesehen werden: Im Hinblick auf die rechtliche und gesellschaftliche Stellung der „Tolerierten" im vormärzlichen Wien und in Beziehung zur Kultusreform, die damals teils durchgeführt, teils mit Absicht unterlassen wurde.

Um das hartnäckige Ringen der jüdischen „Vertreter" mit der Regierung beurteilen zu können, muß man sich ein allgemeines Bild von der damals in Wien herrschenden Atmosphäre machen.

An solchen Bildern fehlt es nicht. Schon Zeitgenossen haben – unter dem Schutz des Asyls oder der Anonymität – ihre Eindrücke veröffentlicht; nach 1848 erschienen Berichte und Erinnerungen ungehemmt und in großer Zahl. Sie alle prägten den Begriff vom Polizeistaat mit seiner allseits spürbaren geistigen Enge. Der spätere Professor und Minister Joseph Unger faßte seine Erfahrung in den berühmten Satz: *„Ich bin im Jahre 1828 geboren, das Licht der Welt habe ich aber erst im Jahre 1848 erblickt.“*

Der Vormärz – schon dieser Begriff ist eine lieblose Definition – hat jedenfalls eine denkbar schlechte Presse. Dazu liefert er mit dem Staatskanzler Metternich ein allgemein anerkanntes Feindbild.

Es gibt jedoch einigen Anlaß, insbesondere in einer Studie über die Juden, die bekannten Klischees nicht blindlings zu wiederholen. Nicht nur, weil inzwischen Historiker der wahren Größe des verfemten Staatsmannes Gerechtigkeit haben widerfahren lassen – vor allem mußte die Menschheit in neuester Zeit einen Anschauungsunterricht über sich ergehen lassen, in dem sie so gründlich über das Wesen der totalitären Diktatur mit allen ihren Organen und Methoden belehrt worden ist, daß die indolente Bürokratie, die Polizei- und Zensurhofstelle und was es sonst noch in Alt-Wien gab, im Vergleich dazu buchstäblich wie Biedermeier-Idylle erscheinen. Diese grundsätzliche Feststellung ist notwendig, sie enthebt uns aber nicht des Versuches, der Atmosphäre jener Zeit nachzuspüren.

Eine Plage, die den Alltag von vielen beschwerte, war gewiß die Praxis der Bürokratie – eine Plage, die sich im Handumdrehen immer und überall einstellen konnte. Metternich gestand selbst ein, daß die *„Staatsmaschine in ihrem Gange gelähmt“* war, weil man das Geschäft des Regierens von dem des Verwaltens nicht gehörig zu unterscheiden wußte. Das fing schon beim Kaiser Franz an. Man verglich ihn deshalb mit einem Hofrat, dessen Blick nicht allzu weit über den eigenen Schreibtisch hinausreichte. Er kümmerte sich um so viele Kleinigkeiten, daß man sich heute, beim Studium der Akten, über die Sorgen des Monarchen nur wundern kann. Damit war die Langsamkeit der Amtswege gegeben, aber auch ihre häufige Aussichtslosigkeit; denn vom Throne ging wörtlich die Maxime aus: *„Besser ist die unvermeidliche Härte in einzelnen Fällen als die Abschwächung der Regel durch zu viele Ausnahmen.“* Solche *„Hintanhaltung nachteiliger Exemplifikationen“* bekamen die Juden in vollem Ausmaß zu spüren. Sie mußten etwa, um „die Toleranz" in Wien zu erwirken, mit ihrem Gesuch folgende Instanzen passieren: die niederösterreichische Regierung, die Polizei-Oberdirektion, die Vereinigte Hofkanzlei (= Innenministerium), schließlich entschied der Kaiser mit Allerhöchster Entschließung über die Sache.

Ein Beispiel von vielen, das die Verhältnisse illustriert, sind die jahrelangen Versuche Martin Ungers, des Vaters des oben zitierten Joseph Unger, für Wien die Toleranz zu erhalten. Trotz hoher Intervention und *„persönlicher individueller Vorzüge"* gibt man seinen Bitten jeweils „keine Folge". Ähnlich ging es den Vertretern, die um bescheidene Verbesserungen für die „Judenschaft" ingesamt ansuchten und Eingaben um Eingaben schrieben – sie gingen in den meisten Fällen ad acta, bestenfalls mit dem Vermerk, daß es sich um *„schätzenswerte Materiale"* handle.

Diese Tatsachen darf man aber nicht in dem Sinne verstehen, daß die Behörden auf jeden Fall bestrebt waren, den Juden das Leben besonders schwer zu machen; denn unter dem lahmen Gang der Staatsmaschine hatten alle Bürger zu leiden. Eher darf man die Behauptung wagen, daß gerade das vormärzliche Wien die schönsten Aussichten für ein harmonisches Zusammenleben von Juden und Christen verhieß. Die Toleranz von anno 1781 hatte etwas frischere Luft gebracht und die mittelalterlichen Vorurteile für ungültig erklärt, andererseits war diese frische Luft durch die „modernen" Vorurteile noch nicht vergiftet.

Eine solche neuzeitliche Seuche, die die Staatsverwaltung aus gutem Grund vom Kaisertum Österreich nach Kräften fernhielt, war der Nationalismus. Heinrich von Treitschke konnte sich von seinem Standpunkt aus nicht genug über die „Wiener Luft" beklagen:

„Hier, in dem Mittelpunkte des Familiengutes, das man Österreich nannte, in diesem Wirrwarr zusammengeheirateter Länder und Völker, hatte man nie etwas geahnt von den sittlichen Kräften, welche ein nationales Staatswesen zusammenhalten."

Die österreichische Antwort darauf kann man bei Franz Grillparzer nachlesen. Dieser nüchtern urteilende Zeuge des 19. Jahrhunderts hatte eine andere Meinung von den sogenannten sittlichen Kräften: *„Der Weg der neueren Bildung geht von Humanität durch Nationalität zur Bestialität."* Die Prophezeiung war exakter, als Grillparzer selbst ahnte, und erfüllte sich siebzig Jahre nach seinem Tode.

Es war für die jüdischen Einwohner eines Landes, die in diesem (noch) eine gesonderte Gruppe bilden, nicht unerheblich, ob der Staat auf nationaler oder rein dynastisch-territorialer Grundlage beruht. Ein deutscher Staat fordert naturgemäß die volle „Amalgamierung" der Juden mit dem Deutschtum. In der Tat geschah dies auch und führte zu der viel beschworenen deutsch-jüdischen „Symbiose". Das Judentum büßte dabei seine Geschlossenheit ein, und der einzelne wurde in den Teufelskreis der nationalen Kämpfe gezogen – ohne letztlich einen Dank zu ernten.

Fehlt aber die nationale, oder noch deutlicher, die nationalistische Grundlage, kann sich der Patriotismus des Juden unmittelbar auf Fürst und Vaterland beziehen, ohne daß er in seinem traditionellen Separatismus beirrt wird. Gewiß ist hier die Frage am Platz, ob die Mehrzahl der Juden überhaupt an der strengen Tradition festhalten wollte. Darauf möchte ich in dem folgenden Abschnitt über die innerjüdischen Zustände eingehen. Hier geht es darum, die Überlegungen zum a-nationalen Staatswesen auf den konkreten Fall von Wien anzuwenden.

Aufgrund verschiedener Quellen dürfen wir annehmen, daß die Residenzstadt, anders als heute und auch anders als in der zweiten Hälfte des Jahrhunderts, eine gewisse nationale Mischung aufwies. Zwar war das „italienische Jahrhundert" – das achtzehnte – schon vorbei, aber es ließ sich noch berichten, *„daß hier viel und gut Italienisch und Französisch gesprochen wird, was auch natürlich ist, wenn man den Zusammenfluß aller Nationalitäten dazu nimmt, welche sich hier vereinigen"* (der Musiker Zelter an Goethe, 1819).

Zu der europäisch-internationalen kam noch eine exotisch-östliche Note, wie sie Metternich selbst mit seiner scherzhaften Bemerkung über die Nähe des Balkans andeutet. Eine englische Besucherin stellte in den dreißiger Jahren fest, daß gewisse fremdländische Gestalten in den Straßen Wiens nicht als Ausländer, sondern als hierher gehörig anzusehen sind – sehr im Unterschied zu London (Frances M. Trollope, Vienna and the Austrians, 1837). Sie findet das bis zu einem gewissen Grade ganz reizvoll, doch mit einer Erscheinung kann sie sich nicht recht anfreunden: daß die Juden einen festen Bestandteil im Leben der Stadt ausmachen. Insbesondere gibt ihr der jüdische Geldadel Anlaß zu längeren Exkursen, und sie bekennt ein, daß ihr Sinn für Toleranz noch einiges Training brauche (I must be schooled in the gymnase of toleration a while longer) – die

Haltung der Wiener, die sich nichts dabei denken, sei ihr zu hoch. Es ist bemerkenswert, daß sich hier die Verhältnisse einmal umkehren, denn sonst gelten die Angelsachsen als Lehrmeister der „Toleration" für den Kontinent, war doch der Begriff „Emanzipation" erst wenige Jahre zuvor für den deutschen Sprachgebrauch aus England importiert worden.

Man darf für Wien, das, von einer Großstadt noch weit entfernt, seinen Glanz allein von der Residenz bezog, in der Tat ein hohes Maß an nationaler Indifferenz, ganz im Sinne des Ancien Régime, voraussetzen. Die Hofstellen fertigten ihre Akten deutsch, lateinisch (für das Königreich Ungarn) und italienisch aus, Metternich schrieb seine Briefe, wie es scheint, je nach Laune französisch oder deutsch. Philologen und Literaten nahmen sich der slawischen Sprachen und des Neugriechischen an, die Druckereien lieferten Bücher und Zeitungen in fremden Sprachen aus – doch niemand kam auf den Gedanken, die bewußten sittlichen Kräfte für ein nationales Staatswesen zu mobilisieren.

Das multinational aufgelockerte Klima war jedoch nicht die unmittelbare Ursache für die wachsende Annäherung zwischen den Juden und der Wiener Gesellschaft; dafür war grundsätzlich die Toleranzgesetzgebung Josefs II. zuständig, denn diese hatte die Lage der „akatholischen" Konfessionen verbessert.

Dabei änderte sich zwar äußerlich für die Juden zunächst wenig, da sie ja, im Gegensatz zu den Protestanten, in den Erblanden teilweise immer schon geduldet waren. Aber die Duldung sollte mit einem anderen Geist erfüllt werden, wenn etwa der Kaiser von den Katholiken verlangte, daß sie *„die Juden wie alle anderen Nebenmenschen betrachten, und das bei einigen, besonders bei niedrig denkenden Leuten, gegen die jüdische Nation bisher beobachtete Vorurteil einer Verächtlichkeit ablegen"*.

Das bedeutete letztlich einen Eingriff ins katholische Kirchenregiment, denn manche Bischöfe wollten sich mit der Idee der Toleranz nicht recht anfreunden. Solche Eingriffe gehörten zum „Josefinismus", dem vom Kaiser vertretenen Staatskirchentum. Wenn er im Toleranzpatent seine Absicht erklärte, die Juden insgesamt *„dem Staate nützlicher und brauchbarer zu machen"*, so bezweckte er mit den Reformen, die er der Kirche aufzwang, im Grunde auch nichts anderes.

Bis zum Biedermeier war unter den Staatsbeamten und dem Klerus eine Generation von „Josefinern" herangewachsen, die in Treue zu ihrer Schule gegen Vorurteile und Fanatismus kämpften. Dieser Mentalität ist es wohl zuzuschreiben, daß die „Herren Tolerierten" schließlich ein Gebäude im Stubenviertel als gemeinschaftlichen Besitz erwerben durften, um dort Schule, Bethaus und rituelles Bad einzurichten – das war 1811. Ein besonderer Förderer dieses Unternehmens war niemand anderer als der Leiter des „Judenamtes" bei der Polizei-Oberdirektion, der Regierungsrat La Roze. Im Jahre 1823 entschied sich endlich, daß die Besitzer das Haus abreißen und an seiner Stelle einen repräsentativen Neubau errichten durften – den „Stadttempel", wie wir ihn heute kennen.

Gewiß, diese „Gnaden" waren mühsam genug errungen, doch begegneten die Juden bei ihren Mitbürgern eher einer entschärften Stimmung, jener „indifference", von der Mrs. Trollope sprach. Im alltäglichen Umgang mit ihren Nachbarn wurde den Israeliten vielfach die Gleichberechtigung schon zuteil, die ihnen der Buchstabe des Gesetzes noch verwehrte.

Alle hatten zugesehen – nicht zuletzt auch das Judenamt –, wie sich das „Textilviertel" in der Innenstadt zum jüdischen Handelszentrum entwickelte. Jeder konnte sich ausrechnen, daß dort mehr Juden ihre Geschäfte betrieben als offiziell „toleriert" waren – doch man fragte nicht so genau nach und war mit der Arbeitsteilung zwischen Juden und Christen, wie sie sich von selbst ergab, im Grunde einverstanden.

Ein Exempel statuierte der Kaiser selbst mit einigen Adelserhebungen, die den Eintritt von Juden in die „zweite Gesellschaft" zur Folge hatten. Man weiß auch, daß Metternich mit Salomon Rothschild oder seinen Prokuristen in engem Kontakt stand. Die „fünf Frankfurter" wurden in den Freiherrenstand erhoben, der Pariser und der Londoner Rothschild zu k. k. Generalkonsuln ernannt.

Ein berüchtigter Zug des österreichischen Vormärz war die in allen Lebensbereichen gegenwärtige staatliche Zensur. Ihre Wurzeln lagen in der von jeder absoluten Herrschaft ausgeübten Bevormundung, die nach den Erfahrungen des revolutionären Zeitalters doppelt notwendig erschien – sie darf aber nicht mit dem „Großen Bruder" der dem kommenden Jahrhundert vorbehaltenen totalitären Systeme verwechselt werden. Die Intellektuellen waren vielfach und mit Grund verbittert, oft aber glich ihre fortwährende Auseinandersetzung mit der Polizei- und Zensurhofstelle einem Gesellschaftsspiel. Deren Chef, dem Grafen Sedlnitzky, setzte man die Maxime „Nulla dies sine linea" (Kein Tag ohne Zensurstrich) ins Wappen. Vielleicht wurde damals das Verbum „raunzen“ geprägt, um das sich dagegen erhebende einmütige Volksgemurmel zu bezeichnen.

Eine Folge der erzwungenen Abstinenz von politischer Diskussion bestand darin, daß an ihrer Stelle Literatur, Theater und Musik in den Mittelpunkt des Interesses gerückt wurden. Zu keiner anderen Zeit gab es in der Presse je so viele ausführliche Rezensionen.

In diesen Lebensstil fügte sich das jüdische Bürgertum, soweit es in Wien vorhanden war, mit seinen Neigungen ohne weiteres ein, wenn auch in der Regel die „jüdischen Literaten“ gegen den Stachel löckten und sich erst 1848 richtig in ihrem Element fühlten.

So wurde etwa die Einweihung des Stadttempels im April 1826 als gesellschaftliches und kulturelles Ereignis verzeichnet. Die „Allgemeine Theaterzeitung“ des einflußreichen Bäuerle brachte darüber einen Bericht, der sich vor allem mit der musikalischen Seite der Sache befaßte. Desgleichen veröffentlichte die „Wiener Zeitschrift für Kunst, Literatur, Theater und Mode“ einen längeren Artikel über die Einweihungsfeier.

Die in den mittleren und gehobenen Kreisen bestehende Harmonie zwischen der christlichen und der jüdischen Gesellschaft erstreckte sich auch auf trivialere Gefilde. Die Juden waren gewiß unter den „Donauphäaken“ vertreten und erweiterten das katholische Milieu mit einer israelitischen Beimischung, wenn sie z. B. mitten in der Fastenzeit ihre Freunde mit einer Einladung zum Purimball erfreuten.

Wenngleich das österreichische Staatskirchentum sich gelegentlich um jede Art von „Religionsübung“ kümmerte, so blieben die Wiener Tolerierten doch ziemlich auf sich gestellt, als sie die Gottesdienstordnung für das neue Bethaus festlegten. Allein, einen Anhaltspunkt bot die Allerhöchste Entschließung vom 22. Jänner 1820, da sie die Anordnung enthielt, *„daß die Gebete, Religionsübungen und Belehrungen in den Synagogen nach einer... Zeitfrist, falls keine Anstände, die Mir anzuzeigen wären, dagegen obwalten, in der deutschen oder Landessprache abgehalten und die in dieser Beziehung erforderlichen Übersetzungen der Religions- und Gebetbücher veranstaltet werden“*.

Diese kaiserliche Willensäußerung traf mitten in die in vollem Gange befindliche Kontroverse um die „deutsche Synagoge“, was jedoch Zufall, nicht Absicht war. Die Kontroverse wurde kurze Zeit vorher durch die „Tempelvereine“ in Berlin und Hamburg ausgelöst. In beiden Städten bildeten sich jüdische

Stadttempel der Wiener Juden in der Seitenstettengasse zur Zeit der Erbauung.

Ehemalige Synagoge in der Leopoldstadt.

Ehemalige Synagoge in Wien II, genannt der Türkische Tempel, zerstört 1938.

Innenansicht des ehemaligen Türkischen Tempels.

Ansicht des Judenplatzes in Wien um 1725.

Gemeinschaften, die nicht mehr in die Synagoge beten gehen wollten, sondern in einem Privathause oder in einem zu diesem Zwecke errichteten „Tempel" einen reformierten Gottesdienst hielten. Dieselben Kreise begründeten auch 1820 die Stelle eines „Meßpredigers" in Leipzig (d. h. für die Zeit der Leipziger Messe).

Eine Gruppe unter den Tolerierten, die sich „Beförderer des Guten" nannten, fühlte sich durch den zitierten Passus der Entschließung bestätigt; denn sie waren durch die Leipziger Messe mit den „Berlinern" in Kontakt gekommen und wollten auch in Wien eine „deutsche Synagoge" einrichten.

Hatte die Generation der Enkel Mendelssohns die Angleichung an ihre deutsche Umgebung in Kultur und Kultus schon allgemein vollzogen? Man darf sich diese Entwicklung bis in die erste Hälfte des 19. Jahrhunderts nicht zu stürmisch vorstellen; denn neben den Wortführern für mitunter radikale Neuerungen gab es buchstäblich eine schweigende Mehrheit, von der wir kaum etwas lesen. Die Mendelssohnsche Bibelübersetzung diente noch lange als deutscher Mustertext in der Hand der Juden. Wenn um 1820 schon Männer wie Börne und Heine in der deutschen Literatur brillierten, so pflegten dennoch damals die meisten Juden Deutsch in hebräischen Lettern zu schreiben und zu lesen (man sagte das auch dem ersten Wiener Rothschild nach).

Die „Herren Tolerierten" in Wien nahmen unter den Juden des deutschen Kulturkreises eine gewisse Sonderstellung ein, weil sie von den Wurzeln ihrer nationalen Tradition abgeschnitten waren. Wien hatte zwar ein Hinterland mit alten jüdischen Gemeinden, die im Falle von Ober- und Westungarn oder Mähren nicht allzu weit entfernt waren, doch die Stadtluft der Residenz schuf ein Klima, in dem sich die patriarchalischen Verhältnisse von Preßburg, Eisenstadt oder Nikolsburg nicht einfach fortsetzen ließen. Allein schon die Zuwanderung nach Wien, d. h. die dazu notwendige Überwindung vieler Engpässe, brachte mit sich, daß die Tolerierten eine Auslese nach ganz bestimmten Gesichtspunkten bildeten. Am meisten gefragt waren außerordentliche Fähigkeiten in Handel, Industrie und Bankwesen. Beträchtliches Vermögen, vereint mit unternehmerischer Initiative – die überzeugendsten Argumente, um die Toleranz zu erlangen – widersprechen an sich nicht der Orthodoxie; doch wer die heimatliche Judengasse verließ, wußte, daß er auch die Geborgenheit der Tradition verließ.

In Wien gab es bekanntlich seit 1670 keine Gemeinde und keine öffentliche Synagoge mehr. Die vereinzelten Hofjuden, die in den späteren Jahren ausnahmslos in der Residenz wohnen durften, mußten als Hausväter selbst dafür sorgen, daß bei ihnen daheim rituell alles in Ordnung war: Sie stellten für ihre Kinder einen Lehrer an, der Haushalt wurde koscher geführt, und der „Minjan" – die Gebetsgemeinschaft von mindestens zehn Männern – hatte auch im Hause seinen Platz. Es gehörte zum Ideal eines Hofjuden, sich durch gute Werke und Gelehrsamkeit auszuzeichnen. Ein Beispiel dafür ist der bedeutendste Wiener Hofjude Simson Wertheimer (gestorben 1724). Er hinterließ zahlreiche Stiftungen, die bis zur Inflation ausgezahlt wurden, und seine talmudische Bildung wurde durch mehrere „Ehrenrabbinate" anerkannt.

Nach dem Erscheinen des Toleranzpatents (1781) erweiterte sich die Schar der in Wien ansässigen Juden. *„Sie führten alle ein frommes, patriarchalisches Leben"*, erinnert sich noch Michael Lazar Biedermann. Jedes Familienoberhaupt war, wie bisher, darauf bedacht, ein gut jüdisches Haus zu führen.

Einige durchreisende Juden hatten einen Teil des Hauses „Zum weißen Stern" gemietet, um hier täglich gemeinsam zu beten. Später schlossen sich ihnen viele Tolerierte, die selbst keinen Minjan hatten, an. Das ganze hatte aber einen etwas improvisierten Charakter: Der Vorsteher der Gemeinschaft war zugleich Inhaber der Mikwe (des Frauenbades), während der Koscherweinschenk, der im selben Hause wohnte, als Kantor fungierte. Es bestand kein Zweifel, daß die *„unpassende äußere Umgebung und Ausstattung des Gottesdienstes... mit der inneren Andacht kontrastieren"* mußte. Den vornehmeren Tolerierten *„war dieser niederschlagende Kontrast nicht entgangen"* (Biedermann).

Noch peinlicher empfanden die in Wien etablierten Juden die Betstube der „polnisch-deutschen Israeliten", die im alten Lazzenhofe (Stubenviertel) untergebracht war. Sie vermieden es geflissentlich, die Gegend, *„wo der Trödel in seiner ganzen Armseligkeit betrieben wurde"*, zu betreten.

Es wuchs allmählich eine Generation heran, die in der Beibehaltung der traditionellen Lebensformen nicht mehr so ganz sicher war, sondern sich für sie zu genieren begann. So fanden die Experimente der deutschen Tempelvereine in der Wiener „Judenschaft", wie es scheint, starken Anklang, besonders innerhalb der Schicht, die sozial aufgestiegen war.

Es stellte sich also die Gretchenfrage in detaillierter Form, ob sie am Brauch der Väter festhalten wollten oder ob sie sich „Andacht und Erbauung“ von der „deutschen Synagoge“ erhofften?

Wir haben für die Antwort eine Unterlage, die zwar für österreichische Verhältnisse nicht ungewöhnlich, aber von der Kompetenz her etwas fragwürdig ist, nämlich die Erhebung der Polizei-Oberdirektion. Diese erstattete 1806 aus gegebenem Anlaß einen Bericht über die Religiosität der Tolerierten. Die k. k. priv. Großhändler v. Arnstein, v. Eskeles, v. Herz, M. L. Biedermann, der Aktuar (Sekretär) Benjamin Landesmann und der umstrittene Pädagoge Herz Homberg wurden darin unter die Aufgeklärten gerechnet, während der Großhändler Isak Löw Hofmann als wirklich Frommer galt. Die Polizeibeamten hatten gewiß nicht die nötige Ausbildung, um das religiöse Verhalten der Juden beurteilen zu können, es ist aber sicher richtig, daß das konservative Judentum an I. L. Hofmann (später von Hofmannsthal) und an manchen anderen eine starke Stütze hatte.

Biedermann und namentlich sein Buchhalter Leopold Moses Harzfeld waren es hingegen, die persönliche Verbindung zu Berlin und Leipzig hatten und so mit Isak Noah Mannheimer bekanntgeworden waren. Sie vermittelten ihm die Einladung, im Spätsommer 1821 an drei Sabbaten im Dempfingerhofe, dem alten Hause in der Seitenstettengasse, zu predigen.

Mannheimer, 1793 in Kopenhagen geboren, könnte man einen „jüdischen Theologen“ nennen. Er hatte das traditionell Jüdische mit akademischer Ausbildung vereint und beabsichtigte, den Beruf eines Religionsdieners zu ergreifen. Er wollte bewußt nicht Rabbiner, sondern Prediger und Seelsorger in einer jüdischen Gemeinde werden. Diese Intention allein war offenkundig schon eine Anleihe bei der christlichen, besonders der evangelischen Kirche. Dementsprechend war auch der jüdische Gottesdienst in Kopenhagen, wo er seine Tätigkeit als Prediger begann, „modernisiert“: Kanzel und Orgel wurden aufgestellt, Gebete und Lieder in dänischer Sprache verfaßt. Das Reformexperiment ging aber nicht lange gut; so wandte sich Mannheimer nach Deutschland, wo in Hamburg und Berlin gerade die „deutsche Synagoge“ ihren Anfang nahm. Er fand hier Gleichgesinnte und Freunde, aber keine feste Anstellung. So war die Einladung nach Wien ein Lichtblick.

Mannheimer fand bei den Wiener Tolerierten allgemein Anklang, wie ihm Harzfeld in einem Brief versichern konnte:

„Frau v. Eskeles trug mir auf, Ihnen für den Genuß, den Sie ihr durch Ihre Predigten gewährten, herzlichst zu danken. Sie kann sich der Hoffnung nicht entschlagen, Sie mit der Zeit als bestellten Prediger hier zu hören. Die nämliche Hoffnung hegen auch die Herren Biedermann und Hofmann.“

Es sollte noch über drei Jahre dauern, bis sich die Hoffnung der Verehrer Mannheimers – und damit auch seine eigene – erfüllte. Diese Frist war aber sehr nützlich, um das Projekt gehörig ausreifen und die notwendigen Kompromisse zustande kommen zu lassen.

Wenn Leopold Zunz, der Vater der „Wissenschaft des Judentums“, in einem Brief vom August 1821 meinte: *„In Wien geht die deutsche Synagoge, zumal da Mannheimer aus Kopenhagen dort ist, rasch vorwärts“*, irrte er – aus Mangel an Lokalkenntnissen – doppelt. Erstens ging die Sache nicht rasch vorwärts, und zweitens kam als Endergebnis etwas anderes als seine „deutsche Synagoge“ heraus. Denn das neue Bethaus sollte für alle Wiener Tolerierten bestimmt sein, nicht nur für eine zunächst begeisterte Gruppe, die manche Traditionen über Bord werfen wollte, weil sie an neuen Formen Gefallen fand. Es mußte also zu Kompromissen innerhalb der „Judenschaft“ kommen; aber auch die Staatsverwaltung, die nach alter Gewohnheit verhindernd und verzögernd im Wege stand, bewahrte vor radikalen Entscheidungen.

Der überragende klarsichtige Geist in allen Vorbereitungen war schließlich Mannheimer selbst. Er hatte rechtzeitig erkannt, *„daß mit dem einseitigen Eingehen in die neue Zeit nichts gewonnen ist. Die Jugend verschmäht das Neue, so es ihr nach wenigen Jahren ist alt worden, wie ehedem das Alte“*. In einem Brief aus dem Jahre 1830 meinte Mannheimer, daß nunmehr *„die Zeit gesichtet und geschlichtet hat“* – in vollem Sinne konnte man das zum 50jährigen Jubiläum des Hamburger Tempelvereins (1869) sagen. Aus diesem Anlaß spottete der Wiener Oberrabbiner Güdemann, der übrigens auch aus Deutschland berufen worden war: *„Hamburg, berühmt durch seinen Hafen, sein Rauchfleisch und seinen Tempel. Man macht Gebete, wie man Stiefel macht.“* Heine, der hier imitiert wird, kannte die „deutsche Synagoge“ aus eigener Anschauung, gehörte er doch seinerzeit selbst zu dem Kreis um Zunz. Seine Definition der Kultusreform lautete schon damals (1823): *„Ein evangelisches Christentümchen unter jüdischer Firma.“*

Mannheimer sah seine zentrale Berufung in der Seelsorge; und obgleich er für sich nie das Rabbinat anstrebte, war er doch entschlossen, seine seelsorgliche Tätigkeit mit zutiefst jüdischem Geist zu erfüllen. In der Einrichtung des Gotteshauses hielt er sich streng an den šulhan arukh, den allgemein verbindlichen Ritualkodex aus dem 16. Jahrhundert, die Sprache der Gebete blieb grundsätzlich Hebräisch, nur einige Stücke – mittelalterliche Zutaten, die er nicht für wesentlich hielt – wurden gestrichen. Die deutsche Predigt hingegen war eine Neuerung; denn bisher kannte man nur die drašah, eine Erörterung talmudischer Probleme, wofür schon vom Gegenstand her Hochdeutsch ungeeignet erschien. Mannheimer war jedoch ein Meister der deutschen Rhetorik (nachdem er den Schritt von der dänischen zur deutschen Sprache vollzogen hatte), wobei er im Inhalt seiner Predigten das biblisch-talmudische Erbe bewahrte und es den meisten seiner Zuhörer neu erschloß. „Die alten Formeln sind beibehalten, das lebendige Wort dazugetan."

Es kam daher nicht zu einer Konfrontation mit der Orthodoxie, vielmehr lebte Mannheimer „im besten Verständnisse" mit dem Rav (Rabbiner). In den ersten Jahren war dies Moses Fischer aus Prag, der bei der Polizei als „Koscherfleisch-Aufseher" gemeldet war, da es ja in Wien keine jüdische Gemeinde und demnach auch keinen Rabbiner geben durfte. Er führte die Aufsicht über die Einhaltung der Ritualgesetze, während Mannheimer als Religionslehrer und Prediger angestellt war.

Die friedliche Entwicklung auf Wiener Boden war nicht zuletzt dadurch begründet, daß hier keine protestantische Umwelt zur Nachahmung „verführte". Die Juden standen einer „dominierenden" Religion gegenüber, die sich auch unabänderlichen Formen verpflichtet wußte und daher durch die Aufklärung ähnlich herausgefordert worden war wie ihre eigene. Die Leitlinien, wie dieser Herausforderung zu begegnen sei, waren daher nicht von der protestantischen Praxis, sondern eher von der josefinischen Reform vorgezeichnet: Betonung des pastoralen Elements, Abschaffung von Mißbräuchen (oder was man dafür hielt), Bewahrung der Substanz (gegen „Deismus" und „Naturalismus").

Hier können wir auf ein schon erwähntes Detail zurückkommen, nämlich die Verwendung der Landessprache in der Liturgie, eine Frage, die sich auch für den katholischen Gottesdienst ergab, doch hatte sich darauf die (josefinische) „geistliche Commission niemals eingelassen". Im Falle des unzugänglichen Hebräisch hätte aber Kaiser Franz wohl ganz gern gesehen, wenn es bei den Gebeten ebenso abgeschafft würde wie seinerzeit in der Führung der Akten, war aber bereit, Einwände gelten zu lassen. In der Tat gingen von jüdischer Seite energische Vorstellungen gegen diesen Punkt der Entschließung von 1820 aus; viele Gemeinden erklärten, sie könnten auf die alle Juden verbindende Sakralsprache nicht verzichten. Am Ende einigte man sich darauf, die hebräischen Gebetbücher, mit einer Übersetzung versehen, drucken zu lassen, so daß die Tradition gewahrt und zugleich für die Verständlichkeit gesorgt wurde. Die erste Frucht dieses Kompromisses war das „Formulario delle Orazioni" für die küstenländischen Juden, gedruckt 1821 bei Anton Schmid in Wien. Zwanzig Jahre später folgte Mannheimer mit der ersten Auflage der „Gebete der Israeliten mit einer neuen deutschen Übersetzung", die bis heute verwendet werden. Die Katholiken mußten noch bis zum Ende des Jahrhunderts warten, bis sie zu ihrem „Schott" kamen.

Mannheimer wurde formell durch einen Schutzbrief des Grafen Zichy in dessen obrigkeitlichen Schutz aufgenommen und damit k.k. Untertan. Er bewies bald, daß er mehr als nur dem Papier nach Österreicher war. Man könnte seine Persönlichkeit an die Seite der josefinischen Prälaten stellen, die pastoralen Eifer mit Loyalität gegenüber dem Staat glücklich zu verbinden wußten. Er war daher ungleich besser geeignet, die künftige Wiener Kultusgemeinde aufzubauen als der berühmtere Leopold Zunz, der zeitlebens alle gekrönten Herrscher haßte, insbesondere aber den Untergang des Kirchenstaates und den Zerfall des Habsburgerreiches herbeisehnte.

Der von Mannheimer souverän durchgeführte Kompromiß zwischen den Forderungen der Tradition und denen der Gegenwart war das lebendige Fundament des Stadttempels; doch zugleich verliehen die Architektur des anerkannten Meisters Kornhäusel wie der Gesang des weitum bewunderten Kantors Salomon Sulzer dem „Bethaus der Israeliten" ein glanzvolles Ansehen, das natürlich wieder auf die Wiener Tolerierten zurückfiel. Die volle Bedeutung des Stadttempels finden wir am klarsten ausgedrückt in dem Gedenkgebet, das alljährlich für Isak Löw Hofmann und Michael Lazar Biedermann gesprochen wird:

... sie waren es, die dieses Haus gegründet,
als ein Bethaus für den Ewigen
und zum Ruhme vor allen Völkern.

EMANZIPATION UND REVOLUTION

Die Wiener Juden im Sturmjahr 1848

Wolfgang Häusler

Und der nur verdient der Freiheit Glück,
Der gerne es teilet mit allen;
Drum, Brüder, wenn Ihr nun kehret zurück –
Denkt – daß auch ein Jude gefallen!

Isidor Busch,
Der Gefallenen Ehrendenkmal
(17. März 1848)

Wien im März 1848: Die Welle der bürgerlich-demokratischen Revolution, die über Europa hinwegging, erfaßte die Haupt- und Residenzstadt des Habsburgerreichs mit voller Wucht und stürzte den mächtigen Staatskanzler Metternich. Am bündigsten hatten die Studenten in ihrer Petition an Kaiser Ferdinand I. die Wünsche für eine Neugestaltung Österreichs zusammengefaßt:

- Preß- und Redefreiheit zur Herstellung eines gegenseitigen Verständnisses zwischen Fürst und Volk
- Hebung des Volksunterrichtes und insbesondere Einführung von Lehr- und Lernfreiheit
- Gleichstellung der verschiedenen Glaubensgenossen in staatsbürgerlichen Rechten
- Öffentlichkeit und Mündlichkeit des Gerichtsverfahrens
- Allgemeine Volksvertretung

Um diesen Forderungen Nachdruck zu verleihen, waren die Studenten am Morgen des 13. März zum Landhaus in der Herrengasse gezogen, wo die Stände – der weitgehend vom Adel dominierte Landtag – über Reformen beraten sollten. An

Das Begräbnis der Märzgefallenen am 17. März 1848.

diesem entscheidenden Tag standen Juden im Mittelpunkt der stürmischen Auseinandersetzung zwischen den alten Mächten und der in Gang gekommenen Massenbewegung.

Der hohe Anteil von Medizinstudenten und Ärzten jüdischer Herkunft – der Arztberuf war die einzige für Juden geöffnete akademische Laufbahn – führte dazu, daß das Ringen um die bürgerliche Gleichstellung des rechtlich und sozial diskriminierten Judentums den Kampf für die Demokratie beflügelte. Die Rede des 32jährigen Sekundararztes am Wiener Allgemeinen Krankenhaus, Dr. Adolf Fischhof, gab der chaotisch durcheinanderwogenden Menge ein klares Programm:

> *„Wir haben heute eine ernste Mission zu erfüllen. Es gilt ein Herz zu fassen, entschlossen zu sein und mutig auszuharren. Wer an diesem Tag keinen Mut hat, gehört in die Kinderstube... Betonen wir daher mit stärkstem Akzente die Freiheit der Presse! Aber diese Freiheit allein ist ungenügend. Nicht bloß durch den Mund der Presse seine Wünsche auszusprechen ist des Volkes Recht, es soll auch durch den Mund der Geschworenen sein Rechtsbewußtsein zur Geltung bringen und durch den Mund seiner Vertreter seinem Willen Ausdruck geben, dort, wo über seine Geschicke, sein Wohl und Wehe entschieden wird. Ferner müssen die Gewissen entfesselt, muß die Lehre frei werden in Österreich. Eine übelberatene Staatskunst hat die Völker Österreichs auseinandergehalten, sie müssen sich jetzt brüderlich zusammenfinden und ihre Kräfte durch Vereinigung erhöhen.“*

Dieser letzte Satz steht als Vermächtnis Fischhofs noch auf seinem Grabstein. Die erste politische Rede des neuen Österreichs brachte zum Ausdruck, was das Ziel der Revolution war: die Zusammenarbeit mündig gewordener Nationen in einem freien politischen System.

Auf Fischhofs enthusiastisch aufgenommene Ansprache folgte die Verlesung der von dem Studenten Maximilian Goldner vermittelten Rede Ludwig Kossuths vor dem ungarischen Reichstag vom 3. März 1848; die Wiener Revolution solidarisierte sich mit der Freiheitsbewegung des Nachbarvolkes. In der Sitzung der Landstände trugen die Ärzte Dr. Bernhard Brühl, Dr. Siegfried Kapper und Dr. Joseph Goldmark die Forderungen des Volkes vor. Ein rasch improvisierter Ausschuß von Bürgern und Studenten wählte den Mediziner Max Schlesinger zum Schriftführer. Dr. Maximilian Engel verhandelte mit den Erzherzögen Albrecht und Wilhelm, als das rücksichtslose Vorgehen des Militärs gegen die waffenlosen Demonstranten schon Todesopfer gefordert hatte. Unter den Märzgefallenen

Dr. Adolf Fischhof

waren zwei Juden: der Technikstudent Karl Heinrich Spitzer und der Webergeselle Bernhard Herschmann.

Die Ereignisse überstürzten sich in den nächsten Stunden und Tagen. Der Kaiser hob die Zensur auf und versprach eine Verfassung; zum Schutz der „Märzerrungenschaften“. Es formierte sich die Nationalgarde. Im ersten zensurfreien Gedicht „Die Universität“ setzte Ludwig August Frankl der Begeisterung der Märztage ein bleibendes Denkmal.

Der Blutzoll, den Juden im gemeinsamen Kampf gegen das verhaßte Regime des vormärzlichen Absolutismus geleistet hatten, fand seine Anerkennung beim Begräbnis der Märzgefallenen – Katholiken, Protestanten und Juden – am Schmelzer Friedhof (17. März 1848). *„Altes und Neues Testament reihten sich unter die Fahne der Freiheit“*, schrieb der katholische Priester Dr. Anton Füster, der spätere Feldkaplan der Akademischen Legion, über diese interkonfessionelle Trauerfeier. Isak Noah Mannheimer, der Prediger am Seitenstettentempel, appellierte in seiner Grabrede an Gerechtigkeitssinn und Toleranz:

> *„Ihr habt gewollt, daß die toten Juden da mit Euch ruhen in Eurer, in einer Erde. Sie haben gekämpft für Euch, geblutet für Euch! Sie ruhen in Eurer Erde! Vergönnt nun aber auch denen, die den gleichen Kampf gekämpft und den schwereren, daß sie mit Euch leben auf einer Erde, frei und unbekümmert wie Ihr... Ihr seid die freien Männer. Gott weiß es, keiner unter Euch fühlt es inniger und wärmer, wie viel die Errungenschaft der hingeschiedenen Tage gilt. Nehmet auch uns auf als freie Männer, und Gottes Segen über Euch!“*

Die hier angesprochene Emanzipation der Juden, die man in der Euphorie der Märzrevolution für eine Selbstverständlichkeit gehalten hatte, erwies sich aber in der Folge als eines der am schwierigsten zu lösenden Probleme der demokratischen Neugestaltung. Die fortschrittlichen Kräfte sahen in der bürgerlichen Gleichstellung der Juden die logische Konsequenz der josefinischen Toleranzpolitik. Die Wiener Kultusreform Mannheimers und das allgemeine politische Erwachen seit der französischen Julirevolution von 1830 strebten zum gleichen Ziel: der bürgerlichen Emanzipation des Judentums in einer liberalen Staats- und Gesellschaftsordnung. Die Debatte um die Judenemanzipation – Wort und Begriff waren um 1830 von der britischen Katholikenemanzipation in die deutsche Terminologie übernommen worden – mußte im österreichischen Vormärz unter dem Druck der Zensur im Ausland oder in literarischer Verhüllung geführt werden. Der „Judenschmerz“ wurde für oppositionelle Dichter wie Nikolaus Lenau symbolische Chiffre für die Kritik an politischer und geistiger Unterdrückung.

Ein gewichtiges Plädoyer für die Gleichberechtigung der Juden legte Joseph Wertheimer mit seiner Denkschrift „Die Juden in Österreich. Vom Standpunkt der Geschichte, des Rechts und des Staatsvorteils" (Leipzig 1842) vor. Wertheimers Thesen befruchteten auch die in Deutschland in den vierziger Jahren lebhaft geführte Emanzipationsdebatte. Diese Auseinandersetzung gipfelte im Diskurs zwischen dem Junghegelianer Bruno Bauer und Karl Marx in der Frage, ob die Emanzipation der jüdischen Minderheit in einer selbst nicht emanzipierten Gesellschaft möglich sei – hier wurde die revolutionäre Perspektive des Problems sichtbar.

Die überaus komplexen und bis heute vieldiskutierten Äußerungen von Marx zur „Judenfrage" stehen zum Teil in der Traditionslinie der Kritik an der Finanzmacht einzelner Juden, wie sie gerade von Intellektuellen jüdischer Herkunft geübt wurde. Marx hatte Bauer in einem Punkt zugestimmt:

> *„Der Jude, der in Wien z. B. nur toleriert ist, bestimmt durch seine Geldmacht das Geschick des ganzen Reichs. Der Jude, der in dem kleinsten deutschen Staat rechtlos sein kann, entscheidet über das Schicksal Europas. Während die Korporationen und Zünfte dem Juden sich verschließen oder ihm noch nicht geneigt sind, spottet die Kühnheit der Industrie des Eigensinns der mittelalterlichen Institute."*

Schon für Ludwig Börne war die Stellung des Hauses Rothschild Stein des Anstoßes. Schärfer noch hat der aus Ungarn stammende Dichter Karl Isidor Beck in seinen „Liedern vom armen Mann" (Leipzig 1846) Rothschild als Stütze reaktionärer Regierungspolitik kritisiert:

Das Lied, das uns die Geister geboten,
Du nennst es Hunger nach Ruhm und Broten.
Ob mutig zum Kampf die Hörner blasen,
Du willst, daß friedlich die Völker grasen:
Drückst kalten Bluts mit Deinen Noten
Den Stahl in die Faust der gefürsteten Macht,
Zu bannen die drohende Geisterschlacht.

Salomon Mayer Rothschild, einer der fünf Söhne von Mayer Amschel Rothschild aus Frankfurt, hatte sich 1816 in Wien niedergelassen, wurde 1822 in den Freiherrenstand erhoben und erhielt 1842 das Ehrenbürgerrecht von Wien. Seine Anleihen stützten den Geldhaushalt der Habsburgermonarchie; mit der Finanzierung der ersten österreichischen Dampfeisenbahn, die 1837 eröffnete Kaiser-Ferdinand-Nordbahn, wies er der modernen wirtschaftlichen Entwicklung den Weg. Metternich sah im Bündnis mit dem durch Rothschild vertretenen Finanzkapital eine Stütze seiner Macht. *„Holt mich der Teufel, so holt er Sie auch; ich sehe der Hölle gerade ins Gesicht; Sie schlafen, statt zu kämpfen; Ihr Schicksal ist also geschrieben!"* – äußerte der Staatskanzler zu seinem Bankier am Vorabend der Revolution. Als Repräsentant des aufsteigenden Kapitalismus sollte Rothschild allerdings den Sturz Metternichts überdauern, wenngleich auch er im Oktober 1848 das revolutionäre Wien verließ.

Die Dialektik der kapitalistischen Entwicklung, als deren wichtigster Protagonist Rothschild galt, zeitigte revolutionäre Folgen, wie Friedrich Engels in seinem Artikel „Der Anfang des Endes in Österreich" (27. Jänner 1848) feststellte:

> *„Die französische Revolution, Napoleon und die Julistürme hat's ausgehalten. Aber den Dampf hält's nicht aus. Der Dampf hat sich durch die Alpen und den Böhmerwald Bahn gebrochen, der Dampf hat der Donau ihre Rolle eskamotiert, der Dampf hat die österreichische Barbarei zu Fetzen gerissen und damit dem Hause Habsburg den Boden unter den Füßen weggezogen."*

Wir stehen vor zwei Extremen, die es uns schwermachen, den Sammelbegriff „Wiener Judentum" für die Revolutionszeit zu verwenden. Hier – wie das 1848 erscheinende „Österreichische Central-Organ für Glaubensfreiheit, Cultur, Geschichte und Literatur der Juden" den Sachverhalt bezeichnete – „Die Jünger der Freiheit", dort die „jüdische Geldaristokratie", „Die Bedienten des alten Systems". An diesem so markanten Beispiel kann die oft offen oder verkleidet auftretende Anschauung, „Juden" schlechthin hätten diese oder jene für sie „typische" gesellschaftliche Position und politische Einstellung, ad absurdum geführt werden. Jacob Toury, der bedeutende Erforscher der Sozialstruktur des deutschen Judentums, hat für 1848 das politische Spektrum so zu bestimmen versucht: 25 Prozent Konservative, 25 bis 30 Prozent Loyalisten, 30 bis 35 Prozent gemäßigte Liberale, 14 Prozent radikale Demokraten und ein Prozent Sozialisten. Überträgt man diese gut fundierte Hypothese auf Österreich, dürfte der Schwerpunkt der Skala – angesichts der überwiegenden Zahl orthodoxer Juden in Böhmen, Mähren, Galizien und Ungarn – sich gegenüber Deutschland noch erheblich nach rechts verschieben. Zu bedenken bleibt freilich, daß die Großstädte – Wien an der Spitze – mit ihrer schärfer profilierten Bevölkerungsstruktur und ihrem größeren politischen Gewicht das so gewonnene Gesamtbild deutlich modifizieren.

Die Impulse der Erneuerung, die von den Intellektuellen, die aus den Judengassen Böhmens, Mährens und Ungarns nach Wien gekommen waren, ausgingen, sind für die Revolutionsdynamik hoch anzuschlagen, doch muß bedacht werden, daß die etablierten Familien der Tolerierten äußerstenfalls einem sehr moderaten Liberalismus anhingen und – wie das Großbürgertum als Klasse – ökonomische Interessen für wichtiger hielten als politische Programme.

Vor diesem Hintergrund der ungleichgewichtigen Sozialstruktur der Wiener Juden und der allgemeinen Widersprüche der historisch verspäteten bürgerlich-demokratischen Revolution ist die Emanzipationsdiskussion zu verstehen, die in den Zeitungen und Flugschriften des Revolutionsjahrs so lebhaft geführt wurde. Der Versuch, in einer Petition beim Wiener Erzbischof und beim Kaiser für die Emanzipation zu werben, blieb erfolglos. Gleichzeitig meldeten sich in Massenauflagen verbreitete judenfeindliche Pamphlete zu Wort. Juden wurden von politisch konservativen Kreisen als Anstifter der Revolution denunziert, in einem Atem als Geschäftemacher und skrupellose Ausbeuter geschmäht und im Fall der Emanzipation offen mit Judenverfolgungen bedroht. Gehässige Karikaturen prägten jene Stereotypen des Ost- und Börsenjuden, die die antisemitische Propaganda des Nationalsozialismus vorwegzunehmen scheinen. Die in einer langen, mittelalterlich-barocken Tradition überlieferten Motive des Hasses und des Mißtrauens gegen den Andersgläubigen verquickten sich mit dem ökonomisch begründeten Konkurrenzneid des Krämers zu einem unerfreulichen Gemenge. Auf Seite der Juden herrschte Bestürzung über diesen Ausbruch haßerfüllter Leidenschaft.

Als Beispiel für diesen Stimmungsumschwung sei aus zwei Broschüren von Mathias Emanuel Löbenstein zitiert, der das demokratische Blatt „Wiener Allgemeine Zeitung“ herausgab. Noch am 21. März 1848 schrieb er:

„Macht den Juden frei, und er wird sein Vaterland lieben; macht ihn zum Sklaven, und er sehnt sich nach Jerusalem; öffnet ihm die Ehrenbahnen des Lebens, und er wird ein gerechter Richter, ein braver Soldat; schließet ihm diese Bahn, und er kann ein Land, das ihn mißhandelt, nie lieben, werthalten. In eure Hand hat Gott das Wohl eines unglücklichen Volkes gelegt; werdet ihr es zertreten, wie es bis jetzt geschehen? Repräsentanten der Nation, das werdet ihr nicht, denn ihr wisset wohl, daß ihr der gesamten Menschheit verantwortlich seid... Die dunklen Nebelstreifen fliehen, am Himmel dämmert ein schönes Morgenrot, und die herrliche, die Morgensonne der Freiheit steigt empor, und am Altare dieser Gottheit knien, brüderlich vereinigt, alle Völker der Erde."

(„Der Jude", Wien 1848)

Mit Bitterkeit äußerte sich Löbenstein einen Monat später angesichts des blutigen Pogroms, das zur Osterzeit in Preßburg wütete:

„Sehet diese Elenden, wie sie durch ihre Schriften, im gemeinsten Pöbelton geschrieben, die öffentliche Meinung zu bearbeiten suchen, wie diese Lotterbuben jahraus, jahrein den Judenhaß predigen, wie diese Pilze über Nacht aufschießen und ihre Giftfrüchte ansetzen, um das Volk gegen die Juden anzureizen, um Taten ins Leben einzuführen, Szenen der Wut, des Fanatismus herbeizuführen, wie sie eben in Ungarn jetzt zur Schmach unseres aufgeklärt sein wollenden Jahrhunderts an der Tagesordnung sind und wie sie das ‚edle Volk der Magyaren' ruhig duldet und ungestört Henkerstaten verüben und seinen Namen brandmarken läßt. Doch würden die Judenfeinde es wagen, so kühn ihr Haupt emporzuheben und so offen ihren Haß auszusprechen, wenn sie für diesen nicht eines Rückhaltes und Stützpunktes versichert wären? Sie sprechen mit fester Sicherheit: Ihr Juden werdet in Österreich nicht emanzipiert, und brauchen nicht zu fürchten, daß die nächsten Tage sie Lügen strafen würden, denn sie sind Hofpropheten und sprechen dann nur den dort gegen die Juden feindlichen, hassenden Geist treffend aus... Das Haus Österreich hat mit unerhörter Hartherzigkeit die Juden verfolgt und den Fluch dieses Volkes auf sich geladen. Und jetzt, jetzt geht die Drachensaat, die die österreichischen Kaiser mit unermüdlicher Hand gesäet, üppig auf. Hört ihr das Stöhnen, das Wutge-

schrei des katholischen Pöbels, wie er plündert, mordet, Blut vergießt? Und der ganze Fluch, die ganze Schmach dieser Szenen fällt zurück auf die, die Unduldsamkeit gepredigt, unterstützt und nach Kräften geübt haben, fällt auf Österreichs Kaiserhaus zurück... Juden, laßt euch taufen. Dann habt ihr noch die Bahn zu allen Weltherrlichkeiten geöffnet; könnt dann in Wien ruhig und gemächlich leben, heißt dann bei der löblichen Polizei nicht so glattweg Jude, sondern bekommt den Titel Herr und braucht keine Zweiguldensteuer, dieses kaiserliche Residenzangebinde, zu zahlen; könnt dann Güter, Häuser kaufen, ja ihr könntet – Juden, laßt euch nur schnell taufen – in die Oberkammer kommen."

(„Juden laßt euch taufen!", Wien 1848)

Einige Zeitungen wie die „Geißel", der „Wiener Zuschauer" oder die grobschlächtigen „Briefe des Hans Jörgl von Gumpoldskirchen" machten judenfeindliche Ausfälle zu ihrem Leitthema. Von katholisch-konservativer Weltanschauung und antiliberaler Kapitalismuskritik ging der Priesterpublizist Sebastian Brunner aus, dessen „Wiener Kirchen-Zeitung" seit 1848 in immer schärfer werdender Tonart die Juden für alle negativen Begleiterscheinungen des modernen Wirtschafts- und Kulturlebens verantwortlich machte. Seine 1848 geführten Angriffe gegen „die neumodigen, verschliffenen, mit gesinnungsverwandten Salons-Damen und mit abgenützten Grisetten liebäugelnden, die mit den Kaffeehauslöwen schmollierenden, auf der Rednertribüne wider Christentum und Kirche den Hanswurst spielenden, nach Speck und Plunzen lechzenden Mosaiker der Neuzeit" waren erst das Vorspiel zu dem in der Reaktionszeit erneuerten Vorwurf des Ritualmordes an Christen. Die keineswegs von Juden „beherrschte" demokratische Presse Wiens trat diesen Beschuldigungen entschieden entgegen; in der „Constitution" brandmarkte Max Gritzner den Judenhaß als „Schmach des 19. Jahrhunderts und europäischer Gesittung".

Ein merkwürdiger Widerspruch fällt bei Betrachtung dieses frühen Antisemitismus auf. Vor allem das Kleinbürgertum in Gewerbe und Handel war als Adressat angesprochen; seine Furcht vor dem Wirtschaftsliberalismus und der Proletarisierung sollte in judenfeindliche Bahnen gelenkt werden. Dennoch ist trotz intensiver antijüdischer Propaganda – auch Hundt-Radowskys berüchtigter „Judenspiegel" aus der Zeit der deutschen Hep-Hep-Krawalle (1819) wurde 1848 in Wien neu gedruckt –

keine antisemitische Massenbewegung ins Leben getreten. Das Kleinbürgertum konnte 1848 noch hoffen, in einer „Revolution des ganzen Volkes" zu einem Kompromiß mit der wachsenden Macht des Kapitalismus zu finden und trotz mancher Schwankungen eine fortschrittliche politische Linie zu verfolgen. Auch immunisierte das Fortleben josefinischer Tendenzen weitgehend gegenüber der klerikalen Propaganda. Die antisemitische Flugblattflut hat allerdings vorweggenommen, was nach dem Scheitern der Revolution virulent werden sollte. Das Kleinbürgertum, die am hoffnungslosesten leidende Klasse in der kapitalistischen Wirtschaftsordnung, verband sich nach der gescheiterten Revolution mit dem von Adel und Kirche repräsentierten Konservativismus und wurde eine Generation später Träger der christlichsozialen Massenbewegung. Schon 1848 aber bezeichnete das Auftreten des früheren Antisemitismus perspektivisch nicht nur die Bedrohung des Judentums, sondern auch der Demokratie – Gefahren, die von einer unvollendet gebliebenen bürgerlichen Revolution nicht entschärft werden konnten.

Die kritische Auseinandersetzung des Judentums mit den Fragen von Emanzipation und Antisemitismus spiegelt sich im „Österreichischen Central-Organ". Mannheimer analysierte in bemerkenswerter Einsicht in die sozialökonomischen Wurzeln der Judenfeindschaft die Situation schon am 4. April:

> *„Für die Juden sprechen sich alle Edlen, Denkenden, Gebildeten im Volke aus, wer ein gesundes Herz, einen gesunden Sinn im Volke hat. Gegen sie? Wer? Der Zunftgeist, der Krämergeist, der an seinen Interessen, an seinen kleinlichen Interessen sich gefährdet glaubt."*

Am 6. Mai schrieb das Blatt:

> *„Die Judenverfolgungen unserer Zeit haben keine religiöse, sondern eine soziale Basis... Die Judenverfolgungen sind durchaus Konsequenzen der großen Eigentumsfrage. Der Pauperismus, die geistige sittliche Verwahrlosung, die das bisherige Regierungssystem in allen Ländern Europas verschuldet hat, haben sie erzeugt."*

In der Tat hatten sich in den sozialen Protest der frühproletarischen Unterschichten gegen die Auswüchse des Kapitalismus antijüdische Kundgebungen gemengt, so im Maschinensturm der Wiener Märztage und in den Überfällen auf die Ghettos von Prag und Preßburg. Noch im Revolutionsjahr aber hat die sich in ersten Ansätzen formierende Arbeiterbewegung diese falsche Orientierung der Kampfrichtung verworfen; anders als das Kleinbürgertum sollte die Arbeiterschaft die demokratischen Leitbilder der Revolution auch in Zukunft hochhalten.

Juden engagierten sich in den politischen Körperschaften des Revolutionsjahrs. Fischhof begegnet uns wieder als Präsident des in der Mairevolution ins Leben getretenen Sicherheitsausschusses, der nach der Flucht des Hofes aus Wien de facto die Hauptstadt regierte, sich freilich nicht zu einer konsequenten Haltung in der immer brisanter werdenden Proletariatsfrage durchringen konnte. Gemeinsam mit Goldmark gehörte Fischhof dann im Reichstag, dieses ersten österreichischen Parlaments, der Linken an; auch Mannheimer, der vom galizischen Wahlkreis Brody entsendet worden war, zählte zu dieser Fraktion. Die Krise der Revolution signalisierte die blutig von bürgerlichen Nationalgardisten und Munizipialwache niedergeworfene Demonstration der aus Arbeitslosen rekrutierten Tagelöhner im August. Diese „Praterschlacht" wurde Anlaß zu einer grundsätzlichen Diskussion zwischen den Wiener Demokraten und Karl Marx, der in diesen stürmisch bewegten Wochen nach Österreich kam. Marx vertrat im Demokratischen Verein seine Auffassung, „es handelte sich jetzt auch hier – wie in Paris – um den Kampf zwischen Bourgeoisie und Proletariat". Für die Rezeption der Marxschen Thesen in Wien wirkte sich höchst ungünstig aus, daß der Wiener Korrespondent der „Neuen Rheinischen Zeitung", der gescheiterte Jurist Paul Eduard von Müller-Tellering, eine sehr unerfreuliche Erscheinung war. Tellerings Berichte strotzten von unqualifizierten Angriffen auf die „Juden-Demokraten" Wiens. Seine antisemitischen Ausfälle faßte er in der Broschüre „Freiheit und Juden. Zur Beherzigung für alle Volksfreunde" (Wien 1848) zusammen – gegen *„eine abgeschlossene, eigene Zwecke verfolgende Kaste, eine über ganz Europa verbreitete, gesetzlich plündernde, privilegierte Räuberbande unter einer Fürsten- und Völkerhorde zu scherender Schafe"*. Tellering teilte seine antijüdische Monomanie mit manchen „Demagogen" des Vormärz. Als Parallele wäre an die Entwicklung Wilhelm Marrs zu erinnern, auf den die Wortschöpfung „Antisemitismus" (1879) zurückgeht. Zu spät brach Marx 1850 mit Tellering, der bis dahin mit seinem Pseudoradikalismus großen Schaden in der demokratischen Bewegung angerichtet hatte.

Trotz dieser Einschränkung muß gesagt werden, daß das Auftreten von Marx den Wiener Demokraten wesentliche Anstöße zur kritischen Überprüfung ihrer Haltung gegenüber der Arbeiterschaft gab. Der Publizist Dr. Hermann Jellinek, mit dem Marx im Demokratenverein zusammentraf, war als Sohn eines jüdischen Pächters aus Mähren in seinen Studienjahren in Deutschland durch die Schule des Linkshegelianismus gegangen. Er hatte die Märzrevolution als das „große Werk der Volksmassen“ bezeichnet und gegen die bürgerliche Verkürzung der Revolutionsperspektive protestiert. *„Im letzten Kampf der Wiener Revolution – nach dem Angriff auf Prag, Oberitalien und Ungarn konzentrierte sich die militärische Gegenrevolution im Oktober auf die Hauptstadt“* – schrieb Jellinek in Abkehr von der bisherigen Kompromißformel der „demokratischen Monarchie“ im „Radikalen“:

> *„Aber die Revolution vom 6. Oktober war demokratisch, antikonstitutionell, nicht loyal. Was aber in euren Augen loyal ist, das ist in unseren knechtisch, weil, was ihr Gerechtigkeit nennt, die pure, blanke Ungerechtigkeit ist. Wißt ihr, wo die Gerechtigkeit ruht? In der sozialen Demokratie und nirgends anders... Diese Demokratie wird noch große Kämpfe kosten.“*

Beim Sturm auf das kaiserliche Zeughaus, dessen Waffenvorräte die Ausrüstung der Wiener Arbeiterschaft gegen die Truppen von Windisch-Graetz und Jelačić ermöglichten, fielen auch drei Juden. Die politische Polarisierung im Entscheidungskampf um Leben und Tod der Revolution ging quer durch die Reihen der Wiener Juden. Jüdische Demokraten haben auch in der bewaffneten Abwehr der Konterrevolution ihren Mann gestellt; der von den Reaktionären auf sie gemünzte Schimpfname „Republikaner“ wurde für sie zum Ehrentitel, wie das „Österreichische Central-Organ“ am 20. Oktober schrieb:

> *„Da sind sie* (die Juden, W. H.) *die Wühler, die Demokraten, Republikaner und alles, womit die Erbärmlichen das Schlechteste zu bezeichnen glauben. Es ist zum Staunen, die haben in ihrer Verblendung gar nicht Augen und sehen nicht, wie die Geldjuden Wiens, die Börsenmänner und selbst jüdische Tüchelhändler sich feige geflüchtet und ganz ins Schwarzgelbe spielen, sie hören nur – was die radikale Presse*

Dr. Hermann Jellinek: am 23. November 1848 standrechtlich erschossen.

schreibt und sagen mit dem Hansjörgl, das seien lauter Juden, und nennen alle Juden – Republikaner. – Ach, daß sie es wären, daß sie den Ehrennamen verdienten!"

Vor dem Kriegsgericht des siegreichen Fürsten und Feldmarschalls Windisch-Graetz mußte auch ein Jude für das „Verbrechen" der Revolution büßen. Wie Robert Blum stellvertretend für das Frankfurter Parlament, Wenzel Cäsar Messenhauser für die auf die Seite des Volkes übergegangenen Offiziere, Dr. Alfred Julius Becher für die demokratische Presse die Todesstrafe erlitten, wurde Jellinek für das „revolutionäre" Judentum erschossen, obgleich man ihm lediglich „hochverräterische" Zeitungsartikel anlasten konnte. In dem letzten Brief an seinen Bruder Moritz legte der 23jährige Philosoph und Demokrat Jellinek Rechenschaft über sein Leben, Denken und Wirken ab:

„Du weißt, daß ich frei war von allem religiösen Firlefanz. Gerade meine Klarheit in diesem Punkt hat mir den Tod zu einem wahrhaften Nichts gemacht. Es ist merkwürdig, daß ich nicht im geringsten die Schrecken des Todes empfand. Ich war so ruhig und heiter wie gewöhnlich... In sechs Stunden existiere ich nicht mehr. Habe ich aber nicht wahrhaft existiert? Wohl werde ich vernichtet, aber so wie das grüne Gras von der Sense. Im nächsten Frühling wächst es wieder. Meine Arbeiten über Österreichs Politik werden ihre Früchte tragen. Merke dir das."

In der unter das Kriegsrecht gebeugten Stadt gehörte Mut dazu, sich zur geschlagenen Revolution zu bekennen und die Greuel des gegenrevolutionären Terrors anzuprangern. Mannheimer hat es in diesen traurigen Herbsttagen in einer Predigt, seiner mutigsten und größten, gewagt:

„Wenn ich die Roheit angesehen, die sich da hat herausgestellt, wenn ich noch in den letzten Tagen mit empörendem Herzen habe hören müssen, wie die siegende Macht ihren Sieg geschändet durch Raub und Mord, wie die wilden Horden gewütet gegen die Ohnmächtigen und Wehrlosen, wie man die Unschuldigen mit den Schuldigen wie das Wild im Wald hat gehetzt und zusammengefangen und ehrlos und mutlos sich der Gewalttätigkeit hat gerühmt, die man im Dienste des Gesetzes unter dem Banne des Rechtes und der Ehre hat begangen: so konnte ich nicht anders, als mich dessen rühmen, daß ich nicht zu jenen gehöre, denen das noch für Recht und Ehre gilt, was längst schon zum Abscheu und Greuel der Welt ist geworden, und die Geschichte, als der Barbarei angehörig, aus ihren Jahrbüchern hat erwiesen... Es haben die Fürsten ihre Stellungen zu den Völkern verkannt. Es war, als wäre die Welt in zwei Hälften zerfallen, die eine da, um zu knechten, die andere, um geknechtet zu werden, und als käme es auf den Zufall, auf die Gunst und Laune des Geschickes an, ob ich zu der einen oder zur anderen von Gott geschaffen und geboren sei. Da brach der Sturm ein, da wehte ein frischer Geist über Land und Volk, und es trat der Mensch, das Volk in seine Rechte ein."

In dem nach dem mährischen Städtchen Kremsier verlegten Reichstag ergriff Mannheimer eindrucksvoll das Wort für die

Abschaffung der Todesstrafe. Noch konnte der Reichstag die bürgerliche Gleichstellung von Angehörigen aller Konfessionen in seinem Grundrechtskatalog verankern. Doch auch über diese Bemühungen, die in einem nationalen Ausgleich zwischen Deutschen und Slawen gipfelten, war schon das Todesurteil verhängt und wurde durch die Auflösung des Reichstags am 7. März 1849 vollstreckt. Die Linke wurde verfolgt und zersprengt: Goldmark floh wie so viele Achtundvierziger in die Neue Welt; der unbeugsame Fischhof wurde in Haft genommen, doch konnte man seiner integren Persönlichkeit nichts anhaben. Im Geist der Revolution blieb Fischhof bis zum Ende seines langen Lebens (1893) das „politische Gewissen" Österreichs; seine späteren Schriften zum österreichischen Nationalitätenproblem zählen zu den bedeutendsten Lösungsvorschlägen für diese Lebensfrage der Donaumonarchie. Noch die Konzepte der Austromarxisten Karl Renner und Otto Bauer setzten sich mit Fischhof und dem Erbe des Kremsierer Reichstags auseinander.

Am Jahrestag der Revolution, dem 13. März 1849, ging im Carl-Theater Johann Nestroys Hebbel-Parodie „Judith und Holofernes" in Szene. Gewiß war der Zeitpunkt der Aufführung taktlos gewählt: Das Gedenken an die Revolution wurde an diesem Tag in Wien von Militärpolizei unterdrückt; noch stand man unter dem Eindruck des Staatsstreichs gegen die gewählte Volksvertretung. Daß der von Nestroy in diesem Stück geübte Judenspott das Gelächter des Publikums hervorrief, mußte gerade unter diesen Umständen die Wiener Juden schmerzlich treffen. Kurandas „Ostdeutsche Post" schrieb von der *„kolossalsten Gemeinheit, die noch je eine Bühne entehrt hat"*. Der Hintersinn des genialen Satirikers blieb freilich den Zeitgenossen verborgen. Der subversive Witz, den Nestroy seinen jüdischen Zeitgenossen abgelauscht hatte, zielt gegen die Anmaßung der Macht und trifft, indem er sich selbst belächelt, den Feind.

Die Niederlage der Revolution im Kampf gegen die konservativen Kräfte zeitigte auch für das österreichische Judentum und seine Rechtsstellung schwerwiegende Folgen. Zwar herrschte große Freude unter den Honoratioren, als der junge Kaiser Franz Joseph I. am 3. April 1849 in einer Ansprache die Worte „israelitische Gemeinde von Wien" gebrauchte. Ein provisorisches Gemeindestatut trat 1852 in Kraft. Kluge Männer wie Mannheimer hatten aber freilich von Anfang an Bedenken gegen die Dauerhaftigkeit einer von oben getroffenen Verfügung; und es sollte sich bald zeigen, daß ihre zum Schweigen gebrachte Auffassung den Tatsachen mehr entsprach als der Jubel über die Huld des Monarchen. Die Aufhebung der oktroyierten Verfassung zu Ende des Jahres 1851 – sie war tatsächlich nie ins Leben getreten – und die unverhüllte Rückkehr zu absolutistischen Regierungsformen ließen die Stellung der Juden wieder unsicher werden. Erst die nach den außenpolitischen und militärischen Niederlagen von 1859 und 1866 ins Leben tretende konstitutionelle Ära brachte 1867/68 die bürgerliche Gleichberechtigung der Juden Österreichs.

Die Verschleppung der Emanzipation war eine Folge der Niederwerfung der Revolution von 1848. Das Scheitern einer gesamtgesellschaftlichen Emanzipation hatte auch negative Konsequenzen für die Minderheiten, deren Integration auf alte und neue Vorurteile stieß. Im Fall des Judentums ließ die Verzögerung der rechtlichen Gleichstellung die traditionellen Motive religiöser Judenfeindschaft neben dem Aufkommen des „modernen" – in Wahrheit antimodernen, antiemanzipatorischen – Antisemitismus fortbestehen. Durch die gefährliche Stagnation politischen und sozialen Fortschritts, durch die gewaltsame Zurückdrängung demokratischer Ideen konnte der Antisemitismus in der zweiten Hälfte des 19. Jahrhunderts gerade in Wien seine destruktiven Kräfte als Ideologie und Massenbewegung sammeln.

Der spätere liberale Minister Joseph Unger pflegte von sich zu sagen, er sei 1828 geboren, das Licht der Welt aber habe er erst 1848 erblickt. Wir wissen aus leidvoller geschichtlicher Erfahrung, welche düsteren Schatten über dieses Licht fallen sollten.

DIE ÖSTERREICHISCHE MEDIZINISCHE FORSCHUNG UND DER ANTEIL DER JÜDISCHEN ÖSTERREICHER

Karl Sablik

Jahrhunderte hindurch hatte die jüdische Bevölkerung Österreichs in Ghettos zu leben. Nur wenigen gelang der Ausbruch, und erst unter Josef II., im aufgeklärten 18. Jahrhundert, begann für die Juden in unserem Land ein Silberstreif am Horizont der Freiheit sichtbar zu werden. Erst die Revolution von 1848 befriedigte teilweise ihren Freiheitsdrang. Es ist bekannt, daß besonders jüdische Mediziner an der Revolution teilnahmen, erinnert sei an Adolf Fischhof und seine berühmte Rede im Hof des Landhauses in Wien. Nach dem Durchbruch der Revolution nahm die Zahl der jüdischen Medizinstudenten an der Universität Wien zu, um gegen die Jahrhundertwende hin an die 50 Prozent der Studentenschaft zu erreichen. Viele jüdische oder jüdisch abstammende Ärzte und Forscher brachten es zu Ruhm und Ansehen und wurden zu einem integrierenden Bestandteil der Wiener medizinischen Kultur.

Zumindest der männliche Teil des Judentums war immer schon mit dem Lesen und Schreiben vertraut gewesen, besonders mit der Beschäftigung des Geistes. Es ist daher kein Wunder, wenn es in der zweiten Hälfte des 19. Jahrhunderts und danach im Zusammenhang mit der neuen Freiheit zu einer Explosion der Begabungen unter der jüdischen Bevölkerung kam; davon sollte auch die Medizin profitieren. Dürfen wir als Zeugen Stefan Zweig aufrufen, der in dem Buch „Die Welt von gestern" über die Juden und ihre Beziehung zu den geistigen Berufen sagt: *„Diese Uberordnung des Geistigen geht bei den Juden einheitlich durch alle Stände; auch der ärmste Hausierer, der seine Packen durch Wind und Wetter schleppt, wird versuchen, wenigstens einen Sohn unter den schwersten Opfern studieren zu lassen, und es wird als Ehrentitel für die ganze Familie betrachtet, jemanden in ihrer Mitte*

Sigmund Freud (1856–1939)

Robert Bárány (1876–1936)

Julius Tandler (1869–1936)

Karl Landsteiner (1868–1943)

Otto Loewi (1873–1961) in der Emigration, Massachussetts, USA.

zu haben, der sichtbar im Geistigen gilt, einen Professor, einen Gelehrten, einen Musiker, als ob er durch seine Leistung sie alle adelte.“

Noch ein Faktor ist zu berücksichtigen: An das Außenseitertum jahrhundertelang gewöhnt, waren viele der in der Medizin tätigen Juden auf ihrem Fachgebiet ebenfalls Außenseiter, im positiven Sinn des Wortes wurden sie zu Neugründern von Institutionen, zu Pionieren auf diversen Fachgebieten.

Die Lebensumstände im Umfeld des Antisemitismus waren für einen Arzt relativ gut; vielfach ist doch die Medizin mit dem Heilen und der praktizierten Nächstenliebe beschäftigt – wirtschaftlich traten viele Mediziner als in einem freien Beruf stehend auf. Als Wissenschaft ist die Medizin gegenüber anderen Kulturbereichen wie etwa Politik, Journalismus, aber auch Kunst, als „neutral“ anzusehen; eine Ausnahme mag die Psychoanalyse bilden.

Im 19. Jahrhundert ändert sich das Bild um die jüdischen Ärzte auch dahingehend, daß viele nach einer meist katholischen Taufe durchaus Lehrkanzelinhaber oder Klinikvorstände werden konnten. Erst mit dem Aufkommen des aggressiven, nationalsozialistisch gefärbten Antisemitismus kam es zu den Schwierigkeiten vor 1938, danach zu den unfaßbaren und grauenhaften Tragödien.

Wenn wir nun eine Galerie von jüdisch-österreichischen Medizinern betreten wollen, so ist zu bemerken, daß ohne weiteres auch eine vielfache Anzahl von „würdigen“ Vertretern angeführt hätte werden können. Die Auswahl wurde der Fernsehsendung angeglichen, und es wurde versucht, einen möglichst breiten Querschnitt durch die „Großen“ der Medizin, aber auch die Fachrichtungen zu bieten. Traditionell möge mit den Anatomen begonnen werden, um im großen Bogen über die theoretischen und klinischen Fächer bei der Geschichte der Medizin zu enden.

Der bedeutendste Anatom der Jahrhundertwende in Österreich war zweifelsohne **Emil Zuckerkandl** (1849 bis 1910). Er war aus Raab in Ungarn gebürtig, studierte aber Medizin in Wien; Arthur Schnitzler wußte in seinen Jugenderinnerungen zu berichten, daß Zuckerkandls Burschenschaft legendenhaft von der Mär eines flotten, trink- und fechtfreudigen Lebens umschwebt war. Doch entscheidend für den Beruf eines Anatomen war seine „Meisterhand“, seine manuelle Geschicklichkeit, die ihm beim Sezieren zugute kam. Zuckerkandl wurde 1880 ohne Habilitation zum außerordentlichen Professor ernannt, dies hatte es in der Geschichte der Wiener Fakultät vorher noch nicht gegeben. 1882 gelang ihm der große wissenschaftliche Wurf: die Monographie über die normale und pathologische Anatomie der Nasenhöhle und ihrer Anhänge. Damit hat Zuckerkandl die Entwicklung der modernen Nasenheilkunde erleichtert. Sein Atlas der topographischen Anatomie, der von 1899 bis 1904 herausgegeben wurde, sollte eine „Generalstabskarte" für die Operationen der Ärzte werden.

Julius Tandler (1869 bis 1936) arbeitete in dieser Tradition weiter und war 1910 Professor für Anatomie an der Universität Wien geworden. Er verband ganz besonders eng die Anatomie mit der Klinik, schrieb ein vierbändiges Lehrbuch der Anatomie, vor allem aber ist Tandler als Stadtrat für das Wohlfahrts- und Gesundheitswesen in Wien von 1920 bis 1933 berühmt geworden. Er zählt zu den bedeutendsten Sozialreformern unseres Jahrhunderts, und sein „geschlossenes System der Fürsorge" erregte weltweites Aufsehen und half der Wiener Bevölkerung aus Armut und Not. Einige charakteristische Schöpfungen seien angeführt: erste Eheberatung der Welt, erstes Säuglingswäschepaket, größte Kinderübernahmsstelle, Ausbau der Kindergärten, siegreicher Kampf gegen die Tuberkulose. 1931 installierte Tandler die dritte Radium-Bestrahlungsstelle der Welt gegen Krebs.

Von den jüdischen Physiologen ist besonders **Ernst Fleischl von Marxow** (1846 bis 1891) zu nennen. Ihm gelang 1883 die erste Ableitung der elektrischen Gehirntätigkeit von der Kopfhaut; prophetisch meinte er, daß man eines Tages „die durch verschiedene physische Akte am eigenen Gehirn entstehenden Ströme" wird wahrnehmen können. 1885 konstruierte er das Haemometer, ein Gerät zur Bestimmung des Haemoglobingehaltes des Blutes. Fleischl hatte ein bedauernswertes Schicksal: Bei der Obduktion einer Wöchnerin verletzte er sich am Daumen, die Infektion mit Leichengift fesselte ihn lange ans Krankenbett und verursachte die Amputation des Daumens.

Fleischl von Marxow war Schüler des berühmten Physiologen **Ernst Wilhelm Brücke,** dessen anderer Schüler, **Salomon Stricker** (1834 bis 1898), der erste Lehrstuhlinhaber für allgemeine und experimentelle Pathologie wurde. Die experimentelle Unterstützung der klinischen Forschung wurde als dringendes Problem empfunden, dessen sich Stricker in einem eigenen Laboratorium annahm. Besonders erfolgreich war Stricker in der Erforschung der Entzündungen geworden, er gab den Anstoß zur Entdeckung, daß Entzündung und Eiterbildung im wesentlichen durch Auswanderung von Blutkörperchen aus den Gefäßen zustande kommt. Als Lehrer war Stricker dadurch bekannt geworden, daß er als erster mit dem Projektionsapparat mikroskopische Demonstrationen beim Unterricht vorführte.

Auf dem Gebiet der Pathologie, dem sich Stricker verschrieben hatte, war ein anderer jüdischer Arzt tätig, der allerdings schon früh katholisch getauft worden war, der Nobelpreisträger von 1930, **Karl Landsteiner** (1868 bis 1943). Der Wiener Karl Landsteiner hatte sich schon früh mit serologischen Fragen und mit der Frage nach den Bestandteilen des Blutes beschäftigt. Es gelang ihm durch die Mischung von Blut verschiedener Personen die „klassischen" Blutgruppen zu entdecken, wodurch eine Bluttransfusion von Mensch zu Mensch erleichtert und sicher wurde. Obwohl dies um 1900 geschehen war, hatte erst der Erste Weltkrieg den Durchbruch der Bluttransfusion gebracht, und vielen Soldaten im Feld ist dadurch das Leben gerettet worden. Aus wirtschaftlichen und persönlichen Gründen ging Landsteiner schon knapp nach dem Ersten Weltkrieg von Wien weg, kam über die Niederlande an das Rockefeller Institute for Medical Research in New York, wo ihm 1941 die Entdeckung des Rhesus-Faktors gelang. Damit wurde vielen Säuglingen das Leben gerettet.

Der jüdische Arzt und Pathologe **Stefan Jellinek** (1871 bis 1968) ist der Begründer des Faches „Elektropathologie" und hat 1936 das einzigartige Elektropathologische Museum in Wien eingerichtet. Um 1898 hatte Jellinek angefangen, bei 80 Wiener Elektrizitätsarbeitern und bei sich selbst systematisch und planmäßig die Faktoren der Stromeinwirkung und der Stromanwendung ebenso wie der Stromunfälle zu studieren. Gleichzeitig begann er Material dieser elektrischen Unfälle und Verletzungen wie Kabel, Sicherungen, Steckdosen, anatomische Präparate usw. zu sammeln, welches dann als Grundstock für das Museum diente. Jellinek verdanken wir die Überwindung der alten Anschauung, daß der Stromtod absolut sei; seine empfohlenen Wiederbelebungsversuche brachten oft Erfolg. 1938 flüchtete Jellinek vor Hitler nach Großbritannien; im Kampf gegen die Nationalsozialisten fiel einer seiner beiden Söhne.

Von den jüdischen Internisten im 19. Jahrhundert muß besonders **Heinrich Bamberger** (1822 bis 1888) genannt werden, der seit 1872 Vorstand der II. Medizinischen Universitätsklinik in Wien war. Er gründete 1888 die Wiener Klinische

Wochenschrift, die bedeutendste medizinische Zeitschrift der Hauptstadt.

Auch für uns heute noch von Bedeutung ist **Samuel Siegfried Basch** (1837 bis 1905), der im Jahre 1880 das erste verwendbare Blutdruck-Meßgerät konstruierte. Basch hatte ein abenteuerliches Leben geführt, er ging 1865 nach Mexiko, da man ihm dort eine Professur versprochen hatte. In Mexiko wurde er dann Leibarzt des 1867 erschossenen Kaisers Maximilian, mit dessen Leiche er ein Jahr später nach Wien zurückkehrte. Die Methode der Blutdruckmessung setzte sich nicht gleich durch, obwohl Basch selber ein verbessertes Gerät anbieten konnte, ist aber heute aus der medizinischen Praxis nicht wegzudenken.

Unter den jüdischen Ärzten Österreichs gibt es drei Nobelpreisträger, neben dem schon erwähnten Karl Landsteiner **Otto Loewi** und den Ohrenarzt **Robert Bárány. Otto Loewi** (1873 bis 1961) war Professor für Pharmakologie in Graz, und hier gelang ihm auch seine bahnbrechende Arbeit, die ihm den Nobelpreis im Jahre 1936 gemeinsam mit Sir Henry Dale eintragen sollte: die Entdeckung der chemischen Übertragung der Nervenimpulse. Loewi erzählte selber von einem nächtlichen Geistesblitz, einer Traumintuition in der Osternacht des Jahres 1920. Am Morgen danach war alles vergessen, doch das Erlebnis der Problemlösung kam in der nächsten Nacht wieder. Loewi notierte die Denkwege sorgfältig, und tags darauf prüfte er das Ergebnis experimentell anhand von Präparaten zweier Froschherzen: Loewi nahm ein Herz, das nach Reizung zu schlagen aufgehört hatte, und brachte das andere Herz in die Lösung, worauf auch das zweite alsbald zu schlagen aufhörte...

Am 12. März 1938 wurde Loewi mitten in der Nacht grundlos verhaftet und ins Gefängnis gebracht. Nach der Freilassung wurde er von den Nationalsozialisten gezwungen, das Geld des Nobelpreises auf eine von ihnen kontrollierte Bank zu überweisen, erst danach durfte er emigrieren.

Von den Chirurgen dieses Zeitraumes sind zwei zu nennen, **Robert Gersuny** (1844 bis 1924) und **Felix Mandl** (1892 bis 1957). **Gersuny** war Schüler von Theodor Billroth gewesen und wurde 1882 berufen, am Rudolfinerhaus, einer Gemeinschaftsgründung von Billroth und Kronprinz Rudolf, eine vorbildliche Pflegerinnenschule aufzubauen. Dies gelang ihm, und Gersuny wurde darüber hinaus zum gesuchtesten Chirurgen Wiens seiner Zeit: Neue Operationsmethoden hat er entwickelt, und besonders in der plastischen Chirurgie entfaltete er seinen Sinn für Ästhetik. **Felix Mandl,** der eine Generation später lebte, mußte nach seiner Ausbildung in Wien 1938 emigrieren; 1947 kehrte er wieder nach Wien zurück, wo er Professor wurde und den Wiederaufbau der zerstörten chirurgischen Abteilung des großen Kaiser-Franz-Joseph-Spitales mit neuen Operationssälen betrieb: Er baute neben der Allgemeinchirurgie besonders die Sportchirurgie aus, für die er in Österreich als Pionier gelten kann; die Sportverletzungen und ihre Heilung waren ihm ein großes Anliegen.

Eng mit der Chirurgie verbunden ist die Augenheilkunde; auf diesem Gebiet wirkte **Karl Koller** (1847 bis 1944), dem die erste Lokalanästhesie am Auge gelang. Er war Sekundararzt am Wiener Allgemeinen Krankenhaus und hatte 1884 eine Begegnung mit Sigmund Freud, der einem befreundeten Sekundararzt, der an starken Schmerzen litt, Kokain zur Schmerzstillung gab. Koller dachte sofort an seine schwierigen Augenoperationen, eilte in sein Laboratorium und träufelte einem Frosch eine Kokainlösung in den Bindehautsack des Auges ein: Nach ungefähr einer Minute war die Hornhaut gegen Berührung und Verletzung unempfindlich geworden.

Koller hatte ein vom Judentum eigenartig geprägtes Schicksal: Bei einer Auseinandersetzung mit einem anderen Arzt in einem Ambulanzraum des Allgemeinen Krankenhauses wurde er von diesem mit „Frecher Jude“ beschimpft; Koller beantwortete dies mit einer Ohrfeige, was zu einer Duellforderung führte. Koller nahm diese an, im Zuge des Duells kam es zu einer Verletzung des Opponenten, und Koller, der zwar pardoniert wurde, hielt es aber für angebracht, Wien zu verlassen.

Ziemlich groß ist die Zahl der jüdischen Vertreter unter den Ohrenärzten, auch ein Nobelpreisträger ist darunter. Die alles überragende Persönlichkeit war **Adam Politzer** (1835 bis 1920), der Begründer der ersten Ohrenklinik der Welt. 1863 veröffentlichte Politzer seine Verfahren der Lufteinblasung ins Mittelohr zur Behandlung der Schwerhörigkeit und anderer krankhafter Zustände, das Politzer-Verfahren, im Klinikjargon auch „politzern“ genannt. Ein Assistent von Politzer war **Heinrich Neumann** (1873 bis 1939), der 1919 Vorstand der Ohrenklinik in Wien wurde. Neumann führte die Radikaloperation des umgebenden Hohlraumsystems des Ohres ein, die Mikrochirurgie des Labyrinthen- bzw. Innenohres. Im Ersten Weltkrieg hatte sich Neumann als Leiter der Ohrenabteilung des Garnisonspitales in Wien derartige Verdienste erworben, daß er 1917 von Kaiser Karl geadelt wurde. Sein Ruhm als Ohrenarzt brachte ihm eine große internationale Praxis – „das Ohr der Könige" – der spanische, rumänische und englische König waren seine Patienten. 1938 wurde er von den Nationalsozialisten schon am Tag nach dem Einmarsch verhaftet. Auf Intervention des Herzogs von Windsor wurde er wieder freigelassen, eine ähnliche Anekdote wie von Freud wird von ihm erzählt: Auf die Frage, ob er Klagen über die Behandlung im Gefängnis habe, antwortete er: *„Herr Offizier, es war so schön hier, daß ich mir noch sehr überlege, ob ich überhaupt weggehe."*

Robert Bárány (1876 bis 1936) kam ebenfalls aus der Schule Politzers. Bárány gelang durch scharfe Beobachtungsgabe und Zufall die Entdeckung des „kalorischen Nystagmus", eines wichtigen Diagnosemittels für Erkrankungen des inneren Ohres. Bei Patienten, denen eine Ohrspülung verabreicht wurde, hatte Bárány gesehen, daß Augenbewegungen in bestimmter Richtung erfolgten; diese änderten sich je nach Verwendung von kaltem oder warmem Wasser. Mit seinen Entdeckungen konnte Bárány auch ein populäres Phänomen erklären: den Orientierungsverlust eines Schwimmers beim Eindringen von kaltem Wasser ins Ohr. Bárány blieb der einzige Ohrenarzt, der je einen Nobelpreis erhalten hatte: 1915 fiel ihm dieser Preis zu.

Ähnlich groß wie die Zahl der Ohrenärzte ist auch die Zahl der Hautärzte unter den jüdischen Medizinern. Hier ist **Moriz Kaposi** (1837 bis 1902) zu nennen, den neben Ferdinand Hebra viele für den Mitbegründer der Wissenschaft von den Hautkrankheiten halten. Kaposi hat viele neue Krankheitsbilder entdeckt und beschrieben, und das nach ihm benannte Kaposi-Syndrom (oder Sarkom) gilt heute vielen als frühe „Aids-Form", zumindest nach dem äußerlichen Erscheinungsbild.

Isidor Neumann (1832 bis 1906) war vielleicht wissenschaftlich nicht so bedeutend wie Kaposi, seine Leistung bestand darin, daß er Bosnien und die Herzegowina bereiste und dort die Ausbreitung von Syphilis und gelegentlich auch Lepra studierte; darüber hinaus wurde er zum ersten Berater in allen sanitären Fragen dieser Kronländer. Diese Arbeit brachte ihm auch den Adelstitel „von Heilwart" ein.

Als weiterer Hautarzt ist **Salomon Ehrmann** (1854 bis 1926) zu nennen. Er war eine künstlerisch veranlagte Persönlichkeit mit einem ausgesprochenen Zeichentalent. Deswegen hatte er sich auch zuerst dem Studium der Kunstgeschichte zugewandt, was er jedoch aus Gründen des Broterwerbes aufgeben mußte. Ehrmann beschäftigte sich besonders mit der Haut-Gewebelehre, mit der Lichtbehandlung und mit Problemen der Pigmentierung bzw. Farbentwicklung der Haut.

Ganz besondere Bedeutung kommt dem Dermatologen **Leopold Freund** (1868 bis 1943) zu, für den die 1895 entstandene Röntgenologie wissenschaftliches Schicksal werden sollte. Schon 1896 führte er als erster die Röntgenstrahlen in die Therapie ein, wobei er ihre biologischen Wirkungen für Heilzwecke verwendete: Er bestrahlte ein vierjähriges Mädchen, das ein „Tierfell" am Rücken hatte, mit Erfolg; einzig die – unwissentlich – zu lange Bestrahlung zog einen lebenslangen Röntgenschaden der kleinen Patientin nach sich, die aber dann doch über 80 Jahre alt wurde. Freund entdeckte weiters die Möglichkeit, in „Dosen", d. h. in mehreren Sitzungen zu bestrahlen. Seine Pionierleistung steht am Anfang aller „Röntgenbestrahlungen" in der Medizin.

Besonders groß ist auch die Gruppe der jüdischen Psychiater und Neurologen. Neben den Namen **Moritz Benedikt** (1835 bis 1920), der die Elektrizität in die Nervenbehandlung einführte, und **Otto Marburg** (1874 bis 1948), der mit dem „Mikroskopisch-topographischen Atlas des menschlichen Zentralnervensystems" berühmt wurde, ist der auch unserer Generation noch bekannte **Hans Hoff** (1897 bis 1969) zu nennen. Hoff war nach seiner medizinischen Ausbildung 1938 nach Bagdad, Irak, gegangen. Nach Aufenthalten in Amerika ist er 1950 in Wien Professor für Neurologie und Psychiatrie geworden. Seine Lehrbücher für Neurologie und für Psychiatrie sind bekannt, ebenso wie seine große Anzahl von Patienten, besonders aus dem Nahen Osten.

Fast scheint es müßig, über **Sigmund Freud** (1856 bis 1939) und die Psychoanalyse zu schreiben, doch wäre die Aufzählung der Mediziner ohne ihn unvollständig, zumal er sich ganz dem wissenschaftlichen Boden Wiens verbunden fühlte – auch wenn ihm nicht die vielleicht erträumte akademische Karriere in dieser Stadt beschieden war. Wenn wir von Freud sprechen wollen, müssen wir auch seinen Freund und Mitarbeiter **Josef Breuer** (1842 bis 1925) mit einbeziehen. Breuer war ein bekannter Internist, hat Arbeiten über die Funktion der Bogengänge im Ohr vorgelegt, mit denen er eine allgemein anerkannte Theorie des Gleichgewichtssinnes schuf. Freud verdankte ihm die ersten Anregungen zur Grundlegung der Psychoanalyse, da Breuer mit dem von ihm entwickelten „kathartischen Verfahren“ davon ausging, daß nichtorganische, nervöse Störungen durch vergessene Erlebnisse hervorgerufen würden. Hierbei kam es zur Entwicklung des Begriffes „Unbewußtes“, und Breuer und Freud gaben 1895 gemeinsam die berühmten „Studien über Hysterie“ heraus.

Bei den Verfahren wurde auch die Hypnose eingesetzt, aber nach Lösung der Zusammenarbeit mit Breuer ersetzte Freud die Hypnose in der analytischen Methode durch freie Assoziation, durch die Untersuchung von Fehlleistungen und Trauminhalten. Geradezu symbolhaft für unser Jahrhundert hat Freud im Jahre 1900 seine „Traumdeutung“ veröffentlicht, die für die Entwicklung der Psychoanalyse einen Meilenstein darstellt. Freud entwickelte neue Anschauungen über das Seelenleben der Gesunden und der Kranken, besonders der Neurotiker, schrieb der Triebdynamik, insbesondere dem Geschlechtstrieb, der Libido, besondere Bedeutung zu. Seine Lehre vom „Ich“, „Es“ und „Über-Ich“ ist bekannt geworden. Andere Begriffe wie „Übertragung“, „Sublimierung“, „Ödipuskomplex“ und ähnliches sind in Literatur, Kunst und Wissenschaft eingegangen.

Sigmund Freud und die Psychoanalyse sind schulbildend geworden. Für **Alfred Adler** (1870 bis 1937) wurde Freud, als dessen Schüler er gilt, zur Herausforderung, seine eigenen Vorstellungen zu entwickeln: Adler ist der Begründer der Individualpsychologie geworden. Nicht der Sexualtrieb, sondern der Selbsterhaltungstrieb war Adlers Grundlage. Bei Menschen mit „Organminderwertigkeit“ fand Adler, daß sie eine besondere Lebensenergie zur Überwindung dieser Minderwertigkeit aufwenden mußten, was er als „Überkompensation“ bezeichnete. Für Adler war in höherem Maße als für Freud der Umweltfaktor, das Milieu, für die Erziehung, für den Geltungstrieb, den Willen zur Selbstbehauptung, zur Macht, notwendig. Das hat diesen Freud-Schüler für die Pädagogik und deren Entwicklung wichtiger erscheinen lassen als den Meister. Von heute aus gesehen bestehen beide Lehren nebeneinander und haben besonders im angelsächsischen Raum große Wirkungen gehabt.

Viktor E. Frankl wurde 1905 in Wien geboren, studierte Medizin in Wien und ist seit 1936 als Facharzt für Neurologie und Psychiatrie tätig. Er ist der Begründer der Logotherapie, der Dritten Richtung (nach Psychoanalyse und Individualpsychologie) der Wiener Psychotherapeutischen Schule. Frankl sucht immer wieder die Sinn- und Wertmöglichkeiten der Existenz und stellt neben den „Willen zur Lust" und neben den „Willen zur Macht" den „Willen zum Sein".

Abschließend sei noch ein Blick auf die Geschichte der Medizin geworfen. Zwei jüdische Vertreter haben hier Großartiges geleistet. **Franz Romeo Seligmann** (1808 bis 1892), der sich besonders mit den orientalischen Sprachen und altpersischen Manuskripten beschäftigte, war der erste Lehrstuhlinhaber für dieses Fach in Österreich: 1850 wurde die Lehrkanzlei für Geschichte der Medizin geschaffen.

Max Neuburger (1868 bis 1955) war der Gründer des Institutes für Geschichte der Medizin der Universität Wien. Dies erfolgte im Jahre 1914, nachdem Max Neuburger schon seine berühmte zweibändige „Geschichte der Medizin" vorgelegt hatte, die ihm den Ruf einbrachte, „the greatest philosophical historian of medicine" zu sein. Das Institut wurde 1920 mit Hilfe des Internisten Karel Frederick Wenckebach in die historischen Räume des Josephinums, der früheren Medizinisch-chirurgischen Militärakademie, übersiedelt, wo es sich heute noch befindet.

Nach diesem Überblick kann man wohl die Feststellung wagen: Die Wiener Medizin von der Revolution 1848 bis zum tragischen Jahr 1938 ist ohne die jüdischen – oder jüdisch abstammenden – Mediziner nicht denkbar. Entgegen allen gängigen Vorurteilen fühlten sich jüdische Mediziner allezeit dem – man „verzeihe" heute dieses Wort – Vaterland verbunden, ob es nun die Monarchie war oder die Erste Republik. Man versteht daher einen Julius Tandler, der, als Knabe von Mähren nach Wien gekommen, hier für die Armen der Stadt seine Fürsorge aufgebaut hat, wenn er sich beim Dekan der Medizinischen Fakultät 1927 beklagte, daß *„...jede aus welchen Gründen auch immer herbeigeführte Rauferei unter Studenten sofort in die Anatomie übertragen wurde und hier zu einem Angriff auf meine Lehrkanzel resp. auf meine Person umgestaltet wurde"*. Nach langem seelischen Kampf entschied sich der Sozialreformer 1933 dafür, einen Lehrauftrag für Anatomie in China anzunehmen...

Andere fühlten ähnlich, doch nur äußere Bedingungen konnten den Pioniergeist, den Forscherdrang, das Bedürfnis zu helfen, die den jüdischen Mitbürgern unter den Medizinern zu eigen waren, unterdrücken. Ihren Verlust durch Emigration oder Konzentrationslager in den Jahren nach 1938 konnte Österreich letztlich nicht verkraften. Nach 1945 sind nur wenige jüdische Mediziner zurückgekehrt, der hohe Standard in der Medizin, durchaus Weltstandard, konnte in Österreich nach dem Zweiten Weltkrieg nicht mehr im vollen Umfang gehalten werden.

ANTISEMITISMUS OHNE JUDEN

Das Beispiel Tirol

Andreas Maislinger/Günther Pallaver

Nicht ohne Stolz bezeichnet sich das Land Tirol als die „älteste Festlandsdemokratie“ Europas, weil schon im Mittelalter Adel und Geistlichkeit, Bürger und Bauern in den öffentlichen Angelegenheiten ein Mitspracherecht besaßen und im Landtag vertreten waren. Doch es darf nicht übersehen werden, daß nicht nur Kleinhäusler, Handwerker, Taglöhner und Dienstboten von der politischen Mitbestimmung ausgeschlossen waren, sondern auch eine religiöse Minderheit, die seit dem 13. Jahrhundert in Tirol urkundlich nachweisbar ist: die Juden.

Ihre Geschichte ist allerdings weniger eine Geschichte ihrer kulturellen und sozialen Rolle in der Gesellschaft Tirols, als vielmehr eine Abfolge ihrer Verfolgung und Diskriminierung bis hin zu ihrer physischen Liquidierung. Unterscheidet sich die Geschichte der Juden in Tirol über weite Strecken auch nicht von der Entwicklung in anderen Ländern, so wurde in Tirol aber seit jeher ein Phänomen vorweggenommen, das erst nach 1945 mit dem Begriff des „Antisemitismus ohne Juden“ eine neue Dimension erlangt hat.

Auf die wenigen Juden, die im Mittelalter etwa in Bozen, Brixen, Trient, Innsbruck oder Lienz lebten, entlud sich schon von allem Anfang der Zorn ihrer christlichen Mitbürger, wenn es darum ging, für unerklärliche Heimsuchungen einen Sündenbock zu finden. Dies trat erstmals 1348, im Jahr des „Schwarzen Todes“, der Pest, zutage, als auch in Tirol die Juden beschuldigt wurden, absichtlich die Brunnen vergiftet zu haben, um die Christen zu vernichten. Aber schon damals wußten einheimische christliche Chronisten zu berichten, daß vor allem die Schuldner an einer lückenlosen Beseitigung ihrer jüdischen Gläubiger interessiert waren, was ganz im Einklang mit dem Landesfürsten stand, der sich als rechtmäßiger Erbe des Vermögens aller vertriebenen und getöteten Juden betrachtete.

Auch vor der Beschuldigung grausam durchgeführter Ritualmorde blieben die Juden Tirols nicht verschont. Die angebliche Ermordung von christlichen Kindern zu Ritualmordzwecken fand gegen Ende des Mittelalters in allen Landesteilen Tirols einen glaubhaften Niederschlag und lebhafte Zustimmung unter der Bevölkerung, was seitens der katholischen Kirche über Jahrhunderte hindurch bestätigt und durch Prozessionen und Wallfahrten entsprechend gefördert und gepflegt wurde. Den tragischen Reigen solcher Beschuldigungen eröffnete die Legende vom Tode des Mädchens Ursula Pöck in Lienz (1442/43), gefolgt von jener des Anderl von Rinn bei Innsbruck (1462), der des Simon von Trient (1475) und der etwas späteren von Franz Locherer aus Montiggel bei Kaltern (1735).

Ein wesentlicher Einschnitt in der Haltung gegenüber den Tiroler Juden erfolgte während der Reformationszeit. Hatten die Juden schon während der Bauernkriege der Jahre 1525/26 die aufgestaute Wut der Aufständischen gegen ihre Herrn zu spüren bekommen, so erhielt der Antisemitismus spätestens seit dem 16. Jahrhundert eine neue Komponente, die zum Großteil auf Fremdenangst und Fremdenhaß gründete. Den verhängnisvollen Ausgangspunkt dazu bildeten vor allem die gegenreformatorischen Maßnahmen Erzherzog Ferdinands II. (1564 bis 1595). Zwecks Wiedergewinnung und späteren Aufrechterhaltung der religiösen Einheit des Landes, die als Garantie für die weltliche Herrschaft galt, trieb der Landesfürst die Gesellschaft Tirols in enger Zusammenarbeit mit der katholischen Kirche in eine defensive Isolation. Die sozialen Kontakte mit allen Fremden, namentlich mit Andersgläubigen, wurden dabei so weit wie möglich zu verhindern versucht und wenn, dann einer strengen Kontrolle unterzogen. Der grundsätzliche Verdacht, dem jeder Fremde ausgesetzt war, mündete im Laufe der historischen Entwicklung in einer immer tiefer verankerten Intoleranz gegenüber allem, was von außen kam. Dem politischen Anspruch der religiösen Einheit Tirols wurde über Jahrhunderte alles untergeordnet, was die gemeinsamen Interessen von Thron und Altar hätten gefährden können. Alles, was diesen beiden Institutionen als für sie gefährlich erschien, wurde seit damals als dem Tiroler Wesen nicht entsprechend abqualifiziert.

War schon im Mittelalter das Wort Jude in Tirol als Synonym für alles Fremde verwendet worden, so ging die weltliche

Herrschaft im 16. Jahrhundert daran, die „Andersartigkeit" der jüdischen Mitbürger auch nach außen hin klar ersichtlich zu machen. So verordnete die Tiroler Polizeiordnung von 1573, die formell bis in die Zeiten Maria Theresias galt, daß die Juden an ihrer linken Brust einen gelben Fleck zu tragen hatten. Diese Verordnung wurde im Laufe des 17. Jahrhunderts immer wieder erneuert. Außerdem mußten die Juden für ihre Niederlassung in Tirol, wie anderswo auch, eine „Judensteuer" entrichten und waren von einer Reihe bürgerlicher Rechte, wie etwa vom Liegenschaftserwerb, ausgeschlossen. Auch kam es vereinzelt vor, daß jüdische Kinder entführt wurden, um sie dann katholisch zu erziehen, wie dies Fälle aus dem 17. und 18. Jahrhundert belegen.

Die wiederholten Klagen und Beschuldigungen der Tiroler Landstände gegenüber den in Tirol lebenden Juden standen allerdings in keinem Verhältnis zu ihrer Anzahl, die immer sehr gering war. Dessenungeachtet brachten es vorwiegend in Innsbruck einige jüdische Familien zu hohem Ansehen beim Landesfürsten, da sie sich besonders in den Jahren der Türkenkriege des 17. Jahrhunderts als Hoflieferanten Verdienste um die Getreidelieferungen erworben hatten.

Erst durch das Toleranzpatent Josefs II. im Jahre 1781 begann auch in Tirol eine erste und vorsichtige Emanzipation der Juden. Zu wesentlichen Änderungen kam es jedoch in der Praxis noch lange nicht. Aber vor allem der Zwang, den gelben Fleck als Erkennungszeichen zu tragen sowie den „Judenleibzoll" zu entrichten, fiel damals weg.

Als nicht einmal 30 Jahre später die Tiroler 1809 unter Führung von Andreas Hofer gegen die Bayern und indirekt gegen die Ideen der Aufklärung und der Französischen Revolution ankämpften, entlud sich die Aggression der Aufständischen in logischer Konsequenz dieses vor allem ideologisch geführten Krieges auch auf die wenigen jüdischen Bürger Innsbrucks, deren Geschäfte und Wohnungen geplündert wurden. Die Juden, welche unter der bayrischen Herrschaft Tirols ihre religiöse und staatsbürgerliche Gleichstellung erlangt hatten, wurden schon damals von christlich-konservativer Seite als Urheber der angeblich zersetzenden Ideen von Freiheit, Gleichheit und Brüderlichkeit angeklagt. Diese Grundsätze unterminierten die alte ständisch-feudale Gesellschaftsordnung. Und während man in Innsbruck ihre Geschäfte plünderte, erpreßten Tiroler Schützen von den Hohenemser Juden in Vorarlberg einen hohen Kredit zur Weiterführung des Kampfes gegen die Bayern, der allerdings später nur schleppend und zum Teil überhaupt nicht mehr zurückbezahlt wurde. Es klingt wie eine Ironie des Schicksals, daß sich im Jahre 1810 letztendlich nur ein jüdischer Rechtsanwalt bereitfand, Andreas Hofer vor dem Gericht in Mantua zu verteidigen.

Als Tirol nach der Beseitigung der bayerischen Herrschaft 1814 wieder zum Hause Österreich zurückkehrte, wurden die unter Bayern den Juden eingeräumten Rechte großteils wieder rückgängig gemacht. So wurden die Juden wiederum von der Bekleidung öffentlicher Ämter ausgeschlossen und der Erwerb von Grund und Boden einer Reihe von Beschränkungen unterworfen. Es sollte bis zum Jahre 1867 dauern, bis durch die Erlassung des Staatsgrundgesetzes die Juden Österreichs die volle staatsbürgerliche Gleichberechtigung erhielten. Trotzdem widersetzte sich die Tiroler christlich-konservative Mehrheit des Landes bis gegen Ende des Jahrhunderts erfolgreich gegen die praktische Durchführung dieses Gleichheitsgrundsatzes. Mit Berufung auf die Autonomie- und Glaubenseinheit des Landes wurden die liberalen Reformen im sogenannten „Kulturkampf" über weite Strecken hin sabotiert und die Ansiedlung von Andersgläubigen, wie Juden oder Protestanten sowie deren rechtliche Anerkennung als Religionsgemeinschaft, zu unterbinden versucht. Erst nach wiederholten Interventionen in Wien erhielten die Juden in Meran, die dem Hohenemser Rabbinat in Vorarlberg unterstanden, im Jahre 1872 die Erlaubnis, einen jüdischen Friedhof zu errichten, erst 1891 folgten der Bau und die Einweihung einer Synagoge. In Innsbruck konnte eine eigene Kultusgemeinde erst 1890 errichtet werden, zwei Jahre später wurde eine israelitische Privatschule eröffnet.

In der zweiten Hälfte des 19. Jahrhunderts kam es in Tirol, gleich wie im restlichen Österreich, zu einer neuen Welle des Antisemitismus. Die aufstrebende christlichsoziale Bewegung setzte sehr bald den religiös begründeten Antisemitismus in ihrem Feldzug gegen Liberalismus und Kapitalismus ein und ergänzte diesen durch ökonomische Argumente. Über diesen Weg instrumentalisierten die Christlichsozialen die sozialen Ängste des in eine wirtschaftliche Krise geratenen Kleinbürgertums und Mittelstandes. Je mehr sich die Christlichsozialen aber von einer sozialreformerischen und kleinbürgerlichen Partei zu einer Massenpartei entwickelten, umso akzentuierter wurde auch ihr Antisemitismus.

In vielen Publikationen, die von der Kirche Tirols ausgingen – man denke nur an den heute noch weitverbreiteten Volksschriftsteller Pfarrer Sebastian Rieger, genannt Reimmichl –, wurden dem „jüdischen" Liberalismus, Kapitalismus und Sozialismus vor allem die Unterminierung von Sitte und Moral und die Zersetzung von Familie und Vaterlandsliebe vorgeworfen. Ebenso wurden angebliche sexuelle Freizügigkeit, Untreue und religiöse Gleichgültigkeit als Folgen des „jüdischen Bazillus" verschrien.

Ein treuer Exekutor all dieser antisemitischen Ideen war auch der spätere italienische Ministerpräsident, der Trentiner Alcide Degasperi, der als Student in Wien ein gelehriger Schüler des damals regierenden Bürgermeisters Karl Lueger war und später als Führer der christlichsozialen Trentiner Popolari im Wiener Reichsrat saß. Einen ersten Vorgeschmack auf einen immer ausgeprägteren Antisemitismus bekam man bei den Tiroler Landtagswahlen des Jahres 1889, als eine Gruppe namens „Christlicher Mittelstand" die „christlich-deutschen Bewohner" in Flugblättern aufforderte, die darin aufgelisteten „jüdischen Geschäfte" zu boykottieren und alle „Judenfreunde und Judenknechte" als Volksverräter zu brandmarken. Dieser christlichsoziale Antisemitismus unterschied sich von dem des Nationalsozialismus allenfalls noch in seiner rassisch-biologischen Komponente, wenngleich es auch in dieser Hinsicht bereits erste Anzeichen gab.

Die rassisch-biologische Sichtweise gewann allerdings immer stärker in der deutschnationalen Bewegung an Bedeutung, die auch in Tirol immer zahlreichere Anhänger fand. Besonders seit dem Zeitpunkt, als dem deutschnationalen Bürgertum und Adel einsichtig wurde, daß ihre privilegierte Stellung innerhalb der Monarchie von den anderen Nationalitäten in Frage gestellt wurde, erhielt der Deutschnationalismus immer stärkeren Zulauf – besonders in den Gebieten des sogenannten „Randdeutschtums" der Monarchie, wie etwa in Böhmen und Mähren oder eben auch in Kärnten und Tirol. Die zunehmenden Nationalitätenkämpfe richteten sich in Tirol gegen die Italiener der eigenen Grafschaft, die eine eigene Autonomie verlangten. Die nationalistischen Parolen, die unter rassisch-antisemitischen Aspekten nationale und soziale Deklassierungsängste verbanden, gaben vielen deutschsprachigen Bewohnern Tirols im Kampf gegen die „andere Rasse" ein Gefühl der Überlegenheit, wobei alles Fremde und „Andersartige" mit negativen Inhalten besetzt wurde. Der rassistisch begründete Antisemitismus wurde besonders von einer Reihe von Vereinigungen propagiert, die sich seit den sechziger Jahren des vorigen Jahrhunderts infolge der liberalen Reformen gebildet hatten. Allen voran standen dabei die Turnerbünde, die Burschenschaften, die sogenannten „Deutschen Schutzvereine“ und der Deutsche und Österreichische Alpenverein. Es konnte im Zuge dieser Entwicklung nicht ausbleiben, daß in all diesen Organisationen schon sehr bald der „Arierparagraph“ zuerst diskutiert und dann auch eingeführt wurde, der jüdischen Bürgern den Eintritt in die Vereinigung untersagte. Außerdem führte dies zur „Säuberung“ von jüdischen Mitgliedern.

Sowohl der christlichsoziale als auch der deutschnational geprägte Antisemitismus entwickelten sich in Tirol auch ohne jene ansehnliche Zahl „jüdischer Blutsauger“, deren es angeblich so viele in Politik und Wirtschaft, in Kultur, Kunst und Presse gab. Um 1850 lebten im gesamten Kronland Tirol nicht mehr als 90 jüdische Einwohner. 1880 gab es nicht viel mehr, und den Höchststand erreichten die in Tirol lebenden Juden bei der Volkszählung von 1910, als die Statistik 1624 Juden angab, was einem Prozentsatz von 0,2 der gesamten Bevölkerung entsprach. Auch der ständige Hinweis der deutschnationalen Burschenschaften, denen die katholischen Verbindungen kaum nachstanden, die Innsbrucker Universität „verjude“ zusehends, entbehrte jeglicher Grundlage. Im Wintersemester 1873/74 wurde der Anteil der jüdischen Studenten noch mit Null angegeben, 1883/84 betrug der Prozentsatz 0,5. Der Höhepunkt an „mosaischen Hörern“ in Innsbruck wurde im akademischen Jahr 1932/33 mit 32 Inskribierten auf eine Gesamthörerzahl von 3121 erreicht. Und entsprechend dem Grundsatz des Arierparagraphen für Studenten wurde auch die Forderung nach „arischen Professoren“ immer lauter.

Eine große Anzahl vor allem ostjüdischer Einwanderer erreichte Tirol während des Ersten Weltkrieges und in den ersten Nachkriegsjahren. Durch die Entwicklung in Rußland und in Galizien hatten viele (ehemalige) österreichische Untertanen den Weg nach dem Westen gesucht, so daß nach 1918 der Anteil der jüdischen Bevölkerung auch in Tirol anstieg. So lebten allein in Meran, wohin sich ein Großteil der Juden aus Osteuropa wegen der dort vorhandenen Synagoge und des toleranten Klimas gewandt hatten, etwa 400 Juden. Aber gerade diese Einwanderung führte wiederum zu einem verstärkten

Antisemitismus, wenngleich auch diesmal die Juden als Vorwand für die desolate Nachkriegszeit herangezogen wurden. Ausgangspunkt dieser aggressiven Judenfeindlichkeit nach dem Ersten Weltkrieg bildete die katastrophale Wirtschaftslage, die sich im ersten Nachkriegswinter 1918/19 auch in Tirol besonders in Lebensmittelknappheit, Mangel an Heizmaterial, Preissteigerungen und Wohnungsnot niederschlug. Sowohl christlichsoziale als auch deutschnationale Politiker machten dafür die Juden und die „verjudete" Sozialdemokratie verantwortlich. Die Juden wurden als die eigentlichen Nutznießer des Krieges beschuldigt, als Schieber abgestempelt und für die militärische Niederlage verantwortlich gemacht. Auf den sogenannten „Volkstagen", auf denen gegen die Abtrennung Südtirols protestiert wurde, erging der Vorwurf an die Juden, sich vor dem Fronteinsatz gedrückt und sich währenddessen auf Kosten der Kriegsteilnehmer bereichert zu haben. Bei solchen Gelegenheiten wurden auch Forderungen nach Pogromen erhoben. Besonders auch seitens namhafter Exponenten der katholischen Kirche, wie etwa des Abtes von Wilten bei Innsbruck, wurden flammende Appelle gegen die neue Republik veröffentlicht, in denen die Juden beschuldigt wurden, als Besitzer von Banken, Fabriken, Großunternehmen und der Presse an der Unterminierung von Sitte und Moral und am Untergang des christlichen Glaubens zu arbeiten.

Unter diesen Vorzeichen erhielt der im Dezember 1918 in Innsbruck gegründete „Tiroler Antisemitenbund" lebhaften Zuspruch nicht nur seitens deutschnationaler, sondern auch christlichsozialer Politiker. Den Antisemitenbund hatten unter anderen der Bauernbündler Andreas Thaler, späterer österreichischer Landwirtschaftsminister, der Vertreter der Turnerbünde und führender Kopf der Deutschnationalen, Dr. Sepp Straffer, sowie der Tiroler Heimwehrführer, Dr. Richard Steidle, aus der Taufe gehoben. Übrigens trat der Bauernbund der neu gegründeten Organisation geschlossen bei, während die deutschnationalen Burschenschaften und katholischen Verbindungen daran äußerst regen Anteil nahmen und mit eigenen Delegierten im Antisemitenbund vertreten waren. Die Programmpunkte des Antisemitenbundes nahmen einen beträchtlichen Anteil der späteren NS-Gesetzgebung bereits vorweg. Unter anderem wurde verlangt: *„Erklärung der Judenschaft als Nation: Jude ist jeder, bei dem auch nur ein Vorfahre in den letzten drei Geschlechtern Jude war. Verweigerung von Gewerbekonzessionen und Gewerbeberechti-*

gungen, insbesondere des Vieh- und Holzhandels. Unzulässigkeit des Ankaufs von Grund und Boden und von Häusern durch Juden, ebenso von Wasserkräften, von Schürf- und Jagdrechten und deren Pachtung durch Schaffung eines Landesgesetzes. Verweigerung der Aufnahme von Juden in die neue Armee. Bekämpfung des jüdischen Einflusses in der Presse. Einschränkung des jüdischen Elements in Schule und Bildung, keine jüdischen Lehrer und Hochschullehrer. Alle seit 1. August 1914 vorgenommenen Familiennamensänderungen von Juden sind rückgängig zu machen und für alle Zukunft zu verbieten. Öffentliche Beamte, Advokaten und Ärzte jüdischer Nationalität haben ihrer Anzahl nach im Verhältnis der jüdischen zur arischen Bevölkerung zu stehen. Vom Richterstand, von der Staatsanwaltschaft und von der öffentlichen Verwaltung im Staate sind Juden überhaupt auszuschließen."

Obgleich der Antisemitenbund zwischen 1919 und 1921 enormen Zulauf verzeichnen konnte, fristete er kein langes Leben. Nach der wirtschaftlichen und politischen Stabilisierung Tirols stellte er seine Aktivitäten ein. Doch der Antisemitismus hielt in Tirol ungebrochen an.

Im Zuge der politischen Auseinandersetzungen wurden immer wieder die Sozialdemokraten und die Wiener Presse als „verjudet" abgestempelt. Die Hartnäckigkeit, mit der die Deutschnationalen besonders das Einreiseverbot für Juden nach Tirol forderten, schlug sich mit aller Konsequenz auch in all jenen Vereinigungen nieder, die sich als Vorfeldorganisationen des deutschnationalen Lagers begriffen. Der Arierparagraph hatte sich endgültig bei Burschenschaften, beim Alpenverein und bei den Turnerbünden durchgesetzt. Besonders an der Universität Innsbruck fanden auch immer wieder antijüdische Ausschreitungen statt, so etwa gegen Karl Kraus, gegen die Bestellung eines jüdischen Professors oder gegen die Abhaltung der im Juli 1925 stattfindenden Versammlung der Internationalen Frauenliga für Frieden und Freiheit.

Seitdem die „Hitlerbewegung" auch in Tirol laufenden Zuwachs erhielt, mehrten sich auch außerhalb der Universität die Ausschreitungen gegen Juden. So kam es in den dreißiger Jahren zu organisierten Boykotten von Geschäften von Juden und des Theaters von Innsbruck, das von einem Juden geleitet wurde. Allerdings widersprachen auch hier die Zahlen der immer wieder vorgebrachten Behauptung des völlig „verjudeten" Handels. Lediglich um die drei Prozent der in Tirol registrierten Handelsbetriebe waren in den dreißiger Jahren in jüdischem Besitz. Auch war nach wie vor die Anzahl der in

Tirol lebenden Juden äußerst gering. 1934 betrug sie 365, nach der Besetzung Österreichs durch Hitlerdeutschland und der Anwendung der Nürnberger Rassengesetze wird deren Anzahl auf etwa 700 geschätzt.

Gleich wie im Dritten Reich wurde nach der Besetzung Österreichs im März 1938 auch in Tirol an die Ausschaltung der Juden aus dem öffentlichen Leben geschritten sowie jüdisches Vermögen beschlagnahmt und arisiert. Dabei hatten die Tiroler Nationalsozialisten den ehrgeizigen Plan gefaßt, Tirol bis zum 15. März 1939 dem Führer als „judenfrei" zu melden.

Unter diesen Aspekten war auch die sogenannte „Reichskristallnacht" von Gauleiter Franz Hofer sorgfältig geplant worden: Die Synagoge in Innsbruck wurde zerstört, 18 Personen wurden mißhandelt, der Leiter der Kultusgemeinde, Ingenieur Richard Berger sowie Dr. Wilhelm Bauer und Ingenieur Richard Graubart wurden ermordet. Im Verhältnis zur Einwohnerzahl übertraf die Anzahl der ermordeten Juden in Innsbruck alle anderen reichsdeutschen Städte. Andere Tiroler Juden begingen aus Verzweiflung Selbstmord. Im November 1939 zählte man in Tirol nach dem NS-Rassengesetz nur noch 45 Juden. Aber auch ihr Schicksal endete zum Großteil in den Todeslagern des Nationalsozialismus.

Nachdem der südliche Landesteil von Italien annektiert worden war, nahm der Antisemitismus in Südtirol eine noch zentralere Stellung ein. Juden, Freimaurer und Sozialisten bildeten das Hauptkontingent der Südtiroler Dolchstoßlegende. Jüdische und sozialistische Elemente, die angeblich das Hinterland aufgewiegelt hätten, trugen Schuld an der Kriegsniederlage. Obgleich die verschiedenen Turnerbünde und der Alpenverein als Hort des deutschnational geprägten Antisemitismus bald nach der Machtergreifung durch den Faschismus aufgelöst und verboten wurden, fanden antisemitische Ausfälle besonders in den katholischen Medien des Landes ihren ungebrochenen Niederschlag. Und als nach den Februarereignissen 1934 der österreichische Ständestaat errichtet wurde, jubelte die christliche Presse Südtirols über die Beseitigung der „jüdisch-bolschewistischen" Sozialdemokratie.

Nachdem 1922 der Faschismus in Italien die Macht ergriffen hatte, führte dies für die vor allem in Meran lebenden Juden Südtirols noch zu keinen einschränkenden Maßnahmen, zumal dem Faschismus, jedenfalls in seiner Anfangsphase, rassistische und antisemitische Tendenzen weitgehend fehlten. Meran war aber die einzige Stadt Italiens, in der es 1933 bei der Machtergreifung Hitlers zu antisemitischen Aktionen kam, die von reichsdeutschen und einheimischen Nationalsozialisten durchgeführt wurden. Ab jenem Jahr erfolgte zugleich eine, wenn auch zahlenmäßig nicht besonders ins Gewicht fallende Einwanderung reichsdeutscher Juden nach Meran, denen es gelungen war, aus Nazideutschland zu fliehen. Erst nach der Besetzung Österreichs im März 1938 und als Folge des zwischen Hitler und Mussolini geschlossenen Stahlpaktes wurde auch in Italien ein Rassegesetz beschlossen, das viele Juden – nicht nur Südtirols – veranlaßte, das Land zu verlassen. Wenngleich die faschistischen Rassegesetze nicht in aller Konsequenz angewandt wurden, so bedeuteten sie dennoch eine schwere soziale und gesellschaftliche Diskriminierung.

Je mehr sich Hitlerdeutschland im Laufe der Kriegsentwicklung in die italienische Innenpolitik einmischte und je konkreter die Informationen über die Vernichtung der Juden im Dritten Reich und in seinen besetzten Gebieten durchsickerten, umso zahlreicher verließen die Juden Südtirols das Land. Als im September 1943 deutsche Truppen Italien besetzten, befanden sich deshalb nur noch wenige Juden in Meran. Diese waren die ersten Opfer der deutschen Besetzung Italiens. In Zusammenarbeit mit dem aus Südtirolern gebildeten „Sicherheits- und Ordnungsdienst“ (SOD) und einer SS-Einsatztruppe, die unter Führung des aus Innsbruck stammenden SS-Führers Alois Schintlholzer stand, der schon in der „Reichskristallnacht“ in Nordtirols Landeshauptstadt ein Mordkommando befehligt hatte, wurden 25 Juden verhaftet und bald darauf in die Vernichtungslager abtransportiert, wo sie ermordet wurden. Die restlichen 30 bis 40 Meraner Juden, die kurz vor dem Einmarsch flüchten konnten, wurden wenige Monate später ebenfalls ausgeforscht und ermordet. Das Konzentrationslager überlebte nur eine einzige Meraner Jüdin.

Der Schock, die eigenen Mitbürger vertrieben und ermordet zu haben, saß tief – so schien es jedenfalls. Obwohl sich die Tiroler in der Ablehnung jüdischer DPs, jener „displaced persons“, die im Zuge der Flucht von Osteuropa nach Israel in den Jahren 1945 bis 1948 durch Tirol geschleust wurden, nicht besonders hervorgetan haben und obwohl in jüngster Zeit das „gerade jetzt“ im Zuge der Auseinandersetzungen um Kurt Waldheim aus Tirol eher leise zu vernehmen ist, war und ist der Antisemitismus in Tirol nach 1945 besonders stark. Die

Umfrageergebnisse sind kaum zu glauben: Warum meinen gerade in Tirol 24 Prozent einen „Widerwillen" zu verspüren, wenn sie einem Juden die Hand geben, in Wien dagegen „nur" sechs Prozent? Wo doch in Wien bei einigen tausend Juden zumindest noch die Möglichkeit besteht, einen Juden zu treffen. In Tirol hingegen kann ja kaum einer dieser Judenhasser von sich behaupten, tatsächlich einen Juden gesehen zu haben. Und auf die Frage, wer nun die vielen Juden seien, die auch in Tirol alles in der Hand hätten, gibt es nur Ausflüchte. Mit unbewiesenen Behauptungen gegen Juden wird allerdings nicht nur bei Gasthofgesprächen argumentiert. Auch in Tirol gern gelesene Journalisten wie Rupert Kerer und Ingomar Pust bewegen sich in Sachen Antisemitismus auf derselben Ebene. Der eine erklärt in der „Tiroler Tageszeitung" Bert Brecht zu einem Juden, und der andere meint in der „neuen tiroler zeitung" Juden und Sowjets würden gemeinsam vorgehen. Das eine ist so falsch wie das andere, aber beides paßt zum antisemitischen Grundton Tirols. Nach der Wahl Kurt Waldheims zum Bundespräsidenten und nach dem Brief des Vize-Bürgermeisters von Linz, Carl Hödl, sind solche Aussagen in Österreich zwar nichts Besonderes mehr, für Tirol typisch ist jedoch, daß diese bereits vor dem „neuen Antisemitismus" gang und gäbe waren.

Wie ist dieser Antisemitismus zu erklären? Auf die religiösen Wurzeln wurde bereits in der Darstellung der historischen Entwicklung mehrmals hingewiesen. Trotz der geübten Selbstkritik der Kirche beim II. Vatikanum, mit dem eine Versöhnung zwischen Christen und Juden eingeleitet wurde, unternahm die Kirche in Tirol lange Zeit nichts in dieser Richtung. Erst durch das mutige Vorgehen des Bischofs von Innsbruck, Reinhold Stecher, mit dem er besonders gegen die Ritualmordlegende des Anderl von Rinn auftrat, wurde dem katholischen Antisemitismus von oben jegliche Grundlage entzogen. Dies bedeutet jedoch nicht, daß nicht gerade deshalb von unten, von der „Volksfrömmigkeit", ein neuer Antisemitismus oder besser Antijudaismus nachgewachsen ist. In diesem Zusammenhang ist in Tirol das Verhalten von ÖVP-Politikern aufschlußreich, das aufzeigt, in welchem Ausmaß diese in den Jahren 1986/87 am österreichischen Antisemitismus mitschuldig geworden sind.

In der „heißen Phase" der öffentlichen Auseinandersetzung um die Beseitigung der Ritualmordlegende fiel auf, daß sich praktisch kein Politiker Tirols öffentlich zu Wort gemeldet hatte, um das Vorgehen Bischof Reinhold Stechers zu unterstützen. Einige Bemerkungen am Rande blieben die Ausnahmen: Landeshauptmannstellvertreter Fritz Prior (ÖVP) wurde in einem größeren Artikel im Tirol-Kurier mit einem unterstützenden Satz zitiert, und Landtagsabgeordneter Walter Kamtner (SPÖ) nahm in der ÖVP-Zeitung „neue tiroler zeitung“ für Bischof Stecher Stellung. Ein gewisses Erstaunen löste eine eher als privat deklarierte Äußerung Siegfried Dillersbergers (FPÖ) aus. Am 4. Juli 1985 stand in der „neuen tiroler zeitung“ zu lesen, wonach Dillersberger betonte, das Anderl von Rinn sei Kernstück eines „gewachsenen Volksglaubens“, könne jedoch niemals als Dokument des Antisemitismus betrachtet werden. Der damalige Bürgermeister von Kufstein und jetzige Abgeordnete zum Nationalrat fügte weiters hinzu, daß er aus persönlicher Erfahrung wisse, daß das Anderl auf Fürbitten hin geholfen habe. Er schätze zwar Bischof Stecher, könne aber seine Maßnahmen in Judenstein nicht verstehen. Zudem sei die ganze Aufregung um die Anderlverehrung unverständlich und „Antisemitismus“ in Rinn erst jetzt „hineininterpretiert worden“. Auf die Frage, warum sich plötzlich ein Politiker der FPÖ für den Volksglauben einsetze, gab Dillersberger keine Antwort. Dillersberger scheint gespürt zu haben, daß in dieser Stimmung ein öffentliches Wort für die „Anderlfreunde“ nur von Nutzen sein könne. In Klammern sei vermerkt: Dillersberger hat am 16. März 1986 die Gemeinderatswahlen in Kufstein trotz des vorausgegangenen Streites mit Mitgliedern seiner Liste überraschend gewonnen. Sicherlich war dabei sein „Bürgermeister-Bonus“ entscheidend; dieses geschickte Taktieren, wenn es um die „Stimmung im Volk“ geht, hat ihm jedoch sicherlich auch geholfen. Der Innsbrucker Bürgermeister Romuald Niescher (ÖVP) hat dies durchschaut und angemerkt, daß es „faszinierend“ sei, wonach sich für diesen Fragenkomplex Kreise interessierten, welche ansonsten für die katholische Kirche nichts oder nur Spott übrig hätten. Derselbe Siegfried Dillersberger hatte noch in seiner Amtszeit als Bürgermeister von Kufstein die österreichischen Ritterkreuzträger in seine Stadt eingeladen und förderte diese „harmlose Kaffeejause älterer Herren“ (Dillersberger) mit 20 000 Schilling. Einer dieser „älteren Herren“ mit einer hohen Tapferkeitsauszeichnung Hitlers ist der bereits genannte Innsbrucker Alois Schintlholzer, welcher auch Aufnahme in ein vom Stadtarchiv Innsbruck herausgegebenes Buch „Hohe Tapferkeitsauszeichnungen an Tiroler im Zweiten Weltkrieg“ fand.

Doch zurück zur Haltung von Tiroler Politikern in der Auseinandersetzung um das Anderl von Rinn. Daß man mit einem aufrichtigen Vorgehen jedoch auch Wahlen gewinnen kann, zeigt das Beispiel des Bürgermeisters von Gries am Brenner. Obwohl – dies sei betont – in einer Gemeinde vor allem örtliche Belange wahlentscheidend sind, ist es doch bemerkenswert und überraschend, daß Andreas Hörtnagl einen Erdrutschsieg erringen konnte. Hörtnagl hatte seinen Vorgänger Jakob Strickner, der wie selbstverständlich über sein Mitwissen an der Flucht Dr. Josef Mengeles berichtete, kritisiert und als Antwort darauf an Simon Wiesenthal 10 000 Schilling für die Opfer der Versuche des Auschwitz-Arztes überwiesen. Strickner klagte daraufhin, und es sah eher danach aus, als ob der Altbürgermeister die Sympathien auf sich zöge. Das Gerichtsverfahren ist in Innsbruck noch anhängig. Altbürgermeister Strickner behauptete in einem Gespräch mit der „Bunten Illustrierten", er wisse, „wer dem Nazi-Massenmörder Josef Mengele 1949 bei seiner Flucht von Gries über den Brenner nach Sterzing geholfen habe" („Tiroler Tageszeitung" vom 6./7. Juli 1985). Trotz dieser Kritik an seinem populären Vorgänger bekam Hörtnagl am 16. März 1986 422 Stimmen, Strickner hingegen nur 171. Hörtnagls Liste gewann mit sieben Mandaten die absolute Mehrheit. Auf Gemeindeebene scheinen derartige Ausnahmegestalten große Chancen zu haben. Hörtnagl hat sich bei der Gerichtsverhandlung in Innsbruck als „Antifaschist" bezeichnet. Die „Tiroler Tageszeitung" brachte darüber am 5. September 1985 einen ausführlichen Bericht: „Hörtnagl berichtete dann, wie es zu seiner antifaschistischen Einstellung gekommen sei. Als achtjähriger Bub habe er einen Schulausflug nach Judenstein gemacht. ‚Dort machten wir ein Spiel, wobei der Schwächste der Klasse als >Jud< geschlagen wurde. Der Schwächste war damals ich.' Später habe er sich intensiv mit der Geschichte der Nazidiktatur beschäftigt. So könne er das Verhalten Strickners nicht verstehen." Der Zusammenhang zwischen dem Wahlergebnis und der Kritik des wiedergewählten Bürgermeisters Hörtnagl am Verhalten Strickners soll nicht überstrapaziert werden, es bleibt jedoch anzumerken, daß ein konsequentes Auftreten gegenüber zweideutigen Äußerungen zugunsten des Massenmörders Mengele von den Gemeindebürgern zumindest nicht bestraft wird. Andreas Hörtnagl hat damit klar aufzeigen können, daß ein Anbiedern an die „Volksmeinung" nicht notwendig ist, wenn man als Politiker Wahlen gewinnen will. Hörtnagl hat damit ein Beispiel gesetzt, welches über Tirol hinaus Nachahmer finden sollte.

Die Haltung dieses Bürgermeisters widerspricht damit auch der Ansicht der meisten Politiker Tirols, welche auf eine Umfrage hin fast einstimmig erklärten, daß sie sich als Politiker zum Vorgehen des Bischofs nicht äußern wollten.

Dieses Schweigen wird zweifach begründet: Erstens gibt es eine Trennung zwischen Kirche und Staat, und zweitens sollten sich die Politiker nicht zu allem äußern. Beides ist natürlich richtig. Ansonsten halten sich jedoch die Politiker auch nicht zurück, wenn es darum geht, die Kirche für ihre Zwecke zu benützen. Eine Mehrheit der Antworten von Tiroler Priestern auf eine Umfrage hin geht kritisch auf diese Zurückhaltung der Politiker ein. Pfarrer Franz Mayr aus Birgitz ist ein Beispiel dafür: „Obwohl ‚Judenstein' nach außen hin zuerst eine Sache der Kirche allein zu sein scheint, verbergen sich dahinter gesellschaftliche Haltungen, Einstellungen und Vorgänge, die auch die Politiker interessieren müßten und die die Politiker zu einer klaren und eindeutigen Stellungnahme bewegen müßten. Die nachmalige Stellungnahme des politischen Gemeinderates von Rinn ist zwar eindeutig, aber nichts als beschämendes politisches Taktieren. Aber auch die ‚große Politik' müßte sich kümmern, das, was sich im Fall Judenstein als Symptom für Unbewältigtes und Verdrängtes gezeigt hat, mutig aufzugreifen und so der Gegenwart und Zukunft unserer Heimat einen Weg sozialen und religiösen Friedens glaubhaft zeigen zu helfen."

Wie recht der Pfarrer aus Birgitz mit dieser Forderung behalten sollte, hat der zusehends unverschämter gewordene Antisemitismus der letzten Monate gezeigt. Dabei sind die ÖVP-Politiker nicht neutral geblieben, wie der damalige Landeshauptmann von Tirol, Eduard Wallnöfer, welcher feststellte, „daß die Sache des Anderle von Rinn wohl in erster Linie die Sache des Diözesanbischofs sein muß. Der Bischof dürfte bei seinen Entscheidungen im Auftrag des Vatikan tätig sein".

Auch das ist sicherlich richtig. Nur, ein unterstützendes Wort Wallnöfers hätte die Wogen sicherlich etwas geglättet und die Position des Bischofs gestärkt. Der Landeshauptmann ließ jedoch die Tiroler bewußt über seine Meinung im ungewissen.

Da der Antisemitismus in Österreich nach der Watch-list-Entscheidung des US-amerikanischen Justizministeriums in ein neues Stadium getreten ist und es zu Anpöbelungen gegenüber Juden kommt und da dies vor allem gegenüber orthodoxen

Juden geschehen ist, konzentrierte sich die Aufmerksamkeit auf Wien. Nur dort gibt es orthodoxe Juden. Diese Vorfälle sollen jedoch nicht vergessen machen, daß gerade in Tirol auch vorher antisemitische Äußerungen „zum guten Ton gehörten". Ein Beispiel dafür ist der für die – von der ÖVP-Tirol herausgegebenen – „neue tiroler zeitung" schreibende Kärntner Journalist Ingomar Pust. Am 24. April 1985 schrieb Pust in seiner Kolumne „Im Brennpunkt":

„Aber eine permanente Gehirnwäsche der Umerziehung hat in einem Teil der Deutschen eine geradezu perverse Lust zur Selbstbeschmutzung und zur verbalen Selbstgeißelung erzeugt. Es ist gelungen, einen Kollektivschuldkomplex in die Hirne zu brennen, der unheilvolle Wirkung zeitigt. Er gibt Sowjets und Juden Anlaß, sich moralisch zu erheben. Er zerstört vor allem die nationale Identität und den Willen zur Selbstbehauptung. Die Friedensbewegung in Deutschland ist eine Ausgeburt des deutschen Nationalmasochismus, ein Kind der Umerziehung."

Daß dies jedoch in Tirol nicht immer so hingenommen wird, zeigt die Reaktion der Redaktion der ÖVP-Zeitung. Am 3. Mai veröffentlichte sie folgenden Text:

„Die Redaktion der ‚neuen tiroler zeitung' bekennt sich zu einem Wertkonservatismus auf Basis christlich-sozialer Weltanschauung. Diese Grundhaltung hat nicht im entferntesten mit ‚ewiggestrigen' Ausflüssen eines Rechtsextremismus oder Neofaschismus zu tun – im Gegenteil. Aus gegebenem Anlaß distanziert sich daher die Redaktion von den Leitartikeln des Herrn Ingomar Pust, eines Mitarbeiters der Klagenfurter VZ-Redaktion, die die Seiten 2 und 3 der ntz von Kärnten mitgestaltet.

Diese Aufklärung scheint der Redaktion notwendig, da die Kolumnen des Herrn Pust in Tirol wiederholt zu unserer Meinung nach durchaus berechtigten Protesten Anlaß gegeben haben. So schreibt zum Beispiel der Politologe Dr. Andreas Maislinger vom Institut für Politikwissenschaft der Universität Innsbruck in einem offenen Brief an ÖVP-Bundesparteiobmann Dr. Alois Mock:

‚Nach Lektüre des Beitrages >Folgen der Hirnwäsche< muß man sich als einer, der sich bemüht, Schüler und Studenten über die Verbrechen des Nationalsozialismus und die Gefahren jeglichen Totalitarismus aufzuklären, beleidigt fühlen. Es ist nicht zu glauben, welchen Wust von Verdächtigungen und pauschalierenden Verurteilungen Herr Pust ausspricht. So nennt er >Sowjets und Juden< ebenso in einem Atemzug, wie er sich dagegen ausspricht, daß ein gefallener Deutscher nicht mit einem ermordeten Juden gleichgesetzt wird. Ich wäre froh, wenn Sie als Bundesparteiobmann gegen eine derartige Koketterie Pusts mit dem Nationalsozialismus auftreten würden.'

Diesen Ausführungen hat die ntz-Redaktion nichts hinzuzufügen."

Leider doch, denn am 18. Mai mußte die Redaktion von einer Aussprache der Ringpartner („Volkszeitung", „Salzburger Volkszeitung" und „neue tiroler zeitung") berichten, daß sich die drei Partner einstimmig für eine Fortsetzung der Kooperation ausgesprochen haben.

„In diesem Zusammenhang darf darauf verwiesen werden, daß auch Herr Ingomar Pust weiter Kommentare für den Zeitungsring schreiben wird. Thematische Inhalte seiner Leitartikel werden aber vor Drucklegung mit den Ringpartnern besprochen."

Warum mußte die ntz-Redaktion klein beigeben? Die Antwort hat wieder mit den Tiroler ÖVP-Politikern und der halbherzigen Vorgangsweise Alois Mocks zu tun. Wegen der Intervention eines Tiroler Großindustriellen und Protesten von Lesern der ntz durfte Pust nicht hinausgeworfen werden. Da diese ÖVP-Zeitung eine geringe verkaufte Auflage hat, kann man davon ausgehen, daß sie im wesentlichen von Funktionären der Partei gelesen wird. Scheinen diese also derartige „griffige" Kommentare gerne zu lesen? Außerdem sind die Großanzeigen des erwähnten Industriellen existenznotwendig für die Zeitung. Schließlich fiel noch auf, daß der Landesparteisekretär und der Bundesparteiobmann in persönlichen Briefen auf Distanz zu Pust gingen, diese Kritik jedoch nicht in der Öffentlichkeit wiederholten. Man könnte es sich mit einem Antisemiten und „alten Nazi" verscherzen. Anders ist dieses Schweigen nicht zu begreifen.

Einige Ausnahmen müssen noch Erwähnung finden: Besonders von Vertretern des „Innsbrucker Mittelstandes" (IMS) und der „Alternativen Liste Innsbruck" (ALI) gab es eindeutige Stellungnahmen gegen den Anderl-Kult. Diese Ablehnung deckt sich auch mit dem starken antinazistischen Engagement dieser Parteien. Rechtsanwalt Paul Flach (IMS) schreibt von der „Ritualmord-Lüge".

„Der Politiker, zu dessen Maxime die Wahrheitspflicht zählt, muß daher die von Bischof Dr. Reinhold Stecher getroffenen Maßnahmen bedingungslos und in aller Öffentlichkeit bejahen."

Astrid Kirchbaumer (ALI) nimmt die Kirche von ihrer Kritik nicht aus: *„Die Legende hat jahrhundertelang ihre Schuldigkeit getan, die Legende wird vom Hochaltar in eine Seitenwand ‚umgebettet'; vielleicht braucht man sie wieder einmal. Heute bildet man neue."*

Die Aussagen des ÖVP-Abgeordneten Andreas Khol lassen zwar auch nichts an Schärfe vermissen, sie finden sich jedoch nur in einem persönlichen Brief und nicht in einer Presseaussendung an die Tiroler Medien:

„Als Tiroler Abgeordneter in Wien bin ich stolz darauf, daß unser Bischof, der den Ruf hat, ein Konservativer zu sein, diesen mutigen Schritt gesetzt hat, um diesen Anachronismus zu beseitigen. Vor ihm hatten schon viele darüber geredet, aber die Konfrontation gescheut. Dr. Stecher hat hier sehr klar unter Beweis gestellt, daß Konservative an der Spitze des Fortschritts stehen, wenn sie ihr Bekenntnis zu unverrückbaren Werten ernstnehmen. Angesichts des tausendfachen Kindermordes in den Konzentrationslagern des Nationalsozialismus ist es ganz einfach für jeden denkenden Menschen eine Provokation, wenn eine Legende zum Gegenstand des Kultes gemacht wird und damit einem hetzerischen Antisemitismus geistig der Weg bereitet wird."

Warum hat Kohl diese Aussagen nicht öffentlich gemacht, und warum hat er sich ein Jahr später nicht ebenso deutlich gegen den „neuen Antisemitismus" gewandt? Warum hat er es in einem Kommentar seinen Parteifreunden in der ntz nicht mitgeteilt? Die diesbezüglichen Nachfragen blieben unbeantwortet.

Wer jedoch glaubt, daß wenigstens jetzt endlich Schluß ist mit dem „Antisemitismus ohne Juden", der irrt. So schlug die „Plattform Ärzte für das Leben" im Juni 1987 vor, das Anderle von Rinn als Patron für die Ungeborenen zu wählen. Dazu nahm Bischof Stecher unverzüglich wie folgt Stellung:

„... ist es höchst bedenklich, daß sich eine Akademikerorganisation, die ein an sich hochaktuelles und lobenswertes Ziel verfolgt, in der Wahl ihrer Mittel so vergreift. Die im Vorschlag der Plattform enthaltene Blindheit für die Unmenschlichkeit von gestern kann dem Kampf gegen die Unmenschlichkeit von heute wahrlich nicht nützen."

Die hier zusammengetragenen Mosaiksteine über den aktuellen Antisemitismus in Tirol bestätigen im wesentlichen jene sozialwissenschaftlichen Untersuchungen, wonach es in den westlichen Bundesländern, namentlich auch in Tirol, ein Paradoxon gibt – den Antisemitismus ohne Juden. Die Glaubwürdigkeit Tiroler Politiker, die als „Stimmungsbarometer" für den Antisemitismus in diesem Bundesland herangezogen wurden, wird sich in dieser Frage auch darin zeigen, inwieweit diese bereit sind, der eindeutigen Haltung der Tiroler Kirche zu folgen. In einem von der ÖVP als „christliche" Partei dominierten Land, das die „Treue zu Gott" in seiner Verfassung verankert hat, wäre es allerdings naheliegend, sich die Grundsätze des II. Vatikanums über die Versöhnung zwischen Christen und Juden zu eigen zu machen. Dazu gehört aber auch ein klares Auftreten gegen jegliche Spielart von Antisemitismus.

HAKOAH

Der vergessene jüdische Sportverein

Uta Tschernuth

Die Gründung des Ersten Wiener Turnvereins fällt in das Jahr 1861. Doch erst in den neunziger Jahren des vorigen Jahrhunderts setzte ein richtiger Aufschwung des Sports ein. Auch Juden gehörten anfangs den Turnvereinen an. Diese entwickelten sich jedoch allmählich zu deutschnationalen und antisemitischen Organisationen, die den Arierparagraphen einführten.

So hatte der 1919 gegründete Deutsche Turnerbund folgende Ziele:

„Größte Einheitlichkeit in deutschnordischem Blute, straffste Zusammenfassung aller in Mitteleuropa angesiedelten Deutschen dieses selben Blutes zu einem machtvollen Staatswesen unter Ausschluß aller Fremdstämmigen."

Weit verbreitet war die Meinung, daß die Juden eine unsportliche, schlappe und schwache Rasse seien. So schrieb SCHÖNERER 1886 anläßlich der Gründung eines österreichischen Turnvereins folgenden Vers:

„Eh' werdet ihr der Katze lehren
Daß ihre Art sie lasse
Eh' ihr zum Turnen könnt bekehren
Des Juden Volkes Rasse."

Dieses Vorurteil reichte weit in unser Jahrhundert hinein. Viele Juden versuchten dem Antisemitismus durch Assimilierung entgegenzuwirken. Auch THEODOR HERZL war anfänglich dieser Meinung, bis er erkannte, daß die Angleichungsbestrebungen dem Antisemitismus nicht entgegenwirken konnten.

In dieser Situation befürwortete man die Gründung eines Vereines, der das jüdische Selbstbewußtsein stärken sollte. In Budapest existierte bereits ein jüdischer Club, der „Vivo és Athletikai“, dessen Mannschaft in Wien ein Spiel gegen die Reservemannschaft des First Vienna Cricket and Football Club austrug. Bei dieser Gelegenheit propagierte der Vereinsleiter DR. LIPOT WEISS bei Gleichgesinnten die Gründung eines Wiener Brudervereines.

Im Jahre 1909 war es schließlich soweit. In den Räumen der Lese- und Redehalle der jüdischen Hochschüler – damals in der Hörlgasse 11 – fand die konstituierende Generalversammlung statt. Mit Ausnahme der Trainer wurden nur Juden in den Verein aufgenommen. Die Aufgabe des Clubs bestand in der Erziehung zum bewußten Juden sowie der Förderung des Nationalbewußtseins.

Männer der ersten Stunde waren:
EUGEN EISLER, ALOIS GRÜNWALD, FERDINAND KARS, DR. I. H. KÖRNER, DR. FRITZ LÖHNER, DR. WILHELM ROSNER, PAUL RUDOLFER, DR. DAVID WEINBERGER, SALOMON WEINBERGER, DR. LIPOT WEISS.

Die jüdische Jugend trat aber den Blau-Weißen anfangs nur zaghaft bei. A. BAAR, ein großer Förderer der Hakoah, erwähnte die anfängliche Interesselosigkeit der jüdischen Bevölkerung gegenüber dem Verein.

Zuerst war die Hakoah – das heißt auf hebräisch „Kraft“ – ein reiner Fußballverein. Im Winter des Gründungsjahres erfolgte die Anmeldung beim Fußballverband.

Innerhalb des Verbands wurde die Hakoah in die 2. Spielabteilung der Klasse C eingereiht. Eines der ersten Spiele – gegen die Floridsdorfer Columbia – verlief eher kläglich. Nach Spielende stand es 10:0 für den Gegner. Trotz dieses schlechten Ergebnisses ließ man sich aber nicht entmutigen.

Eine besondere Rivalität herrschte zwischen der Hakoah und dem Akademischen Sportclub. Dieser wurde ungefähr zur gleichen Zeit gegründet und bestand zum Großteil aus jüdischen Spielern, die aber nach und nach zur Hakoah wechselten.

Eine Reihe von Vereinen löste sich auf, dadurch rückte die Hakoah, ohne eine Meisterschaft zu gewinnen, in die dritte Klasse und damit in die Abteilung B vor.

Im Meisterschaftsjahr 1911/12 gelangte sie hinter „Sturm“ und „Rennweg“ auf den dritten Platz der B-Klasse. Die Saison 1912/13 wurde von schweren Kämpfen um den Aufstieg in die

2.-A-Klasse beherrscht. Der schärfste Rivale war die neu gegründete Admira. Beide Mannschaften gewannen in der Herbstserie alle Spiele. Das Treffen Hakoah – Admira endete untentschieden. Nach den damaligen Bestimmungen stiegen beide Vereine auf.

Die Hakoah wurde aber wegen des schlechteren Torverhältnisses (75:18) hinter die Admira (108:10) gereiht. Somit erreichten sie im ersten Jahr den zweiten Platz der 2.-A-Klasse.

Während des Ersten Weltkrieges erlahmten fast alle sportlichen Aktivitäten. Ab der Saison 1919/20 begann die große Zeit der Hakoah. In der Fußballsaison 1924/25 wurden die Blau-Weißen sogar Meister.

Viele Spiele wurden im Ausland ausgetragen. Die Hakoah erzielte beispielsweise in London bei einem Retourspiel gegen Westham United ein sensationelles 5:0.

In den ersten Jahren hatte die Hakoah kein eigenes Spielfeld. Zuerst übte sie im Überschwemmungsgebiet der Donau, in der Nähe der Nordbrücke. Jedesmal mußten die Torstangen, die man in einer Hütte aufbewahrte, mühsam zum Spielfeld getragen werden, das von den Spielern mit Kalk markiert wurde.

Später trainierte man in der Nähe einer Misthalde am sogenannten Bruckhaufen in Floridsdorf. Hier litt man wiederum unter der ständigen Geruchsbelästigung. Einen passenden Platz fand der Verein schließlich im Prater zwischen der Krieau und dem Handelskai. Unter großen finanziellen Schwierigkeiten installierte man eine geräumige Sportanlage mit Tribünen.

Zur Eröffnung des Hakoah-Sportplatzes am 15. April 1922 erschien folgender Artikel im „Illustrierten Sportblatt“:

„*... Ein tadelloses Fußballfeld, Laufbahn und Sprungplatz für viele Leichtathleten des Klubs sind vorhanden, eine vorläufig noch offene Tribüne mit Logen mit drei Bankreihen zusammen 3 500 Sitzgelegenheiten und die Stehplätze können 25 000 Personen umfassen. Der Platz ist ausbaufähig, und wer die Strebsamkeit des Vereins kennt, weiß, daß dort unten im Prater sich in wenigen Jahren eine Sportanlage erheben wird.*“

Auch die Hockeyspieler bekamen ihr eigenes Feld und im Laufe der Zeit wurde die Anlage um sieben Tennisplätze erweitert.

Anfang der zwanziger Jahre erfreute sich die Schwimmsektion der Hakoah regen Zulaufs. Am Kuchelauer Hafen wurden ein Grundstück gepachtet und ein Floß verankert. Es stellte die Basis des Sommerbetriebes dar. Im Winter konnte nicht immer trainiert werden, da viele Bäder nur offen hielten, wenn man die Kohle bezahlte.

Zur Elite der österreichischen Schwimmgarde zählten HANS GOLDBERGER, WALTER STEIN und HUBERT NASSAU. Besonders beliebt und populär war das „Quer-durch-Wien-Schwimmen", das 1925 die 15jährige FRITZI LÖWY gewann. Sie zählte wie JUDITH DEUTSCH und HEDY BIENENFELD zu den Spitzensportlerinnen.

Dazu erschien in der „Deutschösterreichischen Tageszeitung" folgender antisemitischer Artikel:

„Vor einer Rekordzuschauermenge – es wurden gegen eine halbe Million Zuschauer geschätzt – fand am vergangenen Samstag das ‚Quer-durch-Wien-Schwimmen' statt. An der Strommeisterschaft und am Werbeschwimmen nahmen gegen 400 Schwimmer teil. Mit Bedauern müssen wir feststellen, und es wirft ein bezeichnendes Licht auf die Zustände in unserem Schwimmsport, daß von zehn Teilnehmern neun Juden waren. Die vollständige Verjudung des österreichischen Schwimmsports... Die Herrenmeisterschaft gewann der ungarische Jude Guth, die Frauenmeisterschaft brachte die polnische Jüdin Löwy vor ihrer Klubkollegin Bienenfeld an sich."

Im Jahr 1924 erwies sich ARNOLD als der beste österreichische Turmspringer. Schwimmen wurde bereits in den zwanziger Jahren ein Massensport.

Ein Ausländerparagraph, der die Erfolge der Wasserballmannschaft beschränken sollte, wurde jedoch bald wieder aufgehoben. So errang die Wasserballmannschaft der Hakoah im Jahr 1926 den Meistertitel, den sie erfolgreich bis 1928 verteidigte.

Immer häufiger kam es zu antisemitischen Ausschreitungen. Vor allem die Sportler und Anhänger des EWASK (Erster Wassersportklub) waren erbitterte Gegner der Hakoah. In Linz weigerten sich die Spieler des EWASK, mit Juden in einer Mannschaft zu spielen.

Während eines Wasserballspieles im Dianabad ertönten Sprechchöre von den Tribünen:

„Deutschland erwache, Juda verrecke."

JUDITH DEUTSCH, RUTH LANGER und LUCIE GOLDNER wurden für die Olympiade in Berlin nominiert. Wegen des immer stärker werdenden Antisemitismus weigerten sich jedoch die Schwimmerinnen anzutreten. Die Hakoah begründete die Entscheidung ihrer Sportlerinnen der Österreichischen Turn- und Sportfront gegenüber folgendermaßen:

„...die allgemein bekannten Diffamierungen, öffentliche Verfolgung und Entrechtung unserer jüdischen Brüder in Deutschland machen es mit unserem Gewissen unvereinbar, an den Berliner olympischen Kämpfen teilzunehmen. Diese unsere Stellungnahme ist uns schwergefallen. Als Sportler, weil doch die Olympiade die Krönung allen sportlichen Strebens bedeutet, als Österreicher, weil wir stolz darauf wären, Österreichs Farben in den Wettkämpfen vertreten zu dürfen!“

Die Absage von JUDITH DEUTSCH wurde mit einem Startverbot für zwei Jahre beantwortet.

Die Sektion Leichtathletik wurde 1911 ins Leben gerufen. Ihr Vizepräsident und Mitbegründer des Vereins war DAVID WEINBERGER. Vor allem ARPAD BLÖDY, WALTER FRANKL, SIEGMUND KLEIN, ALFRED KÖNIG und KALB erbrachten Spitzenleistungen. Die ersten Damen wurden 1921 aufgenommen. Berühmte Namen stechen ins Auge: GERDA GOTTLIEB, GRETE NEUMANN und HELLY DEUTSCHER.

GERDA GOTTLIEB war zuerst Schwimmerin. Sie fiel durch ihren weiten Startsprung auf, und deshalb riet ihr der Trainer, zur Leichtathletik zu wechseln. Sie hielt den Weltrekord im Hochsprung vom Stand mit 1,32 Metern.

Auch die Leichtathleten wurden mit antisemitischen Angriffen attackiert. Kurz vor dem „Quer-durch-Wien-Lauf“ im Jahr 1915 erließ der Deutsche Turnerbund einen Aufruf. Demnach seien Wettkämpfe nur dann gültig, wenn daran ausschließlich Angehörige deutscher Volksstämme teilnähmen und man somit weder deutsches Volksempfinden noch Volkstum in Mitleidenschaft ziehe.

Besonders erfolgreich war die Ringersektion. Sie gewann fast alle Mannschaftsmeisterschaften von der Mitte der zwanziger Jahre an. Anfangs trainierte man in der Turnhalle der Thoraschule, die ersten Aktiven waren SIEGMUND DEUTSCH, MAX BERGER, EDMUND BERGTRAUN und SIEGMUND GLÜCK. Trainer war der ehemalige Europameister LUDWIG ZWICKER.

MICKI HIRSCHL, einer der bekanntesten Athleten, legte den deutschen Europameister GEHRING in weniger als drei Minuten auf die Schulter. Er gewann bei der Olympiade in Los Angeles zwei Medaillen.

Die Ringersektion wurde auch eine Verteidigungsgruppe, die antisemitische Angriffe abwehrte. Galizische Flüchtlinge des Ersten Weltkriegs gingen sonntags meist am Franz-Josefs-Kai spazieren. Hier attackierten Hochschüler aus Spaß jüdische Bürger und nannten das „Antisemitenbummel". Diese Provokationen beendete die Ringergilde rasch, indem sie sich unter die Spaziergänger mischte und die Provokateure in die Flucht schlug.

Die Fechtsektion erlangte durch viel Training bald nach ihrer Gründung eine geachtete Stellung in dieser Sportart. Anfangs wurde in den Räumen der jüdisch-akademischen Verbindung Makkabäa geübt. Ihr Lehrer war der Universitätsfechtmeister KARL BERGER. Erfolgreich waren die Herren GEORG FARKAS, HANS BIX und EGON FRÖHLICH sowie die Damen ANNY HAHN, MARTHA SINGER, ADY PORJES und STELLA FREUD.

In der Hakoah begann man erst spät Handball zu spielen. Diese Sektion bildete sich aus der Leichtathletikmannschaft. Die Männer konnten sich im Gegensatz zu der Damenmannschaft nicht richtig behaupten, obwohl sie in die obere Spielklasse aufrückten.

Selbstverständlich spielte man auch Hockey. Die Hakoah gewann die Meisterschaft in den Jahren 1925, 1927/28, 1934/35 und 1936/37.

Die Tennissektion wurde von BRUNO SPIRA gegründet. Vorerst spielte man auf fremden Plätzen. Erst 1924 wurde der Bau der Tennisanlage in der Krieau in die Wege geleitet. 1926 zählte der Verein bereits 120 Mitglieder. WILLI EHRENREICH, einer der bekanntesten, gewann viele Preise für den Verein.

Im Winter 1911/12 initiierten FERDINAND GARS und FRITZ ENGEL einen Skikurs in Goisern. Nach dem Ersten Weltkrieg registrierte man immer mehr Mitglieder in der Touristik- und Wintersportsektion. An einem Skikurs im Jahr 1925 in Mariazell nahmen gar 130 Personen teil.

Die Schutzhütte am Semmering wurde schließlich 1935 in Anwesenheit des Oberrabbiners DR. FEUCHTWANG eröffnet. Im Anschlußjahr plünderten die Nationalsozialisten das Haus, bis die Polizei einschritt und die Hütte für ihre eigenen Zwecke verwendete. Erst nach dem Zweiten Weltkrieg gab man sie der Hakoah zurück.

Die Aktivitäten der Hakoah schienen beinahe unzählig. Die Hakoah wurde zu einem Allround-Verein. Ein eigenes Orchester unter der Leitung PROF. BRASLOVSKYS sorgte für Unterhaltung. Die Simultan-Schach-Abende zogen viele Zuschauer an.

Im Anschlußjahr erfolgte dann der Schlußpfiff. Dazu das Sportblatt vom 19. März 1938:

„Weisung an alle deutsch-österreichischen Fußballvereine: Alle jüdischen Sportler sind aus dem Sport- und Spielbetrieb auszusieben."

Die Hakoah und andere jüdische Vereine wurden aufgelöst und in den neu gegründeten Makkabi-Wien eingegliedert. Gleich nach dem Zweiten Weltkrieg nahm die Hakoah ihre Tätigkeit wieder auf und existiert auch heute noch.

DER JÜDISCHE BEITRAG ZUR ÖSTERREICHISCHEN KULTUR DER JAHRHUNDERTWENDE

Erika Weinzierl

Die Geschichte der Kultur eines Landes, eines Volkes oder einer Stadt kann nicht ohne den Hintergrund seiner politischen und sozialen Geschichte dargestellt werden. Das gilt ganz besonders für das hier zu behandelnde Thema: Das Fin de siècle-Wien und die „letzten Jahrzehnte einer Großmacht" waren zunächst Gegenstand des Interesses von Schriftstellern und Verfassern von Memoiren. Wissenschaftler, Kulturhistoriker und Philosophen, überwiegend nicht österreichischer Herkunft, haben sich erst in den letzten Jahrzehnten mit der Geistes- und Kulturgeschichte Wiens um die Jahrhundertwende zu beschäftigen begonnen. Es ist ja tatsächlich ein faszinierendes Phänomen, daß in der Hauptstadt eines Reiches, das infolge des Nationalitätenkampfes bzw. der Intoleranz der herrschenden deutschen und magyarischen Minderheiten zerfiel, eine multinationale Kultur ihren Höhepunkt erreichte. Daß ein wesentlicher Beitrag dazu von Juden geleistet wurde, die von Antisemiten vor allem deutschnationaler, aber auch christlichsozialer Provenienz fanatisch bekämpft wurden und daß von den 1890 in Wien lebenden 1,341.977 Menschen nur 35 Prozent heimatberechtigt waren, gehört ebenfalls zu den Paradoxien dieser „Welt von gestern".

Die politische Position der Habsburgermonarchie entsprach in jener Zeit schon lange nicht mehr ihrer territorialen Größe. Zwar gelang es Außenminister Aehrenthal, durch sein taktisches Geschick die Okkupation Bosniens und der Herzegowina 1908 in eine Annexion umzuwandeln, doch hat diese, nur vom Deutschen Reich unterstützte Aktion der Monarchie auf längere Sicht außen- und innenpolitisch mehr geschadet als genützt, ja sie gehört sogar schon zur Vorgeschichte des Ersten Weltkrieges. Dessen Kern-Allianzen – hier Dreibund (Deutsches Reich, Österreich-Ungarn, Italien) bzw. Mittelmächte, dort Entente (Frankreich, Rußland, Großbritannien) – standen schon fest. Das Attentat des jungen Serben Princip auf den Thronfolger Franz Ferdinand, der sich gegen die Annexion ausgesprochen hatte, in Sarajevo am 28. Juni 1914 war selbstverständlich eine schwere Provokation. Daß sie einen Monat danach mit dem für Serbien unannehmbaren Ultimatum beantwortet wurde, war nicht das Werk des 84jährigen Kaisers, sondern das Ergebnis der Beeinflussung von Diplomaten durch Generalstäbe und Heeresleitungen in Wien – nach Karl Kraus 1914 ein „Experimentierfeld für Weltuntergänge" – und Berlin. In Berlin lagen Pläne für die Eroberung von Lebensraum im Osten vor, die sich mit den Vorstellungen der Machthaber des Dritten Reiches weitgehend deckten.

Allen Siegen und Rückzügen der Armeen der Mittelmächte ab 1915 an drei Fronten zum Trotz wurde ja auch ein polnisches Generalgouvernement unter deutscher Herrschaft errichtet. Sicherlich hatte diese Entwicklung so wie der ganze Erste Weltkrieg mehrere Ursachen, die in der imperialistischen Politik jener Zeit lagen. Ein maßgeblicher Anteil daran ist aber auch dem schon genannten ungelösten Nationalitätenproblem der Habsburgermonarchie zuzuschreiben.

Alle österreichischen Ministerpräsidenten, die sich um einen „Ausgleich" vor allem mit den Tschechen (nach ungarischem Vorbild) bemühten, sind gescheitert. Am spektakulärsten 1897 der polnische Graf Kasimir Badeni, gegen dessen „Sprachenverordnungen" für Böhmen und Mähren (doppelsprachige Amtsführung; Pflicht für Beamte, innerhalb von drei Jahren Tschechisch zu lernen) die deutschsprachigen Österreicher so massiv protestierten, daß der Kaiser Badeni entließ. 1899 wurden die Sprachenverordnungen aufgehoben. Die mit ihnen verbundenen Demonstrationen und Auseinandersetzungen waren so spektakulär, daß sie selbst bei manchen Historikern den einzigen danach noch zustande gekommenen nationalen Kompromiß, den Mährischen Ausgleich von 1905, demzufolge die Landtagswahlen durch nationale Kurien stattfanden, verdrängten. Daß in diesem Zeitraum wegen nationaler Unruhen über Prag mehrmals das Standrecht verhängt wurde und daß aus demselben Grund der Reichstag in Wien durch Obstruktion länger als handlungsunfähig ausfiel und daher 1898, 1900 und ab 1914 nur mit Notverordnungen gemäß § 14 der Verfassung regiert wurde, zeigt die zentrale Bedeutung des Nationalitätenproblems für die Monarchie. Selbst Ministerpräsident Beck, der zu seiner Lösung 1907 das allgemeine, gleiche, geheime und direkte Wahlrecht für Männer erreichte, trat 1908 wegen des Scheiterns von Ausgleichsverhandlungen mit den Tschechen zurück.

Damals waren die Abgeordneten schon nach dem neuen Wahlrecht gewählt. Von den 516 Abgeordneten waren 233 deutschsprachig, 107 Tschechen, 82 Polen, 33 Ruthenen, 24 Slowenen, 19 Italiener, 13 Kroaten und 5 Rumänen. 98 Abgeordnete waren Christlichsozial-Konservative (die Konservativen hatten sich 1907 mit den erfolgreichen Christlichsozialen vereinigt) und 87 Sozialdemokraten. Jede der erst Ende der achtziger Jahre organisatorisch geeinten jungen Massenparteien – die erste große Massenkundgebung der Sozialdemokraten hatte am 1. Mai 1890 stattgefunden – hatte die deutschliberale Mehrheit früherer Parlamente überflügelt. Die nationale Frage zu lösen gelang allerdings auch ihnen nicht. Sogar vor den prinzipiell international und pazifistisch eingestellten Sozialdemokraten machte die nationale Spaltung nicht halt, und bei Kriegsausbruch 1914 ließ sich Friedrich Austerlitz, der Chefredakteur der „Arbeiter-Zeitung“, und mit ihm ein Großteil der Arbeiterpartei Victor Adlers von der allgemeinen Kriegsbegeisterung mitreißen. Erst im dritten Kriegsjahr setzte das Attentat Friedrich Adlers auf Ministerpräsident Stürgkh ein Zeichen des „linken“ Widerstandes gegen die „Kriegsdiktatur“. Der als theoretischer Physiker und Philosoph ausgebildete Sohn hat im Vollbesitz seiner geistigen Kräfte diesen politischen Akt gesetzt, wie er auch in seinem Prozeß selbst präzise dargelegt hat. Nach jüngsten Forschungen (Rudolf G. Ardelt) haben dabei ödipale Komplexe eine weit geringere Rolle gespielt, als auch manche Historiker bisher annahmen. Politische Attentate gab es in Wien aber schon vor Kriegsbeginn: 1913 erschoß Paul Kunschak den sozialdemokratischen Abgeordneten Franz Schuhmeier. Politische Kundgebungen verliefen im allgemeinen ohne Opfer, doch wurde z. B. bei den Demonstrationen gegen die Lebensmittelteuerung infolge der schlechten Ernte 1911 ein Arbeiter von einem Polizisten durch einen Bajonettstich getötet.

Bei den letzten Reichsratswahlen vor dem Krieg 1911 verloren die Christlichsozialen im Wiener Bereich die Mehrheit, die ihnen die Popularität ihres 1910 verstorbenen Führers Dr. Karl Lueger lange gesichert hatte. Diesem hatte Kaiser Franz Joseph über fünf Wahlen durch den Gemeinderat hinweg (1894 bis 1897) unter dem Einfluß des Hofes und des hohen Klerus die Ernennung zum Bürgermeister verweigert. Lueger, der seinen Aufstieg zunächst als Interessenvertreter der Kleinbürger und Gewerbetreibenden auch durch massive antisemitische Agitation erreicht hatte, wurde ab 1897 ein in vieler Hinsicht bedeutender Kommunalpolitiker. Der bei seinen Feinden als radikaldemokratischer „Umstürzler" geltende Bürgermeister Lueger ließ es dann auch an Loyalität gegenüber dem Herrscherhaus nicht fehlen. Große technische und städtebauliche Neuerungen wie z. B. der Bau der Wiener Stadtbahn, die Elektrifizierung der Straßenbeleuchtung, zunächst auf dem Kohlmarkt, die Demolierung des Linienwalles, an dessen Stelle der „Gürtel" errichtet wurde, wurden schon vor der Ernennung Luegers zum Bürgermeister begonnen. Er hat sie alle weitergeführt, das Gaswerk Simmering, das Lainzer Versorgungshaus, die Heil- und Pflegeanstalt am Steinhof mit der berühmten Jugendstilkirche Otto Wagners, und er hat die zweite Hochquellenwasserleitung u. a. m. errichten und zudem die Gas-, Elektrizitätswerke und Straßenbahnen kommunalisieren lassen.

Nicht diese Leistungen waren es jedoch, die den jungen Adolf Hitler so begeisterten, daß er Lueger in „Mein Kampf" als „größten deutschen Bürgermeister" pries, sondern dessen Anziehungskraft auf die Massen, jene Eigenschaft, die er bei seinem zweiten Vorbild Georg von Schönerer vermißte. Dafür war Schönerer ein radikaler Rassenantisemit, was Hitler wiederum nach seiner eigenen Aussage selbst in Wien wurde. Hitler wurde in der seine Persönlichkeit prägenden Jugend zwar nicht, wie er gehofft hatte, an die Akademie der bildenen Künste aufgenommen, sondern hat in Männerheimen gewohnt und von mütterlicher Unterstützung sowie dem Verkauf von postkartengroßen, dilettantischen Aquarellbildern gelebt, deren Rückseite er mit ergebenen Widmungen für die Käufer versah. Die theoretischen Grundlagen seines Antisemitismus hat er jedenfalls zum Teil der in Wiener Trafiken aufliegenden „Ostara, Briefbücherei der Blonden und Mannesrechtler" des abstrusen Dr. Lanz von Liebenfels entnommen, der auf seiner niederösterreichischen „Ordensburg" Werfenstein die Hakenkreuzfahne hißte. Auch den letzten Vortrag Karl Mays im Frühjahr 1912 in den Stephaniesälen „Empor ins Reich der Edelmenschen" ließ er sich nicht entgehen.

Nur wenige Wochen vorher hatte Stalin in der Hofbibliothek für sein Werk „Marxismus und nationale Frage" gearbeitet,

Wien aber schon im Februar wieder verlassen. Trotzki war ebenso wie Hitler bereits 1907 nach Wien gekommen, wo er mit seiner Frau sieben Jahre seiner zweiten Emigration in einem „Armeleutehaus" in Hütteldorf wohnte und seinen Unterhalt durch das Schreiben von Zeitungsartikeln bestritt. Nicht der Glanz der Kaiserstadt hatte Trotzki veranlaßt, sich in Wien niederzulassen, sondern das Aufenthaltsverbot der Berliner Polizei und sein Wunsch, den deutschen Sozialdemokraten so nahe wie möglich zu sein. Sein Verhältnis zu den Wiener Sozialdemokraten war dagegen zwiespältig. Der Wiener Sozialdemokrat Hilferding, der nach 1918 im Deutschen Reich Finanzminister wurde, brachte ihn zuerst mit seinen „Wiener Freunden" Otto Bauer, Max Adler und Karl Renner zusammen, wie Trotzki in seiner Autobiographie selbst schreibt:

„Das waren sehr gebildete Menschen, die auf verschiedenen Gebieten mehr wußten als ich. Ich habe mit lebhaftem Interesse ihrer ersten Unterhaltung im ‚Café Zentral' (!) zugehört. Doch schon sehr bald gesellte sich zu meiner Aufmerksamkeit ein Erstaunen. Diese Menschen waren keine Revolutionäre. Mehr noch: sie stellten einen Menschentypus dar, der dem Typus des Revolutionärs entgegengesetzt war. Besonders verblüffte mich, daß diese gebildeten Marxisten absolut unfähig waren, die Marxsche Methode anzuwenden, sobald es um große politische Probleme, besonders um deren revolutionäre Wendungen ging."

Das Unverständnis für die russischen Probleme störte ihn besonders an Karl Renner. *„Dieser gebildete und begabte Habsburger Beamte war damals noch weit entfernt von dem Gedanken, daß das unglückliche Schicksal Österreich-Ungarns, dessen historischer Advokat er war, ihn nach einem Jahrzehnt zum Reichskanzler der österreichischen Republik machen würde."* Dieser Eindruck vertiefte sich noch, als Trotzki, mittlerweile Mitglied der österreichischen Sozialdemokratie, in dieser aktiv wurde. *„Der psychologische Typus der Marxisten kann nur in der Epoche der sozialen Erschütterungen, des revolutionären Bruchs mit den Traditionen und Gewohnheiten entstehen. Der Austromarxist aber erweist sich oft als ein Philister, der den einen oder den anderen Teil der Marxschen Theorie studierte, wie man Jus studiert und von den Prozenten vom ‚Kapital' lebt. Im alten, kaiserlichen, hierarchischen, betriebsamen und eitlen Wien titulierten die Marxisten einander wonnevoll mit ‚Herr Doktor'."*

Diese Beschreibung enthält einige Wahrheiten. Der Parlamentsbeamte Renner hatte schon damals unter verschiedenen Pseudonymen Lösungsvorschläge für das Nationalitätenproblem der Monarchie auf der Basis der Erhaltung des Gesamtstaates veröffentlicht. Das gilt auch für den später weit radikaleren Otto Bauer, auf der bürgerlichen Seite z. B. für Aurel von Popovici und während des Krieges für Ignaz Seipel. Daß die österreichische Vorliebe für Titel auch von Sozialdemokraten geteilt wurde, trifft wohl auch zu. Den intellektuellen Qualitäten der Theorie des politisch-philosophischen Austromarxismus wurde der Revolutionär Trotzki allerdings nicht gerecht. Wohl aber gab es einen beträchtlichen Unterschied zwischen sozialdemokratischer Theorie und Praxis. Sicherlich ist Kritik an der Linie der führenden Praktiker aus unterschiedlichen Gründen möglich. Dennoch ist die Sozialdemokratische Partei unter der Führung Victor Adlers stark geworden, und Karl Renners Politik am Beginn der Ersten und der Zweiten Republik hat diese über ihre so schwierigen Anfänge hinweggebracht.

Das schnelle Wachstum der beiden demokratischen Massenparteien, Christlichsoziale und Sozialdemokraten, von 1890 bis zum Ausbruch des Krieges, ist aber nicht auf die für die Existenz des Gesamtstaates entscheidende Nationalitätenfrage zurückzuführen, sondern auf die Veränderung der Gesellschaft durch die gegenüber Westeuropa verspätete Industrialisierung, zu deren wichtigsten österreichischen Zentren Wien gehörte. Fabrikanten und Bankiers wurden durch sie rasch reich. Erst 1896 wurde eine fünfprozentige Personaleinkommenssteuer eingeführt. Der Staatshaushalt insgesamt schloß von 1890 bis 1913, von wenigen Ausnahmen abgesehen, positiv ab. Die größten Budgetposten waren 1910 Eisenbahn (28,6 Prozent) und Militär (15,7 Prozent). Die Kleinbürger dagegen verelendeten, und das an Zahl ständig wachsende Industrieproletariat arbeitete und lebte unter heute fast unvorstellbaren Bedingungen. 1895 wurden – wie bereits 1883 und von Josef II. – die Arbeit von Kindern unter vierzehn Jahren und die Nachtarbeit von Frauen verboten, der elfstündige Arbeitstag und eine 24stündige Sonntagsruhe eingeführt. Das galt für die Fabriksarbeit. Lehrlinge und Dienstmädchen wurden häufig noch mehr ausgebeutet. 1900 begingen innerhalb von 14 Tagen in Wien fünf Dienstboten Selbstmord. Bei einer der Selbstmörderinnen sagt der Polizeibericht, daß es sich um ein 14jähriges Dienstmädchen handelt (Maria K.). „Schlechte Behandlung", so nannte der Polizeibericht das Motiv der Tat.

Eine zeitgenössische Beschreibung der Wiener Wohnverhältnisse von vielen Tausenden durch den Sozialreporter Max Winter aus dem Jahr 1908, dem Jahr des prunkvollen 60jährigen

Judengasse in Wien um die Jahrhundertwende.

Alte Ghettohäuser in Wien V, Tandlmarktgasse, um die Jahrhundertwende.

Jüdisches Traditionsbewußtsein:
Drei Generationen der Wiener Familie Wagner.

Gruppe von Juden vor einem Kleiderhandel in der Judengasse
um die Jahrhundertwende.

Zwei Juden auf dem Markt im Unteren Werd um die Jahrhundertwende.

Regierungsjubiläums Kaiser Franz Josephs, lautet: *„Die Küche ist 3,8 Meter lang und 1,9 Meter hoch. Kaum zwei Meter breit. Sie ist von der Afterpartei, einem Taglöhner, seiner Frau und dem fünfjährigen Kinde der beiden bewohnt. Sie schlafen zu dritt in einem Bett.“* Die Prachtbauten der Ringstraße und die Palais in der Innenstadt sollten Zeugnis von der Macht des Staates und des Reichtums von Adel und Großbürgertum ablegen. Die Armen hausten in den Zinskasernen der Vorstädte. Daß diese Folgen der Industrialisierung auch in Österreich mit dem Ansteigen der Zahl der Geisteskranken korrelierten, wurde von dem jungen Salzburger Historiker Günter Fellner nachgewiesen.

Die beschriebenen politischen und sozialen Verhältnisse sind nicht nur der Hintergrund der wissenschaftlichen und kulturellen Hochblüte jener Jahre, sie sind integraler Bestandteil der Geschichte Wiens um die Jahrhundertwende, die nicht, angesichts des heute durchaus zu Recht so bewunderten Fin de siècle-Wien, vergessen oder übersehen werden dürfen. Zudem gibt es zwar seltene, aber deutliche Solidarisierungsakte von Vertretern der Hochkultur mit der Sozialdemokratie: 1901 gab der Hofoperndirektor Gustav Mahler bei der Wahl seinen Stimmzettel offen für den Kandidaten Victor Adler ab, und am 1. Mai 1905 ging er sogar ein Stück bei der Ringstraßendemonstration der Sozialdemokraten mit. Sein junger deutscher Musikerkollege Hans Pfitzner hatte sich durch die *„proletenhaften Gesichter“* der Arbeiter abgestoßen gefühlt. Mahler dagegen berichtete seiner Frau Alma, alle hätten ihn so brüderlich angesehen. „Das eben wären seine Brüder! Diese Menschen seien die Zukunft!“

Die Lemberger polnischen Juden waren ihm dagegen vollkommen fremd. *„Mein Gott, mit denen soll ich also verwandt sein?! Wie trottelhaft mir die Rassentheorien erscheinen, angesichts solcher Beweise...“* Aus diesen Worten spricht der vollkommen assimilierte, an entscheidenden Punkten seines Lebens auch und gerade von Aristokraten geförderte, in seinen eigenen Kompositionen zutiefst der österreichischen Tradition verbundene und zugleich zu Neuland vorstoßende Künstler, der in seinen späteren Jahren sagte, er sei dreifach heimatlos: als Böhme unter den Österreichern, als Österreicher unter den Deutschen und als Jude unter allen Nationen der Erde. Dennoch ist das Wien der Jahrhundertwende ein – wie Stefan Zweig in seiner „Welt von gestern“ eindringlich beschreibt – Ort glücklichster und fruchtbarster Verbindung von Juden mit ihrer Umwelt gewesen wie sonst nur das Spanien des 15. Jahrhunderts. Der kulturelle Aufstieg der Haupt- und Residenzstadt eines sich politisch im Niedergang befindlichen Reiches zur Weltstadt ist untrennbar mit den Leistungen jüdischer Wissenschaftler und Künstler, der Förderung Wiener Kultur durch die jüdische Bourgeoisie verbunden: *„Wer in Wien etwas Neues durchsetzen wollte, wer als Gast von außen in Wien Verständnis und ein Publikum suchte, war auf diese jüdische Bourgeoisie angewiesen.“* Zweig hat daher ihren Anteil an der Wiener Kultur der Jahrhundertwende auf etwa 90 Prozent geschätzt. Das mag etwas übertrieben erscheinen und auch heute noch manchem Österreicher nicht passen, entspricht jedoch, wie im folgenden mit einigen Beispielen gezeigt werden soll, weitgehend der Realität, wobei mit Sigmund Freud, dem Entdecker und Begründer der Psychoanalyse, begonnen werden soll: 1899, vordatiert auf 1900, erschien sein epochales Werk „Die Traumdeutung“, nach seinen eigenen Worten *„die Via regia zur Kenntnis des Unbewußtseins im Seelenleben“*. Sexualität, frühe Kindheit und damit die Strukturierung der Ich-Identität konnten von nun an in bisher ungeahnten Dimensionen ausgelotet werden. Die bedeutendsten Freunde und Schüler Freuds waren ebenfalls Juden. Sie haben seine Lehre ausgebaut und in der ganzen westlichen Welt in einem solchen Ausmaß verbreitet, daß man in den USA zeitweise die Psychoanalyse sogar „Jewish Science“ nannte.

Die ersten, die die Bedeutung der Psychoanalyse erkannt, ja ihre Ergebnisse zum Teil sogar vorweggenommen haben, waren die Dichter. Das gilt in erster Linie für den Arzt Arthur Schnitzler.

Am Christtag 1900 erschien Schnitzlers Novelle „Leutnant Gustl“ als Feuilleton in der „Neuen Freien Presse“, der angesehensten Zeitung der Monarchie. Ihr – fast – allmächtiger Herausgeber war der aus Böhmen stammende Jude Moritz Benedikt. „Leutnant Gustl“, der innere Monolog eines von einem Bäcker beleidigten Offiziers, der seine Ehre nicht dem Anstand gemäß verteidigt und auch nicht Selbstmord begeht, erregte ungeheures Aufsehen. Schnitzler wurde sein Reserveoffizierspatent wegen Verletzung der Standesehre aberkannt. Im selben Jahr 1900 war Schnitzlers „Reigen“ gedruckt worden. Er wurde erst nach dem Ersten Weltkrieg in Berlin aufgeführt, was bekanntlich einen international entsprechend kommentierten Sittenprozeß vor Gericht zur Folge hatte. Schnitzler und Zweig beschreiben in ihren Autobiographien eindringlich die Folgen der verpönten und verdrängten Sexualität. Der Bannstrahl der „moralischen" Öffentlichkeit traf nicht nur die dieses Problem artikulierenden Schriftsteller und Wissenschaftler, sondern auch gerade jene Frauen, die eben wegen dieser doppelten Moral ebenso „gebraucht" wie geächtet wurden, die Prostituierten. Die *„Moralheuchelei der männlichen Gesellschaft, die bei Tag verflucht, verhöhnt, verurteilt, was sie des Nachts genossen hat"*, klagt Karl Kraus, von dem noch die Rede sein wird, in seinem 1908 erstmals herausgegebenen Sammelband „Sittlichkeit und Kriminalität" empört an. Ein auch für die Einstellung staatlicher Behörden typisches Beispiel ist folgendes: Als Mahler 1905 Richard Strauss' „Salome" an der Wiener Oper aufführen wollte, scheiterte das am Veto des staatlichen Zensors, der dafür folgende Gründe angab: Die mehrfachen Erwähnungen Christi und daß Johannes der Täufer auf die Bühne gebracht wird sowie die Darstellung von Vorgängen, *„die in das Gebiet von Sexualpathologie gehören"*. „Psychopathia sexualis" heißt das erstmals 1886 in Stuttgart erschienene Standardwerk über sexuelle Perversionen von Richard von Krafft-Ebing, einem bekannten Wiener Professors für Psychiatrie, der als Leiter der Grazer Irrenanstalt viele „Fälle" aus der Praxis kennengelernt hatte. Für die Benützung dieses Buches in öffentlichen Bibliotheken ist übrigens noch heute eine Sondergenehmigung erforderlich.

Schnitzler, von dem das bekannte Zitat aus dem 1889 uraufgeführten Einakter „Paracelsus" stammt: *„Wir spielen immer, wer es weiß, ist klug"*, wurde von einem Feuilletonredakteur der „Presse", dem seit 1896 als Verfasser des Buches „Der Judenstaat" weltberühmt gewordenen Theodor Herzl, dem Vater des Zionismus, die Direktion des Theaters des – allerdings erst zu schaffenden – Judenstaates angeboten. Dort würden seine Stücke besser aufgeführt werden als im Wiener Burgtheater.

Der Skeptiker Schnitzler antwortete zwar: *„Aber in welcher Sprache?"*, doch er las persönlich „Leutnant Gustl" bei einer Veranstaltung des Zionistischen Frauenvereins Wien im Februar 1901 zugunsten des Baues eines Waisenhauses *„für die hinterbliebenen Kinder der in Rußland ermordeten Juden"*. An diesen Lesungen nahmen auch Jakob Wassermann, Felix Salten und Richard Beer-Hofmann teil. Ihn hat Herzls leidenschaftlicher Appell *„Wir sind ein Volk, ein Volk!"* weit mehr berührt als Karl Kraus, den von jüdischem Selbsthaß nicht freien Antizionisten.

Ab 1899 gab Karl Kraus seine Halbmonatsschrift „Die Fackel" heraus, in der er unerbittlich gegen den Mißbrauch der Sprache, besonders durch Journalisten und Schriftsteller sowie gegen die Verlogenheit der öffentlichen Moral zu Felde zog. Obwohl er deswegen im ersten Quartal der Herausgabe der „Fackel" 1899/1900 236 anonyme Schmähbriefe und 86 anonyme Drohbriefe erhalten hatte und einmal überfallen worden war, ließ sich Kraus dennoch nicht beirren: Bis zu seinem Tod 1936 erschienen fast tausend Nummern der kleinen roten Hefte, die er ab 1911 ganz allein schrieb, die von der Presse totgeschwiegen wurden und deren Erscheinen von den Intellektuellen ungeduldig erwartet wurde. Es gehört übrigens ebenfalls zu den Paradoxa jener Zeit, daß sechs Monate nach dem Erscheinen der ersten „Fackel" mit Beginn des Jahres 1900 die Österreichische Kronen-Zeitung publiziert wurde. Ein Exemplar kostete vier Heller, ebensoviel wie eine Semmel.

So wie Kraus kam auch der Sprachkritiker Franz Mauthner in Böhmen zur Welt. Auch wenn er um die Jahrhundertwende in Berlin lebte, so ist sein 1901/02 publiziertes dreibändiges Werk „Beiträge zur Kritik der Sprache" dennoch aus dem österreichisch-böhmischen Kulturbereich entstanden. Er vertrat darin die Ansicht, daß Sprache keine gedanklichen Inhalte vermitteln könnte, weil die Verbalisierung bereits die Einzigartigkeit des Gedankens zerstöre. Der konsequente Denker müßte daher auf den Gebrauch der Sprache verzichten. Mauthner vertrat damit auf seine Weise eine These, der zur selben Zeit durch Hugo von Hofmannsthal in seinem Lord-Chandos-Brief und später von Ludwig Wittgenstein im „Tractatus logico-philosophicus" (1922) Ausdruck verliehen wurde. Der 1874 in Wien geborene Sohn des Bankiers Hugo Hofmann von Hofmannsthal hatte schon als Gymnasiast unter dem Pseudonym „Loris" aufsehenerregende Gedichte veröffentlicht, die ihm den Ruf eines literarischen Genies eintrugen. Er schloß sich Schnitzler und Hermann Bahr an und publizierte bis zur Jahrhundertwende mehrere von Kraus hart kritisierte Dramen. Dennoch stieß der mit unerhörtem Sprach- und Stilgefühl Begabte bald an die Grenzen der Sprache, *„nämlich weil"* – wie es im Lord-Chandos-Brief von 1902 heißt – *„die Sprache, in welcher nicht nur zu schreiben, sondern auch zu denken mir vielleicht gegeben wäre, weder die lateinische noch die englische, noch die italienische und spanische ist, sondern eine Sprache, in welcher die stummen Dinge zu mir sprechen, und* *in welcher ich vielleicht einst im Grabe vor einem unbekannten Richter mich verantworten werde"*.

So wie Kraus mit seinem fanatischen Sprachpurismus im Gegensatz zur literarischen Gruppe „Jung-Wien" (Schnitzler, Salten, Bahr, Beer-Hofmann) stand, war der Architekt Adolf Loos, der 1899 mit der Innenausstattung des Cafés Museum bekannt geworden war, ein Feind des Ornaments, das er als Verbrechen bezeichnete, und damit des Jugendstils und der 1897 von Gustav Klimt und dessen Schülern gegründeten „Secession". Zu diesen Kreisen gehörte u. a. Alfred Roller, der Direktor der Wiener Kunstgewerbeschule, dessen Bühnenbilder die kongeniale Ergänzung für den Regisseur und Dirigenten Mahler wurden. Das musikalische Pendant der „Secession" war die 1904 von Arnold Schönberg, Bruno Walter, Alexander von Zemlinsky und Anton Webern gegründete „Vereinigung Schaffender Tonkünstler", deren Ehrenpräsidium Gustav Mahler übernahm.

Wenn auch – zum größten Teil dank der kulturellen Leistungen von Juden – Prag, Budapest und sogar Czernowitz wichtige Zentren des kulturellen Lebens waren, die größte Anziehungskraft auf die Intellektuellen des Vielvölkerstaates übte doch die Metropole Wien aus. Sie war in jeder Hinsicht ein echter melting-pot und in ihrer zentralen Bedeutung nur mit jener von Paris vergleichbar. Der eine Zeit mit Kraus befreundete Schriftsteller Otto Stoessel (1874 bis 1936) hatte allerdings schon 1896 Wien als *„kulturlose Stadt"* bezeichnet, *„die jedoch ein guter, vielleicht der beste Kulturboden ‚Deutschlands'"* sei. Daher gehörten die Skizzen „Wie ich es sehe" von Peter Altenberg, des Freundes von Alfred Polgar und Egon Friedell, *„zu den hervorragendsten Ereignissen des Jahres 1896 in Wien"*. Adolf Loos bezeichnete 1898 Wien als *„Potemkinsche Stadt"*, was besonders durch die Ringstraße bewirkt werde, die offenbar die Aufgabe habe, *„jemandem den Glauben beizubringen, als würde er in eine Stadt von lauter Nobili versetzt"*. Diese Charakterisierungen treffen allerdings nur einen Teil der so vielschichtigen Wiener Realität. Vor allem kommen in ihnen die bahnbrechenden Neuerungen zu kurz, zu denen z. B. auch gehörte, daß die Jüdin Dr. Genia Schwarzwald 1901 in Wien die erste Ko-Edukationsschule gründete.

Die letzten drei Jahrzehnte der Habsburger Monarchie waren unbestritten eine kulturelle Blütezeit besonderer Art. *„Aus Österreich und seinen Nachfolgestaaten gingen viele, vielleicht sogar die* *meisten bahnbrechenden Denker des zwanzigsten Jahrhunderts hervor. – Freud, Brentano, Husserl, Buber, Wittgenstein, Lukács und zahlreiche andere*", heißt es lapidar in der Einleitung von Johnstons „Österreichischer Kultur- und Geistesgeschichte". Die Gründe dafür waren vielfältig.

Einer der wichtigsten war sicherlich die anfangs skizzierte schwierige politische Lage, die die Entfaltung vorhandener Begabungen und Energien in anderen Bereichen bewirkte. Diese Theorie der Flucht der Intellektuellen in die a-politischen Räume haben u. a. amerikanische und englische Wissenschaftler ganz klar ausgesprochen. Nur teilweise deckungsgleich damit ist die Argumentation der Dekadenz-Theorie, die schon vor der Jahrhundertwende von Hofmannsthal aufgestellt wurde. 1893 heißt es in einem Feuilleton über Gabriele d'Annunzio in der „Frankfurter Zeitung" noch unter dem Pseudonym „Loris": *„Man hat manchmal die Empfindung, als hätten uns unsere Väter, die Zeitgenossen Leopardis und all die unzähligen Generationen vor ihnen, als hätten sie uns, den Spätgeborenen, nur zwei Dinge hinterlassen, hübsche Möbel und überfeine Nerven."* 1904 formulierte es Hofmannsthal dann noch deutlicher: *„Wir müssen von einer Welt Abschied nehmen, ehe sie zusammenbricht. Viele wissen es schon, und ein unnennbares Gefühl macht Dichter aus vielen."* Damit wäre der bevorstehende Zerfall der Monarchie, der Welt der Sicherheit für jene, die durch Einkommen und Position sicher zu sein glaubten, der besondere Nährboden für Kunst und Wissenschaft gewesen. Sie waren eine Zuflucht wie der selbst gewählte Tod, der allerdings bis in die Gegenwart nicht nur von österreichischen Künstlern und Gelehrten auffallend häufig gesucht und gefunden wurde. Besonderes Aufsehen erregten 1903 der Selbstmord des 23jährigen Otto Weininger, dessen gerade erschienenes Buch „Geschlecht und Charakter" seine tiefe Abneigung gegen das weibliche Geschlecht und die eigene jüdische Abstammung zeigte, und 1907 der Selbstmord des berühmten Gelehrten Ludwig Boltzmann in Duino bei Triest.

Welcher Theorie immer man den Vorzug zu geben bereit ist, so beantwortet doch keine die Frage, warum gerade der Anteil jüdischer Intellektueller an diesen Spitzenleistungen einer Spätzeit so hoch war. Der große jüdische Anteil an der österreichischen Kultur der Jahrhundertwende und auch noch in den zwanziger und dreißiger Jahren hat m. E. mehrere Gründe: Die staatskirchliche Gesetzgebung der Habsburger hatte die Juden bis zur Emanzipation durch Kaiser Josef II. 1781 viele

Jahrhunderte lang in Ghettos abgesondert, von allen Berufen außer denen des Hausierers, Geldwechslers und Bankiers ferngehalten. Die Emanzipation gab den Juden zum erstenmal den Weg an die Universitäten frei. Die so lange nur für die Auslegung ihrer heiligen Schriften angewendete jüdische Intellektualität manifestierte sich nun in einem Bildungsstreben, das jenes der Christen wesentlich übertraf. Jüdische Ärzte, Juristen und Journalisten waren daher schon 1848 durchaus keine Seltenheit mehr und traten auch häufig als Revolutionäre in Erscheinung. Die volle Gleichberechtigung erhielten die Juden jedoch erst durch das Staatsgrundgesetz von 1867. Die jüdischen Männer und Frauen, die um die Jahrhundertwende schöpferisch tätig waren, gehörten daher meist der ersten voll emanzipierten Generation an, die ihren Beruf ganz frei wählte und ihre intellektuelle Begabung voll entfalten konnte. Das traf besonders für jene zu, deren Eltern oder gar Großeltern bereits den wirtschaftlichen und sozialen Aufstieg geschafft hatten, die also nicht auf einen Brotverdienst angewiesen waren. Das gilt für Schnitzler ebenso wie für Hofmannsthal, Kraus oder Stefan Zweig. Sie waren die Söhne von Professoren und Fabrikanten, gehörten schon von Geburt an zur sogenannten „zweiten" Gesellschaft des – in Wien allerdings immer zahlenmäßig kleinen – Großbürgertums. (Die erste war jene des Hofes und des Adels.) Der Kaiser und die Aristokratie waren keine aggressiven Judenfeinde; der Liberalismus, der den konstitutionellen Staat geschaffen hatte, war *die* politische Anschauung der assimilierten Juden. Als politische Macht hatte er jedoch um 1900 seine Potenz weitgehend verloren. Zwei der drei neuen Massenparteien waren deklariert antisemitisch, jedoch in einem anderen und gefährlicheren Sinn als die traditionelle christliche Judenfeindschaft in einem katholischen Land.

Bei den Christlichsozialen, den Interessenvertretern der Handwerker, Kleinbürger und Bauern, standen sozioökonomische Ressentiments, bei den Deutschnationalen national-rassistische im Vordergrund. Die österreichischen Juden befanden sich daher gerade um die Jahrhundertwende in einer eigenartigen zwiespältigen Situation. Einerseits waren sie frei und einflußreich wie noch nie zuvor. Andererseits gab es einen latent aggressiven Antisemitismus der Mehrheit der Bevölkerung, den nur ganz wenige Juden, wie z. B. der junge Zweig, lange nicht spürten. Für die sensible Intellektualität der Juden mußte es eine Herausforderung, ein weiterer Ansporn zu besonderen Leistungen und zu kritischer Analyse einer Gesellschaft sein, in der sie für manche die einzigen wirklichen „Österreicher" waren, gerade dann, wenn sie – im Gegensatz zu Herzl – die volle Assimilation für *die* Lösung der Judenfrage hielten. Selbst die weitestgehend Assimilierten, Österreich engst Verbundenen sind aber dennoch immer auch noch Weltbürger geblieben, waren einem übernationalen Humanismus verpflichtet, was sich durch Freundschaften über Grenzen und Nationalitäten hinweg manifestierte.

DAS JANUSGESICHT DES CHRISTLICHEN STÄNDESTAATES

Isabella Ackerl

Will man die Lage der jüdischen Bevölkerung dieses Landes in den Jahren 1934 bis 1938, in der Phase des christlichen Ständestaates, untersuchen, so muß man sich zunächst darüber im klaren sein, wie diese in den Jahren davor war. Weiters gilt es nach den Positionen der jüdischen Bevölkerung zu fragen, und schließlich muß ihre Haltung zu diesem Ständestaat untersucht werden.

Bei der Volkszählung 1934 wurden in Österreich 191 481 Juden gezählt. Das entspricht einem Bevölkerungsanteil von 2,8 Prozent an der Gesamtbevölkerung. Von ihnen lebten 176 034, also 91 Prozent der Juden, in Wien. Es ist also für die Einschätzung der Probleme und Positionen der jüdischen Bevölkerung von Gewicht, diese Fragen im Kontext mit dem großstädtischen Ballungsraum zu sehen. Doch auch innerhalb Wiens läßt sich eine besondere Agglomeration in gewissen Bezirken, nämlich dem 1., 2. und 9. feststellen.

Was die politische Orientierung der jüdischen Bevölkerung betrifft, so war diese höchst zersplittert und grundsätzlich nicht anders verteilt als die politischen Kräfte in den übrigen Bevölkerungsgruppen. Bei der jüdischen Bevölkerung kommt allerdings eine grundsätzliche Entscheidung über die Position des eigenen Volkes hinzu: Die gesamte Judenheit war entweder in assimilierungsbereite Gruppen oder Zionisten gespalten, wobei es zwischen den Extremen der totalen Assimilation und einem radikalen Zionismus eine Vielfalt von Orientierungen gab. Grundsätzlich war es so, daß sich die Assimilation in einer tiefen Krise befand – steigender Antisemitismus und erhöhter Druck auf die jüdische Bevölkerung sind doch Symptome des Scheiterns des Assimilationsgedankens. Aber auch der Zionismus, die von der radikalen linken Jugend getragene Bewegung, vermochte keine Hoffnung auf eine kurze Perspektive für die

Allgemeinheit zu eröffnen. Das Erstarken des Nationalsozialismus in Deutschland, das von allen Gruppen als bedrohlich empfunden wurde, brachte in die innerjüdische Diskussion eine Verhärtung der Positionen. Wichtige Gruppen der assimilatorischen „Union österreichischer Juden“ wurden unter dem Druck von außen zu militanten Verfechtern der Österreichideologie, wie sie vom Ständestaat propagiert wurde, zum Teil unter bewußter Hintanstellung fragwürdiger Positionen dieses autoritären Regimes. So erwuchs die Existenzfrage ins Grundsätzliche und deckte alle übrigen Diskriminierungen zu. Ja, zieht man in Betracht, daß auf jüdischer Seite die Bereitschaft bestand, Elemente der eigenen kulturellen Tradition um der Akzeptanz willen aufzugeben, so kann die Staatstreue dieser jüdischen Gruppen nicht eindringlich genug betont werden.

Die Zionisten hingegen setzten auf eine Wiederbelebung jüdischer Traditionen, auf die Betonung des Anderssein, sie empfanden sich als eine nationale Minderheit im Staate und wollten ihr Verweilen nur als temporär ansehen. Damit konstruierten sie aber eine verhängnisvolle Zielidentität mit den Nationalsozialisten, die ja auch nichts anderes wollten, als die jüdische Bevölkerung aus diesem Lande zu vertreiben. Eine dritte Kraft muß noch Erwähnung finden, nämlich die Orthodoxie. Sie verabscheut allein aus religiösen Gründen die Assimilation als Flucht aus dem Judentum, ohne jedoch damit automatisch eine Option für den Zionismus abzugeben.

Für den Ständestaat und seine Exponenten ist zweifellos das assimilierte Judentum eher zu akzeptieren, wobei aber immer subkutan der Missionsgedanke, das heißt, die Gewinnung für den Katholizismus mitschwingt. Daher ist doch die Schlußfolgerung anzubringen: Jener Jude ist ein guter Jude, der kein Jude mehr ist.

Es gab allerdings auch Stimmen im Ständestaat, die die völlige Assimilation als Unglück für die Identität des Judentums ansahen. Emmerich Czermak oder Zyrill Fischer stehen dem Zionismus eher positiv gegenüber, bieten aber keine beachtenswerte Alternative für jene Juden, die diese Wahl nicht treffen wollen.

Jene, die beiden Gruppen Verständnis entgegenbringen und in liberaler Grundhaltung jedem das Recht auf Wahl seiner Existenzmodalitäten überlassen wollen, sind gering an der Zahl. Ein Richard Coudenhove-Kalergi, der für die Ostjuden den Zionismus und für das übrige europäische Judentum die

Assimilation als möglicherweise richtige Lebensform ansieht, findet eigentlich keine Resonanz. Auch Irene Harand, die den wahren Feind für alle in jenem unseligen Österreicher A. H. erkennt, ist eine unbekannte Randfigur.

Welche Folgen hatte nun die Etablierung des Ständestaates mit seinem angeblichen Einparteienregime für die beiden jüdischen Gruppen? Die Zionisten, die zumeist im sozialdemokratischen Lager standen, waren plötzlich ihrer Artikulationsbasis beraubt. Das Eintreten für ihre Weltanschauung wurde inkriminiert, sie wurden mit ihren Ideen an den Rand des gesellschaftlichen Spektrums gedrängt. Nur die Partei „Arbeitendes Palästina“ (Binjan Haarez), eine demokratische Arbeiterpartei, blieb – eigentlich zufällig – bestehen.

Auch die Judenstaatspartei, eine rechtsradikale nationalistische Partei, die vom Führerkult und anderen faschistischen Ideen infiziert war, konnte sich der staatlichen Duldung erfreuen.

Zu den intensivsten Befürwortern des Ständestaates war die Agudath Israel, die Weltvereinigung orthodoxer Juden, zu zählen, denn sie schätzten die religiöse Ausrichtung des autoritären Regimes höher als andere Werte. In der Forcierung des religiösen Elementes sahen sie das verbindende Faktum. Jene jüdischen Organisationen, die keine Alternative zum Ständestaat sahen und ihn daher auch vehement unterstützten, waren die am intensivsten assimilierten Gruppen, die sich schon seit Generationen mit der Geschichte der Stadt oder des Landes verbunden fühlten. Wie der „Bund Jüdischer Frontsoldaten“ meinten sie, durch ihre Leistungen für den Staat ein wohlerworbenes Recht auf eine Heimat in diesem Lande erkämpft zu haben. Nicht verwunderlich ist, daß sich unter diesen Juden viele Monarchisten befanden, die fast nostalgisch an jenem alten Reich hingen, das ihnen so viel Freiheit und Gleichberechtigung gewährt hatte.

Zieht man nun eine vereinfachte Bilanz über die Stellung des Judentums zum Ständestaat, so gäbe diese zu tiefem Pessimismus Anlaß. Die Gruppen, die für diese Staatsform votierten, befanden sich in der Minderheit und wurden durch die ältere Generation repräsentiert. Die Jugend strebte grundsätzlich von diesem Staate weg.

Trotzdem waren sich breite Schichten der Juden, unabhängig von den eigenen Zielvorstellungen, darin einig, daß für sie die Selbständigkeit Österreichs einen Wert darstellte. Denn wäre diese einmal gefallen, so sahen sie nur das Dritte Reich als schreckliche Alternative heraufkommen. Das bedeutet aber, daß jeder Jude, egal ob er diesen Ständestaat in seiner politischen Praxis begrüßte oder nicht, trotzdem für seine Erhaltung eintreten mußte. Ob die Unausweichlichkeit dieser Schicksalsverknüpfung immer so deutlich beiden Seiten bewußt war, möchte ich vor allem bei der Regierungsseite eher in Zweifel ziehen. Jedenfalls bemühte sich die jüdische Presse, für dieses Österreich positive Stimmung zu machen. So schreibt die Zeitung „Der jüdische Weg" am 28. Dezember 1933: *„Ein armes Österreich ist Deutschlands Hoffnung, ein glücklicher von Europa gestützter zweiter deutscher Staat ein Dorn in seinem Auge..."* Unglücklicherweise wird aber auch hier wieder mit dem zweiten deutschen Staat argumentiert, der im übrigen Europa auf völliges Unverständnis stieß, womit sich die Hoffnung auf eine Hilfe Westeuropas als ein idealistischer Traum erwies.

Als entschiedene und unversöhnliche Gegner des Ständestaates sind jene Teile der Judenschaft zu bezeichnen, die unbedingt dem Sozialismus anhingen. Es sind dies die traditionell emanzipatorischen Kreise, die der Sozialdemokratie auch zugute hielten, daß sie als einzige den Antisemitismus nicht expressis verbis in ihr Programm aufgenommen hatte. Das läßt allerdings nicht den Umkehrschluß zu, daß sich die Sozialdemokratie besonders für die Juden engagiert hätte.

Ein trauriges Beispiel für die Behandlung des Judentums, wie sie im Ständestaat gehandhabt wurde, ist die Schulfrage. Zu Beginn des Schuljahres 1934/35 verordnete die Unterrichtsverwaltung, daß ab nun die Schulklassen nach konfessionellen Gesichtspunkten geteilt werden müssen, was bedeutet, daß jüdische, aber auch protestantische Kinder in andere Klassen eingeteilt wurden. Die Kultusgemeinde als Vertretung der gesamten Judenheit und als Verteidigerin der interkonfessionellen Simultanschule bekämpfte diesen Erlaß in der tiefen Überzeugung, daß gemeinsame Erziehung dazu beitragen könnte, Vorurteile abzubauen. Doch die rechtsextremen jüdischen Gruppen, die die Trennung aus religiösen Gründen bejahten, relativierten durch ihre Stellungnahmen die Ablehnung, und es blieb somit bei der Trennung.

Dies ist ein Anlaß, um auf die Struktur der Kultusgemeinde ein wenig einzugehen. Bis in die dreißiger Jahre wurde sie von der „Union österreichischer Juden", den Assimilationswilligen, eher rechtsstehenden Gruppen dominiert. Die Wahlen von 1932 brachten erstmals einen Linksruck zugunsten der Zionisten. 1933 wurde Dr. Desider Friedmann, ein gemäßigter Zionist, Vorstand der Kultusgemeinde.

Die Gegner der jüdischen Gemeinschaft haben immer dann besonderen Erfolg erzielt, wenn sie mit dem Appell an die Neidgenossenschaft auf den angeblichen Reichtum der Kultusgemeinde spekulierten und diesen als politisches Argument in die Diskussion brachten. Wie sieht es mit diesem Reichtum tatsächlich aus? Die Kultusgemeinde mußte mit sinkenden Einnahmen ein steigendes Sozialbudget finanzieren. Die Zahl derer, die von Unterstützungen der Gemeinde leben mußten, befand sich stetig im Ansteigen. Hiezu kam nach 1933 eine vermehrte Einwanderung von jüdischen Glaubensgenossen aus Deutschland, und auch für sie mußte im Rahmen der Gemeinde gesorgt werden. Auch wenn für viele Flüchtlinge aus Deutschland der Aufenthalt in Österreich nur vorübergehend war, so trug doch die Gemeinde schwer an dieser finanziellen Last. Wie bei vielen anderen Fragen zur jüdischen Gemeinschaft ist auch das Ein- und Durchwanderungsproblem ein spezifisch großstädtisches, d. h., es tangierte in erster Linie die Wiener Gemeinde.

Die Hilflosigkeit des Ständestaates gegen die Verbrechen und Anschläge der Nationalsozialisten, die sich in erster Linie gegen jüdische Mitbürger richteten – es sei an die Attentate gegen den Juwelier Futterweit und das HAK (Haus aller Kleinigkeiten) erinnert –, grenzte an absichtsvolle Fahrlässigkeit, bzw. in gewissen Bereichen war die Unterwanderung so weit wirksam, daß gezielte Bekämpfung nationalsozialistischer Verbrechen mit Erfolg vereitelt werden konnte.

Als nach den Ereignissen des Februar 1934 die Sozialdemokratie und ihre Organisationen nachdrücklich verfolgt wurden, betonten sowohl die Exponenten des Regimes als auch das Judentum selbst, daß es durch die Februarereignisse nicht zu unmittelbaren antisemitischen Maßnahmen gekommen sei. Mittelbar ist diese Einschätzung natürlich zu relativieren, da ein hoher Prozentsatz der sozialdemokratischen Intelligenz aus dem Judentum stammte. In klarer Erkenntnis des Qualitätsunterschiedes zwischen Nationalsozialismus und autoritärem Regime schreibt damals Sigmund Freud über Österreichs Lage: „*Die Zukunft ist ungewiß, entweder ein österreichischer Faschismus oder das Hakenkreuz. Im letzteren Falle müssen wir weg; vom heimischen Faschismus wollen wir uns allerlei gefallen lassen, da er uns kaum so schlecht behandeln wird wie sein deutscher Vetter.*“

De jure änderte sich auch durch die Maiverfassung 1934 für die österreichischen Juden nichts, da sie, abgesehen von der Präambel, die Gleichberechtigung aller Staatsbürger vorsah. Die Präambel ist für unsere Fragestellung insofern fragwürdig, als sie Österreich als einen christlichen, deutschen Bundesstaat bezeichnet und damit eigentlich eine Teilnahme nichtdeutscher und nichtchristlicher Bevölkerungsteile auf juristischem Wege ausschließt.

Die jüdische Orthodoxie allerdings begrüßte die neue Verfassung, besonders im Hinblick auf die Präambel, da sie sich von der darin verborgenen Theodizee angesprochen fühlte. Eine Spiritualisierung des gesamten staatlichen Lebens entsprach ihren generellen Forderungen. Wenn also diese Verfassung in formalem Sinne keine Ungleichheiten konstituierte, so bedeutete das noch lange nicht, daß diese real auf gesellschaftlicher und wirtschaftlicher Ebene nicht bestanden hätten.

Für eine Intensivierung des Antisemitismus sorgte abstruserweise auch der Umstand, daß doch ein großer Anteil des österreichischen Judentums den Ständestaat befürwortete. Ihre positive Einstellung verursachte einen intensiven Antisemitismus auf der Seite der Gegner des Ständestaates. Die Abwehrstrategie, die zunächst Engelbert Dollfuß und dann auch Kurt Schuschnigg gegen das NS-Regime und seine Satrapen hier in Österreich ergriffen, können nicht als nachhaltig genug bezeichnet werden, vor allem, was die Abwehr des rassisch betonten Antisemitismus betrifft. Es gibt zwar keine antisemitischen Äußerungen der führenden Ständestaatsfunktionäre, doch ist ebenso ihre Toleranz solchen Äußerungen gegenüber festzuhalten.

Zu einer ins Gewicht fallenden Emigration aus Österreich kam es daher aus den aufgezeigten Gründen nicht. Das Vertrauen der österreichischen Juden in Schuschnigg und in seine Fähigkeit, die innenpolitischen Verhältnisse aufrechtzuerhalten, war groß. Es wurden kaum seine Politik und seine Versuche, gegen das Dritte Reich an Boden zu gewinnen, in Frage gestellt. Dies gilt auch für die Zeit nach dem Juli 1936, als durch die vermehrte Einbindung gemäßigter Nationaler für nationalsozialistische Agitation gewisse Freiräume entstehen konnten. Aus dieser Grundhaltung ist daher zu erklären, daß das gesamte Problem der Emigration, das nach dem März 1938 für die jüdische Bevölkerung akut wurde, weder mental noch real vorbereitet worden war.

Bekämpft wurde der latente Antisemitismus durch weitsichtige Kreise der katholischen Kirche, die sich vorwiegend im Mitarbeiterstab der Zeitschrift „Der christliche Ständestaat“ befanden. In den Spalten dieses Blattes wurde immer wieder der Rassenantisemitismus reichsdeutscher Prägung schärfstens verurteilt, sein Hereinbranden nach Österreich abzuwehren versucht und eine solide wissenschaftliche Auseinandersetzung unternommen. Die Breitenwirkung eines solchen Blattes allerdings war viel zu gering, abgesehen, daß es auf einem intellektuellen Niveau argumentierte, das sich doch der Allgemeinverständlichkeit entzog. Die generell laxe Haltung der Allgemeinheit wurde um vieles lieber von der öffentlichen Meinung angenommen, und eine Verurteilung des Antisemitismus als Abwehrstrategie gegen das Dritte Reich fand weniger Befürworter als die Einstellung, daß man hierzulande gar nicht des nationalsozialistischen Beispiels bedarf, um das „Judenproblem“ zu lösen, im Gegenteil, so wie man sich als die besseren Deutschen zu verstehen beliebte, wollte man sich auch nicht den Rang als bessere Antisemiten ablaufen lassen. So muß man also davon ausgehen, daß zum weltanschaulichen Profil eines „vaterlandstreuen Österreichers“ der Antisemitismus als gesellschaftsfähige Einstellung gehörte, zumal mit diesem vermeintlichen moderaten Antisemitismus ein extensiver Antimarxismus, der als staatstragend erachtet wurde, einherging.

Auch auf kultureller Ebene sind es eigenartige Rückentwicklungen, die verschüttete antisemitische Relikte wieder zum Leben erweckten. Die von der Vaterländischen Front und hier besonders von der Organisation „Neues Leben“ so geförderte Volkskultur brachte mit ihrem regressiven Kulturbegriff auch einen gewissen Antisemitismus bzw. eine Wiedererweckung quasi volkstümlichen „Antijudaismus“ mit sich. Die starke katholische Prononcierung des gesamten öffentlichen Lebens ließ alte, aus dem katholischen Antisemitismus erwachsende Legenden wieder erstarken. Dieser dezidierte katholische Antisemitismus fand auch ein, fast möchte man sagen, pseudointellektuelles Diskussionsforum in der Zeitschrift „Schönere Zukunft“, die unter dem Deckmantel des Kampfes gegen die Sozialdemokratie keine Gelegenheit ausließ, antisemitische Tendenzen zu verbreiten und dem Titel der Zeitschrift entsprechend eine „kulturell-moralische Zersetzungsarbeit“ des Judentums verhindern wollte. Gerade diese Zeitschrift, in der angeblich so anerkannte katholische Autoren zu Wort kamen, hat ganz wesentlich dazu beigetragen, dem Rassenantisemitismus die Wege zu ebnen.

Eine zweite christliche Gruppe dieses Staates, nämlich die protestantische Kirche in Österreich, war ebenfalls dem radikalen Antisemitismus erlegen, und wenn auch ihr nahes Verhältnis zum Dritten Reich in Österreich oft Gegenstand der Ablehnung, ja fast der Verfolgung wurde, so wurde von den Protestanten der Antisemitismus nicht inkriminiert. Dieser salonfähig gewordene Antisemitismus breitete sich in ganz wichtigen Teilen des öffentlichen Lebens infektionsartig aus. Es ist hinreichend bekannt, daß vor allem die Lehrerschaft der höheren Schulen sehr stark von diesen Einflüssen geprägt war. Sie gaben diese Einstellung an ihre Schüler weiter, so daß es kaum verwunderlich ist, daß eine gewisse Generation allein in diesem Denken groß wurde. Sie glaubte auch in der Aussichtslosigkeit hinsichtlich ihrer beruflichen Aufstiegsmöglichkeiten einen weiteren Beweis des angelernten Vorurteils zu finden. Wenn der schon in der Mittelschule dahingehend beeinflußte Student die Hochschulen besuchte, wurde er weiter in diese Richtung indoktriniert.

Schließlich seien noch ganz konkrete Maßnahmen des autoritären Regimes erwähnt, die gewisse Gruppen der jüdischen Bevölkerung schwer schädigten. Der Wiener Handel hatte im Wiener Vizebürgermeister Dr. Kresse einen antisemitischen Exponenten in der Wiener Stadtverwaltung. Diesen Kreisen gelang es mit der Gewerbenovelle des Jahres 1934 die im Gewerbe tätige Wiener Judenschaft schwer zu schädigen, da in dieser Novelle dekretiert wurde, daß das Aufsuchen von Kunden in Verfolgung von Ratengeschäften einem Verbot unterworfen wurde. Dieses Gesetz traf zahlreiche jüdische Kleinhändler, denen gerade die ärmere Wiener Stadtbevölkerung bisher gewisse Kaufmöglichkeiten verdankte. Es gehörte ja zur guten Tradition, Kleider, Weißwäsche und gewisse Haushaltsgüter beim „Ratenjuden", der seine Waren bei Hausbesuchen offerierte, zu großzügigen Ratenkonditionen zu erwerben. Käufer wie Verkäufer waren durch die Wirtschaftskrise schwer geschädigte Bevölkerungsgruppen; hier wurde tatsächlich die Existenzmöglichkeit nachdrücklich beeinträchtigt. Eine weitere Regelung betraf die Wiener Ärzteschaft. Da aufgrund der historischen Situation im Arztberuf sehr viele Juden tätig waren, ging man nun nach 1934 daran, das Nachströmen junger jüdischer Ärzte in die öffentlichen Krankenanstalten zu unterbinden. Die geringfügige Formalität der Vorlage eines Taufscheines bei Stellenbewerbungen machte es für jüdische Bewerber unmöglich, sich um entsprechende Anstellungen zu bemühen. Daß auch die Mitgliedschaft zur Vaterländischen Front Voraussetzung für die Erlangung einer Anstellung war, ist nur noch als eine zusätzliche Rankûne zu bezeichnen. Zu diesen Diskussionen muß aber schon der erwähnte Umstand in Erinnerung gerufen werden, daß diese sozialen Probleme zu einem großen Teil nur in der Großstadt virulent waren, während die kleineren jüdischen Landgemeinden damit kaum zu kämpfen hatten. Falsch verstandenes Gleichheitsdenken des Ständestaates bzw. eher seiner laxen Permissivität entsprach es, daß offen gegen die verschiedensten jüdischen Geschäftszweige Propaganda gemacht werden konnte. Die Unsitte, Annoncen zu dulden, die arische Geschäfte besonders anpriesen, verletzte sicherlich den angeblich in der Verfassung garantierten Gleichheitsgrundsatz. Trotzdem ist es nicht bekannt, daß jemals irgendwelche Schritte gegen die zahllosen „arischen Geschäftsweiser“ unternommen wurden.

Zusammenfassend ist also festzustellen, daß das Verhältnis von Österreichs Judentum zum Ständestaat ein einseitig belastetes war. Nach dem bisher Dargelegten haben die österreichischen Juden in ihrer Mehrheit, egal in welche Parteien sie nun gespalten waren, den Ständestaat begrüßt oder doch zumindest moralisch und faktisch unterstützt. Sowohl Zionisten als auch Assimilierte waren mehrheitlich davon überzeugt bzw. mußten sich durch den Druck der Situation überzeugen lassen, daß für sie der Ständestaat jedenfalls das kleinere Übel der politischen Möglichkeiten darstellte. Ihre Akzeptanz des Ständestaates resultierte daher nur zum Teil aus dem Umstand, daß sie sein Programm gutgeheißen haben, zum überwiegenden Teil dagegen ergibt es sich aus dem klaren Kalkül des bedrohlichen Nationalsozialismus. Diese Österreich gegenüber positive Einstellung wurde dem österreichischen Judentum aber keineswegs in der ihm zukommenden Form honoriert. Im Gegenteil, das Judentum sah sich einem steigenden, offenen und auch latenten Antisemitismus gegenüber. Offiziell war dieser wohl nicht geduldet und fand nicht Eingang in die Sprache der Regierenden. Diese fanden aber auch kaum Worte des Protests oder der Distanzierung, wenn sie mit der Tatsache von Antisemitismus konfrontiert wurden.

DER FRIEDHOF – DAS „LEBENSHAUS“

Zur Bedeutung des Friedhofs für den Juden

Elisabeth Koller-Glück

Es ist etwas Geheimnisvolles um den Friedhof der Juden. Weit draußen auf dem Land zwischen den Feldern gelegen oder verborgen in Wäldern, von einer hohen Mauer umgeben, der einzige Eingang mit einem Schloß versperrt. Oft können nicht einmal Einheimische Auskunft geben, wo er sich befindet, denn sie haben ihn nie betreten. Er soll erhalten bleiben bis ans Ende der Zeit – auch davon wissen sie nichts.

Auf den ersten Blick ist da manche Ähnlichkeit mit den Totenstätten der Christen: Es gibt den umfriedeten Platz, das Grab und den Gedenkstein darauf, es gibt die Inschrift, die früher freilich hebräisch war. Auch das Begräbnis wird bei Juden und Christen ähnlich gestaltet; meist ist das jüdische einfacher, schlichter. Doch das Kaddisch, das Totengebet am offenen Grab, vom Kantor vorgetragen, bedeutet bei orthodoxen wie ultrareformierten Juden eine Notwendigkeit. Es wird in der aramäischen Sprache gesprochen, die auch Christus sprach, die fremd klingt und niemand mehr versteht.

In Israel findet die Bestattung noch nach dem alten Ritus statt. Der Leichnam muß innerhalb von 24 Stunden, in ein weißes Leinentuch gehüllt, beerdigt werden. Bei uns wurde die Bestattung seit dem Toleranzpatent von Josef II. den hier gebräuchlichen Formen angeglichen. Ganz anders sind hingegen die jüdischen Trauergebräuche. Schwarz ist keine Trauerkleidung für den orthodoxen Juden. Er legt dasselbe weiße Kleid an, das er zum Jom Kippur trägt und das zum Zeichen der Trauer noch eingerissen wird. Für den Träger wird das Gewand nach seinem Sterben zum Totenhemd. Noch ungewöhnlicher, wenn auch nicht unmittelbar mit dem Friedhof zusammenhängend, sind einige jüdische Trauerbräuche, wie das Schiwesitzen, bei dem der Trauernde seine Matratze umdrehen muß, sieben Tage nicht aus dem Haus gehen und nicht sprechen darf. Er verhängt seine Spiegel, wäscht und rasiert sich nicht. *„Das gehört sich eben“*, wird erklärt, so wie es *„sich gehört“*, daß Christen in Trauer Schwarz tragen.

In großen Orten stehen auf jüdischen Friedhöfen Zeremonienhallen, wie im Zentralfriedhof in Wien. Jene von Baden, die mit ihrer flachen Kuppel und den vier Türmchen ein wenig einer Moschee ähnelte und wahrscheinlich eine der schönsten in Österreich war, wurde am Tag nach der „Reichskristallnacht“, am 10. November 1938 gesprengt. Andere Zeremonienhallen blieben, wenn auch verwüstet, erhalten, wie jene des Friedhofs von Gänserndorf, ebenso die gut proportionierte Biedermeier-Zeremonienhalle auf dem jüdischen Friedhof von Wien-Währing.

Darin besteht, neben der weißen Trauerkleidung, ein anderer markanter Unterschied: Im Mittelpunkt des christlichen Totenhains stand – zumindest früher und heute oft noch auf dem Land – die Kirche. Das heißt, die Toten wurden möglichst nahe dem Gotteshaus begraben, Adelige, hohe Geistlichkeit und andere Persönlichkeiten bekanntlich auch in der Kirche selbst. Der jüdische Friedhof liegt nie neben der Synagoge, im Gegenteil, es ist sogar religionsgesetzlich geregelt, daß er weit außerhalb jeder Besiedlung angelegt wird. So kommt es, daß etwa die kleinen, vergessenen jüdischen Friedhöfe im Burgenland oder in Niederösterreich – wie jener von Oberstockstall – schwer aufzufinden sind. Dieser liegt an einem Abhang ganz im Gebüsch verborgen, nicht einmal ein ausgetretener Pfad führt zu ihm hin. Weit draußen in den Feldern ruhen auch die toten Juden von Großenzersdorf, in einem Birken- und Föhrenwäldchen die von Gänserndorf. Auch in Hohenau, Baden oder Klosterneuburg sowie andernorts lagen die Judenfriedhöfe einst einsam weit von den Siedlungen entfernt, sie wurden aber inzwischen von der Bebauung eingeholt. Besucht man nun diese Totenstätten – auf den wenigsten wird noch bestattet –, wird man sich wohl dem tiefen Glauben und Mythos, der in all dem steckt, nicht entziehen können.

Normalerweise wird eine einzelne Person in einem Grab bestattet. Gewiß hängt das mit der uralten, lange vor Christus entstandenen Auferstehungslehre der Juden zusammen. Von der Wanderung ins Heilige Land, vom „Einsammeln der Exilierten nach Jerusalem“ steht schon im Talmud geschrieben. Deshalb muß der Körper eines Juden nach dem Tode auch gesäubert werden, er darf nicht beschädigt in das Grab gelegt werden, denn wenn der Messias erscheint, werden auch die Gebeine der Toten nach Israel an die Heiligen Stätten wandern.

Freilich hat die Vorstellung von dieser Wanderung durch Aufklärung und Rationalismus viel von ihrem Mythos verloren, wurde ins Abstrakte umgedeutet, in eine Art geistige, immerwährende Befreiung nach dem Tod.

Das hebräische Wort „Betchaim" für Friedhof bedeutet „Haus des Lebens", „Lebenshaus". Vielleicht deutet auch dieses Wort auf die große Erwartung der Auferstehung hin, auf das *„zu neuem Leben Erwachen"* nach nur vorübergehendem Schlaf. Und da der sehnsüchtige Wunsch jedes orthodoxen Juden, in Jerusalem begraben zu sein, naturgemäß nicht in Erfüllung gehen kann, so muß ein Schäufelchen Erde aus dem Heiligen Land genügen, das ihm ins Grab mitgegeben wird.

Das Grab eines Juden gehört nicht den anderen Menschen, nicht seinen Nachkommen oder engsten Verwandten: Das Stückchen Erde, in dem er allein bestattet liegt, gehört ihm, dem Toten ganz allein, bis der Messias kommt. Sein Grab ist geschützt und gewissermaßen heilig, wie der Friedhof heilig ist und ewig bestehen muß. Ein Jude darf nicht exhumiert, nicht verbrannt, nicht gestört werden in seinem „Lebenshaus", das nur den Übergang zum ewigen, schöneren Leben bildet.

In früherer Zeit gab es für gläubige Juden kaum noch größere Schmach, als ihre Friedhöfe zu schänden und aufzulassen, die Grabsteine zu zerstören, oder sie gar als Kanaldeckel zu verwenden, wie man es in Wiener Neustadt bei der Judenaustreibung Ende des 15. Jahrhunderts tat. (Kaiser Maximilian ordnete damals die Neuansiedlung der Juden in Eisenstadt und Marchegg an.) Durch das Verbrennen der Leichen im KZ wurde den Juden unserer Zeit neben all dem körperlichen Leid doppelter, weil seelischer Schmerz angetan.

Selten findet man in den erhaltenen alten Friedhöfen – sie stammen zumeist vom Ende des vorigen Jahrhunderts – Gräber, in denen Ehepaare oder Geschwister gemeinsam bestattet sind. Sie wurden manchmal durch die typischen „Doppelgrabsteine" gekennzeichnet, die den beiden Gesetzestafeln gleichen, wie beispielsweise jener der Geschwister Löwenrosen in Mistelbach. Freilich ließen Überlebende in den einen oder anderen Grabstein Namen zum Gedenken eingravieren – Relikt einer gnadenlosen Zeit – wie etwa ebenfalls in Mistelbach, wo unter dem Namen des Leopold Edelhofer steht: „Franziska, 62, Helene, 41, Fred, 11, Elfi, 6…, vergast in Auschwitz."

Im Judenfriedhof von Stockerau wie auch in anderen finden sich Grabsteine, deren Beschriftung weggekehrt vom Grab, sozusagen auf der Rückseite des Grabsteins, eingraviert wurde. Damit habe es folgende Bewandtnis, erklärte treuherzig der (christliche) Friedhofsaufseher auf unsere Frage: *„In diesen Gräbern wurden die Leichen mit den Füßen zum Grabstein hin gebettet. Bei der Auferstehung können sie sich dann besser an dem Stein anhalten."* Auch diese Erklärung ist, ähnlich jener von dem Wandernden nach Jerusalem, uraltem Volksglauben entsprungen. Doch so wie christliche Kirchen von West nach Ost ausgerichtet sein sollen und auch Christen früher mit dem Kopf nach Osten bestattet wurden, war es für Juden geboten, mit dem Kopf nach Jerusalem beerdigt zu werden.

Hollabrunn besitzt einen ebenso gepflegten und frei zugänglichen Judenfriedhof wie Mistelbach. Hier (und auch andernorts) sieht man auf Grabsteinen den eingeritzten Krug, das Zeichen der Leviten, der Tempeldiener, sowie die segnenden Hände, Symbol des Priesters oder eines Cohaniim, eines Nachkommen von ihm. Der Cohen, ein Nachkomme des Hohenpriesters von Jerusalem (davon der Name Kohn), durfte zu Lebzeiten den Friedhof nicht betreten. Er war gewissermaßen nur für das Leben da. Vielleicht hat dies sowie die Entfernung der Friedhöfe von Synagoge und menschlicher Behausung, aber auch die Pflicht, sich nach dem Besuch des Friedhofs die Hände zu waschen, hygienische Gründe.

Eine schöne Erinnerung an diese Waschpflicht nach dem Besuch des Friedhofs hat sich in dem ältesten Judenfriedhof Österreichs, dem in der Seegasse im 9. Wiener Gemeindebezirk, erhalten. Es ist der sagenumwobene „Grabstein" mit dem Fisch, in dem die Wissenschaftler ein Wasserrohr entdeckt haben, so daß man also annehmen darf, es handle sich um den Teil eines Friedhofbrunnens. (Die Sage erzählt von einem „Dibbuk", der in einen Fisch geschlüpft war, weshalb der Rabbi gebot, den toten Fisch zu begraben. Auf dem Stein wurde ein Fisch dargestellt. Ein „Dibbuk" ist eine wandernde Seele, so lehrt die Kabbala, die mittelalterliche Schrift der jüdischen Mystik.)

Merkwürdig genug, aber im tiefsten Sinne symbolhaft, ist hingegen die Sitte, beschädigte oder abgenützte handgeschriebene Thorarollen wie einen Menschen zu begraben. Der geheiligte Brauch zeigt die tiefe Verbundenheit des Juden mit der Bibel. Die „Schrift" lebt und stirbt wie ein Mensch.

Der heute noch bestehende „Freithof im Oberen Wörth" oder „in der Rossau", wie der Seegasse-Friedhof früher hieß, stammt aus dem 16. Jahrhundert. Er ist nur einige Dezennien jünger als der weltberühmte Judenfriedhof in Prag – jedoch mit dem Unterschied, daß ihn kaum jemand kennt. Seine wertvollen historischen Grabsteine wurden 1943 von damals noch in Wien lebenden Juden auf den jüdischen Teil des Zentralfriedhofs gebracht und vergraben. Im September 1984 konnte ein großer Teil der wieder aufgefundenen und aufgestellten Steine an ihrem alten Platz eingeweiht werden.

1784 verfügte Kaiser Josef II. die Verlegung aller Friedhöfe an Plätze außerhalb der Stadt. Man kann also an den Seegasse-Grabsteinen fast 200 Jahre Geschichte des Wiener Judentums ablesen, zumal aus den damals üblichen langen hebräischen Inschriften Wesentliches über den Toten zu erfahren ist. Nicht nur die mit der Gemeinde Wien vertraglich festgelegte „ewige Erhaltung" dieser Totenstätte (der reiche Koppel Fränkel zahlte dafür bei der Judenaustreibung von 1670 die enorme Summe von 4 000 Gulden), sondern auch die wissenschaftliche Erfassung durch Dr. Bernhard Wachstein in seinem Werk von 1912 bestätigt, wie wichtig der Wiener Judenschaft ihr Friedhof war. Anders als auf Grabsteinen christlicher Verstorbener wurde hier vieles über den Toten ausgesagt, etwa über seine Taten und Erfolge, seine geistigen Fähigkeiten und menschlichen Qualitäten, aber auch – und das ist sehr aufschlußreich – über seine Herkunft. Der Friedhof war also, über die religiöse und geistige Bindung hinaus, ein höchst lebendiges Geschichtsbuch.

Die Texte auf diesen, auch auf den verlorenen Grabsteinen, die dank Dr. Wachsteins Buch zugänglich bleiben, erlauben einen tiefen Einblick in die theatralische und doch so eindringliche Sprache, jener der alten Psalmen vergleichbar: *„Seine Hände waren nicht gebunden, Almosen auszuteilen, seine Füße waren nicht gefesselt, einer guten Tat nachzugehen..."* konnte es da heißen. Und über Jahrhunderte hinweg künden poetische Worte von der Erschütterung des Todes: *„Die Säulen des Himmels erzitterten, die Grundfesten der Welt erbebten, Sonne und Mond verhüllten ihr Angesicht, als verschieden ist Isak, der im Himmel verlangt wurde..."*

Noch eine kleine Besonderheit an jüdischen Gräbern soll nicht unerwähnt bleiben. Immer wieder findet man, ob auf den – weitgehend den ortsüblichen (christlichen) Gepflogenheiten –

angepaßten Gräbern auf dem Wiener Zentralfriedhof oder auf Gräbern kleiner Friedhöfe auf dem Land, die Schale mit den Steinen. Jeder Besucher legt ein neues Steinchen hinzu, so wie die Christen vergängliche Blumen auf das Grab legen. *„Ewig denke ich Dein"*, mag das wohl bedeuten, der unvergängliche Stein soll es bezeugen.

Ich sah diese Steinchen auch auf dem Père Lachaise, dem berühmtesten Friedhof von Paris, auf dem seit langem mitten unter den Grabsteinen der Christen solche von Juden stehen – nur statt mit dem Kreuz mit dem Davidstern gekennzeichnet. Auf dem Wiener Döblinger-Friedhof gibt es ähnliches. 60 namenlose Juden liegen auf dem katholischen Friedhof von Bruck an der Leitha; aber sie wurden nicht als „assimiliert" neben die Christen gelegt. Sie kamen im letzten Kriegswinter 1944/45 beim Bau des Ostwalls ums Leben.

Die Zeit ist vorbei, als die Beerdigung eines Juden auf einem christlichen Friedhof Gendarmerieassistenz erforderte, wie in Hohenau 1879, als dort eine jüdische Mitbürgerin an Flecktyphus starb und nicht, wie sonst, in die Tschechoslowakei überführt werden durfte. Um weitere Zusammenstöße zu verhindern, wurde im selben Jahr der Hohenauer Judenfriedhof gegründet. Ähnlich war es in Klosterneuburg, als 1873 zwei jugendliche Juden an der Cholera starben. Sie durften nicht auf den Währinger Judenfriedhof nach Wien gebracht werden, sondern mußten auf dem katholischen Friedhof in Klosterneuburg begraben werden, obwohl *„ihre Eltern Tag und Nacht darüber weinten"*. Damals beschloß der Betverein die Gründung des Friedhofs, obwohl die Klosterneuburger Juden sich dabei stark verschuldeten.

Kehren wir zurück in unser Jahrhundert, das für die Juden wohl das schlimmste gewesen ist. So klein manche ländliche Judenfriedhöfe in Österreich auch sind, kaum irgendwo fehlt der Hinweis auf die unmittelbare grauenvolle Vergangenheit. *„Zum ewigen Gedenken an unsere Ruth Fürnberg, die im 11. Lebensjahr am 11. Juli 1944 im KZ Auschwitz von Faschisten ermordet wurde, tief betrauert von ihren unglücklichen Eltern und ihrem Bruder"*, steht auf einem Stein im Judenfriedhof von Hollabrunn. – Welches Schicksal, von dem hier gekündet wird! Und nicht weniger erschüttert liest man die lapidare Angabe auf dem Gedenkstein für Helene Pulgran in Stockerau: *„Geboren 1864, gestorben 1942, Theresienstadt..."*

So sind die jüdischen Friedhöfe heilige Stätten alten Glaubens und alter Mythen, Stätten, die verbunden waren und sind mit Kulturgut, das lebt – an denen man aber auch einen gewissen Niedergang des Glaubens und der Assimilierung ablesen kann. Schließlich wurden sie Stätten der eindringlichen Mahnung und des Gedenkens an eine Zeit, die nie mehr wiederkehren darf.

Grabstein auf dem Jüdischen Friedhof am Währinger Gürtel.

Alter Jüdischer Friedhof in Wien IX, Seegasse.

Grabstein auf dem Jüdischen Friedhof in Wien IX, Seegasse.

Grabstein auf dem Jüdischen Friedhof am Währinger Gürtel.

DIE KATASTROPHE DER JUDEN IN ÖSTERREICH 1938 bis 1945

Jonny Moser

Von Berchtesgaden zum „Anschluss“

Österreichs Innenpolitik stand seit dem Juliabkommen 1936 im Zeichen verschiedener Bemühungen, die Nationalen und Nationalsozialisten zu einer Mitarbeit im Rahmen der Vaterländischen Front heranzuziehen. Mehrere Persönlichkeiten und Komitees befaßten sich mit dieser Aufgabe. Die Regierung erstrebte die Spaltung der Nationalsozialisten in eine radikale und eine gemäßigte Gruppe, während die Gegenseite sich eine Legalisierung der nationalsozialistischen Betätigung davon erhoffte. Anfang 1938 wurden diese Kontakte durch die Aufdekkung des „Tavs-Planes“, in dem die Nationalsozialisten ihre Vorbereitungen für eine bewaffnete Erhebung im April 1938 skizziert hatten, gestört.[1] Die Regierung war sich ab diesem Moment im klaren, was sie von nationalsozialistischen Zusagen zu halten hatte: nichts. Die österreichischen Nationalsozialisten strebten nur ein Ziel an: den Anschluß Österreichs an Hitlerdeutschland. Warnungen von jüdischer Seite, die schon bei Abschluß des Juliabkommens gemacht wurden, hat die Regierung scheinbar nicht zur Kenntnis nehmen wollen. Dennoch bot die Aufdeckung des Tavs-Planes der Regierung eine Trumpfkarte für die in absehbarer Zeit bevorstehenden Gespräche mit Hitler; sie wurde jedoch niemals ausgenützt.

Eine entscheidende Wendung in den österreichisch-deutschen Beziehungen erfolgte von außen. Hitler gelang es Anfang Februar 1938, die oppositionellen Kräfte in der Wehrmacht zurückzudrängen, und er selbst übernahm das Oberkommando der Wehrmacht, was seine politische Stellung stärkte. Unmittelbar darauf vermittelte Franz von Papen, der deutsche Botschafter in Wien, die schon lange geplante Unterredung Schuschniggs mit Hitler. Sie fand am 12. Februar 1938 in Berchtesgaden statt.

Preis 1000 K Preis 1000 K

Der Volkssturm

Wochenzeitung des deutschen Christenvolkes
für christlich-nationale Kultur, gegen Judaismus, Materialismus, Kapitalismus

5. Jahr | Wien, 20. Juli 1924 | Nr. 29

Einziehung der Juden- und Schiebervermögen!

5. Jahr | Wien, 7. September 1924 | Nr. 36

Rathausjuda hat taube Ohren für die Siedler

5. Jahr | Wien, 28. September 1924 | Nr. 39

Hinweg mit der Judenschande!

Preis 35 Groschen V. b. b.

Die Stimme

Jüdische Zeitung
Erscheint jeden Donnerstag
Redaktion und Administration:
Wien, I. Rabensteingasse 1 Telephon 70-3-84

1. Jahrgang Wien, 7. Juni 1928 (19. Siwan 5688) Nummer 23

Der österreichische Sommerfrischenantisemitismus

Zur Aufklärung und Warnung an die Juden!

!! Das mährische Paradies !!
Bad Luhačovice

Schuschnigg wurde von den riesigen Räumen des Berghofes beängstigt und von der im vollen Prunk anwesenden Generalität sowie von Hitlers Anschnauzerei so eingeschüchtert, daß er einem Abkommen zustimmte, das die überstürzte Entwicklung der nächsten Wochen einleitete. In außenpolitischen Fragen, die beide Staaten betrafen, sollte Österreich jeweils das Deutsche Reich konsultieren, eine Amnestie für alle wegen nationalsozialistischer Betätigung bestraften Personen, die sich in Österreich in Haft befanden, sollte erfolgen, und Seyß-Inquart sollte zum Innenminister ernannt werden.[2]

Österreichs Judenschaft war über Schuschniggs Besuch in Berchtesgaden erschreckt. Mit erleichterten Herzen nahm sie eine Meldung der Jewish Telegraphic Agency, die vom Ballhausplatz kam, entgegen, wonach *„eine Änderung der Judenpolitik der österreichischen Bundesregierung“* im Zusammenhang mit dem Treffen Schuschnigg–Hitler absolut nicht zu erwarten sei. Die Regierung halte *„unerschütterlich am Prinzip der Gleichberechtigung“* fest.[3]

In dem offiziellen österreichischen Kommunique über den Besuch in Berchtesgaden heißt es, daß beide Teile an dem Abkommen vom Juli 1936 festhalten und *„dasselbe als den Ausgangspunkt einer befriedigenden Entwicklung der Beziehung zwischen den beiden Staaten betrachten“*. Beide Teile haben nach der Unterredung am 12. Februar 1938 die sofortige Durchführung von Maßnahmen beschlossen, *„die Gewähr leisten, daß ein so enges und freundschaftliches Verhältnis der beiden Staaten zueinander hergestellt wird, wie es der Geschichte und dem Gesamtinteresse des deutschen Volkes entspricht“*[4]. Als jedoch Schuschniggs Regierungsumbildung bekannt wurde, war es öffentlich klargelegt, wie genötigt und gedemütigt der österreichische Bundeskanzler worden war. Ausländischen Zeitungen konnte man nähere Details über die Unterredung Schuschniggs mit Hitler entnehmen und derart den ersten Akt der österreichischen Tragödie verfolgen. Papen meldete nach Berlin, daß Wien einem *„Ameisenhaufen“* gleiche, die Banken unter schwerem Druck stünden, weil Gelder abgezogen würden, die Börse unstabil sei und Tausende Juden ihre Koffer packten, um auszuwandern.[5]

Die Unruhe unter den Juden veranlaßte den Präsidenten der Israelitischen Kultusgemeinde Wien, Staatsrat Dr. Desider Friedmann, beim Bundeskanzler vorzusprechen. Dieser versicherte ihm, daß die Juden ganz beruhigt sein könnten, es käme zu keinen antijüdischen Maßnahmen. *„Die Verfassung gewährlei-*

Der Stürmer

Deutsches Wochenblatt zum Kampfe um die Wahrheit

HERAUSGEBER: JULIUS STREICHER

Nummer 7 — Nürnberg im Februar 1935 — 13. Jahr 1935

Menschenhändlerfamilie

erfüllt talmudische Vorschriften

Nicht ganz koscher

Was wißt's mit â Katz. Fang mer die Ratten mit der Falle und machen Hackfleisch davon. Der Goi frißt alles, wenn es nur billig ist

Aus dem Inhalt

Eine kräftige Maulschelle
Fort mit den Juden aus den Apotheken
Juden in Skandinavien
Die Juden in Oesterreich
Mohammed der Prophet und die Juden
Jüdische Rassenvergiftung

Die Juden sind unser Unglück!

ste... die Gleichberechtigung aller Staatsbürger Österreichs, sowohl durch eine ausdrückliche Bestimmung als auch durch die Erklärung der Minderheitenschutz-Bestimmungen..."[6]

Am 24. Februar 1938 hielt Schuschnigg vor der Bundesversammlung eine Rede, deren Tagesordnung „Österreich" lautete. Er kam darin auch auf das Berchtesgadener Abkommen zu sprechen und erklärte, daß er bis zu jener Grenze gegangen wäre, hinter der klar und eindeutig ein: *„Bis hierher und nicht weiter"* steht. Obwohl Schuschnigg immer wieder Österreichs

Loyalität gegenüber Deutschland erwähnte, war die ganze Rede eine einzige Anklage gegen Hitler. Der Bundeskanzler sprach von der Entschlossenheit Österreichs, *„ein freier und selbständiger Staat zu bleiben“* und schloß mit dem berühmten Ruf: *„Bis in den Tod: Rot-weiß-rot! Österreich!“*[7]

Diese Rede entfachte einen Begeisterungssturm im ganzen Land, doch wurde man sich schnell klar, daß die Nationalsozialisten nicht so leicht kleinzukriegen waren. Schuschnigg spürte bereits die Last, die ihm mit der Ernennung Seyß-Inquarts zum Innenminister aufgebürdet worden war. Wohl hatte er dem Innenminister als Staatssekretär Dr. Skubl beigegeben, der alle seine Maßnahmen überwachte, die Polizei jedoch war schon zu einem großen Teil nationalsozialistisch organisiert. Auch Seyß-Inquart ging von Tag zu Tag mehr ins NS-Lager über. Seyß-Inquart überredete Schuschnigg, die von Zernatto geplante Welle von 3 000 Versammlungen der Vaterländischen Front abzusagen, da sie zu nationalsozialistischen Gegenaktionen führen würden. Er selbst aber begab sich auf eine Tour durch die Bundesländer, die ihn von einer nationalsozialistischen Kundgebung zur anderen führte. In Graz war die Polizei bereits so unzuverlässig, daß zur Aufrechterhaltung der Ordnung Militär eingesetzt werden mußte.[8] Diese Ereignisse bewogen Schuschnigg, zu einem Schlußpunkt zu kommen.

Schuschniggs einsamer Entschluß, am 13. März 1938 eine Volksbefragung über Österreichs Zukunft durchzuführen, überraschte alle, besonders die Nationalsozialisten. Selbst Hitler zauderte, im Gegensatz zu anderen politischen Begebenheiten, hier in Aktion zu treten, und überließ Göring die Stabführung in dieser Angelegenheit. Er wurde der eigentliche Motor des „Anschlusses“, ihm waren alle Druckmittel recht, von der wörtlichen Drohung über die sichtbaren militärischen Bewegungen an der Grenze bis zur aktenkundigen Fälschung, um das Ziel – die Annexion Österreichs – zu erreichen.

Als Schuschnigg am 10. März 1938 aus Innsbruck zurückgekehrt war, informierte er auch den Präsidenten der Israelitischen Kultusgemeinde Wien über die prekäre politische Situation. Noch am selben Tag überbrachte Dr. Friedmann der Vaterländischen Front einen Scheck über 500.000 Schilling, am folgenden Tag wurde dem Generalsekretär der Vaterländischen Front, Guido Zernatto, abermals ein Scheck in der Höhe von 300.000 Schilling für die Durchführung der Volksbefragung überreicht[9]. Die Erhaltung der Selbständigkeit und Unabhängig-

Der Stürmer

Deutsches Wochenblatt zum Kampfe um die Wahrheit

HERAUSGEBER: JULIUS STREICHER

Nummer 12 | Nürnberg, im März 1938 | 16. Jahr 1938

Großdeutschland

Die Judenherrschaft ist gebrochen!

Oesterreich frei

Wer selbst gut und anständig ist, begibt sich leicht in die Gefahr, auf die täuschende Maske von schlechten Menschen hereinzufallen. So ist es auch oft beim deutschen Volk gewesen. Seine eigene Gutmütigkeit und Glaubensseligkeit haben es im Laufe seiner Geschichte immer wieder dazu gebracht, sich in die Schlinge eines ausgekochten Weltverbrechertums zu begeben. Als die Deutschen im Weltkrieg die Waffen niederlegten, glaubten sie, das Angebot der Selbstbestimmung sei ehrlich gemeint. Das deutsche Volk glaubte an die 14 Wilson'schen Punkte und begab sich damit in eine Sklaverei, die es einer völligen Vernichtung an Leib und Seele zuführen sollte. Als man im deutschen Volke anfing, zu erkennen, daß ein Riesenbetrug an ihm geschehen war, konnte die gewordene Einsicht das Unheil nicht mehr aufhalten. Das deutsche Volk eilte in grauenhafter Selbstzerfleischung einem nahen Untergang entgegen.

In jenen Tagen, in denen das deutsche Volk um die Selbstbestimmung seines Schicksals betrogen worden war, wurde auch das Schicksal des in der Ostmark Oesterreich lebenden deutschen Volksteiles für nahezu zwanzig Jahre besiegelt. Dem deutschen Volksteil in Oesterreich, der durch den Zusammenbruch des nur äußerlich gefügt gewesenen Habsburger Reiches frei zur Rückkehr zum deutschen Volk im Reich geworden war, sollte das natürliche Selbstbestimmungsrecht durch das Diktat von St. Germain für ewige Zeiten versagt bleiben. Und wie das große Volk im Reich, so sollte von nun ab auch das deutsche Volk in Oesterreich an Leib und Seele verfaulen. Das war der Sinn der Diktate von Versailles und St. Germain und das war der Wille derer, die jenes Großverbrechen heraufbeschworen hatten.

Der Jude Walter Rathenau hat es einmal verraten: „Dreihundert Männer, die sich gegenseitig kennen, regieren die Geschicke der Welt." Diese Dreihundert waren es auch gewesen, die das deutsche Volk im Reich und in der Ostmark Oesterreich ins Elend brachten. Der Weltjude ist es gewesen, der die Staatsmänner des Feindbundes zu seinen Werkzeugen machte und es verhinderte, daß der Bruder in Oesterreich sich mit dem Bruder im Reich vereinte, wie es in jenen Tagen der Schrei des Blutes verlangt hatte. Der

Trotz Not und Tod und tausend Wunden
Hat Oesterreich nun heim gefunden

Ein Volk, ein Führer und ein Reich
Volksfeinde fliehn, vor Schrecken bleich

Die Juden sind unser Unglück!

keit Österreichs war für jeden jüdischen Österreicher zu einer Lebensfrage geworden.

Während in Wien die Propaganda-Kolonnen der Vaterländischen Front für die kommende Volksbefragung agitierten[10], die Straßen mit Flugblättern überschwemmten, Wahlparolen auf Straßen und Wände schrieben, Plakate affichierten[11] und die öffentlichen Gebäude mit der rot-weiß-roten Fahne drapierten, mußten sich die überraschten Nationalsozialisten erst von der Proklamation der Volksbefragung erholen. Auch Berlin mußte erst umschalten. Am 11. März 1938 setzten dann die deutschen Gegenaktionen ein. Die beiden nationalen Minister, Seyß-Inquart und Glaise-Horstenau, hatten ihre Weisungen aus Berlin erhalten. Sie verlangten von Schuschnigg die Absetzung der Abstimmung für Sonntag und eine Verschiebung auf einen späteren Zeitpunkt. Sie setzten Schuschnigg ihre Wünsche in ultimativer Form vor. Bei Nichterfüllung ihrer Forderungen wollten sie demissionieren. Das Ausscheiden der beiden nationalen Minister hätte aber einen Bruch des Berchtesgadener Abkommens bedeutet, was Hitler für militärische Maßnahmen gegen Österreich zum Anlaß genommen hätte. Es war weniger Schuschniggs Zaghaftigkeit als sein „deutsches Bewußtsein", das ihn veranlaßte, nicht gegen *„Deutsche das Schwert zu ziehen"*, kein deutsches Blut zu vergießen[12]. Schuschnigg beugte sich diesem Druck und setzte am Nachmittag des 11. März 1938 die Volksabstimmung für den 13. März 1938 ab. Dieses sichtbare Zeichen der Schwäche wurde von Göring genützt, um nun in verstärktem Ausmaß auf den „Anschluß" hinzuarbeiten. Jetzt verlangte er den Rücktritt der Regierung und die Bildung eines Kabinetts Seyß-Inquart. Dieses Verlangen stellte er unter den Druck eines sofort zu erteilenden Einmarschbefehles. Er verschob jedoch infolge der Unübersichtlichkeit der Lage in Österreich immer wieder die Befristung, bis schließlich Schuschnigg dem Druck nachgab und zurücktrat[13].

Der Bundespräsident, in dessen Händen das Schicksal Österreichs lag, blieb jedoch standhaft und weigerte sich lange, den Forderungen Görings nachzugeben. Trotz der wildesten Gerüchte, die nach Berlin gelangten, daß Seyß-Inquart die Regierung schon übernommen habe, hielt Göring den Einmarschbefehl zurück. Erst viel später stellte sich heraus, daß Seyß-Inquart über Görings Forderungen nicht einmal informiert war.[14] Zu diesem Zeitpunkt ging die Machtergreifung durch die Nationalsozialisten in den Bundesländern bereits vor sich. Die in Wien anwesenden Gauleiter hatten sogleich nach dem Bekanntwerden von Schuschniggs Rücktritt der SA und SS die entsprechenden Weisungen erteilt.

Als eine irrtümliche Meldung über den Einmarsch deutscher Truppen in Wien einlangte, entschloß sich Schuschnigg, der interimistisch die Regierungsgeschäfte weiterführte, das österreichische Volk über den Rundfunk von der Sachlage zu unterrichten. Er sagte:

„Die deutsche Reichsregierung hat dem Herrn Bundespräsidenten ein befristetes Ultimatum gestellt, nach welchem der Herr Bundespräsident einen von ihm vorgeschlagenen Kandidaten zum Bundeskanzler zu ernennen... hätte, widrigenfalls der Einmarsch deutscher Truppen für diese Stunde in Aussicht genommen wurde.

Ich stelle fest vor der Welt, daß die Nachrichten, die in Österreich verbreitet wurden, daß Arbeiterunruhen ausgebrochen seien, daß Ströme von Blut geflossen seien, daß die Regierung nicht mehr Herrin der Lage und aus eigenem nicht hätte Ordnung machen können, von A bis Z erlogen sind. Der Herr Bundespräsident beauftragt mich, dem österreichischen Volk mitzuteilen, daß wir der Gewalt weichen... So verabschiede ich mich in dieser Stunde von dem österreichischen Volke mit einem deutschen Wort und dem Herzenswunsch: Gott schütze Österreich!"[15]

Pogromartige Ausschreitungen in Wien

Kaum waren Schuschniggs letzte Worte im Äther verklungen, kam es in Wien und im gesamten Bundesgebiet auch schon zu Freudenkundgebungen der Nationalsozialisten. Der britische Journalist Gedye berichtet darüber:

„Als ich auf dem Weg zu meinem Büro den Graben (in Wien) überquerte, wälzte sich auch hier schon die braune Flut heran. Es war ein unbeschreiblicher Hexensabbat – Sturmtruppleute, von denen viele kaum der Schulbank entwachsen waren, marschierten mit umgeschnalltem Patronengürtel und Karabinern, als einziges Zeichen ihrer Autorität die Hakenkreuzbinde auf dem Ärmel, neben Überläufern aus den Reihen der Polizei; Männer und Frauen brüllten und schrien hysterisch den Namen ihres Führers, umarmten die Wachleute und zogen sie mit sich in den wirbelnden Menschenstrom; Lastwagen mit SA-Leuten, die ihre lang versteckt gehaltenen Mordwaffen nun offen trugen, hupten ohrenbetäubend und versuchten vergeblich, sich durch die Menge von Männern und Frauen einen Weg zu bahnen, die im Lichte der nun auftauchenden, schwelenden Fackeln brüllten und tanzten. Die Luft war voll der Geräusche des heillosen Spektakels..."[16]

Nach Schuschniggs Abschiedsrede kam es unter seinen Anhängern zu panikartigen Szenen. Die meisten hatten bis jetzt keine Ahnung vom Ernst der Lage gehabt. Wer die Möglichkeit hatte, versuchte sich ins nahe gelegene Ausland zu retten. Mit dem Nachtexpreß nach Prag versuchte in letzter Minute ein buntes Gemisch von reichen und armen Leuten, bekannten

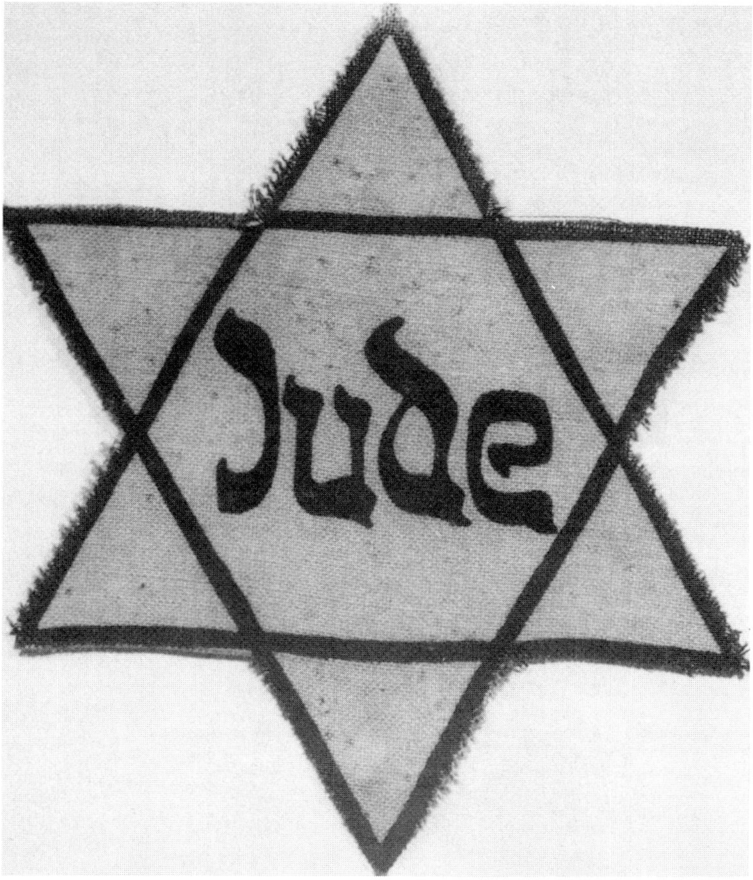

Judenstern, dessen Tragen ab 1. September 1941 für Juden Pflicht war.

CAFE REMBRANDT
Café
Rembrandt
Café
Rembrandt
JUD
JUD

Dr. Martin Rosenberg
Achtung Jude!
Besuch
verboten!

Bankiers und kleinen Angestellten, verzweifelten Juden aus den höchsten und aus den niedersten Kreisen den braunen Schergen zu entkommen. Schon vor der Abfahrt des Zuges hatten SA-Leute die Waggons durchsucht, Gepäck beschlagnahmt und Verhaftungen vorgenommen. Kaum war der Zug abgefahren, wurde er auf offener Strecke wieder angehalten und nach Wien zurückgebracht, wo neuerliche Perlustrierungen vorgenommen wurden. Beim dritten Anlauf kam der Zug bis zur tschechoslowakischen Grenze. Hier in Lundenburg wurden von den tschechoslowakischen Behörden Personen mit österreichischem Reisepaß nicht mehr eingelassen, sie mußten nach Wien zurückkehren, wo sie von einer jubilierenden SA-Meute empfangen und sogleich in Haft genommen wurden. Unter den hier Verhafteten befand sich auch der ehemalige sozialdemokratische Finanzstadtrat von Wien, Dr. Robert Danneberg, der 1943 in Auschwitz umkam[17].

Schon in der Nacht vom 11. zum 12. März 1938 begannen die Hausdurchsuchungen und Beschlagnahmungen, wie die Plünderungen und privaten Raubzüge der österreichischen SA und nationalsozialistischen Parteiangehörigen umschrieben wurden, einzusetzen. Alles, was den Durchsuchenden gefiel, wurde eingesteckt, mitgenommen, beschlagnahmt. Bereichere dich, hieß die Parole in bestimmten Kreisen der österreichischen Nationalsozialisten. Als diese Raubzüge der SA und der nationalsozialistischen Parteigänger so überhand nahmen, daß trotz des Terrors ganz Wien davon sprach, mußten die NS-Machthaber in Aufrufen und in Kommuniques die Bevölkerung vor „Kommunisten" warnen, die angeblich in SA-Uniformen Requirierungen vornahmen[18]. Beschlagnahmungen und Plünderungen von jüdischem Gut für die eigene Tasche werden von den Nationalsozialisten nicht geduldet, denn *„die Wirtschaft"* wird als *„Mittel des Staates"* betrachtet, *„die auf die Erhaltung und Hebung des Gesamtwohles der Nation"* ausgerichtet ist[19]. *„Unverantwortliche Elemente machen sich die Zeit des Umbruches zunutze, um sich an fremdem Eigentum zu vergreifen"*, heißt es in einer Presseaussendung der Wiener SA-Führung. Der SA wurde der Befehl erteilt, *„Streifendienste"* einzurichten und *„gegen dieses Gesindel"* schärfstens vorzugehen[20]. Trotz dieser Gegenmaßnahmen und trotz aller Aufrufe an die Parteiorganisation und an die Bevölkerung wurde weiter konfisziert und geraubt. Gedye berichtet, daß er vor dem Kaufhaus der Gebrüder Schiffmann[21] in der Taborstraße *„eine lange Reihe von Lastautos"* sah, *„auf die*

SA-Leute alle Arten von Konfektionswaren verluden, die sie stoßweise aus dem Geschäft holten. Polizisten waren zugegen und sorgten dafür, daß sie bei ihrem Raubzug nicht gestört würden und verscheuchten neugierige Straßenpassanten"[22]. Solche Geschehnisse waren durchaus nichts Bemerkenswertes, nur ein Ereignis, wie es damals täglich hunderte Male vorkam. Mit diesem Phänomen der Konfiskationen und Requirierungen auf eigene Faust und für die eigene Tasche mußte sich schließlich auch Gauleiter Bürckel, der Beauftragte für die Durchführung der Volksabstimmung am 10. April 1938, befassen. Er erließ die Verlautbarung:

„*Es ist mir bekannt geworden, daß gewisse Leute unter dem Vorwand, sie gehörten einer Gliederung der Partei an, Hausdurchsuchungen und Beschlagnahmungen vornahmen.*

Es ist selbstverständlich, daß ein solches Vorgehen ungesetzlich und unzulässig ist. Zu Durchsuchungen und Beschlagnahmungen sind allein die gesetzlich zuständigen, öffentlichen Sicherheitsorgane befugt.

Ich werde in allen Fällen gegen unbefugtes Handeln mit aller Schärfe einschreiten und dafür sorgen, daß strengste Bestrafung erfolgt."[23]

Am folgenden Tag ordnete Bürckel an, daß „*sämtliche in den Tagen des Umbruchs von Stellen und Formationen der Partei beschlagnahmten Vermögenswerte, Aufzeichnungen und Belege ... unverzüglich an die örtlich zuständige Sicherheitsbehörde über den Anlaß und die Durchführung des Einschreitens abzuführen*" seien[24].

In diesen Tagen wurden die Juden von den österreichischen Nationalsozialisten nach allen Regeln der Kunst schikaniert. Ein beliebter Sport der Wiener SA-Leute war es, Juden zum Waschen von Autos zu zwingen oder aber zu sogenannten „Reibpartien" zusammenzuschließen, um sie Wahlparolen der Vaterländischen Front von Wänden und Straßen waschen zu lassen[25]. Andere Gruppen wieder machten sich einen Jux daraus, Juden zu fangen, sie mit einem Farbtopf und Pinsel zu versehen und jüdische Geschäfte, zum Gaudium der Zuschauer, mit der Aufschrift „Jude" oder dem Zionsstern versehen zu lassen[26]. Doch lassen wir besser wieder den Augenzeugen Gedye berichten:

„*Die erste Reibpartie sah ich auf dem Praterstern. Sie mußten das Bild Schuschniggs entfernen, das mit einer Schablone auf den Sockel eines Monumentes gemalt worden war. SA-Leute schleppten einen bejahrten jüdischen Arbeiter und seine Frau durch die beifallklatschende Menge. Tränen rollten der alten Frau über die Wangen, und während sie starr vor sich hinsah und förmlich durch ihre Peiniger hindurchblickte, konnte ich sehen, wie der alte Mann, dessen Arm sie hielt, versuchte, ihre Hand zu streicheln. ‚Arbeit für die Juden, endlich Arbeit für die Juden!' heulte die Menge. ‚Wir danken unserem Führer, er hat Arbeit für die Juden beschafft!'*

Ich fing Fragmente eines Gespräches auf, das ein untersetzter Nazi mit einer Gruppe von Praterprostituierten führte, die ihn bewundernd umstanden... ‚Eine hat einen Pelzmantel angehabt, wie wir sie aus dem Kaffeehaus holten, und natürlich hat sie auch lackierte Fingernägel gehabt. Nachdem sie eine Stunde gerieben hatte, nahm ich sie mir hoch und ließ sie den Leuten ihre manikürten Hände zeigen. Also ich kann euch sagen, die haben gut ausgesehen! Es werden hübsch ein paar Monate vergehen, bevor sie ihre Hände wieder beim Bridge zeigen wird!' Die Prostituierten brüllten vor Lachen. ‚Und was ist mit dem Pelzmantel geschehen?' fragte jemand. ‚Oh, wir haben ihr erlaubt, ihn anzulassen. Ich sagte ihr, ich wäre besorgt um ihre Gesundheit, und sie könnte sich ohne ihn leicht verkühlen. Aber nachdem der letzte Kübel mit Laugenwasser darübergeflossen war, hätte kein Jud' in der Judengasse auch nur zehn Schilling mehr für ihn gegeben. Einer anderen Dame sagten wir, sie muß den Pelzmantel an einem Gitter aufhängen, und was glauben S', ist passiert? Als wir sie wieder heimschickten, war der Pelzmantel weg!' Wieder wieherten seine Zuhörerinnen vor Lachen."[27]

Schon am Tage nach Schuschniggs Abdankung kam Himmler, der Reichsführer der SS und der Chef der deutschen Partei, nach Österreich, um hier nach dem Rechten zu sehen. In Himmlers Gefolge befand sich die Vorhut der Geheimen Staatspolizei (Gestapo) und des Sicherheitsdienstes (SD) der SS, die anhand einer schon lange vorher angelegten Proskriptionsliste eine gezielte Verhaftungsaktion gegen politische Gegner des nationalsozialistischen Regimes, wozu in erster Linie die Juden zählten, einleiteten. Außerordentliche Terror-Vollmachten erhielten Himmler und seine Mannen jedoch erst acht Tage später, als der Reichsminister des Inneren, Frick, eine Verordnung erließ, der zufolge „*der Reichsführer SS und Chef der deutschen Polizei im Reichsministerium des Innern... die zur Aufrechterhaltung der Sicherheit und Ordnung notwendigen Maßnahmen auch außerhalb der sonst hierfür bestimmten gesetzlichen Grenzen treffen*" könne[28]. Damit wurde der freien Willkür, dem offenen Terror freie Bahn gegeben.

Der Terror bricht los

In planmäßigen Aktionen wurden nun politisch unzuverlässige Personen festgenommen; die Mehrheit jedoch nach einigen

Wochen wieder freigelassen. Die Führer und Repräsentanten des österreichischen Judentums und sogenannte *„volksschädigende“* Juden, jüdische Intellektuelle und erfolgreiche Kaufleute wurden jedoch konfiniert. Am 1. April 1938 wurden sie mit dem ersten Transport von Schutzhäftlingen aus Österreich nach dem Konzentrationslager Dachau verschickt. Unter den 151 Mann dieses Transportes befanden sich 60 Juden[29].

Von Anfang an konzentrierte sich das Augenmerk der Gestapo und des Judenreferates im SD auf die Organisationen des österreichischen Judentums. Schon am 13. März 1938 wurde eine Durchsuchung des Büros des Palästinaamtes und der zionistischen Organisationen in Wien vorgenommen[30]. Am 17. und 18. März 1938 erfolgte im Amtsgebäude der Israelitischen Kultusgemeinde Wien eine Hausdurchsuchung[31], bei der zwei Belege über die Wahlfondsspende an die Vaterländische Front für die Durchführung von Schuschniggs Volksbefragung aufgefunden wurden. Das war der formale Anlaß, das Präsidium der Israelitischen Kultusgemeinde Wien in Haft zu nehmen. Der wahre Grund war viel einfacher und lag viel näher: die Juden unter Druck zu setzen, um sie auswanderungsbereiter zu machen. Zu dieser Zeit bestand nämlich die Praxis der nationalsozialistischen Judenpolitik in der Ausschaltung der Juden aus dem Wirtschaftsleben und in der Vertreibung, der Auswanderung der Juden aus dem deutschen Lebensraum. Die Emigrationsmöglichkeiten waren jedoch infolge der noch weltweit anhaltenden Wirtschaftskrise sehr dünn gesät und nur schwer auftreibbar. Trotz eines erheblichen Willens zur Emigration ging die Auswanderung der Juden aus Deutschland bis Anfang 1938 nur schleppend vor sich, man glaubte daher in Österreich mittels Schikane und Terror die Auswanderungsrate der Juden heben zu können.

In Österreich richtete sich die nationalsozialistische Judenpolitik vorerst gegen die Vertretungskörperschaften der Juden, die Kultusgemeinden, denen jede Amtstätigkeit vorläufig untersagt wurde. Mit der Verhaftung der Führer und Vertreter des Judentums erhöhte man die Drangsal der eingeschüchterten Judenheit, und mit großangelegten Verhaftungsaktionen und mit der Vertreibung der Juden des Burgenlandes versetzte man die Juden Österreichs in Angst und Schrecken. Hier im Burgenland waren die Juden schon seit Jahrhunderten ansässig und in der einheimischen Bevölkerung gut integriert. Dieses gute Einvernehmen und Zusammenleben zwischen Juden und

Nichtjuden störte die nationalsozialistischen Machthaber. Dem mußte ein Ende bereitet werden. In den einzelnen Orten wurden die Juden zur Gendarmerie beordert, wo ein Gestapobeamter die vorgeführten Juden vorerst schlug und ihnen dann ihre befristete Ausweisung bekanntgab[32]. In anderen Dörfern ging man noch rigoroser vor, man holte die Juden bei Nacht aus ihren Betten und stellte sie an die nahegelegene Grenze, wo man sie ihrem Schicksal überließ[33]. Monate später, nach dem Novemberpogrom, hatte Göring mit Heydrich eine Kontroverse über die hohen Erfolgszahlen bei der Auswanderung der Juden aus Österreich. Dabei meinte Göring:

„Vor allen Dingen habt ihr mit den örtlichen Führern der grünen Grenze zusammengearbeitet. ...Die Geschichte hat in der ganzen Weltpresse gestanden. Die Juden wurden die erste Nacht nach der Tschechei ausgewiesen. Am nächsten Morgen haben sie die Tschechen gepackt und nach Deutschland abgeschoben. Von Ungarn ging es zurück nach Deutschland und zur Tschechei. Sie fuhren so herum und... herum. Schließlich landeten sie auf einer alten Prahm der Donau. Da hausten sie, und wo sie auch an Land gingen, wurden sie zurückgewiesen... Es war doch vierzehn Tage lang praktisch so, daß immer um Mitternacht eine Anzahl Juden auswärts gewandert ist. Das war im Burgenland.“[34]

Eine große Verhaftungsaktion wurde im Mai 1938 durchgeführt, bei der auf Anordnung der Gestapo *„unliebsame Juden festzunehmen und in den Notarrest Karajangasse (Wien XX.) zu überstellen*“ waren[35]. Dieser Verhaftungsaktion fielen annähernd 2 000 österreichische Juden zum Opfer; sie wurden Anfang Juni in mehreren Transporten in das Konzentrationslager Dachau überstellt.[36]

Die Ausschreitungen gegen die Juden, die Festnahmen durch die Gestapo, die ersten diskriminierenden Verordnungen sowie der triste Ausblick auf die Zukunft führten zu einer Welle von Selbstmorden unter den Juden. Die Zahlen der Selbstmorde bei den Juden Wiens lagen im März 1938 mit 79 und im April 1938 mit 62 sehr erheblich über den Zahlen für den Jänner 1938 mit fünf und für den Februar 1938 mit vier Selbstmorden.[37] Der verhältnismäßig hohe Prozentsatz prominenter Personen unter den Selbstmördern und die totale Nachrichtensperre darüber ließ die wildesten Gerüchte entstehen, die zu überschätzten Selbstmordzahlen führten. Die Auslandspresse brachte fast täglich Berichte darüber. Das war auch der Anlaß, daß sich die nationalsozialistischen Machthaber damit beschäftigten. Selbst Goebbels sah sich gezwungen, bei seiner Rede am 29. März 1938 in Wien dieses Problem zu behandeln. Er meinte jedoch nur: *„Früher hätten sich nur Deutsche erschossen und jetzt sind auch Juden darunter."*[38]

In Wien nützte der SD die bei der Hausdurchsuchung in den Amtsräumen der Israelitischen Kultusgemeinde Wien aufgefundenen Spendenbelege für den Wahlfonds der Vaterländischen Front, um den Juden noch einmal die Summe von 800 000 Schilling abzuverlangen. Der Judenreferent beim SD Wien, Adolf Eichmann, erklärte: Solange dem SD nicht die Summe von 800 000 Schilling oder 500 000 Reichsmark überwiesen werde, würde die Israelitische Kultusgemeinde Wien nicht ihre Amtstätigkeit aufnehmen können. Daher verschickte der nicht verhaftete stellvertretende Leiter der Israelitischen Kultusgemeinde Wien an alle jüdischen Steuerträger ein Schreiben, in dem er um eine erhöhte Steuervorauszahlung bat, weil die Israelitische Kultusgemeinde Wien die Summe von 500 000 Reichsmark an die Behörde zu zahlen habe[39].

Die antijüdische Gesetzesmaschinerie läuft an

Der antisemitischen Ideologie des Nationalsozialismus entsprechend, richteten sich die ersten legistischen Maßnahmen Hitlers in Österreich gegen die Juden. Am 15. März 1938 erschien der Erlaß *„über die Vereidigung der Beamten des Landes Österreich"*[40]. Darin hieß es: *„Jüdische Beamte sind nicht zu vereidigen";* sie wurden außer Dienst gestellt, und wenige Wochen später entlassen oder in den Ruhestand versetzt[41]. In der Verordnung der Regierung Seyß-Inquart *„zur Durchführung der Volksabstimmung am 10. April 1938"* vom 15. März 1938 wurden die Juden vom Stimmrecht ausgeschlossen[42]. Die Definition für „Jude" in beiden Gesetzen basierte auf den sogenannten Nürnberger Gesetzen, den grundlegenden antijüdischen Rassegesetzen des Dritten Reiches. Sie bestanden aus dem Reichsbürgergesetz, in dem festgelegt wurde, daß Reichsbürger nur Staatsangehörige deutschen oder artverwandten Blutes sein können[43], der ersten Verordnung zum Reichsbürgergesetz[44], worin definiert wird, wer Jude ist, und dem Gesetz zum Schutze des deutschen Blutes und der deutschen Ehre (Blutschutzgesetz)[45], worin die Eheschließung zwischen Juden und Nichtjuden sowie jeder außereheliche Verkehr zwischen Juden und Staatsangehörigen deutschen Blutes untersagt wurde und die

Beschäftigung von deutschen weiblichen Staatsangehörigen unter 45 Jahren in einem jüdischen Haushalt verboten wurde.

Aufgrund der Nürnberger Gesetze ist Jude, wer von vier, mindestens aber von drei der Rasse nach volljüdischen Großeltern abstammt. Als Jude gilt auch der von zwei volljüdischen Großeltern abstammende staatsangehörige jüdische Mischling, wenn er am Tage des Erlasses des Gesetzes, am 15. September 1935, der jüdischen Religionsgemeinschaft angehörte oder mit einem Juden verheiratet war. Ein jüdischer Mischling, der von zwei der Rasse nach volljüdischen Großeltern abstammte, jedoch am 15. September 1935 nicht der jüdischen Religionsgemeinschaft angehörte, war Halbjude und wurde als Mischling ersten Grades bezeichnet. Wer nur einen jüdischen Großelternteil hatte, war Vierteljude oder Mischling zweiten Grades. In Österreich traten die Nürnberger Gesetze am 24. Mai 1938 in Kraft, lediglich der § 3 des Blutschutzgesetzes, das Verbot der Beschäftigung deutscher weiblicher Staatsangehöriger unter 45 Jahren in jüdischen Haushalten – im wesentlichen handelte es sich um Hausgehilfinnen –, trat erst am 1. August 1938 in Kraft[46].

Natürlich erließ die Regierung Seyß-Inquart auch Verordnungen und Anordnungen, die in erster Linie auf die Versorgung sowie Posten- und Arbeitsbeschaffung für langjährige Parteimitglieder abzielten. Jüdischen Journalisten, Musikern und Schauspielern wurde die Ausübung ihre Berufes verboten, jüdischen Rechtsanwälten vorläufig jede Berufstätigkeit untersagt[47]. Ein alter österreichischer Nationalsozialist wurde mit der Leitung des Kaufhauses Herzmansky betraut, das mit 16. März 1938 von der NSDAP übernommen wurde[48]. Bühnen und Kabaretts wurden mit neuen Leitern besetzt, die Volkshochschule Urania erhielt einen neuen Direktor, und die Wiener Universität hatte bis Ende März alle jüdischen Lehrpersonen entlassen[49].

In der Euphorie des „Anschlusses“ wurde vom Beauftragten des Führers in Österreich, Josef Bürckel, der Erlaß über die Bestellung kommissarischer Verwalter herausgebracht. Danach wurden in jüdischen Betrieben und Geschäften, wenn deren Inhaber oder Betriebsleiter verhaftet, unauffindbar oder geflüchtet waren oder aber, wenn der Verdacht auf Verschleppung von Geld, Waren oder anderer Vermögenswerten bestand, kommissarische Leiter eingesetzt[50]. Dieser Erlaß schuf das sogenannte Unwesen der kommissarischen Leiter, der alten und bewährten

Mitgliedern der nationalsozialistischen Partei in Österreich zu einer von Staats wegen kostenlosen Versorgung verhalf, und führte unweigerlich zu einer persönlichen Bereicherung der einzelnen kommissarischen Verwalter. Der kommissarische Verwalter konnte sich nämlich sein Gehalt selbst festsetzen und in vielen Betrieben, je nach der persönlichen Geschicklichkeit, zusätzlich weitere Gelder und bestimmte Warenwerte abzweigen. Dieser Erlaß Bürckels brachte die staatlichen Wirtschaftsstellen und den Beauftragten für den Vierjahresplan, Hermann Göring, nicht wenig in Verlegenheit, zumal dadurch die mit Hilfe der Arisierung – wie die staatlich genehmigte Beraubung der Juden hieß – geplanten wirtschaftlichen Maßnahmen in Unordnung kamen und in ihrer finanziellen Kapazität geschmälert wurden. Um der allzu großen Bereicherung der kommissarischen Leiter Einhalt zu gebieten, wurde am 26. April 1938 die Verordnung über die Anmeldung des jüdischen Vermögens über 5 000 Reichsmark erlassen. Damit war den persönlichen Bereicherungsbestrebungen der kommissarischen Leiter eine Barriere gestellt, denn die Verordnung verlangte eine genaue Bestandsaufnahme des jüdischen Vermögens. Im Zusammenhang mit dieser Verordnung wurde in Wien die Vermögensverkehrsstelle errichtet, die die systematische Enteignung der Realitäten, die Arisierung der jüdischen Wirtschaftsbetriebe und die Ausschaltung der Juden aus dem Wirtschaftsleben einleitete und durchführte. Insgesamt wurde von 47 768 Juden ein Vermögen von 2 041 828 000 Reichsmark angemeldet[51].

Zur Arisierung wurden in Österreich 26 263 Betriebe und Objekte mit Datum 31. Dezember 1938 vorgeschlagen. Schwierigkeiten bereitete vorerst die Form der Überleitung des jüdischen Besitzes in arische Hände. Es ging um die Frage des Übernahmepreises der Betriebe, Geschäfte oder Realitäten durch den Ariseur, da man aus dem Unwesen der kommissarischen Leiter gelernt hatte und jetzt keine Arisierungsgewinner schaffen wollte, denn das jüdische Vermögen sollte der Allgemeinheit, dem Staate für seine Pläne zur Verfügung gestellt werden. Man führte schließlich die Arisierung dann in folgender Form durch: Im Zuge des Arisierungsverfahrens wurde der jüdische Betrieb oder das Wirtschaftsobjekt von Sachverständigen geprüft und der Sachwert geschätzt, sodann wurde der Verkehrswert festgesetzt. Der Kaufpreis kam durch eine freie Vereinbarung zwischen dem bedrängten Juden und dem Ariseur zustande, wobei der Jude zumeist jede ihm gebotene Summe ohne

Wiener-Bilderbogen

Ein Bild, über das sich jeder Wiener freut. Der Jud hat seinen Koffer gepackt und wandert aus

Die Trödeljüdin
Ein Original aus der Leopoldstadt

Er macht immer noch gute Geschäfte

An allen Straßenecken wird gemauschelt

„So gute Kartoffeln wie die meinigen können Sie kriegen nirgends!"

Ihm ist das Gaunertum ins Gesicht geschrieben

Schlechte Laune!
Die Geschäfte gehen mies

Wo man hinsieht, überall Schmutz und Unrat

Es wird wieder eine Gaunerei ausgeknobelt

Am Stürmerkasten am Hause der ehemaligen „Vaterländischen Front" ist immer Hochbetrieb

Der zerstörte Tempel in der Tempelgasse.

Überreste der Synagoge in der Zirkusgasse nach der Kristallnacht am 9. November 1938.

Jude

Widerrede annahm, zumal er aus der Verkaufssumme die verschiedensten Abgaben, Taxen und Steuern, die ihm für die Erlaubnis zur Auswanderung auferlegt wurden, zu leisten hatte, so daß ihm schließlich nichts übrig blieb. Das war ja auch der Zweck der Übung bei der Arisierung, nach außen hin mußte ein gewisser Anstand und rechtlicher Zustand gewahrt werden. Über den Kaufpreis hinaus, der den Sachwert nie übersteigen durfte, hatte der Ariseur die Differenz zwischen dem Kaufpreis und dem Verkehrswert an die Vermögensverkehrsstelle als sogenannte Provisionszahlung abzuliefern. Diese Provisionsleistung konnte auch herabgesetzt werden und fiel bei so manchem Parteimitglied ganz weg[52].

Bei einer Sitzung im Reichsluftfahrtministerium zu Berlin am 12. November 1938 berichtete Dr. Hans Fischböck, Minister für Arbeit und Wirtschaft in der österreichischen Landesregierung, über die Entjudung der österreichischen Gewerbe- und Handelsbetriebe:

„... In Wien gibt es 12 000 jüdische Handwerksbetriebe und 5 000 jüdische Einzelhandelsgeschäfte. Für diese zusammen 17 000 offenen Läden lag die endgültige Planung ... schon vor dem Umbruch (12. März 1938) vor. Von den 12 000 Handwerksbetrieben sollten nahezu 10 000 endgültig gesperrt und 2 000 aufrechterhalten werden. Von den 5 000 Einzelhandelsgeschäften sollten 1 000 aufrechterhalten, d. h., arisiert und 4 000 geschlossen werden."[53]

Wie man mit Industriellen und Bankiers verfuhr, soll am Beispiel der Familie Kuffner, den Gründern der Ottakringer Brauerei, den Errichtern der Kuffnerschen Sternwarte in Ottakring und den Besitzern einer Gemäldegalerie dargestellt werden. Und so ging man vor: Moritz und Stefan Kuffner wurden von der Gestapo wegen des Verdachtes der staatsfeindlichen Betätigung verhaftet. Für die Einstellung des Verfahrens hatten sie ihr Einverständnis gegeben, 35 Prozent ihres Vermögens an das Reich abzugeben, das nach den Feststellungen des staatlichen Treuhänders etwa neun Millionen Reichsmark betrug. Der gesamte Liegenschaftsbesitz im Werte von 2 500 000 Reichsmark wurde an den Auswanderungsfonds Wien übertragen[54]. Alle diese finanziellen Transaktionen erfolgten bei der Geheimen-Staatspolizei. Zudem wurde ein großer Teil der Kuffnerschen Gemäldesammlung in eine Sammlung des Führers überführt. Gegenwerte sind den ausgewanderten Kuffners nicht zugekommen[55].

Für die Bonzen des Reiches wurden überhaupt sehr annehmbare Preise bei Verkäufen im Zuge der Arisierung erstellt. So kaufte der Reichsstatthalter und Gauleiter von Wien, Baldur von Schirach, aus der Sammlung Gomperz ein Bild von Lucas Cranach d. Ä., „Maria mit dem Kinde", im Schätzwerte von 30 000 Reichsmark für nur 500 Reichsmark[56].

Das Animo der Österreicher für eine Arisierung im Sommer 1938 scheint sehr schwach gewesen zu sein, denn einerseits lief parteiintern bereits eine Kampagne gegen das Unwesen der kommissarischen Leiter – privatim war es mehrfach zu illegalen Arisierungen gekommen – und anderseits prangten um diese Zeit in Wien von allen Litfaßsäulen Plakate[57], deren Inhalt gegen die Greißlermentalität und die Geschäftsmoral der österreichischen Kaufleute gerichtet war. Die antijüdischen Maßnahmen des Regimes, die Kennzeichnung der jüdischen Geschäfte[58] und die Angst der Nichtjuden, in einem solchen Geschäft einzukaufen, führten zu einem Boom in der arischen Geschäftswelt; eine unerwartete Konjunktur und ein ungeheurer Aufschwung des Umsatzes war zu verzeichnen, der nach dem alten Gesetz von Angebot und Nachfrage in den Preisen zum Ausdruck kam, denn die Nachlieferung stockte infolge des Ausfalles der jüdischen Lieferanten und Erzeuger. Diesen geschäftlichen Usancen wurde der Kampf angesagt: „Gegen den Judengeist und den Volksbetrug" der Wiener arischen Geschäftsleute ging die Plakataktion, um der Unzufriedenheit der Bevölkerung ob der erhöhten Preise und des Mangels an bestimmten Waren zumindest nach außen hin Rechnung zu tragen. Der Reichskommissar für die Wiedervereinigung Österreichs mit dem Deutschen Reich, Gauleiter Josef Bürckel, sah sich wegen des stockenden Interesses der Österreicher an der Arisierung gezwungen, sich in einer Presseaussendung an die Geschäftswelt des Altreiches zu wenden. Es heißt darin:

„Im Zuge der Arisierung in der Ostmark ist die Übernahme von und die Beteiligung an Geschäften und Betrieben möglich. Interessierte aus dem Altreich sind aufgefordert, sich an die Dienststelle des Gauleiters Bürckel, Wien, Parlamentsgebäude, zu wenden."[59]

Mit der Arisierung war die Ausplünderung der Juden durch den nationalsozialistischen Staat noch nicht beendet, es sollten noch mehrere Abgabenverordnungen gegen die Juden erlassen werden, die aber erst in einem anderen Zusammenhang behandelt werden.

Neben den Parteistellen des Reiches, die aus ideologischen Gründen die Juden diskriminierten und unterdrückten, wollte auch die DAF, die Gewerkschaftsorganisation des Dritten Reiches, ihren Anteil am Terror gegen die Juden haben. Sie verfuhr dabei nach einem absurden Plan der Arbeitsbeschaffung, der von Fischböck geplant worden sein soll. Danach sollten die 200 000 Wiener Juden den 200 000 Arbeitslosen in Wien Platz machen[60]. Die Industriellenvereinigung und die Einzelbetriebe wurden von der DAF aufgefordert, alle jüdischen Angestellten bis zum 30. Juni 1938 zu entlassen[61]. Mit der Wohnraumbeschaffung verfuhr man ähnlich. Man kündigte die jüdischen Mieter und schuf damit Hunderte und Tausende freier Wohnungen. Was mit den Juden geschah, wo sie Obdach fanden, war den Nationalsozialisten egal: Sie sollten eben auswandern[62].

Mit der dritten Verordnung zum Reichsbürgergesetz schuf man den Begriff des jüdischen Gewerbebetriebes[63]. Gleichzeitig wurde die Registrierung dieser Betriebe angeordnet und eine besondere Kennzeichnung der jüdischen Geschäfte eingeführt. Der Kennkartenzwang für Juden wurde angeordnet[64], und damit verbunden war die Annahme des Zusatzvornamens „Israel“ oder „Sara“[65]. Die Approbation der jüdischen Ärzte erlosch mit 30. September 1938[66], die jüdischen Rechtsanwälte verloren mit 30. November 1938 endgültig die Gerichtszulassung[67], und den jüdischen Patentanwälten wurde mit 30. November 1938 die Ausübung ihres Berufes verboten[68]. Mit der achten Verordnung zum Reichsbürgergesetz erloschen die Zulassungen der jüdischen Tierärzte, Zahnärzte und Apotheker[69].

Im Verlaufe des Sommers hatte der Polizeipräsident in Wien mehrere Parkanlagen für Juden gesperrt[70] und schließlich Anfang November 1938 angeordnet, alle noch bestehenden jüdischen Geschäfte mit hebräischen Buchstaben zu beschriften[71].

Fast schien es, als ob die Judengesetzgebung den Höhepunkt überschritten habe, denn ärger konnte man die Juden kaum noch unterdrücken. Aber es sollte noch ärger kommen.

Der Novemberpogrom

Bis zum Sommer 1938 hatte sich ein großer Teil der österreichischen Nationalsozialisten etabliert; sie hatten sich einträgliche Stellungen in der Wirtschaft besorgt oder einflußreiche und maßgebende Posten in der Verwaltung verschafft.

Diese materielle Einstellung der oberen Schichten der österreichischen Nationalsozialisten bewirkte bei den unteren Schichten eine gewisse Unzufriedenheit; sie fühlten sich im Stich gelassen, um ihren Anteil betrogen, zumal sie außer der Judenhatz nach dem „Anschluß" nichts bekommen hatten. Sie drängten auf größere antijüdische Aktionen, bei denen sie sich ihren Anteil holen wollten. Immer wieder kam es im Verlaufe des Sommers 1938 zu mehr oder weniger organisierten Übergriffen gegen Synagogen, Lebensmittelgeschäfte sowie zu Hausdurchsuchungen jüdischer Wohnungen[72]. Diese kleinen Übergriffe und stillen Exzesse nahmen so rapid zu, daß ab August 1938 wieder ein Streifendienst der SA mit der Polizei eingesetzt werden mußte[73]. Lange hatten die kleinen Parteifunktionäre auf ihre Chance nicht zu warten, allzu bald ergab sich die Gelegenheit dazu.

Der Anlaß dazu war das schicksalhafte Attentat auf den Dritten Sekretär an der Deutschen Gesandtschaft in Paris, Ernst von Rath. Der junge, verzweifelte, aus Deutschland vertriebene 17jährige Herschel Grynszpan, dessen Eltern von der Gestapo an die polnische Grenze gestellt worden waren, und die sich seit Tagen unter freiem Himmel im Niemandsland befanden, wollte sich für diese Untat an den Deutschen rächen. Er wollte den Vertreter Deutschlands in Frankreich, den deutschen Gesandten, erschießen, kam jedoch nur an den Dritten Sekretär heran und erschoß diesen[74]. Dieses Attentat, am 7. November 1938 durchgeführt, wurde von Goebbels beim Treffen der Alten Kämpfer in München am 9. November 1938 genützt, um das Pogrom der Nacht vom 9. zum 10. November 1938 zu inszenieren. Goebbels meinte, daß auf das Attentat an dem Gesandtschaftssekretär eine entsprechende Reaktion aus dem Volke erfolgen müßte. Der Gauleiter von Wien, Odilo Globocnik, berichtet:

„Er gab hierzu um ca. 22 Uhr die Weisung, daß Aktionen größten Stils mit vollkommen freier Hand für Jedermann gegen Juden einzutreten haben, die mit einer entsprechenden Vernichtung des jüdischen Besitzes enden sollten. Ich telephonierte an meine Dienststelle in Wien, daß Aktionen demonstrativer Art stattzufinden hätten unter der Beifügung, daß das Tragen von Uniformen während der Aktion strengstens verboten ist. Ebenso gab ich das strengste Verbot, Brandstiftungen, Totschläge, Raub und Erpressungsakte jedweder Art zu vollführen, daher sich die Aktion nur auf das Zertrümmern von Fensterscheiben und Ähnlichem zu beschränken habe."[75]

Die Gestapo und der SD wurden über die Aktion Goebbels

nicht informiert. Sie erfuhren erst zwei Stunden später davon. Sie reagierten aber schnell. Um Mitternacht wurden alle Polizei-, SD- und SS-Stellen über die bevorstehende antijüdische Aktion verständigt und sogleich in den Tempelsturm eingeschaltet. Synagogen sollten zerstört und nur dann in Brand gesteckt werden, wenn keine Gefahr für die umgebenden Gebäude bestand. Geschäfte und Wohnungen durften nur zerstört, nicht aber geplündert werden. In den israelitischen Synagogen und Kultusgemeinden sollte das Archivmaterial beschlagnahmt werden. Die Überwachung und die sicherheitspolizeilichen Maßnahmen gegen die Juden waren durch die Staatspolizei zu stellen. Und schließlich wurde angeordnet: *„Soviele Juden – insbesondere Wohlhabende – festzunehmen, als in den vorhandenen Hafträumen untergebracht werden können. Es sind zunächst nur gesunde männliche Juden, nicht zu hohen Alters festzunehmen. Nach Durchführung der Festnahmen ist unverzüglich mit den zuständigen Konzentrationslagern wegen schnellster Unterbringung der Juden in den Lagern Verbindung aufzunehmen“*[76]. Hören wir jetzt einige Berichte über diese Aktion.

Aus Hernals berichtet der Leiter der SD-Außenstelle 8: *„Die heutige Aktion wurde von der Bevölkerung geradezu erwartet... Allgemein ist zu sagen, daß die Weisungen der PL (Parteileitung) in einer Art gegeben wurden, daß sich jeder Ortsgruppenleiter entnehmen konnte, man muß auf jeden Fall bei dem Juden auch etwas Belastendes finden, wenn nicht auf legalem Weg, dann durch eine kleine Unterschiebung. Wie weit diese wirksam war, kann bis jetzt nicht festgestellt werden...“*[77].

In einem anderen Bericht aus Wien heißt es: *„...Gegen acht Uhr begann die Aktion planmäßig abzurollen. Die jüdischen Geschäfte wurden geschlossen (hauptsächlich eine Arbeit der PL), mit den Verhaftungen der Juden wurde begonnen, und vor den jüdischen Tempeln und Bethäusern fuhren Rollkommandos der VT (SS-Verfügungstruppe) vor und begannen mit Handgranaten das Inventar für eine Inbrandsetzung vorzubereiten. Innerhalb von zwei bis drei Stunden waren sämtliche Tempel und Bethäuser Wiens in Brand gesetzt oder... zerstört. ...Die Feuerwehr... beschränkte sich..., einer höheren Weisung folgend, (nur) auf eine Lokalisierung der Brände... Im ganzen wurden in Wien gegen 3 000 Juden festgenommen, die in Sammelstellen abtransportiert wurden. ...Die Warenlager der geschlossenen jüdischen Geschäfte wurden vielfach abtransportiert und der NSV (NS-Volkswohlfahrt) zur Verfügung gestellt. ...Leider konnte(n) in einigen Fällen auch sinnlose Zerstörungen des Inventars und auch Plünderungen* *nicht verhindert werden. In den Vormittagsstunden erschienen... in jüdischen Wohnungen PL-, SS- oder SA-Leute und teilten den Juden mit, daß sie die Wohnungen binnen 24 Stunden zu räumen hätten. ...In Baden wurden die Juden aus ihren Wohnungen in Elendsquartiere umgesiedelt und die dort wohnenden Volksgenossen in die jüdischen Wohnungen eingewiesen...*"[78]

In Salzburg wurden etwa 70 Juden festgenommen, „*die Zerstörung der jüdischen Geschäfte (wurde) mit dem Hinweis darauf, daß es sich dabei um (die) Vernichtung deutschen Volksvermögens (nach der Beschlagnahme und Arisierung) handelt*", von der Bevölkerung abgelehnt[79].

Aus Innsbruck meldet der SD: Gauleiter Hofer habe angeordnet, „*daß sich auch in Tirol in dieser Nacht... die kochende Volksseele gegen die Juden erhebe. ...Der kochenden Volksseele sei bis in der Früh 6 Uhr volle Aktionsfreiheit zu gewähren, bis dahin habe die Polizei nirgends den Demonstranten gegenüber in Erscheinung zu treten...*" Bei diesem Pogrom in Innsbruck wurden „*die Wohnungen aller noch nicht ausgewanderten Juden schwer beschädigt, ...die Synagoge wurde zertrümmert*". Und dann heißt es im Bericht lakonisch weiter: „*Es wurden bis jetzt drei Juden getötet. Es sind dies: Richard Graubart, Karl Bauer und Richard Berger, der Vorstand der Israelitischen Kultusgemeinde. Wilhelm Bauer liegt mit schweren Kopfverletzungen im Spital, die Ärzte zweifeln an seinem Aufkommen. Außerdem wurden 18 Juden festgenommen. ...Das Ehepaar Popper wurde nach der Zerstörung ihrer Wohnung in die Sill geworfen; es konnte sich jedoch ans Ufer retten. Der Mann befindet sich unter den Inhaftierten.*"[80]

Bei einer Sitzung im Gauwirtschaftsamt in Wien am 12. November 1938 wurde die Novemberaktion von den Teilnehmern wegen der vorgekommenen Plünderungen und Verprügelungen der Juden, „*die das Ansehen der Partei und des Reiches*" schädigten, verurteilt. „*Pogrome und Vandalismus*" seien nicht die Mittel, die „*Judenfrage*" zu lösen; „*Schändungen, Raub und Plünderung*" riefen in der Bevölkerung nur Abscheu hervor. Allgemein wurde festgestellt, „*daß eine Richtung (in der Partei) zum Durchbruch gekommen ist, die unter Abkehr bisher gepredigter Grundsätze eine Politik betreibe, die von den Gegnern mit Vergnügen beobachtet wird*"[81].

In Graz wurde der Tempel in Brand gesteckt[82], und in der Steiermark wurden 350 Juden verhaftet. Sie wurden „*in den Arrest des Bezirksgerichtes gebracht, von dort wurden sie am 11. November 1938 um 18.15 Uhr in einem Transport per Bahn in ein*

Konzentrationslager überstellt"[83]. In Wien wurden rund 4 000 Geschäfte gesperrt. In Kreis I (I., VII. und IX. Bezirk) allein wurden 1 950 Judenwohnungen ausgeräumt[84]. Gauleiter Globocnik hatte nämlich die Kreisleiter ermächtigt, *„die Umsiedlung von bis dahin in Kleinwohnungen wohnenden Juden in bereitgestellte, unanbringliche Großwohnungen vorzunehmen, wobei es den Juden freigestellt blieb, ihre Habe mitzunehmen oder sie in ihren alten Wohnungen... zu belassen"*, um den unteren Schichten der Partei endlich den gewünschten Wohnraum zu verschaffen[85]. Dem endgültigen Bericht zufolge wurden in Wien 6 547 Juden festgenommen und 3 700 davon in das Konzentrationslager Dachau verschickt[86]. Von den am Pogrom teilnehmenden Parteileuten und SA-Männern wurde so fleißig gestohlen und für sich beiseite geschafft, daß „diese Novemberverhältnisse" zu einem geflügelten Wort im Parteijargon wurden[87]. Diese Pogromnacht erhielt durch die auf den Straßen liegenden Glasscherben, in denen sich das Licht der Straßenlampen widerspiegelte, im Volksmund die Bezeichnung „Kristallnacht".

Für die Juden kam zu diesem Schrecken und Schaden auch noch der Spott hinzu. Den Juden wurde auferlegt, den an ihren Geschäften, Läden und Wohnungen verursachten Schaden auf eigene Kosten zu beheben und das Straßenbild wieder in Ordnung zu bringen[88]. Göring legte den Juden eine Sühneabgabe von einer Milliarde Reichsmark auf[89], die ein Jahr später noch um ein Viertel erhöht wurde[90]. Der Besuch von Kinos und Theatern, Gaststätten und Cafés sowie das Baden im Freien wurde Juden verboten[91]. Die Juden gingen praktisch des Mieterschutzes verlustig[92] und hatten alle Gegenstände aus Edelmetall sowie Edelsteine und Perlen innerhalb von zwei Wochen abzuliefern[93].

Die Auswanderung

Die österreichischen Juden waren von Anfang an gewillt auszuwandern, um dem Terror zu entrinnen. Jede Ausreise wurde den Juden jedoch erschwert, einerseits weil die Nachbarländer, die Tschechoslowakei und Ungarn, sogleich nach dem „Anschluß" ihre Grenzen sperrten und den Visumzwang einführten, um Juden die Einreise verwehren zu können, und anderseits erschwerten die deutschen Behörden den Juden die Ausreise: Diese konnten erst ausreisen, wenn in ihren Pässen der

Vermerk angebracht war, „*daß gegen die Ausreise keine Bedenken bestehen*"[94]. Lediglich die Schweiz bot in den ersten Tagen noch die Möglichkeit einer Ausreise. Doch auch hier wurde bald der Visumzwang eingeführt. Illegale Grenzübertritte in die Schweiz und über Belgien und Luxemburg nach Frankreich waren gang und gäbe. Viele dieser illegalen Grenzgänger wurden wieder an die deutsche Grenze zurückgestellt[95]. Die Auswanderungsnot der österreichischen Juden, die weg wollten, aber keine Einreisemöglichkeiten in andere Länder erhielten, führte schließlich zur internationalen Flüchtlingskonferenz von Evian[96]. Sie blieb erfolglos, weil die westlichen Länder nicht gewillt waren, ihre rigorosen Einwanderungsbestimmungen zugunsten der österreichisch-jüdischen Flüchtlinge zu ändern, und weil mehrere überseeische Länder daraufhin erst jetzt die Einwanderungsbedingungen für jüdische Einwanderer erschwerten[97].

Dr. Löwenherz, dem Leiter der Israelitischen Kultusgemeinde Wien, war die Aufgabe zugefallen, die Auswanderung der österreichischen Juden in die Wege zu leiten. Er sollte neue Auswanderungsmöglichkeiten erschließen und die notwendigen Gelder in Form ausländischer Devisen für die Auswanderung auftreiben. Dies gelang ihm zum Teil mit Hilfe der ausländischen jüdischen Wohltätigkeitsorganisationen, die ihn in seinen Bestrebungen, die österreichische Judenschaft vor der totalen Vernichtung zu bewahren, nach besten Kräften unterstützten. Für konvertierte und konfessionslose Juden, die aufgrund der Nürnberger Gesetze ebenfalls Volljuden waren und den gleichen Verfolgungsmaßnahmen ausgesetzt waren, erwies sich vorerst die Organisierung der Auswanderung schwieriger, zumal es ihnen an einer Gesamtorganisation mangelte. Hier sprang der Holländer Frank van Gheel Gildemeester, der sich humanitären Aufgaben widmete, hilfreich in die Bresche. Er hatte Kontakt mit österreichischen Nationalsozialisten und trug ihnen einen phantastischen Plan vor, wie man die jüdische Auswanderung forcieren und gleichzeitig finanzieren und dabei des Vermögens der auswandernden Juden habhaft werden könnte. Gildemeester besorgte vermögenden Juden die Auswanderung, wofür sie auf ihr gesamtes Vermögen zugunsten des Reiches verzichteten. Von diesem Vermögen sollten fünf Prozent einem Fonds, dem Auswanderungsfonds, zufließen, aus dem die Emigration mittelloser Juden finanziert würde. Diese Idee wurde gutgeheißen. Gildemeester gründete die Gildemeester-Auswanderungs-Hilfsaktion, die ab 1939 nur Nicht-Glaubensjuden betreuen durfte;

sie wurde aus den Mitteln des Auswanderungsfonds subventioniert[98]. Die Idee Gildemeesters wurde bald von Eichmann aufgegriffen und ausgebaut, um die Juden schneller und für den Staat einträglicher zur Auswanderung zu bringen. Im August 1938 errichtete Eichmann mit Zustimmung des SD-Hauptamtes und der Wiener und österreichischen NS-Stellen die Zentralstelle für jüdische Auswanderung[99]. Alle auswanderungswilligen Juden wurden von diesem Amt mit den nötigen deutschen Reisepapieren versehen, wofür sie eine Auswanderungsgebühr von fünf Prozent ihres Vermögens zu leisten hatten[100].

Die Schweiz war im Frühjahr und im Sommer 1938 von österreichischen jüdischen Flüchtlingen überschwemmt worden, 4 000 von ihnen fanden vorläufig Zuflucht. Nach der erfolglosen Konferenz von Evian befürchtete die Schweiz, weitere flüchtende österreichische Juden aufnehmen zu müssen. Der Chef des obersten Schweizer Polizeidepartements vertrat dabei eine sehr kleinliche Meinung; er nahm Kontakt mit deutschen Polizeistellen auf, um die Ausreise von österreichischen Juden in die Schweiz einzudämmen. Diese Kontaktgespräche endeten schließlich mit dem deutschen Zugeständnis, die Reisepässe aller Juden mit einem „J" zu kennzeichnen[101].

Die Kristallnacht erhöhte die Auswanderungsnot der österreichischen Juden. Aber kein Land wollte vermehrt österreichische jüdische Flüchtlinge aufnehmen. Lediglich Großbritannien erleichterte vorerst die Einwanderungsbestimmungen und öffnete dann ab Dezember 1938 unter dem Druck der öffentlichen Meinung großzügig seine Pforten einer österreichisch-jüdischen Einwanderung. Es waren vor allem Kinder und Jugendliche, die aufgenommen wurden. Frauen konnten als Hausgehilfinnen erleichtert ein Permit erhalten, und Männer durften, sofern sie später weiterwandern wollten, im Durchgangslager „Camp Kitchener" in Kent auf ihre Auswanderung warten[102].

Die Auswanderung der österreichischen Juden glich in den ersten Wochen nach dem „Anschluß" einer Flucht; sie ging vor allem in die Anrainerstaaten. Erst nach der Wiederaufnahme der Amtstätigkeit der Israelitischen Kultusgemeinde Wien am 2. Mai 1938 begann man die Auswanderung der österreichischen Juden in geregelte Bahnen zu bringen. Die Emigration sollte ja zu einem neuen Leben in einem neuen Land und nicht zu einem Flüchtlingsleben führen. Im Verlaufe des Sommers 1938 kristallisierten sich bestimmte Zielpunkte heraus. Vor allem richtete sich bis zum Kriegsausbruch die Emigration nach den USA,

Großbritannien, Palästina und Shanghai. Wie groß die Auswanderung der österreichischen Juden trotz aller Behinderungen und Beschränkungen war, ersieht man aus mehreren Berichten. Heydrich, der Chef des SD und der Gestapo, berichtete bei der bereits erwähnten Sitzung im Reichsluftfahrtministerium am 12. November 1938, daß vom März 1938 bis zum November 1938 aus Österreich 50 000 Juden zur Auswanderung gebracht wurden, während in der gleichen Zeit aus dem Altreich nur 19 000 Juden emigrierten[103]. Der „Völkische Beobachter" brachte im Mai 1939 einen Bericht über die Bevölkerungsbewegung bei den Juden und erwähnte, daß bis zum Mai 1939 rund 100 000 österreichische Juden ausgewandert seien[104]. Bis zum Kriegsausbruch am 1. September 1939 wanderten weitere 10 000 Juden aus[105], doch jetzt begann die Emigration zu stagnieren, wiewohl alle Möglichkeiten einer Auswanderung ausgeschöpft wurden. Der Kriegseintritt Italiens und die Zerschlagung Frankreichs im Mai und Juni 1940 hemmten jede weitere Auswanderung. Neue Wege der Überseewanderung mußten erschlossen und neue Gelder für die Bezahlung der Reisekosten aufgetrieben werden[106]. Eine bescheidene Auswanderungsmöglichkeit via Sibirien und Japan nach Shanghai, USA und Südamerika erschloß sich ab August 1940. Als diese im Frühjahr 1941 infolge der politischen Entwicklung eingestellt werden mußte, ergab sich eine weitere Auswanderungsmöglichkeit nunmehr via Spanien und Portugal. Mit 7. August 1941 wurde die Sperre der Auswanderung für Männer vom 18. bis zum 45. Lebensjahr verfügt[107] und bald darauf überhaupt ein genereller Auswanderungsstopp für Juden angeordnet[108]. Insgesamt gelang es, rund 125 000 österreichische Juden zur Auswanderung zu bringen.

Die Lage der Juden am Anfang des Krieges

Der Kriegsausbruch brachte den Juden verschärfte diskriminierende Maßnahmen. Es wurde ein Rundfunkverbot für Juden verfügt, und alle Radioapparate der Juden wurden eingezogen[109]. Die Ausgehzeit für Juden wurde eingeschränkt; sie durften im Sommer von 21 bis 5 Uhr und im Winter von 20 bis 6 Uhr die Straßen nicht betreten[110]. Kurz nach Kriegsbeginn kam es in Wien am 10. und 11. September 1939 zu einer großen Verhaftungsaktion, die sich gegen Juden polnischer und ehemals polnischer Staatsangehörigkeit richtete[111]. Wahllos wurden 1 048 Männer, Greise und Jugendliche zusammengefangen[112], im Wiener Stadion provisorisch interniert und Ende September 1939 in das Konzentrationslager Buchenwald verschickt. Hier wurden sie in Zelten untergebracht und besonderen Torturen ausgesetzt, wie Überlebende aus Buchenwald berichteten[113]. Bis zum Sommer 1940 waren bereits zwei Drittel dieses Transportes umgekommen oder erschlagen worden[114].

Die Verringerung der Auswanderungsmöglichkeiten brachte den Verantwortlichen für die „Lösung der Judenfrage", Adolf Eichmann, auf den Gedanken, Rosenbergs Idee eines „Judenreservates" in Polen vorzuexerzieren. Heydrich stimmte diesem Plan zu. Mitte Oktober 1939 wurden je zwei Transporte mit arbeitsfähigen Männern aus Wien, Mährisch-Ostrau und Kattowitz in das Gebiet östlich von Nisko am San, wo das Judenreservat errichtet werden sollte, verschickt[115]. Als diese Transporte ihren Zielpunkt erreichten, war der Plan für ein jüdisches Siedlungsgebiet in Polen von oberster Stelle bereits verworfen, man dachte nicht mehr an dessen Realisierung. Außenpolitische Veränderungen, die Verstärkung des russischen Druckes auf die baltischen Länder waren eine Ursache dafür. Die baltendeutschen Volksgruppen mußten früher als erwartet ins Reich gebracht werden, für sie mußte Platz geschaffen werden. Man vertrieb daher die Juden und Polen aus den ehemals westpolnischen, jetzt an Deutschland angeschlossenen Gebieten wahllos in das Gebiet Restpolens, des Generalgouvernements. An eine geregelte Ansiedlung von Juden aus dem Reich in dem geplanten Judenreservat war unter diesen Umständen nicht mehr zu denken. Zudem war inzwischen die Militärverwaltung einer Zivilverwaltung gewichen. Mit 26. Oktober 1939 übernahm Dr. Hans Frank als Generalgouverneur die Macht über dieses Gebiet, was für die SS und den SD natürlich eine gänzlich veränderte Lage schuf. Die österreichischen Juden wurden daher, als sie in Nisko ankamen, wieder weggejagt. Man jagte sie über die nahegelegene russische Demarkationslinie nach Galizien. Die wenigen, die im Auffanglager bei Nisko verblieben waren, wurden im Frühjahr 1940 nach Wien zurückgebracht[116].

Im Sommer 1940, als die Auswanderung der österreichischen Juden fast ganz zum Stillstand kam, bedrängten die österreichischen Nationalsozialisten den neuen Reichsstatthalter, Baldur von Schirach, die „Judenfrage" in Wien schneller zu lösen. Bei einer Besprechung im Führerhauptquartier erhielt er von Hitler die Zusage, daß die Juden aus Österreich in das Generalgouvernement gebracht würden[117]. Am 1. Februar 1941 wurde dem Leiter der Israelitischen Kultusgemeinde Wien, Dr. Josef Löwenherz, mitgeteilt, daß ein Teil *„der in Wien wohnhaften Juden in das Generalgouvernement"* umgesiedelt werde. *„Es sollen ungefähr 1 000 Personen mit je einem Transport abgefertigt werden... Es wird beabsichtigt, bis Mai 1941 10 000 Juden in das Generalgouvernement"* zu verschicken[118]. Im Verlaufe dieser Aktion wurden 5 031 österreichische Juden in das Generalgouvernement deportiert[119].

Von dieser und künftigen Deportierungsaktionen aus Österreich wurden Mischehepartner ausgenommen. Personen, die in kriegswichtiger Arbeit standen, wurden jedoch ohne Rücksicht auf diesen Umstand abtransportiert. Personen mit mindestens 50%iger Kriegsbeschädigung wurden vorläufig zurückgestellt; ebenso Staatsbeamte, die eine Pension bezogen, zumal das Problem der Weiterzahlung der Pension noch nicht geregelt war. Alle Juden, die vorläufig von der Deportation ausgenommen waren, sollten zu einem späteren Zeitpunkt in einem geschlossenen Gebiet angesiedelt werden[120].

Natürlich hatte die Zentralstelle für jüdische Auswanderung, wie das offizielle Amt zur „Lösung der Judenfrage" in Wien hieß, für alles gesorgt. Um zu verhindern, daß vielleicht einige Juden vor der Deportation flüchteten, wurde ein Rundschreiben an alle Polizeidienststellen gerichtet, in dem mitgeteilt wurde, daß der Führer den Abtransport aller Wiener Juden angeordnet habe und daß mit Verfügung vom 1. Februar 1941 die in Wien wohnenden Juden ohne Zustimmung der Zentralstelle für jüdische Auswanderung in Wien ihren Wohnort nicht verlassen dürften. Alle nicht im Besitz einer Reisebewilligung aufgegriffenen Juden sollten daher sogleich per Schub in das Sammellager Castellezgasse 35 überstellt werden[121].

Die zunehmende politische Spannung auf dem Balkan führte Anfang März 1941 zu einer Verlegung deutscher Truppen in das befreundete Bulgarien. Der Militärputsch in Belgrad im März 1941 bewog Hitler, neben der geplanten Invasion Griechenlands auch einen Angriff gegen Jugoslawien zu führen. Diese militärischen Maßnahmen führten zu einem Mangel an Eisenbahnwaggons. Die Deportation in das Generalgouvernement wurde Mitte März 1941 eingestellt.

Im März 1941 hatte Hitler die Weisung für den Angriff auf die Sowjetunion erteilt. Für den bevorstehenden Angriff auf Rußland und den damit erlassenen Sonderbefehlen erfuhr auch die Judenpolitik der Nationalsozialisten eine merkbare Verschärfung. Himmler hatte den Auftrag erhalten, Einsatzgruppen aufzustellen, und unbeschränkte Vollmachten für den endgültig *„auszutragenden Kampf zweier entgegengesetzter politischer Systeme“* erhalten[122]. Im Juli 1941 erteilte Göring Heydrich den Auftrag *„alle erforderlichen Vorbereitungen in organisatorischer, sachlicher und materieller Hinsicht... für eine Gesamtlösung der Judenfrage im deutschen Einflußgebiet in Europa“* zu treffen. Göring verlangte von Heydrich, ihm *„in Bälde einen Gesamtentwurf“* über die Vorausmaßnahmen zur *„Durchführung der angestrebten Endlösung der Judenfrage vorzulegen“*[123].

Als Folge dieser Anordnung wurde im August 1941 der Auswanderungsstopp für alle männlichen Juden verfügt und am 1. September 1941 die Kennzeichnung der Juden mit dem gelben Stern angeordnet[124]. Als erste Handlung im Sinne der Göringschen Weisung wurde Ende September 1941 die Deportation von Juden aus dem Reich und Österreich nach Litzmannstadt (Lodz) angeordnet. *„Am 30. September wurde dem... Leiter der Israelitischen Kultusgemeinde Wien mitgeteilt, daß in der Zeit vom 15. Oktober bis 3. November l. J. die Abfertigung von Umsiedlungsgruppen zu je tausend Personen nach Litzmannstadt vorgesehen sei.“*[125] Mittlerweile hatte im RSHA (Reichssicherheitshauptamt) ein Vertreter des Ostministeriums Alfred Rosenbergs einen Plan vorgelegt, die Juden Mitteleuropas in die besetzten Ostgebiete (Baltikum und Weißrußland) zu deportieren, wo sie von den Einsatzgruppen liquidiert werden könnten[126]. Hinzu kam, daß die nach Kriegsbeginn einsetzende Vernichtung Geisteskranker und unheilbarer Kranker, die sogenannte Euthanasie – die zu heftigen Protesten von Seiten der Kirche führte –, bei den verschiedensten nationalsozialistischen Stellen Faszination hervorgerufen hatte, zumal sich damit rassenbiologische und bevölkerungspolitische Maßnahmen durchführen ließen. Das Vergasungsverfahren bei der Euthanasie war auch Anlaß zu einem Brief, den Dr. Wetzel vom Ministerium für die besetzten Ostgebiete an den Reichskommissar Lohse richtete. Es heißt darin: *„..., daß sich Oberdienstleiter Brack von der Kanzlei des Führers bereit erklärt habe, bei der Herstellung... der Vergasungs-*

apparate mitzuwirken." Er teilte auch mit, *„daß Sturmbannführer Eichmann, der Sachbearbeiter für Judenfragen im Reichssicherheitshauptamt, mit dem Verfahren einverstanden ist. Nach Mitteilung von... Eichmann sollen in Riga und Minsk Lager für Juden geschaffen werden, in die evtl. auch Juden aus dem Altreich kommen. Es werden zur Zeit aus dem Altreich Juden evakuiert, die nach Litzmannstadt, aber auch anderen Lagern kommen sollen..., um dann später... in Arbeitslager zu kommen. Nach Sachlage bestehen keine Bedenken, wenn diejenigen Juden, die nicht arbeitsfähig sind, mit den Brackschen Hilfsmitteln beseitigt werden. Auf diese Weise dürften dann auch Vorgänge, wie sie sich bei den Erschießungen von Juden in Wilna... ergeben haben, und die auch im Hinblick darauf, daß diese Erschießungen öffentlich vorgenommen wurden, kaum gebilligt werden können, nicht mehr möglich sein..."*[127]

Zur Errichtung von Vergasungszentren ist es in den Ostgebieten wegen der dort operierenden Partisanen nicht gekommen, sie wurden in Chelmo und im Distrikt Lublin im Generalgouvernement errichtet. In den Ostgebieten und bei Minsk wurden jedoch zur schnelleren Liquidierung der dortigen Ghettos durch die Einsatzgruppe A fallweise auch Gasautos eingesetzt[128].

Was mit den nach Lodz deportierten 4 995 österreichischen Juden geschehen ist, kann man einem Bericht entnehmen: *„Ende 1942 kehrte... eine nichtjüdische Frau, die ‚illegalerweise' zusammen mit ihrem jüdischen Gatten... deportiert worden war, aus dem Lodzer Ghetto nach Berlin zurück. Sie (berichtete)... über die fahrbaren Gaskammern von Chelmo (Kulmhof) und schilderte... welche Rolle diese bei der ‚Umsiedlung' gespielt hatten."*[129] Gauleiter Greiser schrieb am 1. Mai 1942 an Himmler, daß die von ihm und Heydrich *„genehmigte Aktion der Sonderbehandlung von rund 100 000 Juden in meinem Gaugebiet... in den nächsten zwei bis drei Monaten abgeschlossen werden"* kann[130].

Schon im Oktober 1941 wurde angeordnet, Deportierungstransporte auch in die Ostgebiete nach Riga und Minsk zu leiten[131]. Von Wien gingen fünf Deportationstransporte mit 5 183 Personen nach Riga und elf Transporte mit 10 476 Personen nach Minsk ab. Was mit den Juden dort geschah und wie man mit ihnen verfuhr, kann man mehreren Berichten der Einsatzgruppe A entnehmen. Laut einem undatierten Geheimbericht sind *„seit Dezember 1941... aus dem Reich in kurzen Abständen Judentransporte eingetroffen. Davon wurden 20 000 Juden nach Riga und 7 000 Juden nach Minsk geleitet. Die ersten 10 000 nach*

Riga evakuierten Juden wurden zum Teil in einem provisorisch ausgebauten Auffanglager, zum Teil in einem neuerrichteten Barackenlager... untergebracht..."[132]. Reitlinger berichtet, daß der Aussiedlungstransport, der, aus Wien kommend, am 19. Jänner 1942 in Riga ankam, nach Aussonderung von etwa 70 bis 80 jungen Leuten für ein Arbeitslager in einem Birkenwäldchen erschossen wurde[133]. In dem Tätigkeitsbericht der Einsatzgruppe A vom 1. bis 31. Jänner 1942 heißt es: „*Die Erschießungen werden überall so durchgeführt, daß sie in der Öffentlichkeit kaum bemerkt werden... Und selbst bei den zurückgebliebenen Juden ist die Überzeugung verbreitet, daß die Juden lediglich umgesiedelt worden sind... In Lettland wurde die Zahl der in Riga verbliebenen 20 500 Juden auf 2 500 verringert...*"[134]

Ein Tätigkeitsbericht der Sonderkommandos Arlt gibt uns Information, wie man mit den nach Minsk deportierten österreichischen Juden verfuhr. „*„... Am 4. Mai gingen wir bereits wieder daran, neue Gruben in der Nähe des Gutes vom Kdr. (Kommandeur) selbst auszuheben... Am 11. Mai traf ein Transport mit Juden (1000 Stück) aus Wien in Minsk ein und wurde gleich vom Bahnhof zur obengenannten Grube geschafft. Dazu war der Zug (II. Zug der 1. Kompanie des 1. Bataillons der Waffen-SS z. b. V.) direkt an der Grube eingesetzt...*"[135]

Die physische Vernichtung der Juden war angelaufen; sie sollte formell auch eine rechtliche Basis finden. Zu diesem Zweck wurde am 20. Jänner 1942 in Berlin, am Großen Wannsee Nr. 56 bis 58, eine Besprechung über die „Endlösung der Judenfrage" abgehalten, die als „Wannseekonferenz" in die Geschichte einging. Denn hier wurde endgültig der Völkermord, der Genozid, an den Juden beschlossen. In seinen Ausführungen erklärte Heydrich:

„*Anstelle der Auswanderung ist nunmehr als weitere Lösungsmöglichkeit nach entsprechender vorheriger Genehmigung durch den Führer die Evakuierung der Juden nach dem Osten getreten.*

Diese Aktionen sind jedoch lediglich als Ausweichmöglichkeiten anzusprechen, doch werden hier bereits jene praktischen Erfahrungen gesammelt, die im Hinblick auf die kommende Endlösung der Judenfrage von wichtiger Bedeutung sind..."[136]

Die Ausrottung der Juden im großen Ausmaß begann im Distrikt Lublin unter der Leitung des ehemaligen Gauleiters von Wien, Odilo Globocnik. Sie führte hier die Bezeichnung „Aktion Reinhard" und bestand in der Ausnützung jüdischer Arbeitskraft – in Form grausamster Sklaverei – für deutsche Rüstungszwecke sowie in der Vernichtung der nichtarbeitsfähigen Juden und in der Verwertung ihrer Leichen – in Form moderner Leichenfledderei – in den Todesfabriken Belzec, Sobibor und Treblinka. Wie sich dieser Mord an den Juden abspielte, vermerkte Goebbels in seinem Tagebuch am 27. März 1942:

„Aus dem Generalgouvernement werden jetzt, bei Lublin beginnend, die Juden nach dem Osten abgeschoben. Es wird hier ein ziemlich barbarisches und nicht näher zu beschreibendes Verfahren angewandt, und von den Juden selbst bleibt nicht mehr viel übrig. Im großen kann man wohl feststellen, daß 60 Prozent dazu liquidiert werden müssen, während nur 40 Prozent bei der Arbeit eingesetzt werden können. Der ehemalige Gauleiter von Wien (Globocnik), der diese Aktion durchführt, tut das mit ziemlicher Umsicht und auch mit einem Verfahren, das nicht allzu auffällig wirkt. ...Die in den Städten des Generalgouvernements freiwerdenden Gettos werden jetzt mit den aus dem Reich abgeschobenen Juden gefüllt, und hier soll sich dann nach einer gewissen Zeit der Prozeß erneuern.“[137]

Vom 9. April bis 14. Juni 1942 gingen sechs Deportierungstransporte mit 6 000 Personen von Wien nach Izbica im Generalgouvernement ab. Arbeitsfähige Juden wurden aus dem Zug geholt und in das „KZ Lublin“, das nach dem Kriege als „KZ Majdanek“ bekannt wurde, gebracht. Einer am 6. Juni 1942 angefertigten Liste abgenommener Uhren entnimmt man, daß die 304 Besitzer dieser Uhren, die im Lagerverzeichnis unter der Zahl 8 607 bis 9 579 registriert sind, überwiegend von Personen, die von Wien mit Transporten am 12. und 15. Mai 1942 deportiert wurden, stammten[138]. Die nichtarbeitsfähigen Juden wurden in bestimmten Landstädten und in Umsiedlungslagern einquartiert und im Laufe des Sommers und Frühherbstes 1942 in Belzec oder Sobibor vergast.

Bis 1941 hatten die NS-Machthaber das unbewegliche Vermögen der Juden, Realitäten, Liegenschaften und Betriebe, bereits verwertet. Man war gezwungen, sich nach weiteren Geldquellen umzusehen. Es wurde daher die 11. Verordnung zum Reichsbürgergesetz erlassen[139], nach der Juden, die sich außerhalb des Reichsgebietes begaben, die deutsche Staatsangehörigkeit verloren. Auch wenn sie deportiert wurden, verloren sie die Staatsbürgerschaft. Mit dem Verlust der Staatsangehörigkeit verfiel auch alles Vermögen an das Reich, und, was noch wichtiger war, es verfielen damit alle Versorgungsansprüche (Pensionen, Renten) der Juden an den Staat. Fast gleichzeitig mit dieser Verordnung wurde ein Erlaß herausgebracht, der das

Stimmungsbild aus dem Burgenland des Jahres 1938.

Juden gross!
arbeitslos!

Deutsche!
Wehrt Euch!
Kauft nicht bei Juden!
Deutsche!
Wehrt Euch!
Kauft nicht bei Juden!

Die „Endlösung".

Verfügungsrecht der Juden über ihr bewegliches Gut (Mobiliar, Haushaltsgegenstände und Kleidung) beschränkte[140]. Den Juden sollte jede Möglichkeit genommen werden, noch vor ihrer Deportierung Freunden persönliches Eigentum zu schenken. Im Gefolge dieser beiden Verordnungen kam eine ganze Reihe von Detailerlässen heraus. Dazu gehörte: die Ablieferungspflicht der Juden für alle optischen und elektrischen Geräte, Fahrräder, Woll- und Pelzsachen und Winterausrüstungsgegenstände[141]. Die Inanspruchnahme von Friseuren wurde den Juden untersagt und die Benützung der öffentlichen Verkehrsmittel und Fernsprechstellen verboten, sofern sie keine Sonderbewilligung hatten[142].

Im Juni 1942 begann auch die Aussiedlung jener Juden, die bisher von der Deportierung zurückgestellt worden waren, nach dem sogenannten „Altersghetto" Theresienstadt in Böhmen. Hierher sollten alle über 65 Jahre alten und gebrechlichen Juden, die jüdischen Ehegatten einer nicht mehr bestehenden deutsch-jüdischen Mischehe, Kriegsbeschädigte und Inhaber hoher Tapferkeitsauszeichnungen verschickt werden. Theresienstadt, das als Musterghetto und Sonderghetto bezeichnet wurde, war in Wirklichkeit ein riesiger Umschlagplatz, ein Transitlager für weitere Verschickungen in die Vernichtungslager des Dritten Reiches[143]. Fast 70 Prozent der von Wien nach Theresienstadt abgeschobenen österreichischen Juden endeten später in den Gaskammern von Auschwitz[144].

Von Wien wurden in den Jahren 1941 und 1942 insgesamt 45 461 Juden nach dem Osten verschleppt und in die Vernichtungslager transportiert.

Die letzten Jahre des Dritten Reiches

Die große Deportationswelle der Juden von Österreich endete im Oktober 1942. Zu diesem Zeitpunkt gab es noch rund 8 300 in Wien registrierte Juden im Sinne der Nürnberger Gesetze. 4 000 Personen lebten in privilegierter Mischehe (Haushaltsvorstand Arier, Kinder Mischlinge), 2 200 Personen lebten in nichtprivilegierter Mischehe (Gattin Arierin, keine Kinder), 700 Personen waren Geltungsjuden, und 1 200 Personen waren Volljuden, davon befanden sich 500 in Konzentrations- oder Arbeitslagern in Deutschland. Einige hundert ausländische Juden lebten in Wien noch verhältnismäßig frei[145]. Ihre Entfernung erfolgte im Verlaufe des Jahres 1943. Die Juden russischer, türkischer, italienischer und rumänischer Staatsangehörigkeit, die trotz Aufforderung nicht abreisten oder abreisen konnten, wurden in das Konzentrationslager Buchenwald verschickt[146], die Juden argentinischer Staatsangehörigkeit Anfang 1944 in das Konzentrationslager Bergen-Belsen eingeliefert[147].

Mit 1. November 1942 wurde die Israelitische Kultusgemeinde Wien aufgelöst und in den Ältestenrat der Juden in Wien umgewandelt, der für alle Juden in den Donau- und Alpengauen zuständig war[148]. Der Ältestenrat der Juden sollte so lange bestehen bleiben, bis eine Regelung des Mischehen- und Mischlingsproblems getroffen worden war. Besprechungen über die Lösung dieser beiden Fragen fanden 1942 statt[149], zu einer generellen Regelung kam es jedoch nie.

Die Deportierungen nach Theresienstadt und jetzt auch in das Konzentrations- und Vernichtungslager Auschwitz gingen 1943 bis 1945 weiter. Alle abkömmlichen Volljuden sowie alle, die aufgefallen waren, ebenso wie Personen aus Mischehen, deren arischer Ehepartner verstorben war, wurden deportiert. Alle noch im Bereich der „Ostmark" befindlichen Juden waren ebenso wie die arische Bevölkerung zum totalen Arbeitseinsatz verpflichtet. Bei den Lebensmittelzuteilungen jedoch sah die Situation für die Juden viel schlechter aus als für die arische Bevölkerung. Sie erhielten seit 1942 keine Fleischwaren, Eier, Weizenerzeugnisse und Milch[150]. 1943 wurden die Juden mit der 13. Verordnung zum Reichsbürgergesetz praktisch für vogelfrei erklärt[151].

Diese Verordnung war nach der Abwicklung der Deportation unter anderem auch eine Folge für das vermehrte Untertauchen von Juden. Viele Juden versuchten ihr Leben als „U-Boote", wie die versteckt lebenden Juden genannt wurden, zu retten, wenn sie annahmen, daß sie deportiert oder in ein Konzentrationslager verschickt würden. Viele traten diesen Weg in den Untergrund an, nur wenigen gelang es, bis zur Befreiung zu überleben[152].

Die Mischlinge ersten Grades wurden ab 1942 in bestimmte Lehranstalten nicht mehr zugelassen, aus bestimmten Schulen entfernt und vom Militärdienst entlassen; sonst aber blieben sie ziemlich unbehelligt. Erst nach dem mißlungenen Attentat auf Hitler am 20. Juli 1944 begann man sich wieder den Mischlingsproblemen zu widmen. Himmler ordnete im Jänner 1945 an, daß die Mischlinge zum geschlossenen Arbeitsdienst in die OT

(Organisation Todt) einzuziehen seien, und aus Österreich ist uns ein Dokument bekannt, das den Gauleiter von Wien anwies, 500 Mischlinge ersten Grades nach Deutsch-Schützen zum Stellungsbau abzustellen[153].

Durch die Deportierungen und Todesfälle ist die Zahl der Juden Österreichs im Sinne der Nürnberger Gesetze bis zur Befreiung im Frühjahr 1945 auf 5 816 Personen abgesunken[154].

Der Neubeginn

Der Ältestenrat der Juden in Wien nahm sogleich nach der Befreiung seine Tätigkeit als Israelitische Kultusgemeinde Wien wieder auf. Es galt vor allem, die hier überlebenden alten, kranken und siechen Juden weiter zu versorgen[155] und für die aus den Konzentrationslagern kommenden Überlebenden Hilfe zu schaffen. Vor allem galt es, Wohnraum zu schaffen. Zu diesem Zwecke wurden von der Israelitischen Kultusgemeinde Wien in verschiedenen Gebäuden Rückkehrerlager errichtet, in denen Hunderten von Juden Obdach gewährt wurde, bis es ihnen gelang, sich aus eigenen Kräften eine Wohnung zu verschaffen und Arbeit anzunehmen. Lebensmittel- und Bekleidungszuteilungen wurden ab Herbst 1945 durch die Hilfsaktionen der amerikanischen Juden ermöglicht.

Die erste Zeit war für die Überlebenden der Todes- und Vernichtungslager außerordentlich schwer. Die antijüdische Propaganda war noch zu tief in den Gehirnen vieler Österreicher verhaftet. Als sich zum Beispiel im Sommer 1945 ehemalige Konzentrationslager-Insassen zu organisieren begannen, machte man die erschreckene Beobachtung, daß nur politisch Verfolgte in den Verband aufgenommen wurden. Auch das erste Opferfürsorgegesetz vom 17. Juli 1945 anerkannte die Fürsorge nur für die Opfer des Kampfes um ein freies, demokratisches Österreich. Die jüdischen KZler wurden von den politischen KZlern als rassisch Verfolgte abgewiesen. Sie gründeten daher ihren eigenen KZ-Verband, der vom Aktionskomitee der jüdischen KZler geleitet wurde. Erst im Verlauf von monatelangen Bemühungen gelang es, genügend einsichtige politische Verfolgte zu überzeugen und alle Opfer des Naziregimes in einem Verband zu einen. Es ging jetzt auch um die gemeinsamen Interessen, und zwar um die Schaffung eines neuen Opferfürsorgegesetzes, das am 4. Juli 1947 vom Nationalrat beschlossen wurde. Aufgrund dieses Gesetzes erhielten die Verfolgten und Opfer des Naziregimes die gleichen Rechte und waren den Kriegsopfern gleichgestellt[156].

Im Juni 1945 wurden die leitenden Beamten des früheren Ältestenrates, die bis jetzt auch die Geschäfte der Israelitischen Kultusgemeinde Wien geführt hatten, von Professor Schur abgelöst. Im September trat er aus gesundheitlichen Gründen zurück. Das Staatsamt für Volksaufklärung, für Unterricht und Erziehung und für Kultusangelegenheiten ernannte zum Leiter der Wiener Israelitischen Kultusgemeinde David Brill[157]. Er sollte überhaupt alle Vorbereitungen... treffen, um das Funktionieren der Kultusgemeinde... wieder in geordneten Gang zu bringen. Innerhalb von drei Jahren gelang es dann, die Vertretung der österreichischen Judenschaft, die Israelitische Kultusgemeinde, wieder zu einem demokratischen Institut zu machen, das seinen Verpflichtungen gemäß dem Gesetz von 1890 nachkommt.

Wohl dauerte es noch einige Jahre, bis bei der Mehrheit der österreichischen Juden die schweren Wunden, die ihr die Jahre 1938 bis 1945 geschlagen hatten, einigermaßen verheilt waren und sie wieder in engeren Kontakt mit ihren Mitbürgern traten.

Von der einst verhältnismäßig großen jüdischen Bevölkerungsgruppe haben die Ereignisse der NS-Zeit nicht viel übrig gelassen. Die jüdische Bevölkerung Österreichs betrug aufgrund der Volkszählungen 1951: 11 224 (inklusive der hier noch befindlichen DPs [displaced persons]), 1961: 9 049 und 1971: 8 461 Personen. Trotz der Stagnation der Bevölkerungsbewegung sind die österreichischen Juden auch heute noch ein bedeutsames Element innerhalb der Gesamtbevölkerung. Sie konnten sich in das gesellschaftliche und wirtschaftliche Leben der Republik Österreich integrieren und stellen einen bedeutenden Faktor in der alltäglichen Wirklichkeit unseres Staates dar. Das religiöse Eigenleben und die – besonders bei den Zionisten – ausgeprägte Bindung an Israel stören in keiner Weise die Solidarität mit Österreich und die volle Integration in unseren Staat.

SCHICKSALE JÜDISCHER ÖSTERREICHER

DIE FLUCHT WALTER GRABS

Wolfgang Plat

Prof. Dr. Walter Grab, Gründer und langjähriger Direktor des Institutes für deutsche Geschichte in Tel Aviv, geboren 1919 in Wien als Sohn eines Kaufmannes. Professor Grab absolvierte das Wasa-Gymnasium und maturierte am 15. Juni 1937. Er wohnte 1938 am Bauernfeldplatz bei seinen Eltern.

Prof. Grab berichtet:

„Am 25. April 1938, also etwa sechs Wochen, nachdem die Nazis nach Österreich einmarschiert waren, ging ich auf der Liechtensteinstraße in meiner Heimatstadt Wien nach Hause und begegnete dort einer Kette von Menschen, die die Straße absperrten und jeden fragten, ob er Jude sei. Und als ich ‚Ja' sagte, bekam ich einen Fußtritt von einem SA-Mann, der eine Hakenkreuzbinde trug, und der beförderte mich in ein Haustor des Hauses Liechtensteinstraße 20. Dort befand sich seit vielen Jahren ein jüdisches Turnerheim, das Turnheim Makabi, in dem ich übrigens als Kind in den Jahren 1928/29 auch einige Zeit geturnt hatte. Es war ein großer Saal im Keller dieses Hauses, mit Umkleideräumen, Garderobe, und das befand sich im Besitz des Turnvereins Makabi. Am Tor dieses Hauses stand ein anderer Nazi, der mir einen zweiten Fußtritt gab, wodurch ich bis zur Kellertreppe stolperte, und dort gab es eine ganze Reihe von anderen lachenden und johlenden SA-Leuten. Ich stürzte die Kellertreppe hinunter, und unten am Eingang zu diesem Turnheim – die Tür war offen – standen im Vorraum, in der Garderobe, wo man sich umgekleidet hat, vielleicht 20 oder 30 Juden, Menschen meines Alters oder vielleicht etwas Ältere – voller Angst. Es stank fürchterlich. Das ganze Turnheim war vollkommen mit Menschenkot angeschissen, und zwar alles, sowohl der Umkleideraum als auch dieser große Turnsaal, und zwar bis in die Höhe von etwa 2,5 Metern. Der Kot war noch feucht, noch ganz frisch. Dann kamen die Nazis, und einer, der in Uniform war, mit Koppel und mit braunem Hemd, der hat dann unter dem Gegröle und Lachen der anderen Nazis gesagt: ‚So habt ihr uns dieses Turnheim überlassen. Jetzt müßt ihr das auflecken!‘ Wir sind vor Entsetzen versteinert dort gestanden, denn wir wußten, daß ständig Transporte nach Dachau gegangen sind oder in andere Konzentrationslager und hatten natürlich rasende Angst, daß wir jetzt Opfer wären und daß das ganze nur ein Vorspiel wäre und daß man uns dann auch dahin expedierte, aber keiner von uns hat irgendeinen Ton gesagt natürlich. Die aber haben sich vor Lachen geschüttelt, denn es war ein ungeheurer Scherz, daß jetzt die Juden den Kot auflecken sollten. Wir standen, niemand hat sich gerührt, denn jedes Rühren hätte ja bedeutet, daß er sich bemerkbar macht. Danach hat einer der Nazis gesagt: ‚Nun, also bitte aufräumen!‘ Das mit dem Lecken ging ja sowieso nicht. Dann haben sich einige gebückt und haben versucht, den Kot ins Klosett zu werfen. Wir hatten gar keine Hilfsmittel. Dann ist ein anderer SA-Mann gekommen und hat gesagt: ‚Bringt Zeitungen, das wird man einwickeln.‘ Danach hat man Zeitungspapier gebracht, und einige haben versucht, den Kot irgendwie in Zeitungen einzuhüllen. Nach einiger Zeit, nach vielleicht zehn Minuten, hat man zwei oder drei Lappen in den Keller gebracht und einen Eimer, und dort war auch eine Wasserleitung. Jedenfalls haben wir den Eimer gefüllt und die Lappen eingetaucht.

Und dann, während ich da versuche, mich nützlich zu machen, blicke ich auf und sehe in einer Entfernung von einigen Metern einen von diesen Nazis, einen ehemaligen Schulkameraden aus der Volksschule. Ein gewisser Lichtenegger. Und dieser Lichtenegger, in dem Augenblick, wo ich aufschaue und ihn ansehe und ihn erkenne, guckt er und erkennt mich auch. Und das war gut, das war so ein Blick von einer Sekunde. Aber das werde ich nie vergessen. Es war sein Blick, wie wir uns in die Augen geschaut haben, denn er hat mich natürlich als Kind genau gekannt, als kleinen Jungen, so wie ich ihn. Wir haben voneinander abgeschrieben, oder wir haben als Kinder, weiß ich, miteinander gerauft oder nebeneinander gesessen und haben gelernt. Er hat zwar gewußt, daß ich Jude bin, aber vor allem hat er in mir den Spielkameraden gesehen. Und irgendwie war ihm das peinlich, daß ich jetzt nicht der Popanz bin, der Jude, sondern der konkrete Walter Grab, den er gekannt hat, von seinem sechsten Lebensjahr an. Wir waren damals beide neunzehn. Das war ihm unangenehm. Und das erkannte ich in der Sekunde, wo ich ihn ansah, daß er sich schämte. Und da stand ich auf und ließ den Lappen fallen und ging zu ihm hin und sagte zu ihm in meinem breitesten Wiener Dialekt: ‚Lichtenegger, laß mich geh'n, du kennst mich doch.' Und dann riß er ein Stück Papier von einer dieser Zeitungen und schrieb mit dem Bleistift hin: ‚Der Jud' kann weg', oder ‚Der Jud' kann raus', das habe ich vergessen, ob nun raus oder weg, jedenfalls der Jud' kann raus, und hat irgendeinen Krakel gemacht. Also offenbar war er irgendso ein kleiner Befehlshaber. Ich bin zur Kellertreppe, und da ist ein anderer gestanden: ‚Was willst, du mußt dableiben!' Da hab' ich gesagt: ‚Der Lichtenegger hat gesagt, ich kann raus.' Und ich bin die Treppe raufgeflitzt, doch dort oben stand noch einer. Da hab' ich gesagt: ‚Ich kann raus, Herr Lichtenegger hat gesagt, ich kann weg.' Aber am Tor war noch ein dritter, und der gab mir einen Fußtritt, und ich rannte weg. Acht Wochen später konnte ich zu Verwandten nach Palästina fliehen."

DIE ERMORDUNG RICHARD BERGERS

Wolfgang Plat

Bundesbahn-Oberbaurat Ing. Richard Berger, geboren am 8. Juli 1885 in Brünn, wurde in der Nacht vom 9. zum 10. November 1938 in Innsbruck von einem SS-Kommando ermordet.

Ing. Richard Berger wohnte mit seiner Frau Grete, geborene Weiss, und seinen Söhnen Walter und Fritz in Innsbruck in der Anichstraße 13. Er war Präsident der Zionistischen Ortsgruppe Innsbruck, jahrelang Mitglied und seit dem 23. Juni 1938 Vorstand der Israelitischen Kultusgemeinde von Innsbruck. Von der jüdischen Jugend wurde er wegen seiner kompromißlosen zionistischen Einstellung verehrt und geachtet, doch auch die Nicht-Zionisten respektierten ihn wegen seiner Aufrichtigkeit und seines Mutes. Innerhalb der Bevölkerung Innsbrucks und vor allem innerhalb der Beamtenschaft der Bundesbahn war der Oberbaurat Richard Berger ein hochangesehener Mann, mit vielfachen Auszeichnungen bedacht, darunter das Ritterkreuz des Herzogtums Liechtenstein für hervorragende Brückenbauarbeiten.

In der Mordnacht vom 9. zum 10. November 1938, von den Nazis verharmlosend „Reichskristallnacht" genannt, wurden in Innsbruck drei prominente Juden ermordet, darunter Richard Berger. In der Nacht vom 9. zum 10. November erschien in seiner Wohnung ein Rollkommando unter der Führung des SS-Mannes Dr. Gerhard Lausegger, einem 23jährigen gebürtigen Klagenfurter. Dem Rollkommando gehörte auch der Gau-Hauptstellenleiter Walter Hopfgartner aus Wattens an. Ing. Berger wurde in ein Auto gezerrt und nach Kranebitten gebracht. Dort wurde er von der Straße an das Ufer des Inns geschleppt, und mit einem Stein wurde ihm der Schädel zertrümmert. Einer der SS-Leute gab außerdem mehrere Schüsse auf Richard Berger ab, dann wurde der Sterbende in den Inn geworfen, seine Leiche wurde am nächsten Tag angeschwemmt gefunden. Aber damit war diese grausame Tat gegenüber der Familie Berger noch gar nicht zu Ende. Wenige Tage später erhält die Witwe Grete Berger zunächst einen gefälschten Totenschein. Außerdem wird ihr zu ihrem Entsetzen mitgeteilt, daß die Leiche ihres Mannes nach München zur Einäscherung überführt worden sei, was für einen gläubigen Juden aus religiösen Gründen strikt verboten ist. Wieder einige Tage später kommt aus München ein Postpaket, dessen Gebühr Frau Berger bezahlen muß. In dem Postpaket befinden sich die Aschenreste ihres Gatten. Das war alles, was von Richard Berger übriggeblieben war. Die Witwe erhielt vom Staat Israel die Sondererlaubnis, die Aschenreste ihres Gatten in Israel beisetzen zu lassen. So hat Richard Berger in Israel seine letzte Ruhestätte gefunden.

Die beiden Söhne emigrieren mit der Mutter nach Großbritannien. Fritz Berger ändert dort seinen Namen auf Frederik Richard Benson, und er kehrt als englischer Soldat im Zuge der Befreiung Europas vom Nazi-Regime nach Österreich zurück. Im Juni 1946 gelingt es ihm, einen der Mörder seines Vaters, nämlich Dr. Gerhard Lausegger, in Klagenfurt aufzuspüren. Er verhört ihn selbst, und der Mörder bricht nach achtstündigem Verhör zusammen und gesteht, daß er Richard Berger ermordet habe. Er ist völlig fassungslos, als er erfährt, daß der Sohn des Ermordeten ihn verhört habe. Von Klagenfurt aus sollte Dr. Lausegger nach Innsbruck zur Aburteilung überführt werden. Aber schon am Hauptbahnhof Villach entkommt er seinen Bewachern, zwei deutschen Gendarmen, und er ist nie wieder gesehen worden. Nach der Vernehmung am 1. Juni 1946 gab Gerhard Lausegger zu Protokoll:

In der Nacht vom 9. auf den 10. November 1938 war ich in Innsbruck bei dem Judenpogrom beteiligt. Ich wurde Anfang September 1938 von meiner Dienststelle als Adjutant der 87. SS-Standarte in Innsbruck auf eigenen Wunsch enthoben. Am 31. Oktober promovierte ich in Innsbruck und war bis zu meiner Übersiedlung nach Klagenfurt, Anfang Dezember, vom SS-Dienst beurlaubt. Am 9. November abends erhielt ich die Verständigung, daß ich mich sofort auf der SS-Dienststelle einzufinden habe. Ich stand unter Alkoholeinfluß, da ich vorher mit einigen Kameraden (Bundesbrüder) meine Promotion gefeiert hatte. Ich erhielt von SS-Oberführer Feil den Auftrag (unter vier Augen), den Führer der Israelitischen Kultusgemeinde Ing. Berger als Strafaktion wegen der Ermordung von

Rath in Paris aus dem Weg zu räumen. Der Gebrauch der Schußwaffe wurde mir ausdrücklich verboten. Mir wurde ein Wagen mit Fahrer zur Verfügung gestellt. Ich nahm zwei von den im Nebenraum anwesenden SS-Führern und Männern mit und holte noch in der Nacht Ing. Berger in seiner Wohnung ab. Ich erklärte Berger, daß ich Auftrag hätte, ihn für eine Vernehmung bei der Gestapo abzuholen. Er ging ohne Widerstand mit, nur bat er mich, telefonisch bei der Gestapo rückfragen zu dürfen, was ich ihm untersagte. Wir fuhren mit dem Wagen in Richtung Zirl und hielten zwei oder drei Kilometer hinter Kranebitten. Ich erklärte Berger, er müsse aussteigen, was er auch tat. Ich packte ihn bei den Schultern und hielt ihn zu Boden, während Hopfgartner ihm mit dem Kolben der Pistole mehrere Male auf den Kopf schlug. Die Leiche warfen wir dann in den Inn. Wir fuhren dann in die Stadt zurück und trennten uns. Ich stieg, glaube ich, in der Maria-Theresien-Straße aus und ging sofort in meine Wohnung, Maria-Theresien-Straße 11, 1. Stock bei Fischer. Im anderen Zimmer wohnte mein Bruder Otto Lausegger, der ebensowenig von der Sache gewußt hat wie meine Angehörigen oder Freunde. Am Vormittag gab ich Oberführer Feil Bericht."

Dieser Bericht zeigt, daß keine Rede davon sein kann, daß die Innsbrucker Bevölkerung spontan Rache an den Innsbrucker Juden nehmen wollte, weil in Paris ein Angehöriger der dortigen Botschaft von einem jungen Juden erschossen worden war. Es handelte sich vielmehr um genau geplante und gezielte Mordaktionen der SS, die dann später in der Öffentlichkeit als Reaktion der „kochenden Volksseele" dargestellt wurden.

Zusammenfasung des Verhörs
LAUSEGGER Gerhard
von Benson F. R., CSM

anwesend: hhLt. de SERCLEY
Direction Sureté
Innsbruck — Zeit: 17.00 Uhr, 1. Juni 1946
Sprache: Deutsch — 0.45 Uhr, 2. Juni 1946

Der Gefangene wurde über seine Tätigkeit ab März 1938 befragt. Detaillierte Berichte über seine Ortsveränderungen ab diesem Zeitpunkt wurden der österreichischen Polizei in Innsbruck übergeben. Der Gefangene wurde aufgefordert, einen detaillierten Bericht über seine Aufenthaltsorte und seine Nazi-Tätigkeit im November 1938 zu geben, da laut anderer Gefangenenaussagen der Inhaftierte im November 1938 an gegen Juden gerichtete Nazi-Tätigkeiten teilgenommen hat.

Während eines sechs Stunden langen intensiven Verhörs behauptete der Gefangene, daß er nicht nur niemals an diesen Greueltaten teilgenommen hätte, sondern auch, daß er von solchen gar nichts wußte und daß er niemals über diese Vorfälle gehört hätte.

Das IO (Verhörungskommission?) erwähnte gegenüber dem Gefangenen, daß alle diese Greueltaten von SS-Männern begangen wurden. An dieser Stelle reagierte der Gefangene sehr befremdet und stellte fest, daß auch er den Rang eines SS-Obersturmführers seit März 1938 gehabt hätte, und er zeigte keinerlei Interesse mehr an allem, was mit der SS in Innsbruck im Zusammenhang stand.

Der Inhaftierte wurde weiterhin stark unter Druck gesetzt, und schließlich brach er vollständig zusammen. Mit allen Einzelheiten beschrieb er uns, wie er selbst und zwei seiner SS-Kameraden den Oberbaurat Ing. Richard Berger in der Nacht des 9. Novembers 1938 ermordeten.

Beigelegt finden Sie die Kopie des vom Gefangenen selbst handgeschriebenen Geständnisses. Es ist von ihm selbst und zwei Zeugen unterschrieben.

Innsbruck, 3. Juni 1946 — Unterschrift:

F. R. Benson CSM
CSDIO

An den Nachrichtenoffizier
i/c Süd-Tirol
Italien

London, 7. Juli 1947

Sehr geehrte Herren!

Was den Fall Gerhard Lausegger betrifft, so stehe ich in einem ständigen Kontakt mit der Österreichischen Polizeidirektion in Innsbruck. Kriminalinspektor Sokser befaßt sich mit diesem Fall.

Lausegger, der in Wolfsberg, Kärnten, Österreich inhaftiert war und der von mir selbst verhört wurde, wurde nach einem stundenlangen, harten Verhör geständig und sagte, daß er der Mörder von Ing. Richard Berger, der mein Vater ist, sei. Dann übergab ich ihn den zuständigen Behörden, und es wurde mir versprochen, daß er für das Gerichtsverfahren nach Innsbruck überstellt werde. Nach vielen Monaten gelang es der Innsbrukker Staatspolizei, die Erlaubnis der Überstellung Lauseggers nach Innsbruck zu erreichen. Dann entfloh dieser am Hauptbahnhof Villach am 6. März 1947.

Wie schon erwähnt, bin ich noch immer im ständigen Kontakt mit der Innsbrucker Polizeidirektion, und Kriminalinspektor Sokser ist der Meinung, daß sich Lausegger irgendwo in Südtirol verstecke – wahrscheinlich in Bozen, wo sich noch immer einige ehemalige SS-Offiziere aus Innsbruck verstecken. Von Lantschner, Schintholzer und vielen anderen weiß man, daß sie noch immer auf freiem Fuß in Bozen, Südtirol, sind.

Für die Weiterleitung dieser Information an die zuständige FSS-Sektion wäre ich Ihnen sehr dankbar, und ich stelle Ihnen jederzeit meine Hilfe bei den Nachforschungen zur Verfügung. Ich versichere Ihnen, daß ich alles Mögliche tun werde, um diese schuldigen Männer vor den Richter zu bringen.

Mit vorzüglicher Hochachtung
unterschrieben von
(F. R. Benson)

2 St 2696/58

Staatsanwaltschaft
Innsbruck

An

Prau Margarete B e r g e r ,
Oberbauratswitwe

in

<u>H a i f a</u> ,Israel
21, Shoshanat Hacarmel

Zu Ihrer Eingabe vom 5. April 1961 an das Bundesministerium für Justiz wird Ihnen mitgeteilt, dass gegen den an der Ermordung Ihres Gatten, Ing. Richard Berger in der Nacht zum 10. 11. 1938 beteiligt gewesenen Dr. Gerhard L a u s e g g e r bereits im Jahre 1946 das Strafverfahren eingeleitet wurde. Der Genannte, der nach seiner Festnahme an das Landesgericht Innsbruck überstellt werden sollte, ist jedoch am 6. 3. 1947 auf dem Transport in Villach entwichen und offenbar ins Ausland geflüchtet. Sein derzeitiger Aufenthalt konnte nicht ermittelt werden.

Gegen Dr. Lausegger wurde vom Landesgericht Innsbruck Haftbefehl erlassen.

Die übermittelten Lichtbilder des Beschuldigten werden dem hiergerichtlichen Akt beigeschlossen.

Staatsanwaltschaft Innsbruck,
am 18. Mai 1961

STAATSANWALTSCHAFT INNSBRUCK
2

Dr. Allinger-Osollich
Für die Richtigkeit der Ausfertigung
der Leiter der Geschäftsabteilung:

ILSE BRÜLL
VERGANGEN WIE EIN RAUCH

Wolfgang Plat

Vor mir liegt ein Brief von Ilse Brüll. Er ist datiert vom 30. August 1942. Es ist das letzte Lebenszeichen dieses Mädchens, das im 18. Lebensjahr stand. Die letzten Zeilen des Briefes lauten:

„In Polen soll es auch ganz gut sein. Auf Wiedersehen."

Frau Ingeborg Brüll aus Innsbruck hat mir folgenden Brief geschrieben, dem ich die wesentlichsten Auszüge über Leben und Tod von Ilse Brüll entnehme:

„Ilse Brüll ist am 28. April 1925 in Innsbruck als Tochter des Möbelfabrikanten Rudolf Brüll und seiner Gattin Julie Brüll, geb. Steinharter, geboren. Sie besuchte in Innsbruck die Volksschule und die Hauptschule, bis sie als Jüdin in der NS-Zeit die Schule verlassen mußte. Sie fuhr zu ihrer Tante nach München und von dort am Jahresende 1938 nach Wien, wo ich mit Ilse Brüll zusammen gewohnt habe. Ich bin mit ihr am 28. April 1939 durch die Quäker mit einem Kindertransport nach Rotterdam gekommen, wo wir in Quarantäne kamen. Nach etwa einem Monat kam ich mit meiner Kusine zusammen nach Eersel bei Eindhoven/Holland ins St.-Jakobus-Heim. Da ich katholisch bin, ging Ilse mit mir in das katholische Heim, was uns damals auch sicherer erschien als ein jüdisches Heim, obwohl die Nationalsozialisten zu diesem Zeitpunkt noch nicht die Niederlande besetzt hatten. Nach dem Einmarsch der Nazis wurde der damalige Bürgermeister des Dorfes abgesetzt und durch einen Nationalsozialisten ersetzt. Ilse Brüll war das einzige jüdische Kind, es gab aber auch noch Kinder jüdischer Abstammung und sogenannte Mischlinge, aber Ilse Brüll wollte unter allen Umständen ihrer jüdischen Religion treu bleiben. Am 30.

Walter Grab

Paul Rosenfeld auf dem Jüdischen Friedhof Frauenkirchen/Burgenland.

Fritz Rubin-Bittmann

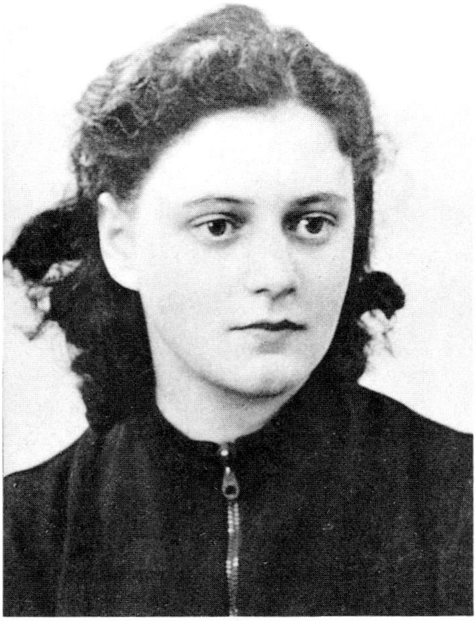

Ilse Brüll

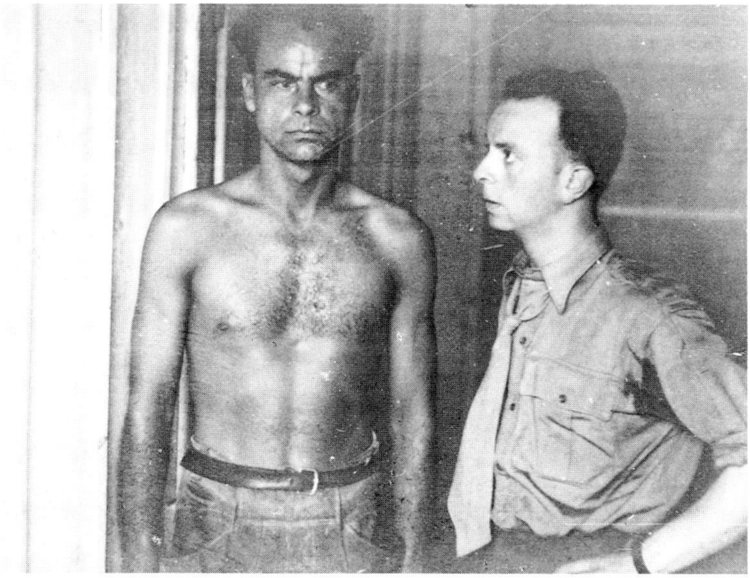

Frederic Benson (rechts), der Sohn Richard Bergers, mit dem Mörder seines Vaters, Dr. Gerhard Lausegger.

Richard Berger

Matthias Sindelar

August 1942 erhielt ich von ihr noch einen Brief, in dem sie mir mitteilte, daß sie in das Lager Hertogenbosch gekommen sei, sich nun auf dem Transport befinde und glaube, daß sie nach Polen kommen werde. Das war das letzte Lebenszeichen, das wir von Ilse Brüll erhalten haben. Auch alle Nachforschungen nach dem Krieg blieben erfolglos. Da Ilse sich nie mehr gemeldet hat und keinerlei Lebenszeichen von ihr zu finden war, muß es als sicher angenommen werden, daß Ilse in einem Vernichtungslager den Tod erlitten hat. Die Eltern von Ilse Brüll verloren ihr gesamtes Vermögen in Innsbruck, mußten nach Wien reisen und kamen von dort zusammen in das KZ-Lager Theresienstadt. Sie konnten aber diese Zeit überleben, kehrten nach der Befreiung zurück und eröffneten wieder die Möbelfabrik und Möbelhandlung in Innsbruck, Anichstraße 7. Da Ilse Brüll ihr einziges Kind war, versuchten sie nach der Rückkehr alles, was möglich war, um etwas über ihre Tochter in Erfahrung zu bringen, aber es konnten keine konkreten Hinweise gefunden werden. Rudolf Brüll gründete nach seiner Rückkehr die Israelitische Kultusgemeinde für Tirol und Vorarlberg und war bis zu seinem Tode ihr Präsident."

Aus den Nachforschungen geht im einzelnen hervor, daß Ilse Brüll am 31. August 1942 aus Westerbork in das Außenlager von Auschwitz, Niederkirch, transportiert wurde. Von Niederkirch wurde sie nach Auschwitz gebracht. Aller Wahrscheinlichkeit nach ist Ilse Brüll bereits am 3. September 1942 durch die SS in Auschwitz durch Gas getötet worden.

Das war im selben Monat, als Edith Stein ermordet wurde.

MATTHIAS SINDELAR WAR DER GASHAHN DER AUSWEG?

Wolfgang Plat

Matthias Sindelar, Österreichs bekanntester und wahrscheinlich auch genialster Fußballer, wurde am 10. Februar 1903 geboren und starb am 23. Jänner 1939 in Wien. Matthias Sindelar war kein jüdischer Österreicher. Sein Name ist auch heute noch, ein halbes Jahrhundert danach, allgemein geläufig und auch einer jüngeren Generation bekannt, die ihn nie spielen sah. Sindelar war ein Ballartist, vor allem aber ein Sportsmann. Sein Spitzname „Der Papierene" charakterisiert seinen grazilen Körperbau. Sindelar stand 43mal in der österreichischen Auswahl (1926 bis 1937) und schoß dabei 27 Tore. Der in Favoriten aufgewachsene Mittelstürmer war maßgeblich mitverantwortlich für fünf Cup-Siege und Mitropa-Cup-Gewinne seiner Austria, aber auch für die Erfolgsserie des Nationalteams.

Der überraschende Tod von Matthias Sindelar im 36. Lebensjahr ist immer rätselhaft geblieben und wurde nicht einwandfrei geklärt, wobei der Verdacht besteht, daß im Jänner 1939 sein Tod nicht wirklich geklärt werden sollte. Wir erwähnen Matthias Sindelar im Rahmen unserer Darstellung über Schicksale, weil er zusammen mit seiner jüdischen Freundin Camilla Castagnola starb. Aus den Zeitungsberichten vom Jänner 1939 geht auf jeden Fall eindeutig hervor, daß der Presse die Ursachen des Todes von Matthias Sindelar verschwiegen wurden. ‚Einige Zeitungen berichten von einer „furchtbaren, erschütternden Tragödie", andere schreiben von einem „tragischen Tod", andere wieder berichten von einem „tragischen Unfall". In einer Zeitung können wir lesen, daß nach den behördlichen Untersuchungen eine Rauchgasvergiftung, die Sindelar und seine Freundin im Schlaf angeblich tötete, nicht in Frage kommt. Einige Zeitungen berichten, auf dem Tisch hätte man eine halb geleerte Cognac-Flasche gefunden, andere Zeitungen berichten von einer halb geleerten Likörflasche. In diesem

Zusammenhang fällt auch in einem Zeitungsbericht der Ausdruck „Vergiftung“. Selbst wenn man, wie ich, den Obduktionsbericht einsehen konnte, wird nicht klar, was die Todesursache für Sindelar und seine Freundin war. Im Obduktionsbericht wird eine Untersuchung der Cognac- bzw. der Likörflasche bzw. des Mageninhaltes überhaupt nicht erwähnt.

In der Bevölkerung hielt sich hartnäckig das Gerücht, daß Matthias Sindelar mit der Besetzung durch die Nazis seine Laufbahn am Ende sah, da er mit einer Jüdin eng befreundet war. Auffällig ist, mit welch riesigem Gepränge die Nazis Sindelar beerdigen ließen. Es waren anwesend: der Staatssekretär für das Sicherheitswesen Dr. Kaltenbrunner, Gräfin Salm, der stellvertretende Bürgermeister der Stadt Wien SA Brigadeführer Kozich, in Vertretung des Gausportführers Dr. Rainer SS-Obersturmbannführer Felix Rinner und vom Gauamt für Fußball Hauptmann Janich. Außerdem begleiteten alle Vereinskameraden und eine unübersehbare Menschenmenge Matthias Sindelar auf seinem letzten Weg. Es mutet merkwürdig an, daß am offenen Grab ein Hitlerjunge namens Otto Naglic eine pathetische Rede hielt, sich am Schluß bekreuzigte und ein Gebet sprach. Der Österreichische Fußballbund verschweigt in einer offiziellen Erklärung, die für die Presse bestimmt ist und die der Pressereferent des Fußballbundes seiner Presseinformationsmappe entnahm und mir gab, die Ursache des Todes von Matthias Sindelar vollständig, als sei es ganz natürlich, daß ein gesunder und kräftiger Fußballspieler plötzlich mit 36 Jahren stirbt. Interessant ist auch, daß in der Information aus dem Gedicht von Friedrich Torberg über Matthias Sindelar vier Zeilen zitiert werden, aus denen nicht hervorgeht, warum Matthias Sindelar aller Wahrscheinlichkeit nach zusammen mit seiner jüdischen Freundin Selbstmord beging. Weitere Fragen zum Tode von Matthias Sindelar wollte der Pressesprecher des Österreichischen Fußballbundes nicht beantworten, es war ihm offensichtlich äußerst unangenehm, daß ich nach Matthias Sindelar fragte. Friedrich Torberg charakterisierte Matthias Sindelar so:

„Ich gehe heute in den Prater zu Austria:Bologna. Es interessiert mich, wie Sindelar heute die Rolle des Mittelstürmers auffaßt. Damit soll keineswegs gesagt sein, daß Sindelar etwa für die Galerie gespielt hätte. Aber er verfügt über einen so unglaublichen Variations- und Einfallsreichtum, daß man tatsächlich niemals wissen konnte, welche Spielanlage

von ihm zu erwarten war. Er hatte kein System geschweige denn eine Schablone. Er hatte – man wird diesen Eindruck gestatten müssen – Genie.“

Das sind also die Gründe, weshalb wir Matthias Sindelar in unsere Reihe der jüdischen Schicksale von 1938 mit aufgenommen haben.

AUF DEN TOD EINES FUSSBALLSPIELERS

1938, als im annektierten Österreich auch eine „Neuordnung des Sportwesens im nationalsozialistischen Sinne“ durchgeführt wurde, ging der populärste Fußballspieler Wiens, Matthias Sindelar, freiwillig in den Tod.

Er war ein Kind aus Favoriten
und hieß Matthias Sindelar.
Er stand auf grünem Plan inmitten,
weil er ein Mittelstürmer war.

Er spielte Fußball, und er wußte
vom Leben außerdem nicht viel.
Er lebte, weil er leben mußte,
vom Fußballspiel fürs Fußballspiel.

Er spielte Fußball wie kein zweiter,
er stak voll Witz und Phantasie.
Er spielte lässig, leicht und heiter.
Er spielte stets, er kämpfte nie.

Er warf den blonden Schopf zur Seite,
ließ seinen Herrgott gütig sein,
und stürmte durch die grüne Weite
und manchmal bis ins Tor hinein.

Es jubelte die Hohe Warte,
der Prater und das Stadion,
wenn er den Gegner lächelnd narrte
und zog ihm flinken Laufs davon –

bis eines Tags ein andrer Gegner
ihm jählings in die Quere trat,
ein fremd und furchtbar überlegner,
vor dem's nicht Regel gab noch Rat.

Von einem einzigen, harten Tritte
fand sich der Spieler Sindelar
verstoßen aus des Planes Mitte,
weil das die neue Ordnung war.

Ein Weilchen stand er noch daneben,
bevor er abging und nachhaus.
Im Fußballspiel, ganz wie im Leben,
war's mit der Wiener Schule aus.

Er war gewohnt zu kombinieren,
und kombinierte manchen Tag.
Sein Überblick ließ ihn erspüren,
daß seine Chance im Gashahn lag.

Das Tor, durch das er dann geschritten,
lag stumm und dunkel ganz und gar.
Er war ein Kind aus Favoriten
und hieß Matthias Sindelar.

Friedrich Torberg

LEBEN IN WIEN, ILLUSION OHNE ENDE, ENDE EINER ILLUSION

Fritz Rubin-Bittmann

Thomas Mann: „Man soll nicht vergessen und sich nicht ausreden lassen, daß der Nationalsozialismus eine enthusiastische, funkensprühende Revolution, eine deutsche Volksbewegung mit einer ungeheuren seelischen Investierung von Glauben und Begeisterung war." (Tagebücher 1944)

Friedrich Heer: „Adolf Hitler konnte zu einer Weltmacht, zu einer Mordmacht aufsteigen, da das Gewissen von mehreren hundert Millionen Christen zu seinen Taten schwieg oder diesen sogar zustimmte. Dieses Gewissen war ein Privatgewissen..."

Meine Mitwirkung an Dr. Wolfgang Plats Fernsehdokumentation, „Voll Leben und voll Tod ist diese Erde", kam über Empfehlung der Historikerin Frau Univ.-Prof. Dr. E. Weinzierl zustande. Frau Prof. Weinzierl hat in ihrem Buch „Zuwenig Gerechte" das U-Boot-Schicksal meiner Eltern und die näheren Umstände meiner Geburt behandelt. Meine Geburt erfolgte während des größten Genozids der Menschheit. Ich war von der ersten Sekunde meiner Existenz als Kind jüdischer Eltern verfolgt und wäre vermutlich von den Nazis sofort getötet worden, hätte man mich gefunden. Das Wissen um diese Situation tödlicher Bedrohung und drohender Vernichtung wurde mir von meinen verstorbenen Eltern sowie durch die Berichte von Freunden und Bekannten meiner Eltern, die diese aus jener Zeit der Verfolgung kannten, vermittelt. Meine Erlebnisse sind zwar authentisch, das Wissen darüber stammt aber aus der Erzählung von Drittpersonen.

Bin ich daher legitimiert, als Zeitzeuge mitzuwirken? Je größer die zeitliche Distanz zu unserer unmittelbaren Vergangenheit wird, desto mehr wird sie Geschichte und verliert somit ihre persönliche Dimension. Es besteht zu Recht die Befürchtung, daß jener industriell betriebene Massenmord nicht nur in Vergessenheit gerate, sondern für die nachfolgenden Generationen zu einer gleichgültigen Angelegenheit werde, letztlich zu einer bedeutungslosen Horrorgeschichte. Der Versuch, die Verbrechen des Nationalsozialismus in eine historische Perspektive einzuordnen, den Massenmord zu verharmlosen und ihn als eines von vielen der im Laufe der Geschichte und der Menschheit begangenen Verbrechen zu relativieren, hat erst kürzlich zum sogenannten Historikerstreit geführt. Jürgen Habermas sprach von der historischen Entsorgung der deutschen Geschichte und meinte damit jenes politische Motiv, die Geschichte des Nationalsozialismus und seine historische Vergleichbarkeit zum Zwecke nationaler Identitätsfindung heranzuziehen. Der Massenmord an sechs Millionen Juden wird historisch begründet, verharmlost, mit anderen Beispielen aus der Geschichte aufgerechnet, und letztlich wird nicht nur festgestellt, daß die Scheußlichkeiten und Verbrechen geschehen sind, sondern dargelegt, daß die Möglichkeit besteht, daß unter entsprechenden Bedingungen eine andere Gesellschaft ebenfalls ein solches Verbrechen nochmals begehen könnte. Damit müßte diese Massenvernichtung als ein durchaus mögliches Ergebnis im Rahmen der Geschichte der Menschheit verstanden werden. Vergessen, verschwiegen wird aber, daß Juden und Zigeuner Hauptopfer des nationalsozialistischen Rassenwahns wurden. Die traditionellen deutschen Eliten, das deutsche und österreichische Episkopat sowie breiteste Bevölkerungsschichten – beeinflußt durch eine jahrhundertealte Tradition christlichen Antijudaismus – konnten mit Hitlers Judenpolitik übereinstimmen. Ausmaß, Art der Durchführung sowie Akzeptanz und innere Resonanz in der Bevölkerung machen die Ausrottung des europäischen Judentums zu einem einzigartigen, durch nichts vergleichbaren Verbrechen.

Der Historikerstreit ist daher nicht bloß eine Auseinandersetzung von Fachgelehrten, sondern hat politische Bedeutung. Geschichte dient der nationalen Selbstfindung und Historiker sollen durch Geschichtsrevision beim „Sprung über den Schatten der eigenen Vergangenheit“ behilflich sein, indem sie das Dritte Reich in die Normalität der Geschichte entlassen. Die NS-Periode wird so auf ein politisches Intermezzo reduziert, und damit zu einem „Betriebsunfall“ der Geschichte.

Letztlich habe ich der Argumentation von Freunden zugestimmt, daß die Darstellung eines persönlich Betroffenen, eines Zeitzeugen, solchen Tendenzen am besten entgegenwirken könne.

Hunderte Male habe ich die Schilderungen meiner Eltern über jene Jahre der Verfolgung gehört und ihre Erinnerungen und Erlebnisse in meinem Gedächtnis archiviert. Der Leidensweg meiner Eltern wird somit stellvertretend für die Lebens- und Leidensgeschichte von Millionen Menschen, die Opfer des Rassenwahns und des Naziterrors wurden. Die Geschichte meiner Eltern reflektiert auch die Welt und das Lebensgefühl einer Epoche, in der mehr erlebt und erlitten wurde als je zuvor in der an Katastrophen, Verfolgungen, Not und Leiden so reichen Geschichte der Juden. Das Leben meiner Eltern ist symbolisch für die conditio judaica in diesem Jahrhundert.

Im Gedächtnis meiner Eltern bestand noch die Erinnerung an das von den Nazis in Mittel- und Osteuropa vernichtete jüdische Leben und an jene hingemordete Welt, deren Kultur so viel zum Fortschritt Europas und der Welt beigetragen hat. Mit der Wehmut des Wissenden sprachen meine Eltern oft über das Vorkriegs-Wien, über die Vielfalt jüdischen Lebens in dieser Stadt, die bis 1938 fast 200 000 jüdische Einwohner hatte. Für meine Eltern war Wien nach der Befreiung im Jahre 1945 eine Geisterstadt, ein Totenhaus, eine Stadt ohne Juden.

Die Familien meiner Eltern kamen gleich Tausenden anderen jüdischen, vorwiegend ostjüdischen Familien auf der Flucht vor der heranrückenden russischen Front 1914, am Beginn des Ersten Weltkrieges, aus Galizien, einem Kronland der k.u.k. Monarchie, nach Wien.

Meine Großeltern väterlicherseits lebten in Nadworna, einer kleinen Stadt mit einem hohen jüdischen Bevölkerungsanteil. Es waren orthodoxe Juden, als Kaufleute angesehen und wegen ihres sozialen Engagements geachtet. Das Haus der Großeltern stand allen Armen und Bedürftigen offen. Am Freitag abends, am Sabbat, hatte mein Großvater einen im ganzen Shtetl bekannten „Orchimtisch". Orchim wurden Kostgänger genannt. Es waren meist Arme, Notleidende oder Gäste auf der Durchreise im Städtchen, die sich ein Restaurant nicht hätten leisten können oder die keine Familienangehörigen hatten. Am Sabbat war das Haus voller Menschen. Obwohl die Verpflegung und Verköstigung so vieler Menschen mit viel Arbeit verbunden war, erschien dies meiner Großmutter eine Selbstverständlichkeit zu sein. Es war eine „Mitzwa", eine gute Tat, und um „Mitzwoth", um gute Taten zu vollbringen, war der Mensch letztlich auf der Welt. Noch heute rühmen Juden, die aus

Nadworna stammen, das hohe Ansehen, das die Familie meines Vaters im Shtetl hatte. Eine Verwandte namens Feige Rubin war im Shtetl dafür bekannt, daß sie die Ausstattung und Hochzeiten von Waisen und armen Bräuten finanzierte. Auf die Verwandtschaft mit der Dynastie des Dolina Rebben war man besonders stolz.

Meine Mutter entstammte der liberal-großbürgerlichen Anwalts- und Bankiersfamilie Lipiner in Lemberg und war mit dem bedeutenden Religionsphilosophen Martin Buber verwandt. Ein anderer Verwandter, Siegfried Lipiner, spielte im kulturellen Leben des Fin de siècle-Wien eine bedeutende Rolle. Er war Dichter, Philosoph und Übersetzer und erhielt für seine Dramen „Der entfesselte Prometheus", „Renatus" und sein philosophisches Werk „Buch der Freude" den österreichischen Staatspreis für Literatur. Er wurde Bibliothekar des österreichischen Reichsrates und zählte zu den engsten Freunden Gustav Mahlers. Da er aber im Sinne des berühmten Wortes von Heinrich Heine die Taufe als Entrée Billet in die bürgerliche und christliche Gesellschaft benutzte, galt er in der Familie meiner Mutter als ehrlos.

Im Elternhaus meiner Mutter sprach man mehrere Sprachen und wechselte bei der Konversation von einer in die andere, ohne daß dies auffiel oder Mühe machte. Es gab einen gewissen Standesdünkel seitens der mütterlichen Großmutter, deren Ordnungssinn und Organisationstalent berüchtigt war. Als die Familie Rohatyn einen Ort bei Lemberg verlassen mußte, wurde die Villa noch gesäubert. Die Großmutter ließ alle Schlüssel an den Kastentüren, in der Hoffnung, daß so die russischen Soldaten sie nicht mit Gewalt öffnen würden. Einer ruthenischen Bauernfamilie, die in der Nähe wohnte und blieb, gab sie einen größeren Geldbetrag mit der Bitte, während der vorübergehenden Abwesenheit die Villa und den Garten im Auge zu behalten. In den Familien meiner Eltern war man dem Kaiserhaus zutiefst verbunden. Die Loyalität der Juden gegenüber dem Kaiser bedeutete weit mehr als bloße Untertanenpflicht. Es bestand eine tiefe Dankbarkeit, da der Monarch als oberster Garant von Recht und Ordnung durch Entsendung seiner Truppen die Juden oft vor Ausschreitungen des antijüdischen Mobs schützte. Er war der Schützer vor Gewalttätigkeiten, Haß und Willkür. Speziell in der Familie meines Vaters war die Kaisertreue sprichwörtlich. Dazu folgende Anekdote:

Als ein Bruder meines Großvaters seine Tochter verheiratete, lud er eine Gruppe österreichischer Offiziere, die während eines Manövers zufällig in der Nähe weilten, zur Hochzeit mit den Worten ein: *„Heute bin ich der ‚Melech' unseres Städtchens."* Melech heißt auf hebräisch König oder Kaiser. Einige Zeit danach erhielt der Brautvater per Boten ein Geschenk mit einem Schreiben der Hofkanzlei. *„Der Melech von Wien bedankt sich beim Melech von Nadworna für die Einladung zur Hochzeit."* Einer der geladenen Offiziere war Kaiser Franz Joseph gewesen.

Als im November 1918 mein Vater freudig die Nachricht von der Ausrufung der Republik nach Hause brachte, erhielt er von seinem Vater, meinem Großvater, eine schallende Ohrfeige: *„Was freust Du Dich, Du Lump, wenn das Kaiserhaus fällt."* Für die Juden Galiziens war Wien der Inbegriff von Schönheit, Glanz, Kultur und Sicherheit. In Wien war der Kaiser, und es war daher selbstverständlich, daß man nach Wien flüchtete. Mein Vater war 17, meine Mutter 7, als sie mit ihren Familien nach Wien kamen. Mein Vater meldete sich freiwillig zur Front und war bis 1918 bei der Armee eingerückt. Mein Großvater mütterlicherseits wurde einberufen. Er starb einige Jahre nach dem Krieg an einem Nierenleiden, das er sich während seiner Soldatenzeit zugezogen hatte.

Die Kaisermetropole beflügelte seit jeher Phantasie und Vorstellung der Ostjuden aus dem Shtetl. Ein endloser Flüchtlingsstrom ergoß sich aus den Kronländern der Monarchie nach Wien. Wien bot Zuflucht, war zum Symbol für Schutz und Sicherheit geworden. Fremd und als Flüchtling der feindseligen Ablehnung der bodenständigen Bevölkerung exponiert, übte Wien dennoch eine Faszination auf meinen Vater aus. Meine Großeltern väterlicherseits waren verarmt. Sie fanden am Unteren Werd im 2. Bezirk eine Wohnung. Der 2. Bezirk war seit jeher ein traditionell jüdischer Bezirk, eine Art freiwilliges Ghetto, eine Enklave, die an die Atmosphäre des Shtetls erinnerte. Es herrschten Armut, Not, Hunger und die Bitternis des täglichen Überlebenskampfes in einer zum überwiegenden Teil antisemitischen Umwelt. Joseph Roth schrieb über diese Ostjuden: *„Es gibt kein schwereres Los als das eines fremden Ostjuden in Wien."* Die Familie meines Vaters lebte in diesem Ghetto aus unsichtbaren Mauern, hungerte, fror und litt das typische jüdische Flüchtlingsschicksal. Die in breiten Bevölkerungsschichten stark ausgeprägte Judenfeindlichkeit der Wiener

Zwei Ostjuden im Kaftan mit einem Judenknaben auf dem Mathilden- (jetzt Gauß-)platz im 2. Bezirk. Aufnahme aus dem Jahr 1915

bestürzte meinen Vater viel weniger als die zum Teil ängstlich ablehnende Haltung der in Wien bereits etablierten Juden. Der Ostjude war auf sein Judentum stolz und begegnete den antisemitischen Affekten der ruthenischen Bauern in Galizien mit Selbstbewußtsein. Nicht so die in Wien bereits assimilierten Juden. Hier bemerkte mein Vater zum erstenmal das für ihn zeitlebens unverständliche Phänomen, daß sich Juden ihres Judentums schämten. Diese assimilierten Wiener Juden, deren Väter und Großväter großteils selbst aus dem Osten kamen, hatten zum Teil um den Preis ihrer jüdischen Identität den

Eintritt in die christliche Gesellschaft erkauft. Sie hatten alle äußeren erkennbaren Merkmale des Judentums abgestreift wie eine Schlange, die sich häutet. Es waren die Österreicher jüdischen Glaubens, die sich bloß in der Religionspraxis von ihren christlichen Landsleuten unterscheiden wollten. Man war bemüht, sich so weitgehend wie möglich an die nichtjüdische Umwelt zu assimilieren und sich nur so viel wie notwendig als Jude zu deklarieren.

Mit großem Einfühlungsvermögen, präzis und realistisch, weil es ein eigenes Schicksal wiedergibt, hat Joseph Roth den Gegensatz Ost- und Westjudentum dargestellt:

„*Die Ostjuden haben nirgends eine Heimat, aber Gräber auf jedem Friedhof... Die Emigranten assimilieren sich leider nicht zu langsam, wie man ihnen vorwirft, sondern viel zu rasch an ihre neuen traurigen Lebensbedingungen. Ja, sie werden sogar Diplomaten und Zeitungsschreiber, Bürgermeister und Würdenträger, Polizisten und Bankdirektoren, und ebensolche Stützen der Gesellschaft, wie es die bodenständigen Glieder der Gesellschaft sind. Nur sehr wenige sind revolutionär. Viele sind Sozialisten aus persönlicher Notwendigkeit. In der Lebensform, die der Sozialismus erkämpfen will, ist die Unterdrückung einer Rasse unmöglich. Viele sehen im Antisemitismus eine Erscheinung der kapitalistischen Wirtschaftsform. Sie sind nicht bewußt deshalb Sozialisten, sie sind Sozialisten, weil sie Unterdrückte sind. Die meisten sind Kleinbürger und Proletarier ohne proletarisches Bewußtsein. Viele sind konservativ aus bürgerlichem Instinkt, aus Liebe zum Besitz und zur Tradition, aber auch aus der Furcht vor einer veränderten Situation, die für Juden keine verbesserte sein konnte. Es ist ein historisches Gefühl, genährt durch Erfahrungen, daß die Juden die ersten Opfer aller Blutbäder sind, welche die Weltgeschichte veranstaltet... Die Ostjuden assimilieren sich. Sie beten nicht mehr in Synagogen und Bethäusern, sondern in langweiligen Tempeln, in denen der Gottesdienst so mechanisch wird wie in jeder besseren protestantischen Kirche. Sie werden Tempeljuden, das heißt, guterzogene, glattrasierte Herren in Gehröcken und Zylindern, die das Gebetbuch in den Leitartikel des jüdischen Leitblattes packen, weil sie glauben, man erkenne sie in diesem Leitartikel weniger als an dem Gebetbuch. In den Tempeln hört man die Orgel, der Kantor und der Prediger tragen eine Kopfbedeckung, die sie den christlichen Geistlichen ähnlich macht. Jeder Protestant, der sich in einen jüdischen Tempel verirrt, muß zugeben, daß der Unterschied zwischen Jud und Christ gar nicht so groß ist und daß man eigentlich aufhören müßte, ein Antisemit zu sein, wenn die jüdische Geschäftskonkurrenz nicht so gefährlich wäre.*“

Viele dieser assimilierten Juden waren Meister der sozialen Mimikry. Die Ablehnung der Ostjuden war für sie ein gesellschaftliches Erfordernis. Diese Orthodoxen mit ihren Kaftanen, Bärten und Schläfenlocken waren in ihren Augen soziale Saboteure, die das gute Einvernehmen mit der nichtjüdischen Umwelt störten.

In der Familie meines Vaters pflegte man im „Schtübl" zu beten – meist kleinen, unauffälligen Wohnungen, die als kleine Bethäuser dienten.

Mein Vater hatte das erste Mal einen Tempel betreten, als Zwi Perez Chajes seine Antrittsrede als Oberrabbiner im Seitenstettentempel hielt. Chajes war ein Gelehrter und ein fulminanter Redner mit charismatischer Ausstrahlungskraft. Er zeigte ein großes soziales Engagement, und auf ihn gehen zahlreiche Initiativen zur Verbesserung der Situation der jüdischen Flüchtlinge zurück. Als Chajes neun Jahre später starb, bewegte sich ein nicht enden wollender Trauerzug vom Franz-Josephs-Kai bis Simmering. Die Straßen waren schwarz von Menschen, die Geschäfte hatten geschlossen. Zehntausende gaben ihm das letzte Geleit, darunter mein Vater.

Im zweiten Bezirk residierten mehrere chassidische Rabbiner. In der Floßgasse war die Wischnitzer Klaus, in der Franz-Hochedlinger-Gasse residierte der Czotkower Rebbe.

Diese Rabbiner hatten eine zahlreiche Anhängerschaft. Eines Tages war mein Vater auf dem Wege zum Czotkower Rebben, als er am Betreten der Franz-Hochedlinger-Gasse gehindert wurde, da der Prälat Seipel auf Besuch beim Czotkower Rebben weilte. Die Beziehungen zwischen Juden und Christen im Vorkriegs-Wien, im Wien der Zwischenkriegszeit waren von großen Gegensätzen und Widersprüchen geprägt. Es gab gute Kontakte in allen Bereichen menschlichen Zusammenlebens, aber dennoch bestand ein starkes antisemitisches Klima. Immer wieder kam es zu antisemitischen Anpöbelungen. Speziell am Sabbat lauerten Gruppen jugendlicher Rowdies Juden bei den Brücken auf, die vom zweiten in den ersten Bezirk führten, um sie zu mißhandeln. Mein Vater und sein Freund Eisig Blei wurden einst von etwa einem Dutzend solcher Burschen angestänkert mit dem Ruf: *„Seids es a Saujuden?"* Die beiden waren auf einen solchen Vorfall vorbereitet und zogen Stöcke, die sie unter ihren Mänteln trugen, hervor und trieben die Rowdies in die Flucht. Mein Vater war Mitglied der Sportvereinigung Hakoa. Bei Fußballmatches gegen diese berühmte jüdische Mannschaft kam es immer wieder zu antisemitischen Zwischenfällen. Bei einer solchen Veranstaltung bezog mein Vater die ärgsten Schläge seines Lebens. Mein Vater hatte Erfolg und fand Anerkennung bei assimilierten Juden und in christlichen Kreisen. Dennoch hielt er die religiösen Vorschriften mit jener Observanz, die typisch für das Ostjudentum ist, ein. In Kleidung und äußerem Erscheinen machte er an die neue Umgebung Konzessionen, nicht aber in Grundsätzen und im Glauben. Er war eine geglückte Symbiose aus Ost- und Westjudentum.

In jenen Jahren entwickelte mein Vater eine innige Beziehung zu Wien. Es war fast wie die Liebe zu einer Frau. Er liebte die Atmosphäre dieser Stadt, die in der Zwischenkriegszeit von neuen Ideen, kulturellen und wirtschaftlichen Aktivitäten nur so vibrierte. Zweifellos empfand die Mehrheit der damals in Wien lebenden Juden diese Stadt als ihr Zuhause, als ihre Heimat, und sie waren stolz auf den Beitrag, den sie zum Wohle Wiens und Österreichs leisten konnten.

In den Erzählungen meiner Eltern stellte sich die Zwischenkriegszeit durch die Charakterisierung eines enormen Gegensatzes dar, nämlich durch den Triumph kulturell-wissenschaftlicher Leistungen und die Tragik sozialer, ökonomischer und vor allem politischer Fehlentwicklungen. Mein Vater führte diese unglückselige Konstellation zum Teil auf den Zusammenbruch des Habsburgerreiches zurück, das in jeder Hinsicht ein Vakuum hinterließ. Über Nacht war aus der Großmacht der k.u.k. Monarchie ein unbedeutender Kleinstaat geworden, an dessen Lebensfähigkeit die Mehrzahl seiner Bürger zweifelte. Der Anschlußgedanke war in allen politischen Parteien populär, und sozialdemokratische Denker wie Karl Renner und Otto Bauer traten für eine Vereinigung mit Deutschland ein. Die ursprüngliche Bezeichnung Deutsch-Österreich für diesen Staat symbolisierte das Mißtrauen in die eigenstaatliche Existenz. Auf kulturellem und wissenschaftlichem Gebiet war jedoch diese Erste Republik eine Großmacht. Das Erbe der Monarchie wirkte fort.

Mein Vater war der Ansicht, daß die Juden im Österreich der Vorkriegszeit wie auf einem Pulverfaß lebten, aber sie verdrängten diese Gefahr. Die Spannungen zwischen Christlichsozialen und Sozialdemokraten führten zur Polarisierung der Politik. Härte und Schärfe der Diskussion nahmen beinahe täglich zu und führten zu verhängnisvollen Eskalationen der politischen

Auseinandersetzung. 1927: Brand des Justizpalastes aufgrund des Fehlurteiles von Schattendorf. Das Bündnis zwischen autoritärem Katholizismus und reaktionärer Heimwehr führte zur Demontage der parlamentarisch-demokratischen Institutionen. Die Konfrontation zwischen Sozialdemokraten und Christlichsozialen unterminierte die staatliche Unabhängigkeit. In diesem Konflikt war der Antisemitismus als politische Waffe von Bedeutung.

Rückblickend auf die Märztage des Jahres 1938 sprach mein Vater wiederholt von einem politischen Paradoxon: Schuschniggs Kapitulation kam für die Bevölkerung und vor allem für die Juden völlig überraschend. Trotz der innenpolitischen Zerrissenheit – der Ständestaat war in der Bevölkerung nicht verankert –, ungeachtet der sozialen Krisen, der wirtschaftlichen Schwierigkeiten, der enormen Arbeitslosigkeit und der zunehmenden außenpolitischen Isolation, waren in den Österreichern der Glaube und die Hoffnung auf Österreichs Unabhängigkeit gerade in den letzten Wochen vor Schuschniggs Resignation enorm gewachsen. Es bestand die Illusion, daß Österreich gerettet sei. Schuschniggs halbherzige Kontakte zur Arbeiterschaft führten zur Parole: *„Nicht für Schuschnigg, sondern gegen Hitler.“* Das österreichische Volk war auf den österreichischen Patriotismus eingestimmt. Katholiken, Sozialdemokraten, Kommunisten, Juden, Legitimisten und Bauern waren zum Widerstand bereit. Kämpfen wollte auch Feldmarschall Jansa, der Chef der Landesverteidigung, aber die politische Führung versagte im letzten Moment. Schuschnigg war nicht bereit, ernsthaft zu kämpfen. Er hatte sich und andere getäuscht. Mein Vater meinte, daß Dollfuß an Schuschniggs Stelle sehr wohl den Befehl zum militärischen Widerstand gegeben hätte. Ein Kollege, Dr. Schaffarz, erzählte mir, daß sein Vater, General Schaffarz, am Vortag des Einmarsches der Nazis, den Grazer Hauptplatz von Nazis und Hitlersympathisanten durch österreichisches Militär räumen ließ.

Die Stimmung unter den Juden in den Jahren 1933 bis 1938 war voller Widersprüche und Gegensätzlichkeiten. Es bestand eine verhängnisvolle Unbekümmertheit, und man verleugnete die Realität aus dem Wunschdenken heraus, sich selbst zu täuschen. Viele Juden lebten so, als wäre die Gefahr, die Hitlerdeutschland darstellte, nicht vorhanden. Wer Weitblick hatte und die Lage als ernst beurteilte, wurde oft nicht ernst genommen. Diverse Freunde und Bekannte meines Vaters, darunter sein Jugendfreund Eisig Blei, gingen bereits Mitte der dreißiger Jahre nach dem damaligen Palästina. Die Mehrzahl der Juden ignorierte die Zeichen der Zeit und lebte eher politisch sorglos. Österreich war vielen Emigranten aus Nazideutschland Asylland. Man glaubte an den Widerstand der Regierung gegen den Anschluß, und der Versuch der österreichisch-nationalen Selbstfindung fand bei den Juden ein großes Echo. Die Atmosphäre der „fröhlichen Apokalypse" drapierte die politische Agonie des Ständestaates. Man sagte: *„Hatte man nicht die Garantie Mussolinis und eine starke Regierung, die im Kampf gegen die Nationalsozialisten im eigenen Land entschlossen und erfolgreich war? Gab es nicht den Völkerbund und England und Frankreich, die einer deutschen Expansionspolitik nicht tatenlos zusehen würden? Gab es nicht viele Sozialdemokraten, die Hitler offen ablehnten und daher letztlich die Regierung Schuschnigg unterstützen würden? Nur Angsthasen, Weltfremde und Sophisten können sich dem Gewicht solcher Argumente verschließen."* Die Juden in Österreich wurden so gesehen Opfer ihres politischen Wunschdenkens, ihrer Österreichverbundenheit und ihrer zweifelhaften Geschichtslogik. Der verbale Antisemitismus der Zwischenkriegszeit diente als Ablenkung vor sozialen Konflikten. Sie sahen in ihm den Theaterdonner der Parteien, der zur Sündenbockrolle, die ihnen die Politik zuwies, dazugehörte. Was zählte, war die Tat und nicht das Wort. Schuschnigg hatte jüdische Freunde, verkehrte im Hause Werfel, große Teile der Bevölkerung waren Sozialdemokratie, und die wichtigsten Führer der Sozialdemokraten waren Juden. Der Selbstbetrug dominierte, und man täuschte sich vor, daß die zwingende Logik dieser Argumentation den Frieden für Österreich sichere. Es war aber bloß der Tanz auf einem Vulkan. Die Fehleinschätzung der tatsächlichen Situation, die falsche Beurteilung der Fakten und jene verhängnisvolle Unbekümmertheit und Sorglosigkeit von Schafen, die den Schlachthof für ein Paradies halten, ergab sich für meinen Vater im Rückblick auf die Silvesterfeier 1937/1938.

Eine große Gesellschaft, viele Juden und deren nichtjüdische Bekannte waren in einem Nobelhotel am Semmering und stießen voller Optimismus auf die Zukunft Österreichs und auf das kommende Jahr an. Es war eine Atmosphäre der „fröhlichen Apokalypse", die sorglos bis zuletzt die tödliche Gefahr ignorierte. Man war in dieser Runde voller Illusionen und verlachte jene, die skeptisch blieben. Als der Schwager meines Vaters, Herr Kanza, ein angesehener türkischer Kaufmann mit großem Besitz in Österreich, die Absicht äußerte, seine Firmen zu liquidieren, zweifelte man an seinem Weitblick. Herr Grossbart, ein erfolgreicher und tüchtiger Mann, mit meinem Vater befreundet, widersprach aufs heftigste. *„Bei uns in Österreich ist Hitler nicht möglich. Wir haben eine starke Regierung. Ich habe die Bitte meiner Kinder, zu ihnen in die USA zu kommen, abgelehnt, da ich Wien liebe, mich hier sicher fühle. Wien ist meine Heimat, hier fühle ich mich zu Hause.“* Elf Monate später beging Grossbart Selbstmord, nachdem er in der „Reichskristallnacht“* auf grauenhafteste Weise gefoltert worden war.

Niemand ist so blind wie der, der nicht sehen will, niemand so taub wie der, der nicht hören will. Man täuschte sich, weil man sich täuschen wollte. Alle Warnungen blieben vergeblich. Der 11. März 1938 war ein Freitag. Mein Vater war nach dem Besuch der Synagoge zu Gast bei der Familie Kanza, und man war im Begriff, mit dem Sabbatmahl zu beginnen, als die Nachricht von Schuschniggs Resignation durch den Rundfunk kam. Diese Nachricht schlug wie eine Bombe ein. Für alle schien es unfaßbar, so fest glaubte man an die patriotischen Parolen der Regierung, die zuletzt die Unterstützung der Sozialdemokraten gewonnen hatte. Die Illusionen über den Widerstand gegen Nazideutschland waren zusammengebrochen. Es herrschten tiefste Bestürzung und Trauer. FINIS AUSTRIAE!

Österreich bereitete Hitler einen triumphalen Empfang. Freunde und Bekannte, die noch vor kurzem österreichische Patrioten waren, schrien plötzlich *Sieg Heil! Heil Hitler!,* bis ihre Kehlen heiser wurden. Mit Entsetzen erlebten meine Eltern, gleich Zehntausenden anderen Menschen, diesen Begeisterungstaumel der Menschenmassen. Es war wie ein religiöses Erweckungserlebnis. Hitler wurde so empfangen, als wäre er ein politischer Messias, der die längst erhoffte Erlösung brachte. Jubelrufe, Freudenausbrüche, Hochstimmung, ein Meer von Hakenkreuzfahnen, läutenden Kirchenglocken, Marschmusik. Es schien, als wäre für Österreich das messianische Zeitalter herangebrochen. Diese ungeheure Euphorie oder Aufbruchstimmung hatte auch jene erfaßt, die ursprünglich politisch nicht mit

---

* „Reichskristallnacht“ war die von den Nationalsozialisten erfundene, verharmlosende Bezeichnung für die mittelalterlich anmutenden Morde, Brandschatzungen und Plünderungen im ganzen Reich in der Nacht vom 9. auf den 10. November 1938.

den Nazis sympathisierten. Man erwartete sich das Ende der Arbeitslosigkeit, die Lösung der wirtschaftlichen Probleme, und man war endlich mit Deutschland vereint.

Mein Vater ließ es sich, entgegen der Bitten meiner Tante und seines Schwagers, nicht nehmen, das politische Spektakel, das Hitlers Einzug nach Wien darstellte, an Ort und Stelle zu sehen. Die Straßen waren schwarz vor Menschen. Auf Balkonen und Fenstern, selbst auf Straßenmasten, überall jubelnde, brüllende Menschen, die Arme zum Hitlergruß erhoben, Fähnchen schwingend. Gelegentlich streifte ihn ein feindseliger, mißtrauischer Blick, da er durch sein Schweigen in diesem Begeisterungstaumel wie ein Fremdkörper wirkte. Oft verglich mein Vater Hitlers Einzug in Wien mit einem Triumphzug, organisiert in Art einer religiös-politischen Liturgie. Ein religiös-politischer Akt wurde zelebriert, eine Unio mystica mit der Masse der Gläubigen hergestellt. Der Führer hatte das „Gelobte Land" betreten, das „Goldene Zeitalter" war herangebrochen. Die allgemeine Massenhysterie steigerte sich in eine nicht mehr zu überbietende Ekstase.

Die Nazipropagandisten verstanden es virtuos, unter Berufung auf Mythos und Mythologie an die Emotionen der Menschen zu appellieren und die tiefen Schichten der Volksseele zum Mitschwingen zu bringen. Gleichzeitig wurden – speziell im ländlichen Bereich – tradierte gesellschaftliche Strukturen verändert und gesellschaftliche Mobilität erzeugt. Die Kriterien eines pseudowissenschaftlichen Rasse-Biologismus entschieden plötzlich über gesellschaftlichen Rang und Erfolg. Der arische Hausmeister war so dem jüdischen Nobelpreisträger überlegen. Archetypen von Heil und Heilserwartung, Blut und Boden, Führer und Gefolgschaft übten eine enorme Faszination aus. Die Menschen waren wie elektrisiert. Mein Vater hat dieses Erlebnis der Massenpsychologie nie vergessen können: *„Die Begeisterung war echt, der Glanz in den Augen der Menschen war der von Gläubigen und drückte Heilserwartung aus."* Er meinte, daß die gewaltige Anziehungskraft in diesem Mythos und der Wiederbelebung archaischer Glaubensinhalte in ultramoderner Fassung bestand.

Für Juden und politische Gegner brach aber die Hölle los. Eine unvorstellbare Orgie an Gemeinheit, ein jeder Phantasie spottendes Szenario an Grausamkeit, ein Inferno organisierter Brutalität und Unmenschlichkeit wurde zur Alltagserfahrung. Der Haß kannte keine Grenzen. Über Nacht ersetzte der Terror die Normalität. Menschen wurden brutal zusammengeschlagen, gedemütigt, gefoltert, gejagt, beraubt, mißhandelt. Für Juden gab es keinen Schutz, keine Sicherheit, nur Angst und Panik.

Während man auf der Ringstraße jubelte, stürmte eine SA-Meute die Wohnung meiner Großmutter mütterlicherseits, um Wertgegenstände zu rauben. Die alte Dame hatte aber vorsorglich den wertvollen Familienschmuck in einem schwer auffindbaren Versteck verborgen, so daß die tatsächliche Beute nicht den ursprünglichen Erwartungen der Banditen entsprach. Enttäuscht und unter wüsten Beschimpfungen zogen sie ab. Die langjährige Hausangestellte eilte den SA-Leuten nach: *„Die Saujüdin hot ihren Schmuck versteckt, i zeig's Euch.“* Mit vorgehaltener Pistole wurde meine Großmutter unter Hohngelächter zur Herausgabe des Schmucks gezwungen. Meine Großmutter und meine Mutter konnten von Glück reden, daß die SA-Männer sie bloß beschimpften und einen Teil des Mobilars demolierten. Um ein Haar hätte man die beiden Frauen erschossen. Jene Hausangestellte lieferte eines der typischen Beispiele für die *„selbstlose Gemeinheit“*, die Arthur Schnitzler in seinem Werk „Professor Bernhardi“ beschrieben hat.

Nach dem Krieg, 1948, begegnete meine Mutter durch Zufall dieser Denunziantin. Diese, nach einem anfänglichen Moment der Bestürzung und des Erschreckens, ergriff die Hand meiner Mutter: *„I g'frei mi so, daß Sie no leben, wer hätt' des 'dacht. Was machen Frau Mutter und Frau Schwester?“* Meine Mutter war über eine derartige Impertinenz, gepaart mit Niedertracht, so betroffen, daß sie die Person grußlos stehen ließ. Sie verzichtete auf eine Anzeige.

Ein weiteres Beispiel dieser *„selbstlosen Gemeinheit“* ist mir von Direktor Josef Fellner überliefert. Ludwig Klausner, sein damaliger Chef, Inhaber des Delka-Konzerns und ein entfernter Verwandter meiner Mutter, faßte in den ersten Tagen nach Hitlers Einmarsch den Entschluß, Österreich zu verlassen. Er beauftragte seinen langjährigen Chauffeur, eine Bahnkarte nach Zürich zu besorgen und ihn zum Westbahnhof zu fahren. Dort angekommen, wartete bereits die Gestapo auf Klausner. Sein „treuer“ Chauffeur hatte die Gestapo vorsorglich über die Fluchtabsicht seines Chefs informiert. Klausner war Mitglied der Vaterländischen Front – und kam als Jude mit dem ersten Transport aus Wien nach Dachau.

Das positive Echo, das die an Juden begangenen Grausamkeiten und Bestialitäten bei vielen fand, beweist eine andere Erzählung Fellners: Jüdische Geschäfte wurden mit Davidsternen und Aufschriften „Kauft nicht bei Juden" beschmiert. Fellner arbeitete damals in einer Delka-Filiale auf der Taborstraße. Er wollte eine Auslage dekorieren und entfernte zu diesem Zweck die Waren aus dem Schaufenster. Eine johlende Meute sammelte sich vor dem Geschäft an, in der Annahme, daß er dieses Geschäft plündern wolle. *„Recht so, laßt den Juden nichts übrig; die Juden verdienen's nicht anders, sie sind Betrüger und Blutsauger."*

Mit der Annexion war der Traum vom Reich zum Alptraum der Juden geworden. Für die Juden wurde das *Sieg Heil* zur Todesbotschaft und die Verwirklichung des Reichsmythos zu einem endlosen Martyrium, zu einem Meer von Blut und Tränen. Die Jagd auf Juden wurde ein Volkssport. Roheiten, begangen an den wehrlosen Opfern, wie sie keine dichterische Phantasie ärger hätte ausmalen können, waren an der Tagesordnung. Das goldene Wienerherz amüsierte sich am jüdischen Leid und Elend.

Der Schwager meiner Mutter wurde von einer johlenden Menge eingefangen und gezwungen, gemeinsam mit anderen Juden, darunter Greisen, die Straßen mit bloßen Händen aufzuwaschen. Die schaulustige Menge tobte vor Begeisterung, als ein SA-Mann ihm etliche gezielte Fußtritte versetzte, seine Brillen zertrat und ihn mit einem Kübel voll Lauge übergoß. Die Entfernung von Schuschnigg-Parolen und Krukenkreuzen durch jüdische Reibpartien war ein beliebter Volkssport und diente der Belustigung des Mobs. Meine Tante väterlicherseits rettete nur das energische Auftreten ihres Gatten, der seinen türkischen Paß vorwies, und der Protest ihrer treuen Hausangestellten vor einer ähnlichen Demütigung. Eine Hauspartei hatte ihr zugedacht, Aborte zu reinigen: *„Die Saujüdin soll endlich mal was arbeiten."*

Alfred Polgar, mit dem Bruder meines Vaters bekannt, schrieb über diese Tage: *„...Im März 1938 allerdings und in den Jahren der Vorbereitung zu diesem tragischen Wendepunkt ihres Schicksales haben Österreicher eindrucksvoll bewiesen, daß sie Bestien sein können. Zu ihren Schändlichkeiten, an den Juden verübt, mußten die österreichischen Nazis nicht erst kommandiert werden. Sie begingen sie aus blankem Spaß an der Sache, mit einer Art von sportlichem Ehrgeiz, um Originelles zu leisten, und zeigten schöpferische Phantasie in der Verschmelzung von Brutalität und Gemütlichkeit. Der in Wien entfesselte Judenhaß bildete einen neuen Höhepunkt in der bisherigen Judenpolitik des Dritten Reiches. Ungehindert und ungestraft konnte* *man private Rachegelüste ausleben, Menschen mißhandeln, terrorisieren, Geschäfte und Wohnungen plündern, Gewalt, Willkür und Panik verbreiten, und dies alles im Bewußtsein, im Einverständnis mit der Obrigkeit zu sein.“*

Die Eruptionen des Hasses und der Gemeinheit degradierten den Juden zur Paria-Existenz. Gier und Habsucht, getarnt als Naziideologie, machten enormen Profit am Elend und Unglück der Verfolgten. Der Bruder meines Vaters wurde brutal zusammengeschlagen, als er sich weigerte, einem orthodoxen Rabbiner ins Gesicht zu spucken, den man vorher mit den so beliebten Turnübungen gequält hatte. Nachdem man unter Hohngelächter und Gespött dem alten Manne den Bart abgeschnitten hatte, mußte er bis zur Erschöpfung Kniebeugen machen. Die mit meiner Mutter befreundete Familie Halpern wurde am hellen Tage von einer Nazigruppe in ihrer Wohnung überfallen. Der Gatte einer ehemaligen Hausangestellten führte den raublustigen Mob an. Man hatte es auf die große und wertvolle Silbersammlung des Hausherrn abgesehen. Die verängstigten Wohnungsinsassen öffneten ihnen nicht, und in ihrer Not riefen sie die Polizei zu Hilfe. Die SA-Leute hatten die massive Wohnungstür aufgebrochen, ehe die Polizei eintraf. Vor Wut, daß nicht sofort geöffnet worden war, schlugen sie die armen Leute blutig. Als die Ordnungshüter kamen, die unter der Führung eines Deutschen standen, wurde der freche Raubüberfall als eine im Interesse von Volk und Partei stehende Maßnahme gerechtfertigt, die verhindern sollte, daß jüdisches Eigentum von den Besitzern ins Ausland geschmuggelt werde. Dieser als privater Beutezug geplante Überfall stand plötzlich unter dem Deckmantel von Ordnung und Disziplin. Die Halperns, Eltern und drei Söhne, zwei davon im schulpflichtigen Alter, wurden inhaftiert. Erst nach einigen Wochen gelang es meiner Mutter, Frau Halpern und den jüngsten Sohn freizubekommen. Herr Halpern war bereits im KZ Dachau. Nur durch Einschaltung eines prominenten Nazianwaltes, der ein enormes Honorar verlangte, und nach einer Vermögensverzichtserklärung kam er aus Dachau frei. Die Halperns emigrierten nach dem damaligen Palästina.

Die Juden wurden zum Freiwild. Der Jude war geächtet, gejagt, entrechtet. Die täglichen Erfahrungen der Rechtlosigkeit, das permanente Erleben von Unrecht, Grausamkeit und Gewalttätigkeit unter dem Schein staatlicher Autorität, der Zynismus organisierten Raubes durch die Polizei, die Mordaktionen des

Mobs, das antisemitische Massenfieber, aufgepeitscht durch Parolen und politische Propaganda in Radios, Zeitungen und Versammlungen, ließ viele am Leben verzweifeln und den letzten Ausweg im Freitod suchen. In dieser Schreckenszeit stieg die Selbstmordrate um ein Vielfaches. Die breite Öffentlichkeit kehrte nach der anfänglichen Anschlußeuphorie zur Normalität des Alltagslebens zurück. Die Judenverfolgung und die an den Juden begangenen Grausamkeiten, die faktisch unter den Augen der österreichischen Bevölkerung geschahen, erzeugten kaum Mitgefühl, Mitleid oder mitmenschliche Solidarität. Hitlers Judenpolitik minderte nicht im geringsten die Sympathien der Menschen für ihn. Hitler brachte den Arbeitslosen Arbeit und hatte den demütigenden Friedensvertrag von Saint-Germain annulliert, und dies zählte mehr als seine Judenpolitik. Auch bei jenen, die sonst dem Nationalsozialismus mit Skepsis gegenüberstanden. Große Enttäuschung bewirkte bei meinem Vater das Verhalten von Kardinal Innitzer und von Dr. Renner. Beide, als wichtigste Repräsentanten von Katholiken und Sozialdemokraten, empfahlen ihrer Gefolgschaft, mit „Ja" für den Anschluß zu stimmen. Dieses „Ja" involvierte ein Einverständnis mit der Nazipolitik gegenüber den Juden. Dieses „Ja" der beiden Galionsfiguren österreichischer Innenpolitik der Zwischenkriegszeit bedeutete auch ein „Ja" zum Antisemitismus, ein „Ja" zum Naziterror und ein „Ja" zur Unmenschlichkeit der Nürnberger Gesetze. Diese „Ja" bedeutete die moralische Legitimierung der Nazidiktatur.

Jenes goldene Wienerherz, von dem Karl Kraus meinte, es sei aus Metall, hatte in diesen Tagen einen ungeheuren Bedarf an jüdischem Leid. Gier, Habsucht und Rücksichtslosigkeit tarnten sich als Naziideologie, um die jüdische Konkurrenz auszuschalten, sich skrupellos zu bereichern, Menschen aus ihren Stellungen zu vertreiben und am Unglück und Elend zu profitieren. Dem brutalen Terror, der die Gesetze vorwegnahm, folgten die Gesetze, die den Terror legitimierten. Die Arisierungen waren ein riesiger Raub- und Beutezug, an dem sich viele bereicherten, die kein Parteibuch hatten. Niedertracht, Gemeinheit und Brutalität waren nicht bloß den Nazis vorbehalten. Der zynische Triumph der Gemeinheit war die ungeheure Tragik der Juden. Das Echo in der gesamten Weltpresse galt als jüdisch-kommunistische Greuelhetze, die mit verstärktem gesellschaftlichen Boykott beantwortet wurde. Durch diese systematische Entrechtung und Enteignung verloren die Juden in zunehmendem Maße ihre Existenzmöglichkeiten.

Es gab verschiedene Etappen des Terrors. Die anfänglichen Exzesse der Gewalt und Eruptionen des Hasses dienten dem braunen Mob, jener Mischung aus wildgewordenen Spießern, bösartigen Kleinbürgern und brutalem Pöbel als Ventil für aufgestaute Frustration, private Rachsucht, Wut und Neid, drapiert mit individueller Roheit. Erst später kam die Bürokratisierung, Legalisierung und Systematisierung des Terrors. Die Nazibürokratie war unermüdlich im Erfinden einer Unzahl von Schikanen, Demütigungen und sadistischen Maßnahmen, die die Verächtlichmachung und Ausstoßung der Juden zum Ziel hatte. Den Juden wurde verboten, auf Bänken zu sitzen, Parkanlagen zu betreten und Haustiere zu halten. Aus einem Beruf nach dem anderen wurden jüdische Bürger ausgeschlossen. Sie wurden aus ihren Wohnungen verjagt und verloren durch bürokratische Zwangsmaßnahmen ihren gesamten Besitz und ihr Vermögen. Sie durften keine Kinos und Restaurants besuchen, sie durften nicht mit öffentlichen Verkehrsmitteln fahren. All diese Maßnahmen wurden von einer sich ständig steigernden Hetzkampagne begleitet, die ihren Opfern die absurdesten Verbrechen unterstellte, um so vor dem Ausland ein Alibi für die Brutalitäten zu konstruieren und die Bevölkerung auf noch schlimmere Maßnahmen psychologisch vorzubereiten. Meine Eltern meinten, daß das Ungeheuerlichste letztlich die Selbstverständlichkeit war, mit der die nichtjüdische Bevölkerung alle diese Maßnahmen zur Kenntnis nahm.

Mein Vater hatte Geschäftsfreunde, die plötzlich mit kultivierter Charakterlosigkeit achtlos an ihm vorbeigingen, so, als hätten sie ihn nie gekannt. Es gab auch solche, die ihre Genugtuung zum Ausdruck brachten: *„Die Juden sind selbst an ihrem Unglück schuld!“*

Meine Mutter hatte eine Bekannte, deren kleine Tochter die Welt nicht mehr verstand. Sie ertrug die Grausamkeiten der Mitschülerinnen und Lehrer nicht mehr und weigerte sich, auf die Straße zu gehen: *„Ich möchte ein Hund oder eine Katze sein, denn Haustiere haben Christen lieb.“* Die Nürnberger Rassengesetze verboten den Umgang zwischen Juden und Nichtjuden und schufen die absurdesten Klassifizierungen. Es gab Glaubens- und Rassejuden, privilegierte und nichtprivilegierte Mischehen. Menschen, die sich als gute Christen sicher fühlten, wurden plötzlich stigmatisiert, da sich unter ihren Vorfahren Juden fanden. Der pseudowissenschaftliche Rassenwahn und Sozial-Darwinismus der Nazis war der wichtigste Punkt ihrer Weltanschauung und machte den Juden zum Hauptfeind Nummer eins. Der Ariernachweis entschied über Leben und Tod. Wer emigrieren wollte, mußte eine „Reichsfluchtsteuer" zahlen, was faktisch den Verlust des Vermögens bedeutete.

Das Geschäft meiner Tante mütterlicherseits wurde arisiert, d. h. auf legalem Wege geraubt. Der Ariseur, der bloß einen Bruchteil des wahren Wertes für Geschäft und Ware bezahlt hatte, verhielt sich so, als hätte er meiner Tante durch die Arisierung die größte Wohltat erwiesen. Er gab ihr zu verstehen, daß er, auch ohne jeden Groschen zu bezahlen, in den Besitz des Lokales hätte kommen können. Schließlich sei er ja ein Ehrenmann und Christ und wolle die Zwangslage selbst einer Jüdin nicht ausnützen. Meine Tante und deren Mann emigrierten wie viele Freunde und Bekannte. Tagelang in langen Warteschlangen vor den Konsulaten angestellt, dem Spott und den Anpöbelungen der Passanten schutzlos preisgegeben, von den Konsularbeamten teils mit Gleichgültigkeit, teils mit bürokratischen Diskriminierungen behandelt, harrten die Menschen aus, um ein lebensrettendes Visum zu bekommen. Man war glücklich, wenn man diesen entwürdigenden Hürdenlauf einer sadistischen Bürokratie überstanden hatte und das Land verlassen durfte. Die Odyssee der Emigration begann, und es galt Alfred Polgars treffendes Wort: *„Die Heimat war zur Fremde, aber die Fremde nicht zur Heimat geworden."*

Meine Mutter erhielt nach langen Schwierigkeiten ein befristetes Permit für Großbritannien. Zu diesem Zwecke hatte sie einen von der Kultusgemeinde veranstalteten Schulungskurs absolviert. Meine Großmutter, damals polnische Staatsbürgerin – sie hatte 1918 für Polen votiert –, wollte nach Lemberg, um sich von Verwandten und Bekannten zu verabschieden und Vermögensangelegenheiten zu ordnen. Danach bestand die Absicht, gemeinsam mit meiner Mutter nach Großbritannien auszuwandern. Die alte Dame hatte jedoch, gleich den Großen der damaligen Politik, Hitlers Aggressionswut unterschätzt. Sie wurde in Lemberg vom Kriegsausbruch überrascht. Hitler und Stalin hatten sich die politische Beute aufgeteilt. Zuerst kamen die Sowjets nach Lemberg; mit dem Einmarsch der Wehrmacht begann der Terror. Lemberg, während der Monarchie Hauptstadt Galiziens und damals ein jüdisches Geistes- und Kulturzentrum, wurde zu einem riesigen Ghetto, Gefängnis für Zehntausende, Durchgangsstation auf dem Weg in den Tod. Viele aber starben bereits im Ghetto an Hunger oder infolge der physischen Schwäche an einer Infektionskrankheit. Meine Mutter erfuhr im nachhinein, daß meine Großmutter durch ein Erschießungskommando ermordet worden war. Außerhalb Lembergs gab es ein Wäldchen mit einer idyllischen Lichtung. Dorthin wurden die Juden getrieben. Sie hatten tiefe Gruben zu graben, mußten sich nackt ausziehen und vor die Grube stellen. Dann wurde auf sie geschossen. Häufig lebten die Menschen noch, schwerverletzt, als sie in die Grube fielen, begraben von den nachfolgenden Opfern. Nach solchen Massakern bebte die aufgeschüttete Erde noch lange von den vergeblichen Versuchen der verletzten Menschen, sich herauszuwühlen.

Auch der ältere Bruder meines Vaters, Salo, ein Jurist und Bohemien, der Stammgast in den Literatencafés war, kam in einem Ghetto um. Durch komplizierte Zwischenkontakte gelang es meinem Vater, dem Bruder bis zuletzt Geld und Lebensmittel zu schicken. Zuletzt erhielt mein Vater einen Brief von seinem Bruder, der ihm für alles dankte und bat, nichts mehr zu schicken, da er deportiert werde und der Tod sicher sei.

Meine Mutter blieb in Wien, da sie hoffte, ihre Mutter würde aus Lemberg zurückkehren. Als der briefliche Kontakt abbrach, schwankte sie zwischen den schlimmsten Befürchtungen und der vergeblichen Hoffnung auf ein Wiedersehen. Die Qual des Wartens und der Ungewißheit wurde durch die Befürchtung intensiviert, daß das Permit für die Emigration nach Großbritannien ablaufen könnte. Entgegen aller Ratschläge von Freunden und Bekannten, doch zu fahren und sich zu retten, blieb sie, da sie ihre Mutter nicht im Stich lassen wollte. Als sie die Nachricht von der Ermordung ihrer Mutter bekam, war die Frist längst abgelaufen, und sie saß in Wien in der Falle. Durch die Vermittlung einer bekannten Familie, namens Süß, die aufgrund ihrer geschäftlichen Verbindungen mit der Israelitischen Kultusgemeinde einen gewissen Einfluß hatte, erhielt sie in der Kultusgemeinde eine untergeordnete Stellung als Beamtin. Dadurch hatte sie einen gewissen Schutz, da Beamte der IKG vorerst von den nun auch in Wien einsetzenden Deportationen ausgenommen waren und sie in der zuletzt von ihr bewohnten Wohnung im 9. Bezirk bleiben konnte. Eine ihrer Aufgaben war es, Judensterne zu nähen. Auf diese Weise lernte sie 1941/42 meinen Vater kennen, der damals bereits auf der

Flucht vor der Gestapo war und seit 1939 in Wien im Untergrund lebte.

Mein Vater war aufgrund einer Denunziation bereits einige Zeit vor der Reichskristallnacht inhaftiert worden – jener Mordnacht, die der Welt praktischen Anschauungsunterricht für all das gab, was Hitler für die Zukunft der Juden plante. Bis zu seiner Verhaftung lebte mein Vater in der Apostelgasse in jenem Haus, das seinem Schwager Kanza gehörte.

Kanza hatte das drohende Unheil rechtzeitig prognostiziert und war in den ersten Monaten nach dem Anschluß in die Türkei gereist. Meine Tante sollte nachfolgen, verschob aber ihre Abreise wegen der Verhaftung meines Vaters.

Aus den Erzählungen meiner Tante weiß ich von Menschen, die gleich von allem Anfang an den verfolgten Juden halfen und Mut und Menschlichkeit zeigten. Es gab immer wieder Menschen, zwar nur eine kleine Minderheit, die gerade in Zeiten der Not und Bedrängnis sich vorbildlich verhielten und deren Beispiel Hoffnung gab. Diese Menschen bewiesen, daß man auch anders konnte, wenn man dem verbrecherischen Naziregime keine Gefolgschaft erweisen wollte.

In der Nachbarschaft meiner Tante gab es eine Hofratswitwe und Hausbesitzerin, eine strenge Katholikin, die aus ihrer Abneigung gegen Juden nie ein Hehl gemacht hatte. Sie lehnte es ab, frei werdende Wohnungen in ihrem Haus an Juden zu vermieten, auch dann nicht, wenn diese eine wesentlich höhere Miete zu zahlen bereit gewesen wären. Der Gatte meiner Tante, Herr Kanza, bekannt wegen seiner exorbitanten Höflichkeit, wußte um die judenfeindliche Einstellung dieser Frau. Schweren Herzens, aus Protest – es kostete diesen urbanen Mann eine große innerliche Überwindung, seine anerzogenen guten Manieren einer Dame gegenüber zu unterdrücken – unterließ er es, diese Frau zu grüßen. Gerade diese Frau bewies, daß der Antisemitismus eine schwere soziale Krankheit ist, von der man aber geheilt werden kann. Nach der Annexion, als man Juden wie Hasen jagte und aus ihren Wohnungen wies, nahm sie mehrere jüdische Familien unentgeltlich auf und verköstigte diese Menschen. Dem Anführer einer SA-Meute, die das Haus durchsuchen wollte, verweigerte sie mutig den Zutritt. Ihre Entschlossenheit hatte Erfolg. Was bewog diese Frau, so zu handeln? Christliche Nächstenliebe im Moment der Gefahr? Reue für ihre ursprüngliche Judenfeindschaft? Zivilcourage?

Welches Motiv auch immer ausschlaggebend war, sie beweist die intuitive Menschenkenntnis Goethes, der sagte:

„Nimmt man den Menschen, so wie er ist, dann macht man ihn schlechter. Wenn man ihn aber so nimmt, wie er sein soll, dann macht man ihn zu dem, der er werden kann.“

Eine Episode, die zeigt, daß nicht jeder Wiener ein „Herr Karl“ war.

Ende November 1938 versuchte meine Tante verzweifelt, ihren Bruder, meinen Vater, der inhaftiert war, freizubekommen. Sie war tagsüber ununterbrochen unterwegs, bei Anwälten, Richtern, Ärzten, hatte stundenlang antichambriert. Abends übermüdet und hungrig, versuchte sie in einem Lokal zu essen. Immer wieder wurde sie abgewiesen. *„Für Juden Eintritt verboten!“* Zuletzt betrat sie eine Wirtsstube, ein Beisl, in der Nähe der Apostelgasse. Die Wirtin brachte mit ausgesuchter Höflichkeit eine besonders große Portion:

„I kenn ihna, gnä Frau, i waß, sie san a Jüdin. Ihr Juden seids jetzt b'sonders arme Teufln.“

Die Worte dieser einfachen Frau rührten meine Tante zu Tränen.

Ganz anders verhielt sich eine Hausbewohnerin, eine sogenannte kultivierte Dame, die zur guten Gesellschaft gehörte. Diese Frau unternahm alles, um aus dem Elend und der Not der Juden rücksichtslos für sich Kapital zu schlagen. Mit Hilfe ihres Bruders, der ein hoher Parteifunktionär war, gelang es ihr, das Haus zu arisieren. Es wurde nach dem Ende des Zweiten Weltkrieges in einem komplizierten, mühevollen Verfahren meiner Tante rückgestellt.

Mein Vater wurde denunziert und kam in das Polizeigefängnis auf der Roßauer Lände. Nachdem er diese Explosion des Hasses und die Lust an Grausamkeiten während der Märztage gesehen und erlebt hatte, überraschte ihn weder die Denunziation noch die Verhaftung. Der Mann, der ihn denunziert hatte, war von meinem Vater gefördert worden. Es stellte sich nun heraus, daß dieser Mann ein Illegaler war und sich auf diese Weise des Unternehmens meines Vaters bemächtigt hatte. Er empfand in dieser Situation die völlige Absurdität und Irrealität der Zeit. Seine Zellenmitinsassen waren eine bunt zusammengewürfelte Gemeinschaft. Es waren vorwiegend Anwälte, Ärzte, Direktoren, Bankiers, aber auch kleine Ganoven, Hochstapler und Diebe. Mein Vater rechnete damit, diese Inhaftierung nicht zu überleben. Angesichts des Todes wollte er in dieser Situation äußersten Ausgeliefertseins die ihm noch verbleibende Lebenszeit als aufrechter Mensch und bewußter Jude leben. Er forderte jüdische Gebetbücher an, denn es war die Zeit des Neujahrsfestes, und er bekam sie auch. Sein Mut und seine innerliche Unerschrockenheit gab auch seinen Mitgefangenen Halt und Würde. Diese Situation erforderte enormen seelischen Mut und innere Widerstandskraft, seinen Überzeugungen treu zu bleiben und Haltung zu bewahren. An den Häftlingen tobte sich das Ressentiment des Wachpersonals in allen Arten von physischen und psychischen Erniedrigungen aus.

Berüchtigt war ein Wärter, zu dessen Spezialität es gehörte, die Häftlinge beim Gang zu einem Verhör auf den Treppen des Stiegenhauses zu Fall zu bringen und dann wie rasend auf die Unglücklichen einzuschlagen. Die Schläge seien die Strafe für den mißglückten Fluchtversuch, erklärte der Sadist im nachhinein zynisch. Selbst die fürchterlichsten Drohungen dieses Mannes konnten meinen Vater nicht dazu bringen, ihn als Begleitperson für den Transport zu akzeptieren. Dies – expressis verbis – mit dem Hinweis auf die sadistischen Praktiken dieses Mannes, dem schon viele Häftlinge zum Opfer gefallen waren. Als er zu einem Verhör in das berüchtigte Hotel Métropole am Morzinplatz, dem damaligen Hauptquartier der Gestapo, eingeliefert wurde, hatte er mit seinem Leben abgeschlossen. Das Leben eines Gefangenen bedeutete den Vernehmungsbeamten wenig, und das eines jüdischen schon gar nichts. Wenn es an das Sterben geht, so sterbe ich aufrecht, sagte er sich, und das ging soweit, daß er sich als frommer Jude an einem Samstag weigerte, nach einem Verhör ein Protokoll zu unterzeichnen. Daraufhin verhöhnte und beschimpfte ihn der Beamte. Als mein Vater auf die Frage des Beamten, wieso er sich ohne dessen Erlaubnis vom Schreibtisch wegbewegt und sich mit dem Rücken zur Wand aufgestellt hätte, wahrheitsgemäß erklärte, wenigstens von einer Seite her für den Fall geschützt zu sein, daß man auf ihn einschlagen würde, lief der Mann rot vor Wut an und begann zu toben, so daß sein Vorgesetzter aus dem Nachbarzimmer herbeieilte. Dieser war wegen seiner Grausamkeit gegenüber den Häftlingen berüchtigt und wurde nach dem Krieg von einem Gericht zum Tode verurteilt. Der Mann ließ sich den Vorfall berichten. Die Weigerung meines Vaters, am Sabbat das Protokoll zu unterfertigen, und seine Bereitschaft, Widerstand bei Schlägen zu leisten, quittierte er dahingehend, daß er seinem Untergebenen die Order gab: *„Laß den Saujuden in seine Zelle bringen.“*

Mein Vater hatte nicht mehr damit gerechnet, das Büro des Vernehmungsbeamten lebend zu verlassen. Er wurde anfangs 1939 entlassen, ein Wunder, das einer Reihe von damals noch möglichen Interventionen zu danken war. Zuletzt hatte er es mit einem äußerst korrekten Richter zu tun, der – anscheinend von den neuen Machthabern keineswegs angetan – meinem Vater Glück wünschte und ihm sogar riet, sofort das Land zu verlassen. Trotz dieser Warnung und ungeachtet aller bisherigen Erfahrungen blieb er, da er überaus stark an Österreich gebunden war. Gerade diese tiefe, unzerstörbare Bindung an die österreichische Kultur hielt ihn davon ab, rechtzeitig zu emigrieren, es war ihm unmöglich, sich vorzustellen, irgendwo anders als in Wien heimisch zu werden und zu Hause sein zu können. Allerdings entschloß er sich sofort zum Untertauchen. Er gab sich keinerlei Illusionen über die Brutalität der Nazidiktatur hin, wehrte sich aber zu glauben, daß Millionen anständiger Menschen, Deutsche und Österreicher, die Verbrechen der Nazis lange hinnehmen würden. Es schien ihm unfaßbar, daß das Weltgewissen Hitler noch lange gewähren lassen würde. Mein Vater war ein zutiefst religiöser Mensch, und es schien ihm daher mit dem von Gott gewollten Weltplan unvereinbar, daß das Böse, und Hitler symbolisierte das Böse schlechthin, auf lange Sicht triumphieren könnte.

Jahre einer langen, entbehrungsreichen und gefährlichen Untergrundexistenz begannen für ihn.

In seinem Wohnhaus im 3. Bezirk denunzierte und terrorisierte ein Mieter reihum die jüdischen Bewohner. Diesen Spitzel fürchtete mein Vater so sehr, daß er die wichtigsten Dinge aus der Wohnung holte, um dann für immer zu verschwinden. Durch einen befreundeten Arzt war es ihm möglich, eine Zeitlang im damaligen jüdischen Spital, dem Rothschild-Spital, hospitalisiert zu werden. Im Spital war er durch seinen Optimismus und seine Hilfsbereitschaft allgemein beliebt. Bereits damals erhielt er regelmäßig von seiner Schwester, die zu ihrem Gatten in die Türkei gereist war, Lebensmittelpakete, deren Inhalt er großteils unter die Kranken und das Spitalspersonal verteilte.

Bis Anfang 1940 wohnte er bei einer befreundeten Familie in der Biberstraße. Danach übersiedelte er, illegal natürlich, in eine

Mansarde in der Seilergasse. Darunter wohnte seine Cousine Adele mit Gatten und den beiden Töchtern. Wohnung und Mansarde waren durch eine Klingel verbunden, und mein Vater wurde verständigt, wenn das Essen fertig war oder Gefahr drohte. Der Hausmeister verhielt sich zu den jüdischen Parteien grob und gebrauchte oft antisemitische Schimpfwörter. Dennoch rettete er meinem Vater das Leben. Mein Vater, von der Straße kommend, wollte zurück in seine Mansarde. Zwei mit Ledermänteln bekleidete Männer standen im Gespräch mit dem Hausmeister am Haustor. Der Hausmeister redete ihn an, und zwar unter falschem Namen, womit er ihn als Bekannten legitimierte. Er tat so, als liege für meinen Vater in der Hausmeisterwohnung ein Paket bereit. Mein Vater verstand das Verhalten des Mannes als Warnung und verhielt sich dementsprechend. Die beiden Männer waren, wie er später erfuhr, von der Gestapo. 1941 wurden die Cousine Adele und ihre Familie ausgehoben und in ein Vernichtungslager deportiert. Alle kamen ums Leben. Die Erinnerung an das Ende dieser Menschen trieb meinem Vater regelmäßig die Tränen in die Augen. Seine Stimme wurde heiser und seine Sprache stockend. Es war, als hätte er Schuldgefühle, der Deportation entgangen zu sein und überlebt zu haben. Dabei hatte mein Vater beim ersten Aushebungsversuch – durch den Hinweis eines Bekannten, der in der Israelitischen Kultusgemeinde arbeitete, von der drohenden Gefahr alarmiert – rechtzeitig die Cousine gewarnt, so daß man sich in einem schwer zugänglichen Teil des Dachbodens hinter allerlei Gerümpel vor den Häschern verstecken konnte. Einige Wochen danach, mein Vater war gerade unterwegs, fand neuerlich eine Aushebung statt. Als er zurückkam, fand er die Wohnung leer. Er war verzweifelt, ohne Hoffnung und lebte wie ein Toter auf Abruf. Als er kurze Zeit darauf im zweiten Bezirk von einem baumlangen SA-Mann aufgefordert wurde, beim Abtransport von Möbeln aus einer jüdischen Wohnung zu helfen, schlug er den Mann nieder, ging seelenruhig bis zum Straßeneck und lief dann davon. Damals verspürte er eine kalte Wut und einen mörderischen Haß.

Er fand Unterschlupf im Haus seiner Freunde Benno und Maria Haas. Die Haas waren eine renommierte Industriellenfamilie, die in der Zwischenkriegszeit als Zuckerlbarone von Wien galten. Der Vater von Benno Haas war gemeinsam mit dem alten Heller, einem Vorfahren des André Heller, aus Böhmen nach Wien gekommen und hatte innerhalb kurzer Zeit ein Geschäftsimperium aufgebaut. Er besaß etwa drei Dutzend Geschäfte, der Sohn hatte sich seiner Gattin zuliebe taufen lassen, und die beiden Töchter aus dieser Ehe wurden katholisch erzogen. Nach dem Einmarsch wurde das riesige Vermögen der Haas arisiert. Bloß ein Geschäftslokal blieb Frau Haas, da sie Christin war. Benno Haas wurde inhaftiert, kam dank der Fürsprache seiner Gattin frei und emigrierte nach Großbritannien, wo er in der britischen Armee diente. Seine Mutter wurde nach Theresienstadt deportiert. Frau Haas erwies sich bereits 1938 als ungemein couragierte und hilfsbereite Frau. Ihre Wohnung diente etlichen jüdischen Bekannten als Versteck vor dem Zugriff der Gestapo, ehe sie ins Ausland flüchten konnte. Auch meinem Vater gewährte diese mutige Frau 1941 einige Wochen Unterschlupf. Sie wurde von einer Hauspartei denunziert, einen Juden versteckt zu halten. Glücklicherweise kam die Gestapo an einem Samstag, als mein Vater in der Synagoge in der Seitenstettengasse war. Die Synagoge in der Seitenstettengasse wurde als einzige der großen Synagogen in der sogenannten Reichskristallnacht nicht zerstört. Bis Ende 1942 wurden in dieser Synagoge mit Erlaubnis der Gestapo jüdische Gottesdienste abgehalten. Dieser Synagogenbesuch hat vermutlich meinen Vater, Frau Haas und deren Kinder vor dem KZ bewahrt und somit das Leben gerettet. Mein Vater erinnerte sich, daß mehrmals plötzlich Adolf Eichmann während der Gebete erschien und sich mit dem damaligen Rabbiner Dr. Benjamin Murmelstein unterhielt. Murmelstein war der Prototyp eines jüdischen Kollaborateurs. Seine exzellenten Beziehungen zu Eichmann und den Gestapo-Dienststellen verschafften ihm eine diktatorische Machtstellung. Mein Vater wurde Zeuge, als Murmelstein nach einem Sabbatgottesdienst dem damaligen Tempeldiener Harmelin unter Androhung, ihn und seine Familie nach Theresienstadt zu verschicken, befahl, als Ausheber bei der Judenpolizei mitzuarbeiten. Auf Harmelins standhafte Weigerung hin versetzte ihm Murmelstein zwei Ohrfeigen. Harmelin blieb standhaft dabei, lieber ins KZ zu gehen, als jüdische Mitbürger auszuheben. Murmelstein hat die sogenannte Judenpolizei und einen jüdischen Ordnungsdienst organisiert, der der SS unterstellt war. Diese Leute waren wegen ihrer Brutalität bei den Aushebungen und ihren Spitzeldiensten bei Aufstöberung Versteckter und Untergetauchter gefürchtet.

Ein Freund meines Vaters, der Bruder des Kabarettisten Fritz Grünbaum, lehnte das Ansinnen, der Judenpolizei beizutreten ab, obwohl er dadurch große Essensrationen und eine Reihe anderer Privilegien gehabt hätte. Dieser Mann, ein Gourmand, von seinen Freunden früher wegen seiner Leibesfülle und seiner Eßsucht oft gehänselt, magerte buchstäblich bis zum Skelett ab und brach vor Hunger am Schwarzenbergplatz zusammen. Er hatte den Tod der Kollaboration vorgezogen.

Obwohl mein Vater schon seit langem in der Illegalität lebte, hatte er durch in der Kultusgemeinde beschäftigte Freunde stets Informationen über das, was vorging. Er wußte zwar, daß die offiziellen jüdischen Repräsentanten den Befehlen der Nazibehörden bloß folgten, um den staatlich sanktionierten Terror in seinen Auswirkungen auf die Juden zu mildern und die jüdische Existenz so gut wie möglich zu sichern. Er mied aber jeden Kontakt zu den offiziellen jüdischen Stellen, da ihm klar war, daß diese auf tragische Weise trotz bester Absicht schuldig-unschuldig in die Judenpolitik der Nazis verstrickt waren. Sie waren gezwungen, bürokratische, administrative Kollaborationsdienste zu leisten und bei der Registrierung, Ghettoisierung, Kennzeichnung und Deportation behilflich zu sein. Durch Drohungen, Terror, aber auch Privilegien wurden diese Menschen veranlaßt, mitzumachen. Nicht alle erlagen dem Machtwahn und der Korrumpierung eines Murmelstein. Viele waren verzweifelt bemüht zu helfen und die Nazianordnungen zu unterlaufen.

Der Massenmord war auf ein ausgeklügeltes psychologisches System der bewußten Irreführung der Opfer aufgebaut, was zur Folge hatte, daß die jeweils Gefährdeten erst zu spät daran dachten, sich in Sicherheit zu bringen. In mehreren Etappen wurde die Demoralisierung und Dehumanisierung der Opfer sukzessive erreicht. Durch diese Psychologie der etappenweisen Entrechtung und systematischen Terrorisierung sollte sich das jüdische Bewußtsein der jeweiligen erzwungenen Lebenssituation anpassen. Die Hoffnung zu überleben und die bisher gemachten jüdischen Leidenserfahrungen erwiesen sich als verhängnisvoll. In ihrem irrationalen Haß zogen die Nazis kühl und methodisch den Überlebenswillen der Juden ins Kalkül. Die historischen Erfahrungen der religiös und wirtschaftlich motivierten Diffamierungen und Diskriminierungen lehrten die Juden, daß letztlich jeder Gewaltrausch und jedes noch so grausame Pogrom durch die Normalität des Nützlichkeitsdenkens beendet werde. Hilfe und Solidarität von der Außenwelt waren nicht zu erwarten, aber dennoch bestand die Illusion –

speziell nachdem Hitler Amerika den Krieg erklärt hatte –, daß es im Interesse der Nazis läge, die Juden in die besetzten Gebiete zu deportieren, um dort billige Arbeitskräfte für die Rüstungsindustrie zu haben. Diese rationalen Überlegungen führten seitens der jüdischen Bevölkerung zum Schluß, daß allein die von den Deutschen benötigten Zwangsarbeiter in Rüstung und Landwirtschaft das Überleben der Juden sichern werden. Gerade aber ihre Logik narrte die Juden. Denn die Vernichtung der Juden war entgegen aller Rationalität und Notwendigkeit geplant. Die Transportzüge mit den in Viehwaggons gepferchten Menschen durchquerten ganz Europa und hatten selbst dann Vorrang, als die Wehrmacht Nachschubtransporte für die Front benötigte. Die Nazis wollten den Tod der Juden um jeden Preis. Die Bevölkerung in Deutschland und den besetzten Gebieten hatte nichts dagegen. Die Kirche und die alliierten Regierungen im Westen schwiegen dazu. Die freie Presse und die Widerstandsbewegungen zeigten ihr Desinteresse. Die Juden waren dem Vernichtungswillen der Nazis völlig preisgegeben und ausgeliefert. Durch ihr Schweigen wurden Umfeld, Kirche und Alliierte zu Komplizen der nationalsozialistischen Judenvernichtung. Die Vorbereitungen zur sogenannten Endlösung, nämlich Entrechtung und Enteignung, spielten sich vor den Augen aller in aller Öffentlichkeit ab. Es gab keine Proteste, bloß Gleichgültigkeit.

Die Blitzkriege und militärischen Erfolge Hitlers verstärkten die allgemeine Siegeszuversicht. Oppositionelle Stimmen verstummten. Das Alltagsleben der meisten Menschen blieb von dem Unglück und dem offensichtlichen Leid der Juden völlig unberührt. Die gesellschaftlichen Boykottmaßnahmen gegen die Juden und deren zunehmender Ausschluß aus dem öffentlichen Leben spielte sich vor den Augen aller ab. Das Alltagsleben der meisten Nichtjuden nahm seinen gewohnten normalen Verlauf. Die rassenbiologische Stigmatisierung der jüdischen Mitbürger – ab 1941 mußten Juden den gelben Judenstern in der Öffentlichkeit tragen – wurde als Selbstverständlichkeit hingenommen. Die öffentliche Hetzkampagne und die polizeilich administrative Praxis der Unterdrückung, Diffamierung und Diskreditierung waren im Alltag des Nationalsozialismus weltanschaulich legitimiert. Die Juden waren Staatsfeind Nummer eins und der Antisemitismus die oberste Staatsdoktrin. Fast jede Behörde, jedes Amt und jede Verwaltungsinstanz hatten von Amts wegen mit Judenangelegenheiten zu tun. Die systematische Entrechtung und Verfolgung der Juden wurde von den Beamten mit Diensteifer, Kompetenz und völliger Gleichgültigkeit gegenüber dem Schicksal der Unglücklichen administriert. „*Niemals tut man so vollständig und so gut das Böse, als wenn man es mit gutem Gewissen tut.*" Dieses Wort des französischen Denkers Blaise Pascal traf auf das Verhalten großer Teile der Bevölkerung und der Mehrzahl der Beamten zu. Durch den gigantischen Raubzug der Arisierung gab es viele Nutznießer der nationalsozialistischen Judenpolitik. Es ist daher nicht verwunderlich, daß die Hilferufe der Juden zumeist auf taube Ohren stießen. Der nichtjüdische Mitbürger war nur in den seltensten Fällen Mitmensch. Meist waren es Mitläufer, Mitwisser und häufig auch Mittäter. Die Juden sanken von Stufe zu Stufe immer tiefer ins Elend. Sie verloren ihr Vermögen, Besitz, Wohnung, und ihr sozialer Abstieg zu Bettlern und Fürsorgeempfängern war unaufhaltsam. Sie wurden zwangsweise in bestimmte Gegenden des zweiten Bezirkes eingewiesen. Diese Konzentrierung in Halbghettos erhöhte die Kontrolle und erleichterte später die Deportationen in die Gaskammern.

Von den Sammellagern in der Sperlgasse und in der Malzgasse gingen die Transporte in den Osten ab. Selbst die Deportationen zerstörten nicht die vergebliche Hoffnung, daß es schlimmer nicht mehr kommen könnte und daß man doch selbst von noch größerem Unglück verschont bleibe. Selbst in der Aussichtslosigkeit glaubte man, durch die Deportation noch einen rettenden Ausweg finden zu können. So war Frau Esther Grossbart, die Witwe des Herrn Grossbart, der seine Liebe zu Österreich mit dem Leben bezahlte, bereit, zur Sammelstelle zu gehen, um sich abtransportieren zu lassen. Sie hatte brieflich von der Kultusgemeinde die Nachricht über ihren Transporttermin erhalten und die restlichen ihr noch verbliebenen Habseligkeiten gepackt. Faktisch in letzter Minute gelang es meinem Vater, sie davon zu überzeugen, daß dieser Transport den sicheren Tod bedeute, und entgegen ihren anfänglichen Bedenken ging sie in den Untergrund. Es gelang meinem Vater, ihr ein Quartier zu verschaffen und sie mit Lebensmitteln zu versorgen. Jahre danach erzählte sie mir, daß sie ihr Leben dem Mut, der Entschlossenheit und dem Organisationstalent meines Vaters verdanke. Mein Vater versuchte zu helfen, Menschen vor der Vernichtung zu bewahren, ihnen durch die Beschaffung von Quartieren und Lebensmitteln eine Untergrundexistenz zu ermöglichen. Nicht immer hatte er Erfolg, und seine Warnungen waren vergeblich. Seine Argumente stießen dann auf taube Ohren, wenn die Hoffnung auf ein Überleben durch die Deportation in den Osten größer war als die Angst vor der Ungewißheit und Unsicherheit eines Lebens in der Illegalität. Seinen Befürchtungen wurde mit Rationalität und Analytik entgegengehalten, daß Hitler nun auch im Krieg gegen Amerika jüdische Arbeitskräfte im Osten benötige, da die Deutschen und Österreicher durch den Kriegsdienst ausfielen. Eine kuriose, makabre Geschichte widerfuhr meinem Vater mit einem guten Bekannten namens Jakob P., einem sehr begüterten Mann, der sich ebenfalls in Wien versteckt hielt. Eines Tages erklärte Jakob P. meinem Vater, daß er sein Versteck aufgeben werde, da seine Unterkunftgeberin plötzlich einen wesentlich höheren Geldbetrag verlange und er, obwohl im Besitze dieser Summe, sich nicht erpressen lasse. Alle Überzeugungsversuche meines Vaters, Jakob P. von dem Vorsatz, seiner Quartiergeberin aufzukündigen, abzubringen, scheiterten. Es half nichts, daß mein Vater Jakob P. darlegte, daß selbst ein höherer Geldbetrag nicht das Risiko aufwiege, das die Quartiergeberin damit einginge, einen Juden versteckt zu halten, und daß es besser sei zu zahlen, als von der Gestapo in ein KZ gebracht zu werden.

Wie durch ein Wunder entgingen meine Eltern oft unmittelbarer Lebensgefahr.

Mein Vater war unermüdlich auf der Suche nach neuen Quartieren. Er lernte auf diese Weise meine Mutter kennen. Die Quartiersuche hatte sich zunehmend schwierig gestaltet. Man suchte und fand nichts Bleibendes, sondern oft nur Beherbergungen für ein, zwei Nächte. Meine Mutter wohnte um 1941/42 allein in einer Wohnung im 9. Bezirk. Da sie Angestellte der Israelitischen Kultusgemeinde in einer untergeordneten Funktion war, genoß sie damals noch einen relativen Schutz vor Aushebungen und Deportationen. Ein Bekannter hatte meinem Vater geraten, sie um Hilfe zu bitten. Meine Mutter war erst nach einigem Zögern zur Hilfe bereit; die verzweifelte Situation meines Vaters als U-Boot auf der Flucht vor der Gestapo siegte über ihre aus gesellschaftlich-konventionellen Gründen anfänglich vorgebrachten Bedenken, als alleinstehende Frau – auf ihren guten Ruf bedacht – einen wildfremden Mann bei sich einziehen zu lassen. Ihre Wohnung bot meinem Vater eine Zeitlang Schutz und Sicherheit. Typisch für jene Zeit der Verfolgung und Unterdrückung war, daß das Normale als abnorm und das Abnorme als normal galt. Man war durch die eigenen guten

Eigenschaften wie Liebe, Treue und Verantwortung am meisten gefährdet; beinahe wäre meine Mutter ihrer Tierliebe zum Opfer gefallen. Die Nazigesetze verboten Juden unter anderem auch das Halten von Haustieren. Meine Mutter war daher gezwungen, sich schweren Herzens von ihrem Hund namens Jojo zu trennen. Glücklicherweise fand sie für das Tier eine Betreuung. Rosa Stepanek, in Brünn geboren, seit mehr als 40 Jahren in Wien, ein ehemaliges Mitglied einer Damenkapelle, war einfach ein guter Mensch, voller Hilfsbereitschaft, Mut und Zuverlässigkeit und angeborener Antipathie gegen alles Gemeine und Niederträchtige, das sich als Ideologie einer besseren Menschheit tarnte, an der die Welt genesen sollte. Diese Rosa Stepanek nahm das Tier in Pflege. Meine Mutter besuchte es von Zeit zu Zeit und führte es spazieren. Bei einem solchen Spaziergang dürfte sie vergessen haben, ihren Mantel mit dem aufgenähten gelben Judenstern abzulegen. Ein besonders korrekter Polizist wollte – als er die Frau mit dem Judenstern den Hund an der Leine spazierenführen sah – meine Mutter wegen

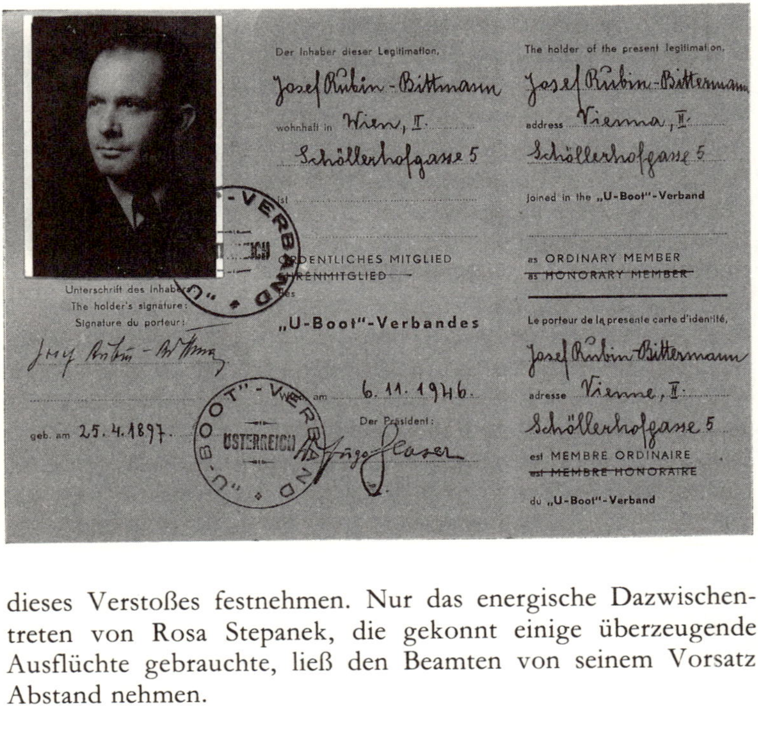
Unterschrift des Inhabers:
The holder's signature:
Signature du porteur:

geb. am 25.4.1897.

Der Inhaber dieser Legitimation,
Josef Rubin-Bittmann
wohnhaft in Wien, II.
Schöllerhofgasse 5
ist
ORDENTLICHES MITGLIED
~~EHRENMITGLIED~~
des
„U-Boot"-Verbandes
am 6.11.1946.
Der Präsident:

The holder of the present legitimation,
Josef Rubin-Bittermann
address Vienna, II.
Schöllerhofgasse 5
joined in the „U-Boot"-Verband
as ORDINARY MEMBER
~~as HONORARY MEMBER~~

Le porteur de la presente carte d'identité,
Josef Rubin-Bittermann
adresse Vienne, II.
Schöllerhofgasse 5
est MEMBRE ORDINAIRE
~~est MEMBRE HONORAIRE~~
du „U-Boot"-Verband

dieses Verstoßes festnehmen. Nur das energische Dazwischentreten von Rosa Stepanek, die gekonnt einige überzeugende Ausflüchte gebrauchte, ließ den Beamten von seinem Vorsatz Abstand nehmen.

Eines Tages wurde an die Wohnungstür geschlagen, immer heftiger, so heftig, daß meine Mutter öffnen wollte. Mein Vater hielt sie zum Glück davon ab. Es war der jüdische Ordnungsdienst, der gekommen war, um sie zu einem Transport abzuholen. Es wurde draußen geschrien, man würde mit Verstärkung wiederkommen und die Tür einschlagen. Kaum war die Judenpolizei weg, flüchteten meine Eltern. Sie nahmen bloß einige Habseligkeiten als Handgepäck mit. Ein, zwei Nächte haben sie bei Bekannten, den Horaks, zugebracht. Diese lebten nach der damaligen Rassenterminologie der Nürnberger Gesetze in einer sogenannten nichtprivilegierten Mischehe. Herr Horak war Jude, seine Gattin war Arierin. Meine Mutter erfuhr etwas später, daß Rabbiner Murmelstein tobte, als er von der geglückten Flucht hörte. Murmelstein hatte meine Mutter eigenhändig auf die Transportliste gesetzt. Murmelstein war dafür berüchtigt, daß er gelegentlich „Fleißaufgaben" für Eichmann machte und mehr Leute auf die Listen setzte, als ursprünglich verlangt. Sein Machtwille war gekränkt, und mit einer Schar von Helfershelfern machte er sich auf die Suche nach meiner Mutter.

Mein Vater hatte in seinem Überlebenskampf als U-Boot eine Vielzahl von Abwehr- und Überlebensstrategien entwickelt. Meine Eltern wechselten mehrmals innerhalb kurzer Zeit ihr Quartier. Ihre letzte und längste Station jedenfalls war die fensterlose stickige Kammer einer Hausmeisterwohnung in der Ferdinandstraße. Das Hausmeisterehepaar war ihnen aber nicht im geringsten wohlgesinnt, sondern stellte diesen Raum bloß gegen Geld zur Verfügung.

Geld verdiente mein Vater durch besonderen Mut und besonderes Geschick. Er war all die Jahre hindurch in der Stadt unterwegs, ohne den gelben Stern zu tragen. Ständig mußte er fürchten, identifiziert zu werden, etwa durch einen Bekannten von früher oder bei einer Kontrolle oder bei einer Razzia in die Hände der Polizei zu fallen.

Einmal, es war bereits abends, fühlte er sich plötzlich von zwei Polizisten beobachtet. Er ging rascher, diese auch, dann fing er zu laufen an, diese auch, und als die Polizisten bereits nach Verstärkung pfiffen, sprang er – es war November – auf der Höhe der Friedensbrücke in den Donaukanal. Er ließ sich bis zur Ferdinandstraße treiben und entkam auf diese Weise. Die Angst, entdeckt zu werden, war der ständige Begleiter meiner Eltern. Wann trifft es uns? Wohin bei Bombenalarm, einer

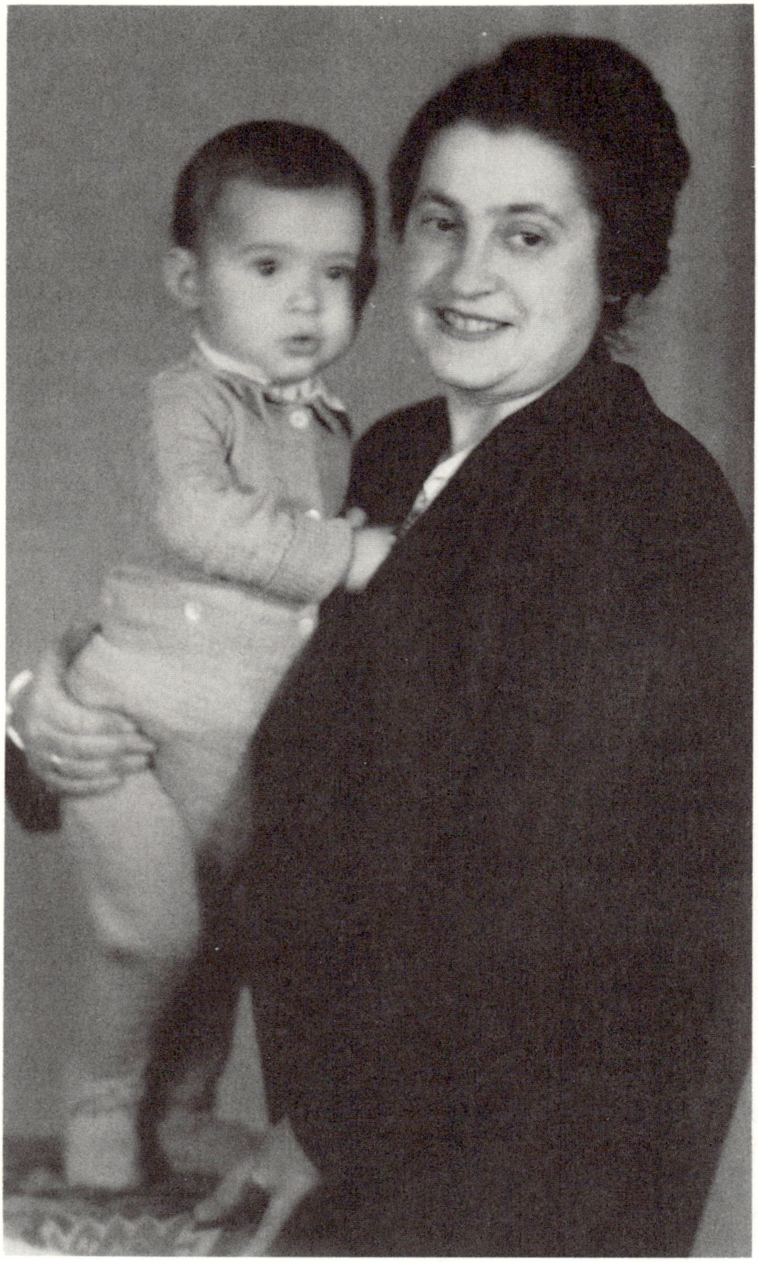

Sidonie Rubin-Bittmann mit ihrem Sohn Fritz.

Razzia, Krankheit? Woher die Lebensmittel für den nächsten Tag nehmen? Was machen, wenn uns der Hausmeister oder einer der Hausbewohner verrät? Meine Eltern lebten ununterbrochen in einer Situation höchster Ungewißheit und Todesangst, und das über Jahre. Man konnte nie sicher sein, jeder Schritt, jedes Klingelzeichen, jeder Schatten bedeutete die Gefahr der Entdeckung.

Obwohl die Mehrheit der Bevölkerung auf die nationalsozialistische Judenverfolgung mit Gleichgültigkeit und Schweigen reagierte – vermutlich hatten manche Angst davor, daß bei Sympathiebekundung und Parteinahme für die Verfolgten ihnen durch die Nazimachthaber ein ähnliches Schicksal widerfahren würde –, gab es immer wieder Akte der Solidarität und Humanität. Eine kleine Gruppe von beherzten Menschen, eine verschwindende Minderheit half und hielt den persönlichen Umgang mit jüdischen Freunden und Bekannten aufrecht.

Zumeist rekrutierte sich dieser Kreis von Menschen aus arischen Partnern von Juden oder von sogenannten Mischlingen, die nach den Nürnberger Gesetzen vorerst teilweise unbehelligt leben konnten. Meine Eltern hatten solch ein soziales Netz entwickelt, und dies ermöglichte bis zu einem gewissen Grad ihr Überleben als U-Boot.

Mein Vater kannte jemanden, der in einer Vernichtungsstelle für Lebensmittelmarken arbeitete, und dieser Mann war bereit, Marken abzuzweigen und weiterzugeben.

In einer Stadt wie Wien, wo es klar war, daß die mörderische Vernichtungsmaschinerie der Nazis sukzessive jeden erfassen würde, haben meine Eltern einen aussichtslos erscheinenden Kampf geführt. Es gab immer wieder Menschen, die eine Zeitlang untertauchten, um so der Deportation in die Vernichtungslager zu entgehen. Hunger, Angst und die zunehmende Isolierung bewirkten, daß diese Leute sich nach einer Zeit freiwillig der Polizei stellten. Immer wieder führten das Denunziantentum einer gehässigen Bevölkerung, aber auch das Spitzelwesen der jüdischen Ordnungstruppe zur Entdeckung von untergetauchten Juden. Diese U-Boot-Existenz bot keine Sicherheit, sondern ständig nur die Ungewißheit, daß jede Minute die letzte sein konnte. Es war ein Leben auf Abruf im Wartesaal des Todes. Man starb täglich tausend vielfältige Tode und lebte in zehntausenden Ängsten. Das Leben als U-Boot war eine Existenz äußersten Ausgeliefertseins, höchster Ungewißheit und ständiger Unsicherheit. Es war ein Leben in permanenter Furcht – die ständige Bedrohung, erkannt, denunziert, verhaftet, gefoltert und in ein KZ deportiert zu werden, begleitete meine Eltern die ganze Zeit. Mein Vater, der sehr religiös und bibelkundig war, beschrieb diese Situation mit einer Stelle aus dem fünften Buch Moses:

„Daß Dein Leben wird vor Dir schweben, Tag und Nacht wirst Du Dich fürchten und Deines Lebens nicht sicher sein. Des Abends wirst Du sagen: Ach, daß es Morgen wäre! Vor Furcht Deines Herzens, die Dich schrecken wird, und vor dem, was Du mit Deinen Augen sehen wirst.“

Der ständige Kampf um das physische Überleben war immer noch weniger quälend als der psychische Terror. War der Hausbesorger betrunken, so stellte er sich gerne vor das Haustor und schrie, daß er die Saujuden nicht länger beherbergen wolle. Seine Frau zog ihn dann unter Aufbietung aller Kraft in die Hausmeisterwohnung. Wiederholt drohte er, meine Eltern vor die Tür zu setzen oder bei der Polizei anzuzeigen. Wäre nicht seine Frau gewesen, so hätte er vermutlich seine Drohungen wahrgemacht. Gelegentlich kamen Tochter und Schwiegersohn zu Besuch, beides fanatische Nationalsozialisten. Meine Eltern, die sich ohne deren Wissen im Nebenraum aufhielten, mußten mitanhören, mit welchen in Polen begangenen Greueltaten sich dieser Mann brüstete. Die Tocher war ein Beispiel für den Fanatismus der Dummheit bzw. für die Dummheit des Fanatismus. Immer wieder erklärte sie: *„Und wenn wir Steine statt Brot essen müssen, der Führer wird siegen.“*

Meine Mutter entband nicht in der Ferdinandstraße, sondern in der Zirkusgasse. Auch dies war eine Hausmeisterwohnung. Die Leute hatten ein Baby als Enkelkind. Dies diente als Tarnung. Gegen viel Geld hatte sich eine christliche Hebamme bereit erklärt, meiner Mutter beizustehen, doch in den entscheidenden Stunden war sie unauffindbar. Glücklicherweise schickte der Leiter des jüdischen Spitals einen Arzt. Meine Mutter, die für eine Erstgeburt nicht mehr jung war, sie war bereits 36 Jahre, hatte die Schwangerschaft so gut wie ohne Betreuung hinter sich gebracht. Tagsüber war sie meist in dem dunklen, engen, feuchten Kellerraum, den sie nur abends verlassen konnte, um etwas spazieren zu gehen. Meine Eltern verließen diesen Kellerraum nie gemeinsam, sondern stets getrennt. Sie ging dann häufig entlang des Donaukanals spazieren, wo sie gelegentlich mit Frau Meszei verabredet war. Meist trafen sie einander unter einer der Donaukanalbrücken. Für den außenstehenden Beobachter mußten diese Verabredungen stets den Charakter des Zufälligen haben. Frau Meszei war bis zur Auflösung der Kultusgemeinde im November 1942 in dieser und dann im Ältestenrat in der Rechtsabteilung tätig. Dadurch hatte sie mit ihren Kindern einen relativen Schutz.

Obwohl für Juden das Verbot der Benützung öffentlicher Verkehrsmittel bestand, hatte Frau Meszei aufgrund ihrer Tätigkeit eine von der Gestapo ausgestellte Genehmigung, die Straßenbahn zur Arbeitsstätte zu benutzen. Typisch für den sich jederzeit öffentlich ereignenden Judenhaß war folgende Begebenheit: Ein Fahrgast pöbelte Frau Meszei und ihre Kinder an, da es für ihn unzumutbar sei, mit Juden gemeinsam die Straßenbahn zu benutzen. Die Mehrzahl der Fahrgäste schwieg betreten, und der Schaffner erklärte, daß Frau Meszei dazu legitimiert sei. Der Mann geriet daraufhin so in Rage, daß er Frau Meszeis Sohn, einen 17jährigen Burschen, packte und ihn aus dem fahrenden Straßenbahnabteil warf. Bloß die Geschicklichkeit des jungen Mannes verhinderte eine lebensgefährliche Verletzung. Ehe er Frau Meszai und deren Tochter attackieren konnte, hielt die Straßenbahn bei der nächsten Haltestelle am Schwedenplatz. Selten, aber dennoch, gab es auch Äußerungen des Mitgefühls. So bemerkte der Kutscher eines mit Kohle und Brennmaterialien vollbeladenen Wagens, daß Frau Meszei die vom Wagen fallenden Kohlenstücke aufklaubte. Sie trug den gelben Davidstern. Absichtlich fuhr er so, daß möglichst viel von seinem Wagen herunterfiel und von der Jüdin aufgehoben werden konnte. Solche kleinen Freundlichkeiten und Gesten der Sympathie gab es hin und wieder. Im allgemeinen wollte und durfte man für die Verfolgten nicht eintreten. Man war über ihre Lage informiert, ahnte ihr ungewisses Schicksal und hatte sich mit dem Unglück, das den Juden widerfuhr, rasch abgefunden.

Wenige Tage vor der Niederkunft war meine Mutter mit meinem Vater abends spazierengegangen. Bei der Rückkehr standen Leute vor dem Haus. Es schien nicht möglich, es zu betreten. Meine Mutter war hochschwanger. Meine Eltern wußten von einer leerstehenden Wohnung in der Nähe, die des vielen Ungeziefers wegen eben desinfiziert worden war. In dieser Wohnung verbrachten sie die Nacht und den darauf folgenden Tag in penetrantem Gestank und mit brennenden Schleimhäuten.

Die Wehen setzten ein, während sich die Gestapoleute in der Ferdinandstraße 6 aufhielten. Ich kam in der Zirkusgasse und nicht in der Ferdinandstraße zur Welt, da eine Entbindung den Quartiergebern meiner Eltern viel zu gefährlich erschien. Der Leiter des jüdischen Spitales, das unter der Aufsicht der SS stand, Dr. Tuchmann, wurde von meinem Vater – nach einigem Zögern – in letzter Sekunde aufgesucht. Tuchmann war zur sofortigen Hilfeleistung bereit, obwohl er sein Leben riskierte und meinem Vater klarmachte, daß er im Falle einer Komplikation bei der Geburt die SS unterrichten müsse und dies zur Verhaftung meiner Eltern und auch zu Vergeltungsmaßnahmen gegenüber den im Spital befindlichen Juden führen könnte.

Meine Geburt verlief dramatisch. Der von Tuchmann gesandte Frauenarzt Dr. Rotter sowie eine Bekannte, die ebenfalls als U-Boot lebte, halfen.

Ich wurde unmittelbar nach der Geburt von meinen Eltern getrennt und lebte bei einem Hausbesorgerehepaar in der Zirkusgasse etwa vier Monate. Die Leute behandelten mich schlecht. Milch und Nahrungsmittel, die mein Vater für mich auftrieb, gaben meine Quartiergeber zum Großteil ihren eigenen Verwandten weiter. Meine Eltern erwogen, mich vor einer Kirche auszusetzen, damit wenigstens ich überleben könnte. Mein Vater fand auch einen Fluchthelfer, der meine Mutter und mich hätte nach Ungarn bringen sollen. Es stellte sich aber heraus, daß dieser Mann die Menschen, die sich ihm anvertrauten, beraubte und der SS auslieferte. Sie kamen nie an ihr Ziel. Rosa Stepanek, die mich häufig bei den Leuten in der Zirkusgasse besuchte, ließ meine Eltern wissen, daß ich unter diesen fürchterlichen Bedingungen keine Überlebenschancen hatte. Tatsächlich fand mich mein Vater während eines Bombenangriffes allein auf dem Dachboden, während alle anderen Bewohner im Keller Schutz gefunden hatten.

Im Dezember 1944 kam ich dann zu einer alleinstehenden Frau, die mich wesentlich besser behandelte. Auch sie verlangte für die Betreuung eine hohe Bezahlung. Dort verblieb ich bis zum Kriegsende. Am Tag vor der Befreiung wurden neun Juden, die während eines Bombenangriffes in einem Haus in der Förstergasse Zuflucht gesucht hatten, aufgrund einer Denunziation von den bereits im Abzug befindlichen SS-Einheiten erschossen. Mein Versteck befand sich knapp 50 Meter von der Stelle entfernt, wo die Menschen, die zum Teil mit meinen

Eltern bekannt waren, ermordet wurden. Es waren die letzten Juden, die in Wien von der SS getötet wurden.

Der Nationalsozialismus war durch die Alliierten besiegt. Aus der Ostmark wurde wieder Österreich, und für eine kurze Zeit gab es aus Vergeltungsfurcht nur Hitlergegner. Dieses riesige Heer aus Mitläufern, Nutznießern und Helfershelfern des Dritten Reiches mutierte plötzlich zu Widerstandskämpfern aus Angst, die siegreichen Alliierten würden Gleiches mit Gleichem vergelten, indem man die eigene inhumane Mentalität auf sie projizierte. Man erwartete speziell die Rache der Sowjets für den von den Nationalsozialisten im Osten geführten Vernichtungskrieg gegen die Zivilbevölkerung, und all jene, die sich noch vor kurzem stolz mit der Herrschaftsideologie der Nazis identifiziert hatten, boten nun ein jämmerliches Schauspiel von Feigheit, Heuchelei und Selbstmitleid. Wie oft hörten damals meine Eltern: „*Wir sind nie Nazis gewesen. Wir wußten von nichts. Hitler ist an allem schuld.*" Man tat so, als sei der Nationalsozialismus eine Art Naturkatastrophe gewesen, gegen die man ebenso hilflos war wie der Bauer gegen Hagel und Blitz. Die militärische Niederlage des Dritten Reiches, dessen Ziele man noch bis vor kurzem vorbehaltlos oder meist mit nur geringer innerer Distanz bejahte, führte dazu, daß man Hitler dämonisierte und die ganze Schuld gab. Dieser Abwehrmechanismus diente der eigenen Entlastung. Man hatte sich selbst die Absolution erteilt und war dadurch nicht mehr mitverantwortlich für die Politik des „Führers". Den Österreichern fiel es in diesem Sinne viel leichter als den Deutschen, sich der Vergangenheit als einer degradierenden Last zu entledigen. Beethoven wurde zum Österreicher und Hitler zum Deutschen gemacht, und damit war die historische Bürde einer Mitverantwortung und Mitschuld umgangen, wie sie ursprünglich die Moskauer Deklaration von 1943 verlangt hatte. Man war nicht Täter, sondern Opfer, Widerstandskämpfer und nicht Soldat, der in Hitlers Armee seine Pflicht für Heimat und Volk erfüllt hatte.

Österreich als das erste Opfer der Nationalsozialisten! Diese Opferrolle war ein Geschenk der Alliierten an Österreich. Ein Geschenk, in dem die bereits untereinander zerstrittenen Verbündeten an einem für sie weniger wichtigen Punkt der Weltgeschichte Einigkeit zeigen konnten. Der Zweiten Republik ersparte diese Moskauer Deklaration die kritische Auseinandersetzung mit der eigenen Vergangenheit – sie wurde zur obersten

Staatsdoktrin für das Verständnis der jüngsten Geschichte stilisiert.

Zwei Halbwahrheiten ergeben nicht den Vollbesitz der Wahrheit, sondern ermöglichen die politische Manipulation mit der Lüge. Österreich war völkerrechtlich das erste Opfer Hitlerdeutschlands. Gleichzeitig aber bestand im damaligen Österreich eine traditionelle Anschlußsehnsucht und eine enorme Anziehungskraft des Nationalsozialismus, von dem man sich eine Verbesserung der gesamten Lage erwartete. Es gab in Österreich zweifellos einen politischen Widerstand, speziell gegen Ende des Krieges. Dieser hatte aber keine Verankerung in der breiten Bevölkerung. Er war stets Sache einer Minorität, einer politischen Elite. Die Majorität hatte den Nationalsozialismus nicht als Fremdherrschaft und Terrorsystem empfunden. Letztlich war die nationalsozialistische Ideologie in der Bevölkerung viel stärker vorhanden, als es den reinen Mitgliedszahlen der NSDAP in Österreich entsprach. Hitler war zwar militärisch besiegt, ideologisch lebte er aber weiter. Aus diesem Spannungsverhältnis zwischen der offiziellen Selbstdarstellung der Zweiten Republik und der tatsächlichen Gesinnung in großen Teilen der Bevölkerung entstand die politische Lebenslüge Österreichs. Die Fiktion, erstes Opfer Hitlerdeutschlands zu sein, wurde außenpolitisch demonstriert, aber innenpolitisch durch das Verhalten speziell der beiden Großparteien SPÖ und ÖVP dementiert. Die Alliierten galten in der Bevölkerung nicht als Befreier vom Nationalsozialismus, sondern als Besatzungsmacht. Im Bewußtsein der Menschen war der Krieg verloren, und das Ende der Nazidiktatur war der Zusammenbruch. ÖVP und SPÖ haben aber von allem Anfang an um die Stimmen der ehemaligen Nationalsozialisten geworben.

„Mit halben Schritten zu halben Taten unterwegs" – ganz im Sinne dieses Grillparzerwortes – wurde von den Parteien die von den Alliierten verlangte Entnazifizierung betrieben: halbherzig und mit Lauheit.

In diesem Sinne fällt auch die Analyse des österreichischen Soziologen Anton Pelinka aus:

„Das Österreich, das sich damals als erstes Opfer der nationalsozialistischen Aggression dargestellt hatte, war eben nicht das einzige Österreich; dieses eine Österreich mußte bald nach 1945 mit einem anderen Österreich leben, das ebenso Realität darstellte: mit dem nationalsozialistischen Österreich und dessen unpolitischen Gefolgsleuten, die in der nationalsozialistischen Mordmaschine nur ihre Pflicht getan

hatten; und als 1955 der Staatsvertrag erreicht war, als unmittelbar vor dessen Unterzeichnung auch noch die der Moskauer Deklaration von 1943 entsprechende Mitschuldklausel gestrichen wurde, da hatte der Geist von 1945 auch seine internationale Schuldigkeit getan."

Als 1945 Art und Ausmaß der Judenvernichtung bekanntgegeben wurde, blieb das Entsetzen der überwiegenden Mehrheit der Bevölkerung aus. Es kam zu keiner Solidarität mit den überlebenden Opfern. Der Verlust der jüdischen Bevölkerungsgruppe wurde mit Gleichgültigkeit, ja mit einem gewissen Gefühl der Erleichterung aufgenommen. Eine Einstellung, die Alexander und Margarethe Mitscherlich als Unfähigkeit zu trauern bezeichnen. Trauer ist ein notwendiger seelischer Prozeß, um einen Verlust zu verarbeiten. Das Ausbleiben einer Trauerreaktion ist Hinweis auf Störungen der zwischenmenschlichen Beziehungen. Es ist ein Zeichen der inneren Beziehungslosigkeit zu den Betroffenen.

Meine Eltern hatten überlebt und empfanden zum Teil ihr Überleben als eine Schuld gegenüber denen, die umgekommen waren. Einmal meinte mein Vater: „*Man muß die Toten bitten, den Lebenden zu verzeihen.*" Es gibt eine Wortlosigkeit des jüdischen Leidens, und diese Art des Leidens sprach aus den Augen meiner Eltern. Ihre Erinnerungen waren Friedhöfe. Immer wieder hörte ich als Kind: „*Die Welt hat gewußt und geschwiegen. Die Welt ist mitschuldig.*" Ähnlich argumentierte Karl Jaspers:

„*Die Schuldfrage in bezug auf den einzelnen, sofern er sich selbst durchleuchtet, nennen wir die moralische... Die moralische Schuld im äußeren Mitgehen, das Mitläufertum, ist in irgendeinem Maße sehr vielen von uns gemeinsam. Um sein Dasein zu behaupten, seine Stellung nicht zu verlieren, seine Chancen nicht zu vernichten, wurde man Parteimitglied und vollzog andere nominelle Zugehörigkeiten. Niemand wird dafür eine restlose Entschuldigung finden, zumal angesichts der vielen Deutschen, die solche Anpassung in der Tat nicht vollzogen und die Nachteile auf sich genommen haben... Moralisch kann ich aber verpflichtet sein zum Wagnis meines Lebens, wenn es sich um meine Verwirklichung handelt. Aber moralisch besteht keine Forderung, das Leben zu opfern, bei sicherem Wissen, daß damit nichts erreicht wird. Moralisch besteht die Forderung des Wagnisses, nicht die Forderung der Wahl eines sicheren Unterganges... Aber es gibt ein Schuldbewußtsein in uns, das eine andere Quelle hat. Metaphysische Schuld ist der Mangel an der absoluten Solidarität mit dem Menschen als Menschen. Sie bleibt noch ein unauslöschlicher Anspruch, wo die moralisch-sinnvolle Forderung schon aufgehört hat. Diese Solidarität ist verletzt, wenn ich dabei bin, wo Unrecht und Verbrechen geschehen. Es genügt nicht, daß ich mein Leben mit Vorsicht wage, um es zu verhindern. Wenn es geschieht und wenn ich dabei war und wenn ich überlebe, wo der andere getötet wird, so ist in mir eine Stimme, durch die ich weiß: Daß ich noch lebe, ist meine Schuld.*"

Meine Eltern kannten keine Rache, weder mein Vater noch meine Mutter haben jene Personen, die ihnen und ihren Familien Schlechtes während dieser Zeit angetan haben, angezeigt, obwohl es ein leichtes gewesen wäre. Als mein Vater unmittelbar nach dem Krieg durch Zufall auf jenen Mann stieß, durch dessen Denunziation er von der Gestapo verhaftet worden war, war sein erster Impuls Wut, Zorn und Haß. Durch diesen Mann wäre er beinahe in Gestapohaft oder in einem KZ umgekommen! Der Wunsch, es diesem Mann heimzuzahlen, war groß, und er wäre moralisch dazu legitimiert gewesen. Aber etwas, eine innere Stimme, hielt meinen Vater davor zurück.

Mein Vater war einer der ersten, die am Aufbau der jüdischen Gemeinde im Nachkriegs-Wien mitwirkten. Er hatte eine Reihe von ehrenamtlichen Funktionen, darunter die eines Vizepräsidenten des Bundesverbandes der israelitischen Kultusgemeinden. In diesen Funktionen hatte er wiederholt mit wichtigen politischen Entscheidungsträgern der Zweiten Republik zu tun. Eines Tages standen mein Vater und Innenminister Oskar Helmer als Repräsentant der Bundesregierung auf dem Bahnhofsperron, um jüdische Heimkehrer, die während des Krieges nach Shanghai emigrieren konnten, zu empfangen. Bei dieser Gelegenheit meinte Helmer in seiner jovialen Art: „*Was machen die armen Juden bei uns. Wir hab'n ja selbst nichts zu essen.*" Mein Vater replizierte: „*Würden sie eine solche Bemerkung auch gegenüber den heimkehrenden russischen Kriegsgefangenen machen, Herr Minister?*" Helmer schwieg betreten. Bei einer anderen Gelegenheit begann plötzlich Helmer in jiddelndem Tone zu sprechen. Mein Vater meinte: „*Herr Minister, ich weiß, daß Sie kein Antisemit sind, aber die anderen hier versammelten Juden wissen es nicht, und wenn Sie so jiddeln, wie es die Antisemiten tun, wenn sie Juden nachmachen, so könnte dieser unangenehme Eindruck entstehen.*" Helmer verstand sehr wohl und unterließ das Jiddeln. Theodor Körner, den späteren Bundespräsidenten, damals Bürgermeister der Stadt Wien, schätzte mein Vater sehr. Folgende Anekdote unterstreicht Körners Menschlichkeit: „*Anläßlich eines Empfanges wandte sich Körner unvermutet an meinen Vater mit den Worten: ‚Bittmann, brauchst Du etwas für Deine Juden? Haben sie genügend Wohnungen?'*"

Mein Vater war einer der Repräsentanten der österreichischen Sektion der Claims-Conference, deren Aufgabe darin bestand, die materielle Entschädigung der Verfolgten bei der österreichischen Regierung durchzusetzen. Den Ausdruck „Wiedergutmachung" lehnte mein Vater als einen Zynismus ab, der ganz auf der Ebene der Sprachregelung der Nationalsozialisten lag, in deren Nomenklatur für Massenmord und Massenvernichtung der Euphemismus Endlösung stand. Die an den Menschen begangenen Verbrechen, die Morde, die Grausamkeiten, ja selbst der Schrecken, den eine einzige Stunde in einem KZ hinterläßt, kann man nicht gutmachen, wohl aber kann man geraubte materielle Werte retournieren, um auf diese Weise eine Entschädigung für erlittenes Unrecht zu versuchen. Der Delegation, die den damaligen Bundeskanzler Julius Raab in seinem Amtssitz am Ballhausplatz aufsuchte, blieb buchstäblich die Sprache weg, als mein Vater den Bundeskanzler so sehr in die Enge trieb, daß dieser meinte: *„Ich bin ohnedies für Eure Forderungen. Es legt sich nur der Schärf quer."*

In Paris, unmittelbar nach dem Empfang beim damaligen französischen Staatspräsidenten René Coty, kam es zwischen meinem Vater und Nahum Goldmann, dem damaligen Präsidenten der Claims-Conference, zu einem heftigen Disput. Nach Ansicht meines Vaters ging der Mißerfolg bei den Verhandlungen mit der österreichischen Regierung einzig und allein auf das Konto von Nahum Goldmann. Passivität, Gleichgültigkeit, fehlendes Mitgefühl und enorme Eitelkeit hätten Goldmann versagen lassen. Reden, Ehrungen, Auszeichnungen und die Befriedigung seiner Selbstgefälligkeit, aber nicht Mitmenschlichkeit und der Wunsch zu helfen seien Motive seines Handelns. Nur so sei sein Versagen gegenüber den europäischen Juden während des Zweiten Weltkrieges erklärbar. Der Bruch mit Goldmann war unvermeidbar, aber mein Vater fühlte sich anschließend erleichtert.

Wie kann ein Mensch sich aus purer Eitelkeit so sehr um den Finger wickeln lassen, daß er wegen einer läppischen Auszeichnung das Interesse der ihm anvertrauten Menschen so schamlos mißachtet. Als meinem Vater eine der beiden großen Parteien die Kandidatur für ein Nationalratsmandat anbot, lehnte er dankend ab. Ein solches Mandat wäre zwar ehrenhaft, würde aber mit seiner Interessensvertretung für das österreichische Judentum kollidieren. Einmal baten zwei Bekannte meinen Vater, gegen die Nominierung eines ehemaligen Blutordensträgers für ein hohes Amt zu protestieren. Sie selbst zogen es eher vor, im Hintergrund zu bleiben. Bei der entsprechenden Sitzung erschien mein Vater und hatte mit seinem Appell an die Wahrung von Anstand und Demokratieverständnis Erfolg. Die Kandidatur wurde zurückgezogen.

Die führenden Männer der neu gegründeten Sozialistischen Partei, Renner, Schärf und Helmer, hatten die Naziherrschaft mehr oder weniger unbehelligt in Österreich verbracht. Die Rückkehr jüdischer Sozialdemokraten aus der Emigration war ihnen nicht recht. In seinem Buch: „Feindbild Jud", zitiert Leopold Spira den jüdischen Politiker Julius Braunthal: *„In dem ersten Schreiben, das die Führer der wiedererstandenen SPÖ an ihre geflohenen und im Ausland lebenden Genossen (darunter viele Juden) sandten, wurde unverblümt festgestellt, daß die Rückkehr einer größeren Anzahl von Juden mit einer gewissen Besorgnis betrachtet würde."* Es gab Ausnahmen wie Oskar Pollak, der wieder Chefredakteur der Arbeiter-Zeitung wurde, und Karl Czernetz, der Schulungsleiter und Abgeordneter der SPÖ wurde. Aber beide waren mit Unterstützung und mit politischen Direktiven der regierenden Labour Party aus Großbritannien nach Österreich zurückgekehrt. Andere Emigranten, auch Bruno Kreisky, konnten erst Jahre nach Kriegsende zurückkehren und hatten Schwierigkeiten, wieder politisch Fuß zu fassen.

Von einem Gespräch, das mein Vater mit Karl Czernetz am Semmering führte, weiß ich, daß Karl Czernetz sich über die Kälte des Empfanges durch seine Parteifreunde tief verletzt fühlte. Groß war auch die Enttäuschung für Julius Deutsch, als er zurückkehrte. Bei Simon Wiesenthal beklagte er sich über diesen Mangel an politischer Solidarität und Menschlichkeit ihm gegenüber. Die Rückkehr der Juden war unerwünscht. Dieser völligen Unberührtheit vom jüdischen Schicksal entsprach auch die Haltung in dem Verfahren gegen Kriegsverbrecher. Die Mehrzahl dieser Verfahren wurde eingestellt. Wo es tatsächlich zu einer Verurteilung durch österreichische Geschworenengerichte kam, erfolgte bald darauf die Begnadigung. Schärf als Bundespräsident tat sich hier besonders hervor. Generalpardon für Nationalsozialisten war eine wichtige Maxime politischen Handelns. Die Gründung der VdU, einem Sammelbecken ehemaliger Nationalsozialisten, der Vorläuferpartei der heutigen FPÖ, wurde vor allem von Schärf und Helmer forciert. Es bestand die Überlegung, daß eine solche Partei das sogenannte bürgerliche Lager spalten würde. Unter dem Schlagwort Liberalismus wurden die ehemaligen Nationalsozialisten politisch voll integriert. Der kollektiven Amnesie folgte die kollektive Amnestie. Dieser Verdrängungsprozeß galt offiziell als Versöhnungspolitik. Die Wahlarithmetik bestimmte die österreichische Wirklichkeit, und bald konnten sich all jene Nationalsozialisten, die kurzfristig durch ein Berufsverbot oder Entlassung in Folge der Entnazifizierungsgesetze betroffen waren, als Opfer und Märtyrer fühlen. Es galt das treffende Karl-Kraus-Wort *„von der verfolgenden Unschuld"*. Die ehemaligen Nationalsozialisten waren die Opfer jener, die unter der Naziherrschaft verfolgt wurden und gelitten hatten. Die Mehrzahl der österreichischen Juden stand aus traditionellen Gründen im sozialistischen Lager. Als Wiesenthal auf den Umstand hinwies, daß die Sozialistische Partei infolge ihrer antifaschistischen Reputation, gedeckt durch starke demokratische Tradition, in einem wesentlich stärkerem Maß als die ÖVP die Rehabilitierung von Nationalsozialisten betrieb, stieß er bei den Juden meist auf taube Ohren. Was nicht sein darf, kann nicht sein!

Durch seinen an Bruno Kreisky gerichteten Vorwurf, die Nationalsozialisten voll salonfähig zu machen – Bruno Kreisky hatte in sein erstes Kabinett gleich vier ehemalige Nationalsozialisten, darunter einen SS-Mann, geholt, ein für das damalige Nachkriegsösterreich absolutes politisches Novum –, zog er sich die Feindschaft Kreiskys zu. Bruno Kreisky, der zu seiner jüdischen Abstammung ein ambivalentes Verhältnis hat, unterließ in der Öffentlichkeit keine Gelegenheit, um seine Distanz zum Judentum und zu Israel zu demonstrieren. Durch seine gegen den Staat Israel gerichteten Attacken glaubte er, innen- und außenpolitisch Kapital schlagen zu können. Mit einem Bonmot charakterisierte mir Wiesenthal diese irrationale Einstellung Bruno Kreiskys sehr treffend: *„Kreisky ist tatsächlich der Meinung, daß er kein Jude sei. Mit dieser Ansicht steht er in Österreich ganz alleine da."* Wiesenthal wurde als Handlanger der ÖVP diffamiert. Daß Wiesenthal gegen die antisemitischen Ausfälle von zwei ÖVP-Abgeordneten gegen Bruno Kreisky schärfstens protestierte und brieflich deren Abberufung verlangte, wurde von Bruno Kreisky nicht ad notam genommen. Ebenso wurde geflissentlich übersehen, daß Wiesenthal die ÖVP-Alleinregierung unter Josef Klaus wegen der Amnestie von nationalsozialistischen Kriegsverbrechern attackierte, was international großes Aufsehen erregte.

Wiesenthal ist ein Wahrheitsucher, ein unbequemer Mahner,

der konsequent und unbeirrbar seinen Weg geht. Er ist ein mutiger Mann, ein Humanist, dessen Arbeit international respektiert wird, der keine parteiische Borniertheit kennt. Er ermittelt gegen Juden, die sich während der Hitlerzeit der Kollaboration mit der Gestapo schuldig machten, mit der gleichen Entschlossenheit und Energie wie gegen jede andere Tätergruppe. Etliche Funktionäre der Kultusgemeinde haben diese Bemühungen Wiesenthals zu unterlaufen versucht. Leider zum Teil mit Erfolg. Neulich, in einem Gespräch, sagte mir Wiesenthal: *„Ich wundere mich, daß ich noch nicht versteinert bin, bei all dem Leid, daß ich erlebt und mitangehört habe. Ich weine mit jedem, der mir sein Schicksal erzählt. Wenn ich nicht für die Toten spreche, dann habe ich zu Unrecht überlebt. Ich bin ihre nicht verstummende Stimme, solange ich lebe. Das ist der Preis, den ich zahle."*

Ich kenne Wiesenthal seit meiner Kindheit, und ich weiß, daß er jede Kollektivschuldthese ablehnt. Er differenziert sehr wohl im Sinne Karl Jaspers zwischen juristischer, politischer, moralischer und metaphysischer Schuld. Hinsichtlich der Kriegsverbrecherprozesse ist er sich mit Hannah Arenth einig, die 1946 über die Nürnberger Prozesse schrieb:

„Diese Verbrechen lassen sich, scheint mir, juristisch nicht mehr fassen, und das macht gerade ihre Ungeheuerlichkeit aus. Für diese Verbrechen gib es keine angemessene Strafe mehr; Göring zu hängen ist zwar notwendig, aber völlig inadäquat, d. h., diese Schuld im Gegensatz zu aller kriminellen Schuld übersteigt und zerbricht alle Rechtsordnung. Dies ist der Grund, warum die Nazis in Nürnberg so vergnügt sind. Sie wissen das natürlich. Ebenso unmenschlich wie diese Schuld ist die Unschuld der Opfer. So unschuldig wie alle miteinander vor den Gasofen waren, so unschuldig sind Menschen überhaupt nicht... Mit einer Schuld, die jenseits des Verbrechens steht, und einer Unschuld, die jenseits der Güte und der Tugend liegt, kann man menschlich-politisch überhaupt nichts anfangen... Denn die Deutschen sind dabei mit Tausenden oder Zehntausenden oder Hunderttausenden belastet, die innerhalb eines Rechtssystems adäquat nicht mehr zu bestrafen sind, und wir Juden sind mit Millionen Unschuldiger belastet, aufgrund derer sich heute jeder Jude gleichsam wie die personifizierte Unschuld vorkommt."

Wiesenthal geht es um mehr als um bloße Gerechtigkeit im juristischen Sinne. Er will verhindern, daß die Leiden der Opfer vergessen werden. Denn wer die Opfer vergißt, mordet sie ein zweites Mal. 1963 schrieb Wiesenthal: *„Juden und Nichtjuden leben getrennt durch einen unsichtbaren Vorhang, gewebt durch die Erinnerung. Die Juden können nicht vergessen, auch wenn sie es wollen. Die*

Nichtjuden wollen nicht erinnert werden. Ihr Nichtwissen ist ein Nichtwissenwollen, aber kein Nichtwissenkönnen."

Wiesenthal ist das „Gedächtnis" der Ermordeten – Wiesenthal führt einen unermüdlichen und unbeirrbaren Kampf gegen Hitlers mächtigste posthume Verbündete: das Vergessen, die moralische Feigheit und die Trägheit der Herzen.

Seine Tätigkeit findet heute in der ganzen Welt höchste Anerkennung. Wiesenthal – mehrfach für den Friedensnobelpreis nominiert – ist eine der maßgebendsten Autoritäten des Judentums der Gegenwart.

Bemerkung des Verlages:

Aus redaktionellen Gründen konnte der Beitrag nicht in voller Länge gebracht werden.

ZUR ERINNERUNG AN JOSEF UND SIDONIE RUBIN-BITTMANN

Simon Wiesenthal

Wer – so wie ich – nach der Flucht aus dem Konzentrationslager monatelang in einem Versteck gelebt hat, versteht, was es heißt, täglich und stündlich den Tod vor Augen zu haben. Jedes Geräusch, jedes zu laut gesprochene Wort konnte zur Entdekkung und in der Folge zum Tod führen.

Ich habe Josef und Sidonie Rubin-Bittmann kennen- und liebengelernt, und wir sprachen wiederholt von jener schrecklichen Zeit des Nazi-Terrors und des allgemeinen Massenwahnes, die die beiden als U-Boote versteckt zubringen mußten. Zuletzt in einer feuchten, fensterlosen Kammer einer Hausbesorgerwohnung im 2. Bezirk. Jene Juden, die sich dem Zugriff der Gestapo und der Verschickung in die Vernichtungslager durch Untertauchen zu entziehen suchten, nannte man U-Boote.

Die Gefahren, Nöte und Entbehrungen einer solchen U-Boot-Existenz sind unvorstellbar, und die Chance, dem Mordapparat der Nazis zu entgehen, schien gleich Null. Viele Menschen, die in den Untergrund gingen, wurden denunziert oder mußten aus Hunger, wegen Krankheit und wegen Verlustes des Versteckes nach Bombardements aufgeben. Für Josef und Sidonie Rubin-Bittmann waren dieses Jahre des U-Boot-Daseins nicht nur Jahre höchster Gefahr und äußerster Exponiertheit, sondern auch eine Zeit beispielhafter menschlicher Bewährung: Denn selbst als Verfolgte, den Tod vor Augen, haben sie anderen Verfolgten geholfen und durch ihre Hilfe das Leben gerettet.

Sidonie Rubin-Bittmann durfte in der Hausmeisterwohnung nicht entbinden. Als beider Sohn Fritz in einem kellerlochartigen Raum geboren wurde, multiplizierten sich Angst und Sorge. Ich kann mich an Josefs Worte noch gut erinnern, als er sagte: *„Die menschliche Sprache ist zu arm, um ausdrücken zu können, was wir damals durchgemacht haben.“*

Während der Nazizeit hat jeder von uns Menschen kennengelernt, die diese Bezeichnung nicht verdienen, aber auch andere,

die ohne Rücksicht auf ihre eigene Sicherheit und unter größtem persönlichen Risiko Juden geholfen haben. Einer dieser tapferen Menschen war Frau Anna Maria Haas, die der Familie Rubin-Bittmann das Überleben ermöglicht hat.

Es war mir eine Genugtuung und eine Ehre, diese Frau für eine Auszeichnung durch Yad Vashem vorzuschlagen, und ich durfte dabei sein, als ihr durch den israelischen Botschafter dieses Zeichen des Dankes und der Anerkennung überreicht wurde.

Das Bewußtsein, daß es auch solche Menschen gegeben hat, tröstet über das Wissen hinweg, daß Hitler nicht nur Juden umgebracht, sondern auf geistiger Ebene auch Millionen Menschen in Deutschland und Österreich verkrüppelt hat. Es gab aber auch Menschen, die aus innerem Widerstand über sich hinaus wuchsen, dem allgegenwärtigen Regime trotzten und – wie Frau Haas – einen Akt des Widerstandes setzten, indem sie einer jüdischen Familie halfen.

Josef Rubin-Bittmann war gleich nach dem Krieg einer der

ersten, der geholfen hat, wo er nur konnte. Da kamen Leute aus den Konzentrationslagern, manche krochen aus Verstecken, viele kehrten aus der Emigration zurück. Für sie alle war es ein Beginn in der „Stunde Null", manche von ihnen standen auf der Straße und sahen in ihre Wohnungen, in denen noch die Nazis hausten, die sie aus ihrem Heim vertrieben hatten.

Im Hause von Josef und Sidonie Rubin-Bittmann haben viele im Nachkriegs-Wien die erste warme Mahlzeit zu sich genommen. Sidonie Rubin-Bittmann war eine warmherzige, gütige Frau, die sich der hilfsbedürftigen Menschen annahm. Zu helfen war für sie eine Selbstverständlichkeit.

Josef Rubin-Bittmann erkannte das Gebot der Stunde und unternahm die ersten Schritte, um ein neues jüdisches Gemeinwesen zu organisieren, eine Anlaufstelle für Juden, die Hilfe brauchten, zu schaffen. Später, als man in der Nachkriegszeit versuchte, jüdisches Leid für nichtjüdische politische Zwecke zu mißbrauchen, war Josef Rubin-Bittmann ein entschiedener Gegner, der gegen derartige Versuche ankämpfte.

Einmal waren meine Frau, meine kleine Tochter und ich in Bad Ischl. Dort trafen wir die Familie Rubin-Bittmann. Während die Kinder spielten, die Frauen sich über die Sorgen des täglichen Lebens unterhielten, machten Josef und ich lange Spaziergänge und führten dabei offene Gespräche über die gegenwärtige Situation und die Zukunft der jüdischen Gemeinde. Er wußte von meiner Arbeit, die ich damals von Linz aus führte, und war bereit, mir in jeder nur möglichen Weise dabei zu helfen.

Als ich schon in Wien lebte und arbeitete, starb seine Frau. Er folgte ihr 3 Jahre später. Ihrer beider Tod hat in der jüdischen Gemeinde eine Lücke hinterlassen, die nur sehr schwer auszufüllen ist.

Die Erinnerung an das Ehepaar Rubin-Bittmann, das unsagbares Leid erlitten hat, das aber durch die Ereignisse nicht verbittert oder gebrochen war, ist geprägt von ihrem Mut und von ihrem Willen, nach dem Fall des Dritten Reiches den Kampf gegen das Böse weiterzuführen. Sie handelten aus der Überzeugung, verpflichtet zu sein, ihren überlebenden Leidensgenossen in jeder nur möglichen Weise zu helfen, und sie sind ihren Grundsätzen immer treu geblieben. Es ist mir eine Genugtuung, diese Worte der Anerkennung und der Wertschätzung für die Menschen, die das wirklich verdienen, niederzuschreiben.

PAUL ROSENFELD
EINER KAM ZURÜCK

Barbara Coudenhove-Kalergi

Im österreichischen „Handbuch der historischen Stätten“ wird beim burgenländischen Wallfahrtsort Frauenkirchen auch eine Judenansiedlung kurz erwähnt. *„Eigenes Ghetto... Rabbiner, Lehrer... 1696 zählt die Judengemeinde 100 Seelen.“*

Ich stehe auf dem Marktplatz von Frauenkirchen, den Führer in der Hand. Breit und still liegt der Platz da, links das Wirtshaus, rechts das Franziskanerkloster. Dort, wo jetzt die Tankstelle ist, muß früher der Anger gewesen sein. Aber wo haben die Juden gewohnt? Aus dem Handbuch habe ich erfahren, wie viele Juden es gegen Ende des 17. Jahrhunderts hier gegeben hat. Wie viele es 1938 gewesen sind, sagt das Handbuch nicht. Und das einzige, was ich bisher von Juden gesehen habe, ist das Deckenfresko in der barocken Wallfahrtskirche: der zwölfjährige Jesus im Tempel, umgeben von Pharisäern und Schriftgelehrten mit gewaltigen Nasen, grimmigen Blicken und hebräischen Schriftrollen in den Händen.

Ich frage in der Trafik nach den Juden von Frauenkirchen. Ja, früher hat es hier eine Menge Juden gegeben. Die reichen Juden haben in der Hauptstraße gewohnt und die armen in der Judengasse. Und auch jetzt, sagt die Trafikantin, gibt es einen Juden im Ort. Ein Kunde geht eigens mit mir vor die Haustür und zeigt mir, wo er wohnt. Dort drüben wohnt „der Jud“, in dem gelben Haus. In der Nähe war früher der Judentempel, aber den gibt es jetzt nicht mehr.

Ich gehe durch die Hauptstraße, vorbei am Konsum, an der Apotheke, an der Raiffeisenbank. Niedrige gelbe Häuser, die Fassaden in neoburgenländischer Weise modernisiert. Ein freundlicher, vom Fremdenverkehr nicht allzusehr berührter Ort, halb Dorf, halb Städtchen. Nur im Sommer kommen die Touristen vom Neusiedler See herüber, schauen die Kirche an, kaufen sich im Stadtcafé ein Eis und fahren wieder weg.

Wie es wohl früher hier ausgeschaut hat, als an dieser Stelle das große Judenviertel lag? Und wie war das, als die Nazis kamen? Hier, wo jeder jeden kennt, muß es unmöglich gewesen sein, „nichts gesehen" zu haben. Aber trotzdem ist offenkundig einer aus der alten Judengemeinde zurückgekommen. Was ist aus den anderen geworden? Und wie ist es heute, „der Jud" zu sein, in einem Ort wie Frauenkirchen?

Mittlerweile kenne ich Frauenkirchen ganz gut. Wenn ich an der Kreuzung Franziskanerstraße/Hauptstraße stehe und die Augen zumache, kann ich im Geiste ein ziemlich genaues Bild des alten Judenviertels zeichnen, so wie es die alten Einwohner – Jud und Christ – im Gedächtnis behalten haben. Gleich oben an der Ecke stand zum Beispiel das Baumaterialiengeschäft Fried, der „Fried-Jud". In dem geräumigen Hof hinter dem Laden war Bauholz gestapelt, das war der beliebteste Spielplatz der Kinder. Weiter unten an der Hauptstraße: das Lebensmittelgeschäft Rechnitzer („der Rechnitzer-Jud"), die Gemischtwarenhandlung Leviné, das Eisenwarengeschäft Fischer, wo die Bauern nach einem größeren Einkauf manchmal eine Pferdedecke als Zugabe geschenkt bekamen, der Schnitzwarenhändler Deutsch und das Kaffeehaus des Dori Weisz, genannt das „Judencafé", wo es neben der Lokalzeitung auch die „Neue Freie Presse" gab.

Hinter dem Haus, in dem jetzt die Apotheke ist: der Tempel, ein schlichter, weißgekalkter Bau, daneben das Studierhaus und die Mikve, das rituelle Bad. Diese heiligen Häuser lagen versteckt, gleichsam geschützt durch die profanen Gebäude des Judenviertels, im Ghetto von Frauenkirchen, in der Judengasse. Dort wohnten in armseligen Häusern die Armen, die sogenannten Binkeljuden. An allen Ausgangsstraßen des Bezirks war im Sabbat ein Seil gespannt. Hinweis für die Frommen, wie weit sie gehen durften, ohne nach jüdischem Gesetz „Haus und Hof" zu verlassen und damit die Sabbatruhe zu verletzen.

Waren die Frauenkirchner Juden überhaupt fromm? Ja und nein, sagt der Getreidehändler Paul Rosenfeld, der als einziger der Vertriebenen nach dem Krieg in seinen Heimatort zurückgekommen ist. Er ist heute der einzige jüdische Landesproduktehändler in Österreich. Früher waren es allein in Frauenkirchen neun. Herr Rosenfeld ist ein stattlicher, freundlicher Mann, eher ein Macher als ein Grübler. Als Bub, sagt er, hat es ihn mehr auf den Fußballplatz gezogen als ins Bethaus. Aber auch in seinem Elternhaus war man natürlich orthodox, man hielt die Vorschriften ein, und es wäre ganz ausgeschlossen gewesen, etwa am

Sabbat das Geschäft offenzuhalten. Kaftan und Käppchen trugen in Frauenkirchen nur noch ein paar alte Herren, die Schläfenlocken – von den Dorfkindern „Lausrutschen" genannt – dagegen fast alle.

Aber es gab auch wirklich fromme Familien. Der frömmste Jude im Ort, so weiß es Herr Rosenfeld noch heute, war der Lederhändler Moses Tauber. Der alte Tauber war eine Leuchte jüdischer Gottesgelehrsamkeit, seine Söhne taten es ihm nach. Wenn am Fest Simchat Thorah, dem Fest der Gesetzesfreude, die Reihe an den alten Tauber kam, die heiligen Schriftrollen tanzend durch den Tempel zu tragen, dann strahlte sein Gesicht vor Seligkeit, zur Erbauung der ganzen Gemeinde.

Die Feiertage hielten auch die nicht so Frommen. Am Laubhüttenfest zum Beispiel, dem Gedenken an die Wanderung des Volkes Israel durch die Wüste, stand in jedem Hof der Hauptstraßenhäuser eine Laubhütte, in der die Familie eine Woche hindurch die Mahlzeiten einnahm. In der Judengasse gab es keine Höfe, da standen die Laubhütten mitten auf der Straße. Und auch der Sabbat war ein Festtag für alle. Am Vorabend wurden in jedem jüdischen Haus die Kerzen angezündet, und auch bei den Rosenfelds war nach jüdischem Brauch beim Sabbathessen stets ein Armer mit bei Tisch, weil an diesem Tag keiner einsam und hungrig bleiben soll. Nach dem Gottesdienst war „Korso". Dann gingen die jüdischen Mädchen, herausgeputzt im Feiertagsstaat, eingehängt zu dritt und zu viert, auf der Hauptstraße spazieren, hinauf bis zum Fried-Eck und wieder herunter. Das war aber auch das einzige Vergnügen, das einem Mädchen aus anständigem jüdischem Haus erlaubt war. Alles andere – etwa tanzen gehen oder Rendezvous mit jungen Männern – war unmöglich.

Auch außerhalb des Judenviertels erinnert man sich an den Sabbat in Frauenkirchen. Für die Kinder war es interessant und ein bißchen verwegen, an diesem Tag die Nase in die Judengasse zu stecken. Manchmal baten einen dann die jüdischen Hausfrauen ins Haus, um das Licht anzuzünden – eine „Arbeit", die frommen Juden am Feiertag verboten ist. Als Belohnung fiel dabei für die Kinder oft ein „Baches" ab, ein Sabbatstriezel. Es gab Erwachsene, die den Frauenkirchner Kindern zuriefen: *„Geht nicht hinein, die stechen euch ab."* Niemand glaubte es, sagt die Fleischhauersfrau Resi Kiss, aber ein klein wenig unheimlich war es doch. Manche Kinder schlichen auch während des

Gottesdienstes zum Tempel und hielten das Ohr an die Wand, um den seltsamen Gesang zu hören, der aus dem Inneren drang.

Fast alle alten Frauenkirchner kennen sich auch heute noch ein wenig aus in jüdischen Gebräuchen. Frau Kiss zum Beispiel, damals im Dienst in einem Geschäftshaus in der Hauptstraße, weiß auch jetzt noch genau, wie man Scholet macht, das bevorzugte Sabbathessen. *„Bohnen ins Wasser geben, gut würzen, einen gestopften Gänsehals hinein. Deckel drauf und zubinden."* Dann wurde der Topf zum „Judenbäck" in die Judengasse gebracht. Über Nacht wurde die Speise im warmen Backofen gar, weil ja in jüdischen Haushalten am Sabbat kein Feuer gemacht werden durfte.

Im ganzen gesehen kam man diesseits und jenseits des Judenviertels ganz gut miteinander aus, in jenen Jahren vor Hitler. Man kannte sich, man grüßte sich, aber engen freundschaftlichen Verkehr zwischen Juden und Christen gab es nur in Ausnahmefällen. Die Frieds zum Beispiel, Holzhändler an der Hauptstraße, hielten einmal in jedem Monat „Jour". Der Sohn des Hauses spielte dann Klavier, es gab eine gute Jause, und jeder mußte etwas Heiteres vortragen, wie es Frau Fried den emanzipierten Damen der Wiener Gesellschaft abgeguckt hatte. Die Schwester des Hausherrn, eine moderne junge Frau, schrieb manchmal auch selber Gelegenheitsgedichte für solche Anlässe. *„Liebe Trude, die Frisur / paßt doch nicht für unseren Jour / und wenn jemand dich so sieht / hält er dich für unsolid. / Außer Rudis Kameraden / sind auch Christen eingeladen / ein Baron, ein Intendant / und sogar ein Leutenant."*

Auch Laci Rosenfeld, Paul Rosenfelds Bruder, gehörte zu den Ausbrechern aus der traditionellen Welt des Judenviertels. Er war ein guter Fußballspieler, ging gern mit den Dorfmädchen tanzen und hatte als einer der ersten im Ort ein Motorrad. Diese NSU war sein ganzer Stolz. Am Sabbat Motorradfahren wäre in den Augen der frommen Nachbarn ein arges Vergehen gewesen, deshalb stellte der junge Mann seine Maschine übers Wochenende in einem Bauernhof am Ortsrand ein, wenn er unbemerkt davonbrausen wollte. Auf diesem Motorrad fand der achtzehnjährige Laci, der damals gerade seinen Wehrdienst beim Bundesheer ableistete, eines Tages bei einem Unfall den Tod. *„Vielleicht war es gut so"*, sagt sein Bruder heute. *„Den Laci mit seinen vielen christlichen Freunden hätte das, was 1938 geschehen ist, am allerschwersten getroffen."*

An Laci Rosenfelds Begräbnis erinnert sich heute noch die

ganze Ortschaft. Es war ein noch nie dagewesenes Ereignis: ein militärisches Begräbnis draußen auf dem Judenfriedhof. Lacis Kameraden aus der Neusiedler Kaserne trugen den Sarg, eine Militärkapelle spielte „Ich hatt' einen treuen Kameraden". Ganz Frauenkirchen war gekommen, denn alle hatten Laci, den Charmeur, gern gehabt. Sogar die frommen Juden hatten ihm seine Eskapaden verziehen und schüttelten nur milde den Kopf über die ungewohnten Klänge auf dem Judenfriedhof.

Das zweite Ereignis jener Jahre, das im Städtchen heute noch unvergessen ist, betrifft den Tag, als Heini Deutsch in die Mikve pinkelte. Das war eine wirkliche Untat und der Sünder vergleichbar einem Ministranten, der den Weihwasserkessel mit einem Nachtgeschirr verwechselt. Der Frauenkirchner Rabbi wurde alarmiert und unter den jüdischen Buben eine hochnotpeinliche Untersuchung eingeleitet. Warum er das Unaussprechliche getan habe, wurde Heini gefragt. *„Weil ich so dringend müssen hab."* Worauf der Rabbi von den umstehenden Buben wissen wollte, ob der verhängnisvolle Strahl *„gerade"* oder *„im Bogen"* gekommen wäre. Als die Antwort kam: *„im Bogen"*, war Heini überführt: Er hatte nicht *„dringend müssen"*. Diese scharfsinnige Schlußfolgerung des weisen Rabbi, die sich natürlich sofort herumsprach, erregte damals unter den Ortsbewohnern Staunen und Bewunderung.

Jüdische und christliche Kinder gingen in Frauenkirchen in verschiedene Schulen, aber sie spielten miteinander, unter anderem auf dem Lagerplatz der Holzhandlung Fried. Wenn es Streit gab, riefen die Christenkinder *„Jud, Jud, spuck in' Hut"*. Grausam? Es war nicht bös gemeint, sagen die Frauenkirchner Alten heute, gleich darauf war man wieder gut. Der Haupttreffpunkt der jüdischen Gemeinde mit der christlichen Umwelt war freilich der Markt, der „kleine Markt" am Mittwoch und der „große Markt" am Freitag. An diesem Tag standen vor der Kirche, auf dem Hauptplatz und die ganze Franziskanerstraße hinunter die Wagen der Bauern. Sie kamen aus Andau, aus Wallern, aus Pamhagen, aus dem ganzen Seewinkel. *„Frauenkirchen war damals das Einkaufszentrum"*, sagt Jancsi Kiss, der ehemalige Bürgermeister. *„Seit die Judengeschäfte nicht mehr da sind, gehen die Leute mehr nach Neusiedl."* Fanny Haidecker, die Schneidersfrau, war als junges Mädchen jede Woche auf dem Markt, unter jedem Arm drei lebendige Gänse. Fannys Gänse waren bei den jüdischen Hausfrauen besonders beliebt, weil sie lange Schnäbel hatten, gut geeignet zum Stopfen.

Am Markttag brachten die Bauern ihre Produkte zu den Händlern, die Rüben, den Weizen, den Kukuruz. „Der Jud" kaufte die ganze Ernte. Wer mit dem Geld nicht auskam, borgte auf die nächste Ernte. Es wurden ordentliche Preise gezahlt, und das System brachte beiden Teilen Vorteil, aber für manchen, der Schulden hatte, wurde das Schimpfen auf „den Juden" zum handlichen Alibi für alle Übel dieser Welt.

Das war die Zeit, in der im benachbarten Deutschland die Nationalsozialisten schon an der Macht waren und der „Anschluß" Österreichs sich abzeichnete. Haben die Frauenkirchner Juden das Unglück nahen gefühlt? Nein, sagt Herr Rosenfeld. Man habe wohl gespürt, daß „etwas in der Luft lag", aber von „wirklichem Haß" hätte niemand etwas bemerkt. Sein Vater, Getreidehändler wie er selber, hätte noch am Tag vor Hitlers Einmarsch Weizen gekauft, fest überzeugt, daß der antisemitische Wirbel sich schon wieder legen würde. Damals hatte es schon eine Nazikundgebung in Frauenkirchen gegeben, ein Trupp SA war durch die Stadt marschiert, Steine waren geflogen. Voran, die Hakenkreuzfahne in der Hand, war ein Lagerarbeiter der Firma Rosenfeld gegangen. Paul Rosenfeld erinnert sich noch deutlich an die Betroffenheit in der Familie, als diese Nachricht bekannt wurde. Ausgerechnet der Josef ein Nazi? Unbegreiflich.

Für die Frauenkirchner Juden war die Verfolgung, die jetzt anbrach, nicht die erste in ihrer Geschichte. Im späten 17. Jahrhundert waren sie aus dem benachbarten Mönchhof gekommen, vertrieben von einem Hof, der den Heiligenkreuzer Zisterziensern gehörte. Die Geschichte, ein winziges Mosaiksteinchen im großen Schreckensbild der Judenverfolgungen, ist im Archiv des Stiftes Heiligenkreuz verzeichnet. Da berichtet in einem Schriftstück ein Heiligenkreuzer Mönch seinem Abt von einem Husarenüberfall auf jenen Wirtschaftshof. Die *„Anderthalbhundert Hussar mit Gewehr und Waff"* hätten die Juden *„allesambt ausgeplündert"*, *„iamerlich gehaut"*, *„Silber, golt, leinwat und alle besten sach hinwekgenom"*. Der Abt beschwerte sich daraufhin zwar prompt beim General Montecuccoli wegen dieses Übergiffs seiner Truppen, bestraft aber wurde die Judengemeinde. *„Zur Verhütung viller Ungelegenheiten"*, vermerkte der Abt, *„sindt alle Juden Von mir aus Mönchhoffen abgeschafft worden und auch zu Michaeli ao. 1679 alle abgezogen."* Die Familie Esterházy gab später den Vertriebenen Asyl auf ihrem Grund.

Die Juden zahlten „Toleranztaxe“ und machten schon bald Frauenkirchen zu einem blühenden Markt.

Schon möglich, daß zunächst mancher die beginnende „Endlösung“ der Nationalsozialisten als eine Fortsetzung früherer Plagen sah – grausam, aber nicht tödlich. Schon am Tag nach dem „Anschluß“ zog in Frauenkirchen eine johlende Menge durch die Hauptstraße. Die Schneidersfrau erinnert sich an eine Nachbarin, die beim Einkaufen stets „aufschreiben“ ließ und nun voller Wonne die Auslagenscheiben des Lebensmittelgeschäftes Rechnitzer eindrosch: *„So zahl ich dir die Rechnung, gstunkener Jud.“* Die illegalen Nazis des Städtchens, voran der spätere Ortsgruppenleiter, bedienten sich nun an den jüdischen Geschäften. Man räumte aus, was da war. Die Inhaber trieb man im „Schlössel“ zusammen, dem Verwaltungsgebäude der Esterházy-Güter.

Auch der angesehenste Mann des Ortes, der Gemeindearzt Dr. Weisz, wurde ins „Schlössel“ gesperrt und brutal mißhandelt. *„Das war ein guter Mensch, ein feiner Mann“*, sagt Resi Kiss. *„Auch in der Nacht ist er gekommen, wenn man ihn gebraucht hat, und die Armen hat er immer umsonst behandelt. Und jetzt war er auf einmal der gstunkene Jud.“* Auch die Armen blieben nicht verschont. Zum Bauernhof der Familie Göltl bei der Kirche kam damals ein Mädchen aus der Judengasse, deren Eltern bei Göltls die Milch bezogen hatten. Jeden Tag holten sie den Vater und schlügen ihn, erzählte die Kleine schluchzend. Er solle endlich das Gold und das Silber herausrücken. Aber sie hätten doch nichts, das einzig halbwegs Wertvolle im Haus, die Sabbatleuchter, hätten die Schlägertrupps ja gleich beim erstenmal mitgenommen.

An den letzten Akt erinnert sich die Wirtin des Bahnhofsgasthofs. Sie sieht es noch wie heute: den Junitag, den langen Zug der Menschen, jeder nur ein kleines Bündelchen in der Hand. Viele bekannte Gesichter. Es ging durch die Hauptstraße, durch die Esterházygasse, zum Bahnhof. Dort wurden alle auf Viehwaggons geladen. *„Das war ein Weinen.“*

Und niemand hat geholfen?

Nein. Niemand. Was hätte man auch tun sollen?

Freilich, als der Nazibürgermeister des Ortes die Fronleichnamsprozession verbot, hat man doch etwas getan. Die Frauen hätten ihn mit ihren Besen über den Kirchenplatz gejagt, erzählt der Pater Josef von den Franziskanern.

Das alles ist lange her. Wo der Tempel stand, ist heute ein

freier Platz. Herr Rosenfeld hat einen Zaun davor gebaut und rundherum Bäume gepflanzt. In der Judengasse stehen neue Einfamilienhäuser. Die Obernazis sind tot. In den einst jüdischen Geschäften der Hauptstraße sitzen die Erben der Arisierer. Nur wenige der früheren Besitzer haben die Nazizeit überlebt; als sie sich nach dem Krieg meldeten, hat man ihnen eine kleine Abfindung gezahlt.

Ein paarmal waren auch ehemalige Frauenkirchner aus Israel da, zum Beispiel der Sohn vom alten Tauber. Sie gingen durch die Hauptstraße, suchten ihr Elternhaus, ließen sich den Judenfriedhof aufsperren. Dieser Friedhof ist der einzige Platz in Frauenkirchen, an dem die Wohlstands- und Modernisierungswelle der letzten Jahre spurlos vorübergegangen ist. Das Verwalterhaus ist verfallen, an der Friedhofsmauer lehnen alte Röhren, ein ausgedienter Autobus und anderes Gerümpel. Auf den Gräbern wächst hohes Gras. Die Besucher aus Israel schüttelten die Köpfe, gingen zu Herrn Rosenfeld und fragten ihn: *„Wie kannst du hier leben?“*

Paul Rosenfeld lebt gern in Frauenkirchen. Er hat den Krieg in Ungarn überlebt, auf abenteuerliche Weise, er wollte danach eigentlich nach Australien und ist dann doch mit seiner Frau wieder in seinen Heimatort zurückgegangen, wo er – ohne Entschädigung – den Betrieb seiner Eltern wiederaufgebaut hat. Er ist bei allen beliebt. Herr Rosenfeld weiß schon, daß hier schlimme Dinge geschehen sind, aber allzu genau will er in der Vergangenheit seiner Mitbürger gar nicht herumstochern. *„Wer weiß, wie ich mich an ihrer Stelle verhalten hätte“*, sagt er. Und im Krieg hätten die Frauenkirchener ja auch allerhand mitgemacht.

Die Rosenfelds führen kein frommes, aber ein bewußt jüdisches Haus. Wie einst, als hier noch jüdisches Leben herrschte, hängt über ihrer Tür die Mesuse, die kleine Schriftkapsel mit dem großen Bibelwort *„Du sollst den Herrn, deinen Gott, lieben und ihm dienen mit ganzem Herzen und mit ganzer Seele.“* Im Urlaub fährt das kinderlose Ehepaar gern nach Israel, *„jüdische Luft atmen“*, aber während des Jahres beschäftigt sich der Hausherr, wie einst sein Vater, mit burgenländischem Weizen, burgenländischen Rüben, burgenländischem Kukuruz.

„Ich mag die Leute hier“, sagt der Mann, der als einziger einer einst fünfhundertköpfigen Gemeinde übriggeblieben ist. *„Wenn das nicht so wäre, könnte ich hier nicht leben.“* Spricht's und geht hinüber ins Wirtshaus zu seiner allwöchentlichen Kartenpartie mit dem Müller und dem Guardian der Franziskaner.

ANMERKUNGEN

KANN SICH DER ANTISEMITISMUS AUF DAS NEUE TESTAMENT BERUFEN?

Literaturhinweise:

zu: Christentum und Antisemitismus:

Martin GILBERT: Endlösung. Die Vertreibung und Vernichtung der Juden. Ein Atlas. Aus dem Englischen, Reinbek 1982.

Hans Joachim KRAUS (Herausgeber): Das Judentum in Geschichte und Gegenwart. Eine Vorlesungsreihe, Hamburg 1961. Enthält die Studie von H. J. Kraus: Kirche und Synagoge, S. 33 ff.

Kurt MEIER: Kirche und Judentum. Die Haltung der evangelischen Kirche zur Judenpolitik des Dritten Reiches, Göttingen 1968.

Karl Heinrich RENGSDORF und Siegfried VON KORTZFLEISCH (Herausgeber): Kirche und Synagoge. Handbuch zur Geschichte von Christen und Juden, Stuttgart 1968.

Hedwig WAHLE: Das gemeinsame Erbe. Judentum und Christentum, Innsbruck – Wien – München 1980.

zu: Kann sich der Antisemitismus auf das Neue Testament berufen?

Schalom BEN-CHORIN: Bruder Jesus. Der Nazarener in jüdischer Sicht, 3. Aufl., München 1970.

Peter VON DER OSTEN-SACKEN: Grundzüge einer Theologie im christlich-jüdischen Gespräch, München 1982.

Rosemary RUETHER: Nächstenliebe und Brudermord. Die theologischen Wurzeln des Antisemitismus. Aus dem Englischen, München 1982.

Karl Ludwig SCHMIDT: Die Judenfrage im Lichte der Kapitel 9–11 des Römerbriefes, Zürich 1943.

Wolfgang STEGEMANN: Aspekte des Antijudaismus im Neuen Testament, Wien 1984.

zu: Neue Wege der Partnerschaft von Juden und Christen:

Peter VON DER OSTEN-SACKEN (Herausgeber): Leben als Begegnung. Ein Jahrhundert Martin Buber (1878 bis 1978), 2. Aufl., Berlin 1982. Enthält die Studie von P. von der Osten-Sacken: Begegnung im Widerspruch. Text und Deutung des Zwiegesprächs zwischen Karl Ludwig Schmidt und Martin Buber.

Kirchliche Dokumente:

Israel und die Kirche. Eine Studie im Auftrag der Niederländisch-Reformierten Kirche, Zürich 1961.

Vatikanum II: Die Erklärung über das Verhältnis der Kirche zu den nichtchristlichen Religionen „Nostra aetate“ (Kap. 4 zum Verhältnis der Kirche zu Israel), in: Karl Rahner und Herbert Vorgrimler (Herausgeber): Kleines Konzilskompendium, Freiburg – Basel – Wien, Nachdruck 1986.

Generalsynode der Kirche A. und H. B. in Österreich 1965: Christen und Juden, abgedruckt in: Juden und Christen. Zur Geschichte eines Bruderzwistes. Schulfach Religion Nr. 3/4, Wien 1983, S. 203 ff.

Die Christen und das Judentum. Ein Text der Pastoralkommission Österreichs, abgedruckt in: Diakonia. Internationale Zeitschrift für die Praxis der Kirche, Mainz und Wien, September 1983, S. 342 ff. Thesen zur Erneuerung des Verhältnisses von Christen und Juden, in: Handreichung für Mitglieder der Landessynode in der Evangelischen Kirche im Rheinland, Mühlheim (Ruhr) 1980, S. 12 ff.

DIE WIENER JUDEN IM STURMJAHR 1848

Emanzipation und Revolution

Literaturhinweise:

Wolfgang HÄUSLER: Der Weg des Wiener Judentums von der Toleranz zur Emanzipation, in: Jahrbuch des Vereines für Geschichte der Stadt Wien 30/31 (1974/75), S. 84 bis 124.

Das Judentum im Revolutionsjahr 1848 (Studia Judaica Austriaca 1), Wien 1974.

Werner MOSSE – Arnold PAUCKER – Reinhard RÜRUP (Herausgeber): Revolution and Evolution. 1848 in German-Jewish History (Schriftenreihe wissenschaftlicher Abhandlungen des Leo-Baeck-Instituts 39), Tübingen 1981.

Hans NOVOGORATZ: Sebastian BRUNNER und der frühe Antisemitismus, Diss. Wien 1978.

Moses ROSENMANN: Isak Noa MANNHEIMER. Sein Leben und Wirken, Wien–Berlin 1922.
Eleonore STERLING: Judenhaß. Die Anfänge des politischen Antisemitismus in Deutschland (1815 bis 1850), Frankfurt 1969.
Hans TIETZE: Die Juden Wiens. Geschichte – Wirtschaft – Kultur, Wien – Leipzig 1933.
Jacob TOURY: Die politische Orientierung der Juden in Deutschland. Von Jena bis Weimar (Schriftenreihe wissenschaftlicher Abhandlungen des Leo-Baeck-Instituts 15), Tübingen 1966.
Jacob TOURY: Die Revolution von 1848 als innerjüdischer Wendepunkt, in: Hans LIEBESCHÜTZ – Arnold PAUCKER (Herausgeber): Das Judentum in der deutschen Umwelt (Schriftenreihe wissenschaftlicher Abhandlungen des Leo-Baeck-Instituts 35), Tübingen 1977, S. 359 bis 376.
Dorothea WEISS: Der publizistische Kampf der Wiener Juden um ihre Emanzipation in den Flugschriften und Zeitungen des Jahres 1848, Diss. Wien 1971.

ANTISEMITISMUS OHNE JUDEN

Das Beispiel Tirol

Literaturhinweise:

Thomas ALBRICH: Exodus durch Österreich. Die jüdischen Flüchtlinge 1945 bis 1948 (Innsbrucker Forschungen zur Zeitgeschichte 1). Innsbruck 1987.
John BUNZL/Bernd MARIN: Antisemitismus in Österreich. Sozialhistorische und soziologische Studien. Mit einem Vorwort von Anton Pelinka. Innsbruck 1983.
Günther PALLAVER (Herausgeber): Die Geschichte der Juden in Tirol. Von den Anfängen im Mittelalter bis in die neueste Zeit. Sondernummer der Kulturzeitschrift „sturzflüge". Bozen 1986.
Gad Hugo SELLA: Die Juden Tirols. Ihr Leben und Schicksal. Tel Aviv 1979.
Widerstand und Verfolgung in Tirol 1934 bis 1945, 2 Bände, herausgegeben vom Dokumentationsarchiv des Österreichischen Widerstandes, Wien 1984.

1 *Gordon Brook-Shepherd,* Der Anschluß, Graz-Köln 1963, 45 ff.
2 Ebenda, 77 ff. Katalog 89.
3 DIE STIMME, 16. 2. 1938, 1.
4 *Gordon Brook-Shepherd* (Anm. 1), 109.
5 ADAP, Serie D, Bd. I, Nr. 309.
6 DIE STIMME, 25. 2. 1938, 1.
7 *Gordon Brook-Shepherd* (Anm. 1), 144 f.
8 Ebenda, 148 ff.
9 DAS SCHWARZE KORPS, 30. 3. 1938, 10. Katalog, 112.
10 Katalog, 91–94.
11 Katalog, 90.
12 *Kurt Schuschnigg,* Ein Requiem in Rot-Weiß-Rot, Zürich 1946, 70.
13 *Gordon Brook-Shepherd* (Anm. 1), 204 ff.
14 Ebenda, 207 ff.
15 Rot-Weiß-Rot-Buch, Wien 1946, 63. *D. Wagner* und *G. Tomkowitz, Ein Volk, ein Reich, ein Führer, Der Anschluß Österreichs 1938, München 1968, 193 f.*
16 *G. E. R. Gedye,* Die Bastionen fielen, Wien (1947), 281 f.
17 *Joseph Buttinger,* Am Beispiel Österreichs, Köln 1953, 536.
18 WNN, 15. 3. 1938, 7. 18. 3. 1938, 11. VB, Wr. Ausg., 19. 3. 1938.
19 WNN, 18. 3. 1938, 2.
20 WNN, 15. 3. 1938, 7.
21 WNN, 14. 3. 1938, 8.
22 *G. E. R. Gedye* (Anm, 16), 291 f.
23 VB, Wr. Ausg., 19. 3. 1938, NFP, Morg. Bl., 20. 3. 1938, 5. Katalog, 123.
24 WNN, 20. 3. 1938, 8.
25 Katalog, 100–102.
26 Katalog, 103–107.
27 *G. E. R. Gedye* (Anm. 16), 295 f.
28 RGBl. I, 262, GBL f. Ö. 37/1938.
29 DÖW, 1792.
30 Katalog, 124.
31 JTA, Bd. III (1938), 19 vom 20. 3. 1938. Katalog, 115–122.
32 JTA, Bd. IV, 1 (30. 3. 1938), 4 (4. 4. 1938), 12 (13. 4. 1938).
33 JTA, Bd. IV, 19 (22. 4. 1938), 20 (24. 4. 1938).
34 JTA, Bd. XXVII, 499 ff., PS-1816.
35 DÖW 1456.
36 *Johann Maria Lenz,* Christus in Dachau, Selbstverlag, 8. Aufl., 1961, 29.
37 *Jonny Moser,* Die Verfolgung der Juden, in: Widerstand und Verfolgung in Wien 1934–1945, Bd. III, Wien 1975, 194–326, 213. Dok. 25

[38] WNN, Abendausg., 30. 3. 1938, 4.
[39] Katalog, 112–114.
[40] RGBl. I, 245. GBl. f. Ö. 3/1938.
[41] GBl. f. Ö. 2/1938.
[42] *R. Schneider, L. Hanke, E. Höller,* Neuordnung des österreichischen Berufsbeamtentums, Berlin 1938.
[43] RGBl. I, 1146, GBl. f. Ö. 150/1938.
[44] RGBl. I, 1751.
[45] RGBl. I, 1146, 1334.
[46] GBl. f. Ö. 289/1938.
[47] WNN, 3. 4. 1938, 8.
[48] NWT, 17. 3. 1938.
[49] NWT, 16. 3. 1938, WNN, 30. 3. 1938, 7.
[50] WNN, 30. 3. 1938, 7.
[51] RGBl. I, 414, VB, Wr. Ausg. 4. 1. 1939.
[52] VB, Wr. Ausg., 4. 1. 1939.
[53] IMT, Bd. XXVIII, 524 f., PS-1816.
[54] Bericht Gildemeester vom 3. 8. 1938 im Besitze von J. Moser. Siehe auch, *J. Moser* (Anm. 37), 235. Anm. 1.
[55] DÖW, 4208.
[56] *J. Moser* (Anm. 37), 246 f., Dok. 95.
[57] Katalog, 127.
[58] Katalog, 108.
[59] Tages-Post, Sonntagsblatt, Linz, 23. 7. 1938.
[60] *Max Rieser,* Österreichs Sterbeweg, Wien 1953, 131.
[61] DÖW, 5305, 8496. J. Moser (Anm. 37), 256 f.
[62] DÖW, 4669, 1456. *Gerhard Botz,* Wohnungspolitik und Judendeportation in Wien 1938–1945, Wien-Salzburg 1975.
[63] RGBl. I, 627. GBl. f. Ö. 193/1938.
[64] RGBl. I, 922.
[65] RGBl. I, 1044, Ministerialblatt d. RM d. Innern, 1345.
[66] RGBl. I, 969, GBl. f. Ö, 320/1938.
[67] RGBl. I, 1403, GBl. f. Ö, 5131/1938.
[68] RGBl. I, 1545, GBl. f. Ö, 5621/1938.
[69] RGBl. I, 47. GBl. f. Ö, 106/1939.
[70] Katalog, 138. Amtsblatt d. Poizeipräsidenten Wien 1938, 9, 13.
[71] Volksstimme, Linz, 9. 11. 1938.
[72] DÖW, 8496, 9605, National Archives, Washington, D. C., Mikrofilm, Serie T 84, R 13, 39 925, 39 914 ff., 39 874.
[73] DÖW, 9539, 9605.
[74] Katalog, 156.
[75] DÖW, 9425.
[76] *T. Friedmann,* Die Kristallnacht, Haifa 1972, Dok. 3.
[77] Ebenda, Dok. 9.
[78] Ebenda, Dok. 11. Katalog, 159–162.
[79] *T. Friedmann* (Anm. 76), Dok. 13.

80 Ebenda, Dok. 16. Katalog, 163.
81 *T. Friedmann* (Anm. 76), Dok. 18.
82 Katalog, 158.
83 *T. Friedmann* (Anm. 76), Dok. 25.
84 Ebenda, Dok. 28.
85 DÖW, 9425.
86 National Archives, Washington, D. C., T. 84 R 13 39 814.
87 *T. Friedmann* (Anm. 76). Dok. 18. DÖW, 8911.
88 RGBl. I, 1581.
89 RGBl. I, 1579.
90 RGBl. I, 2059.
91 Anordnung d. Präs. d. Reichskulturkammer vom 12. 11. 1938.
92 IMT, Bd. XXV, 101, PS-069.
93 RGBl. I, 282. DÖW 3854.
94 DÖW, 1456.
95 DÖW, 8496.
96 *S. Adler-Rudel,* The Evian Conference on the Refugee Question, in: Year Book of the Leo-Baeck-Institute, Bd. XIII (1968), 235 ff.
97 Foreign Relations of the United States, Bd. I (1938), 784, 786, 831.
98 *J. Moser* (Anm. 37), 235, Anm. 1.
99 DÖW, 12.311.
100 *J. Moser* (Anm. 37), 235. Anm. 1.
101 *Carl Ludwig,* Die Flüchtlingspolitik der Schweiz seit 1933 bis zur Gegenwart, Bern 1966, 74–156. RGBl. I, 1342.
102 *Norman Bentwich,* They Found Refuge, London 1956, 37 f. *A. J. Sherman,* Island Refuge, London 1973, 166 ff.
103 IMT, Bd. XXVIII, PS-1816.
104 VB, Wr. Ausg., 14. 5. 1939.
105 Katalog 152.
106 Katalog 153, 154.
107 *J. Moser* (Anm. 37), 276 f., Dok. 145. DÖW 8496.
108 Katalog 155.
109 *Bruno Blau,* Das Ausnahmerecht für die Juden in Deutschland 1933–1945, Düsseldorf 1954, 79 f., Nr. 253, 254, 257.
110 Ebenda, 79, Nr. 251.
111 Eichmann, Henker, Handlanger, Hintermänner, hrsg. vom Ausschuß für Deutsche Einheit, Berlin, 26.
112 *J. Moser,* Die Judenverfolgung in Österreich 1938–1945, Wien 1966, 9 f.
113 Konzentrationslager Buchenwald, Wien 1945, 6.
114 *J. Moser* (Anm. 112), 10. Katalog 170.
115 *J. Moser* (Anm. 112), 15 f.
116 Ebenda, 18 f.
117 IMT, Bd. XXXIX, 425 ff., 172-USSR, Bd. XXIX, 176, PS-1950, PS-2233.
118 DÖW, 2562.

119 *J. Moser* (Anm. 112), 22.
120 DÖW, 1456.
121 Eichmann, Henker (Anm. 111), 27.
122 *Hans Adolf Jacobson,* Kommissarbefehl, in: Anatomie des SS-Staates, Bd. 2, dtv-Taschenbuch 463, München 1967, 166 f.
123 IMT, Bd. XXVI, PS-710. Ktalog, 171.
124 RGBl. I, 547. Ktalog 179–183.
125 40. Wochenbericht der IKG vom 7. 10. 1941. Katalog 184–189.
126 *J. Moser* (Anm. 112), 41.
127 Nürnbg. Dok. NO-363, DÖW, 12.311.
128 IMT, Bd. XXVI, PS-501. *Helmut Krausnick,* Judenverfolgung in: Anatomie des SS-Staates, Bd. 2, dtv-Taschenbuch 463, München 1967, 338. DÖW 854.
129 *G. Reitlinger,* Die Endlösung, Kindler Taschenbuch 57/58/59, München 1964, 86. Katalog, 197, 198.
130 *A. Mitscherlich – F. Mielke,* Medizin ohne Menschlichkeit, Fischer-Taschenbuch 332, Frankfurt/Main 1960, 230.
131 Bd. XXVIII, PS-3821.
132 IMT, Bd. XXX, 71, PS-2273.
133 *G. Reitlinger* (Anm. 129), 87 f., 199.
134 IMT, Bd. XXXIII, PS-3876.
135 DÖW, 2345.
136 Nürnberger Dok. NG-2586 G.
137 *L. P. Lochner,* The Goebbels Diaries, New York 1948, 147 f.
138 *J. Moser* (Anm. 112), 43.
139 RGBl. I, 722.
140 *B. Blau* (Anm. 109), 102, Nr. 350.
141 Ebenda, 103, Nr. 361.
142 Ebenda, 103, Nr. 360, 106, Nr. 377.
143 *J. Moser* (Anm. 112), 45 f.
144 Ebenda, 46.
145 DÖW, 2564.
146 *J. Moser* (Anm. 112), 13 f.
147 Ebenda, 49, Anm. 11.
148 Katalog 202.
149 Nürnberger Dok. NG. 2586 H.
150 IMT, Bd. XXVII, 180, PS-1347.
151 RGBl. I, 372.
152 Katalog, 225.
153 *J. Moser* (Anm. 37), 300. *Uwe Dietrich Adam,* Judenpolitik im Dritten Reich, Düsseldorf 1972, 332 f.
154 Aus der unveröffentl. Arbeit über die Demographie der österr. Juden 1934–1945 des Autors.
155 Katalog, 226–228.
156 Bericht über die Tätigkeit der IKG Wien 1945–1948, 20 f.
157 Ebenda, 1 f.

LEBEN IN WIEN, ILLUSION OHNE ENDE, ENDE EINER ILLUSION

Arendt, Hannah: Eichmann in Jerusalem. München 1986.
Bruce, F. Pauley: Der Weg in den Nationalsozialismus. Wien 1988.
Buber, Martin: Die chassidischen Bücher. Berlin 1927.
Buttinger, Joseph: Das Ende der Massenpartei am Beispiel Österreichs. Frankfurt 1972.
Gstrein, Heinz: Jüdisches Wien. Wien 1984.
Heer, Friedrich: Der Glaube des Adolf Hitler. Esslingen 1968.
Heer, Friedrich: Gottes erste Liebe. Esslingen 1967.
Heer, Friedrich: Ausgesprochen. Wien 1986.
Historikerstreit: Dokumentation um die Kontroverse der Einzigartigkeit der Judenverfolgung. Serie Piper 1987.
Jaspers, Karl: Die Schuldfrage/Für Völkermord gibt es keine Verjährung. Serie Piper 1986.
Jellinek, Gustav: Die Geschichte der österreichischen Wiedergutmachung. In: Fraenkel Josef: The Jews of Austria. London 1967.
Lexikon des Judentums. C. Bertelsmann Verlag, 1967, Seite 430. S. Lipiner.
Mann, Thomas: Briefe. Frankfurt 1965.
Mitscherlich, Alexander und Margarete: Die Unfähigkeit zu trauern. München 1967.
Pelinka, Anton: Windstille. Wien–Berlin 1985.
Polgar, Alfred: Auswahl-Prosa aus vier Jahrzehnten. Rowohlt 1964.
Roth, Joseph: Juden auf Wanderschaft. Frankfurt 1985.
Spira, Leopold: Feindbild Jud. Wien–München 1981.
Weinzierl, Erika: Zu wenig Gerechte. Graz 1986.

ZEITSCHRIFTEN:
Die Gemeinde/Juni–Juli 1968: Sidonie Rubin-Bittmann, 3. Juli 1968, S. 23.
Die Gemeinde/April 1972: Ein denkwürdiger Jude: Komm.-Rat Josef Rubin-Bittmann, S. 29.
Die Gemeinde/Dezember 1985: Josef und Sidonie Rubin-Bittmann, 6. Dezember 1985, S. 21.
Encyklopadia Britannia, 1967, Vol. 2, Seite 850 (zu S. Lipiner).
Heruth/26. September 1968: Sidonie Rubin-Bittmann s. A.
Profil Nr. 25/17. Juni 1985: Verborgen von Geburt an, Seiten 62, 63
Profil Nr. 10/7. März 1968: Das andere Österreich, Seite 85

GESPRÄCHE UND INTERVIEWS
mit Dir. Komm.-Rat J. Fellner, W. Fantl, S. Flesch, A. Fischmann, J. Brunngraber, E. Sternberg, M. Mezei, M. Gorisek, E. Bondi verw. Grossbart, A. M. Haas, S. Lasar, Dr. R. Schaffarz, Dipl.-Ing. Wiesenthal, M. Tughmann, E. Kuderna, K. Rank, J. Bügeleisen, S. Gross

BILDNACHWEIS:

Frantz, München
Geneè, Dr. Pierre, Wien
Gorisek, M., Wien
Historisches Museum, Wien
Institut für Geschichte der Medizin an der Universität Wien
Institut für Zeitgeschichte, Wien
Mezei, M., Wien
Österreichische Nationalbibliothek, Wien
Österreichischer Rundfunk, Wien
Plat, Wolfgang, Hamburg
Rubin-Bittmann, L., Wien
Sammlung Berger, Wien
Sattmann, Wien
Votava, Wien
Yad-Vashem-Institut, Jerusalem

Wir danken dem ORF für die Unterstützung und Überlassung von Bildmaterial.